La saga du SHERMAN

Michel ESTEVE

HEIMDAL

Ouvrage écrit par Michel Estève.
Tous les dessins N & B et couleurs de l'ouvrage ont été réalisées par Michel Estève, sauf mention contraire.
Sauf mentions contraires, les photographies illustrant cet ouvrage proviennent de la collection de l'auteur.
Cet ouvrage est dirigé par Jean-Marie Mongin.
Conception, maquette et mise en pages : Jean-Marie Mongin.

Éditions Heimdal pour l'édition française.
BP 61350 - 14406 Bayeux CEDEX
Téléphone : 0231516868 - Fax : 0231516860. E-mail : communication.heimdal@wanadoo.fr
Site internet : www.editions-heimdal.fr

Dépôt légal : 1er trimestre 2018

ISBN : 978-2-84048-470-7

Sommaire

PRÉFACE

J'ai connu Michel Estève lorsqu'il est arrivé, en 1972, au 6e régiment de dragons à Lachenspeyerdorf (FFA). Nous venions de percevoir nos premiers AMX 30 flambant neufs, en remplacement de nos vieux AMX 13.

Nous avions, à l'entrée du quartier Edon, un Sherman à caisse soudée, en « pot de fleur », derrière le mât des couleurs, baptisé du même nom et un autre, à caisse moulée, en bout de piste du terrain d'aviation qui était un TD (*Tank Dozer*) dont la pelle avait été enlevée et qui servait au CRAC (Combat Rapproché Antichar).

Suite à ma mutation, en 1974, nous nous sommes perdus de vue et au milieu des années 2000 nous nous sommes retrouvés, non physiquement, mais par Internet interposé.

Lorsque Michel m'a demandé d'écrire une préface à son livre sur « la saga du Sherman » je fus étonnamment, mais aussi agréablement, surpris qu'il s'adresse à moi qui ne suis pas un spécialiste de ce type d'engins bien que je les aie côtoyés quelque temps en Algérie, au niveau de l'armement et des munitions.

Je la rédige donc bien volontiers et avec d'autant plus de plaisir qu'après avoir lu son ouvrage, j'ai découvert une multitude de modèles et de versions, ayant pour base quasiment le même châssis (ou caisse), dont j'étais loin d'imaginer l'existence.

Il a réalisé un remarquable travail de recherche durant de nombreuses années, non pas confortablement assis dans un fauteuil devant son écran d'ordinateur, mais bien en se déplaçant de régiments en musées, d'arsenaux en pays étrangers, jusqu'aux Philippines.

Michel Estève a aussi bénéficié de documents originaux de l'US Army dont certains ont été traduits en français pour les besoins de notre armée. Les fameux ORD (*ORDnance Supply Manual*: guide des approvisionnements) avec le SNL (*Standard Nomenclature List*: liste de nomenclature standard), TM (*Technical Manual*: manuel technique), FM (*Field Manual*: manuel de campagne) et d'autres encore, introuvables pour certains sinon en copies.

Au-delà de l'engin blindé américain des années quarante, il y a l'icône du « Jour-J », le mythe du combat de chars, la pérennité d'un « tank » qui a imprimé ses chenilles sur tous les continents pendant des décennies.

Presque une légende.

Il est, aujourd'hui encore, une histoire passionnante à raconter. D'ailleurs, s'agissant de l'histoire, il y a largement contribué, il est même indissociable de la Seconde Guerre mondiale. Dans ces pages, le lecteur découvrira tout l'aspect technique des différents modèles engendrés par le Sherman, comme je l'ai écrit plus haut. Les difficultés contournées par les concepteurs, mais également les faiblesses de ce « cercueil pour cinq » comme certains l'avaient surnommé. Les équipements du char, sa mobilité et les doctrines d'emploi ont forgé, combat après combat, sa réputation.

Quels hommes prenaient place dans ce char? Comment étaient-ils équipés? Comment vivaient-ils la guerre au quotidien; un autre mode de vie? Comment débarquer d'un LCT et combattre dans le bocage? Les réponses sont dans ces pages.

L'aura qui entoure le Sherman est aussi due, en grande partie, à tous les équipages qui l'ont servi. Qu'ils aient été Américains, Français, Canadiens, Russes, Polonais ou Britanniques, ce sont eux qui se sont jetés sur les plages d'Afrique du Nord, de Sicile et d'Italie, de Normandie et de Provence, sans oublier celles, lointaines, du Pacifique. Ils ont combattu dans les déserts de Tripolitaine, affronté l'hiver dans les Ardennes et traversé le Rhin en *Duplex Drive*.

Torch, *Husky*, *Avalanche*, *Overlord*, et *Dragoon* ne sont pas que des noms de code d'opérations militaires alliées, il s'agit aussi de batailles au cours desquelles hommes et engins ont payé un lourd tribut à la liberté, triste rançon de la victoire.

À quoi ressemblait un *Tank Battailo*n? Quelle était la composition d'un régiment de chars français? Comment étaient articulés les régiments de chasseurs de chars? Quelle était la composition d'un régiment de soutien? Quel est l'environnement technique d'un char au combat? Le « salvage »: une réalité du temps de guerre qui a survécu jusqu'à nos jours!

Le Sherman, un champion?

Oui, celui de la longévité en service actif.

Je ne citerai pas les très nombreux et différents détails, tout y est de A à Z. Je laisse le soin au lecteur de les découvrir. Cet ouvrage, ô combien complet, est une mine d'informations qui ravira aussi bien le néophyte en la matière que le passionné collectionneur ou maquettiste qui s'intéresse aux blindés en général et aux Sherman en particulier.

Pour une meilleure compréhension de la terminologie militaire « engin blindé », l'auteur a joint un glossaire en fin d'ouvrage. Les mots suivis d'un astérisque s'y voient définis.

Major (H) Alain Tomeï

Page précédente.
Un Sherman M4A1 équipé du lance-fusées M17 en Italie. L'équipage au repos prend connaissance du courrier.
(NARA)

1 UN BLINDÉ NOMMÉ SHERMAN

En construisant le M4, les Américains n'ont pas produit le meilleur char de la Deuxième Guerre mondiale; il était même trop juste face aux engins blindés allemands. Par contre, c'est la quantité produite qui a fait la différence. Ajoutons à cela des concepts nouveaux: la standardisation, la maintenance simplifiée, la fiabilité mécanique et la prise en charge de l'ergonomie, et nous avons les raisons du succès. Autre raison de ce succès, l'interchangeabilité dans l'utilisation des pièces de rechange, soit une meilleure gestion des stocks de pièces.

Il faut également se souvenir qu'en 1940 il y avait sur le territoire des États-Unis d'Amérique 464 chars, et que la production annuelle était de 330 unités. Deux années plus tard, l'Amérique produisait 24997 chars, dépassant en un an la totalité de la production allemande. Pendant la période de la Deuxième Guerre mondiale, les USA ont fabriqué plus de 130000 engins blindés (tous types confondus), soit 30000 de plus que les Soviétiques. Le M4 Sherman, à lui seul, avec près de 49234 unités produites, est le char le plus construit pendant ce conflit. Si l'on ajoute les 6706 TD M10 et TD M36, les 187 M36 B1, Les 3490 M7 Priest, les 826 M7 B1 Priest, les 100 canons M12 de 155 mm, les 100 *Cargo carriers* M30, les 418 canons M40 de 155 mm, les 24 obusiers M43 de 203 mm, les 1599 M32 Tank Recovery Vehicle, et les 497 engins spéciaux sur châssis M4, nous arrivons à un total de 63181 engins sortis d'usine.

L'identification des différents types de Sherman est complexe, pour ne pas dire ardue. On pourrait même ajouter: « *En matière de M4 Sherman, il ne faut jamais dire jamais* ». Avec cinq modèles de base, il peut y avoir des dizaines de variations qui engendrent des modèles spécifiques.

Sans parler des prototypes!

Les Américains ont dès le début classé leurs chars en trois catégories: légers (Light), moyens (Medium) ou lourds (Heavy). D'une façon générale, les prototypes étaient désignés par la lettre T suivie d'un chiffre et la variation ou déclinaison de ce prototype était différenciée par la lettre E. Quand le char passe en production – ou série – la lettre T devient M et la lettre E devient A. Ainsi, le Sherman était pour les Américains le « *Medium Tank M4* » et ses variantes les M4A1, M4A2 etc. Ce sont les Anglais qui ont donné des noms de généraux américains aux chars de leurs alliés. Lee, Grant, Stuart et Sherman sont donc des dénominations purement « *British* ». Après 1945, les Américains ont repris la tradition à leur compte, jusqu'à aujourd'hui avec le M1 Abrams ou encore le transport de troupe chenillé Bradley.

En septembre 1941, le premier modèle pilote, est livré aux terrains d'essais d'Aberdeen. Ce prototype, appelé T6, donne entière satisfaction lors des tests, et est standardisé pour la production de masse sous la désignation *M4 Medium Tank* (char moyen M4) en octobre 1941.

Il y eut bien entendu les prédécesseurs, M2, M3 et puis M5 M6 et M7. Attention, ne pas confondre le char moyen M7 avec l'obusier M7 Priest construit sur une base M4. Un épisode peu connu de la naissance du M4 est tout de même intéressant à souligner, c'est la participation de la France à l'élaboration du projet. En effet, en 1940, la France est le pays qui a le plus de connaissances en matière de construction de blindés. À cette époque, le char français est supérieur aux blindés alliés, et supérieur aussi aux Panzer I et II allemands. Dans le projet puis dans les divers prototypes de M4, il y a beaucoup de similitudes avec les chars français. Tout ceci sera bien sûr amélioré ou « updaté » par les concepteurs américains.

Le T6, bien que modèle d'études à durée de vie très limitée, mérite tout de même un petit détour. Il ne fait aucun doute que le T6 livré à Aberdeen Proving Ground est issu du char M3. Il en reprend de nombreuses composantes: le train de roulement, la caisse moulée avec le carter de différentiel – ou blindage de transmission – en trois parties, les portes d'accès latérales, la plage arrière et la disposition du lot de pionniers, même la petite grille de ventilation moteur est là; elle sera remplacée très vite par celle plus adaptée des M4 et M4 A1. Cette modification entraînera d'ailleurs le déplacement du lot de pionnier sur les bordages du M4. La tourelle du M3, bien que différente préfigure bien la D 50878 qui équipera les premiers M4. Certains M4, vraiment très « Early », ont été équipés du tourelleau du M3. À propos de M4 Très « Early », quelques modèles (très peu) ont été équipés avec les échappements de type « Pepper box exhaust ». Ces échappements issus du M3, se sont vite révélés trop faibles et avaient tendance à « brider » le moteur radial, ils ont donc été très tôt remplacés par ceux que nous connaissons sur les M4, M4 A1, et M4 A4T. Sur les M4 ayant subi ces modifications, les emplacements des poivrières ont été obstrués par des plaques de blindage de forme ronde.

Aborder un dossier comme celui de la genèse du Sherman n'est pas une mince affaire si l'on sait que ce char, construit à près de cinquante mille exemplaires, a été en service sur tous les continents. Un rapide tour d'horizon pour être sûr de ne pas trop « zapper » un bout de carte nous dit ceci:

William Tecumseh Sherman est né à Lancaster, dans l'Ohio. Son père Charles Robert Sherman, un avocat brillant qui siège à la Cour suprême de l'Ohio, lui donne le nom du célèbre Tecumseh, chef du peuple amérindien Shawnee. Le juge Sherman décède brusquement en 1829, laissant sans héritage sa veuve, Mary Hoyt Sherman, et ses onze enfants. William Tecumseh Sherman, alors âgé de neuf ans, est élevé par un voisin et ami de la famille, l'avocat Thomas Ewing. Le prénom insolite donné à Sherman a toujours attiré l'attention.

Sherman lui-même indique que son deuxième prénom provient du fait que son père s'était pris d'une lubie pour le grand chef des Shawnees, Tecumseh. Sherman déclare dans ses mémoires que son père l'appelait « William Tecumseh ». Adulte, Sherman signe toutes ses correspondances, y compris celles adressées à son épouse, par « W.T. Sherman ».

William T. Sherman est un militaire et sert en tant que général de l'armée de l'Union lors de la guerre de Sécession, où ses talents d'officier et de stratège ont largement contribué à sa notoriété. Il est par ailleurs critiqué pour la guerre totale qu'il mène contre les états du Sud (armée confédérée).

En 1862 et 1863, Sherman sert sous les ordres du général Ulysse Grant lors des campagnes qui mènent à la chute du fort confédéré de Vicksburg sur le Mississippi, et aboutissent à la déroute des armées confédérées dans l'État du Tennessee. En 1864, Sherman succède à Grant à la tête de l'armée de l'Union sur le théâtre occidental de la guerre civile. Il conduit ses troupes lors de la prise d'Atlanta.

Ulysse Grant devient président et Sherman lui succède au poste de général commandant l'*United States Army* de 1869 à 1883. Son rôle le conduit à mener les Guerres indiennes dans l'Ouest américain. Sa carrière est marquée par un refus constant de s'engager en politique. L'historien militaire Liddell Hart affirme qu'il est « *le premier général moderne* ».

Sherman meurt à New York le 14 février 1891.

Le général William Tecumseh Sherman pris en photographie après la Guerre civile à l'époque des Guerres indiennes. *(Tous droits réservés)*

— **Continent (nord) américain :** USA, Canada.
— **Continent (sud) américain :** Chili, Bolivie, Argentine, Mexique, Brésil, Cuba, Nicaragua, Paraguay, Pérou.
— **Continent africain :** Afrique française du nord, Libye, Égypte, Ouganda (M4 A1 vendus par Israël), Afrique du Sud.
— **Continent asiatique :** Inde, Iran, Liban, Israël, Syrie, Pakistan, Turquie, Indochine, Corée du Sud, Japon, Philippines, Chine.
— **Continent océanique :** Australie, Nouvelle-Zélande.
— **Continent européen :** France, Royaume Uni, URSS, Yougoslavie, Belgique, Hollande, Pologne, Danemark, Portugal.

Quant aux versions et aux déclinaisons du M4 (nous parlons du châssis) la liste pourrait paraître pénible tant il y eut d'améliorations, d'adaptations, et d'inventions parfois amusantes. Dans ce domaine, les Anglais ne furent pas en reste nous le verrons dans les pages qui suivent. Ce char, comme tout engin blindé à ses débuts, eut ses faiblesses, corrigées par la suite. Ainsi, le valeureux char Sherman hérita de surnoms assez évocateurs tels que « *Ronson* » outre-Atlantique (en référence à la publicité des briquets Ronson : « *Il s'allume du premier coup* »), « *Tommies cooker* » chez les Allemands ou encore « *cercueil pour cinq* » chez les Soviétiques tandis que les Polonais le surnommaient « *cercueil flambant* ». Les Russes avaient un surnom un peu plus officiel pour le Sherman ; ils le surnommaient « *Emcha* », car le chiffre 4 rappelle la lettre « *Cha* » de l'alphabet cyrillique d'où, *Mcha* (4). Ces surnoms étaient dus au fait que le brave char avait une fâcheuse tendance à s'enflammer quand il prenait un impact latéral d'où, les plaques de renforts rajoutées sur les côtés pour corriger ce défaut. Cette mesure ne fut d'ailleurs pas la seule.

Le Sherman est le char le plus répandu de la Seconde Guerre mondiale. En nombre d'exemplaires, il devance le T-34 russe, lui-même construit à environ 40 000 unités. Le modèle M4 A4 a servi, entre autres, dans les unités françaises du 1er et 2e régiment de cuirassiers et du 1er et 2e régiments de chasseurs d'Afrique ainsi que d'autres unités. Il est « *le char* » de la Libération et a débarqué aussi bien en Normandie qu'en Provence.

D'autres chars lui furent supérieurs ? Oui.

Ont-ils été plus utilisés ? Non.

Et ce pour une raison bien simple, le Sherman a été à lui seul un nouveau concept, une icône, une figure. Il a, contrairement à beaucoup d'autres chars, participé à de nombreux conflits, dans tous les coins du globe, servi par des équipages aussi nombreux que différents. Il est, dans tous les cas, le champion toutes catégories de la longévité, de l'amélioration, de l'adaptation.

Au vu de la production totale, mais aussi de la cadence de cette production, on pourrait penser qu'il s'agissait d'un char « rustique » ou tout du moins constitué d'équipements basiques peu sophistiqués. Il n'en est rien ! Le M4 est pourvu d'équipements sophistiqués pour l'époque. On trouvait parmi ceux-ci, une génération électrique auxiliaire, le petit

7 avril 1941, présentation à Aberdeen Proving Ground du *wooden mockup*, maquette en bois, du futur M4 Tank. On note la large trappe d'accès latérale, la tourelle de grande taille et le canon de 37 mm monté en coaxial. Deux mois plus tard, le *wooden mockup* définitif sera présenté, avec la tourelle plus petite, et la mitrailleuse en calibre .30 en coaxial et *ball mount*.

La plage arrière du T6 reprend celle du M3 avec le lot de pionnier réparti sur l'arrière. On note la présence des deux vannes de coupure de carburant et la grille d'aération du moteur radial qui sera agrandie et blindée sur le M4, nécessitant, de fait, le déplacement du lot de pionnier sur les bordages. L'orifice de remplissage de la GEA est réalisé.

groupe se situe à l'arrière gauche du compartiment de combat, près de la cloison pare-feu. La stabilisation gyroscopique, que nous verrons en détail au chapitre tourelle a sa propre génération hydraulique. Projecteur additionnel de tourelle et tube lance-fumigènes font partie de l'équipement et un projecteur de rechange est disponible dans le parage* de l'engin. Certains modèles sont équipés d'un système de chauffage du compartiment de combat, mais également un réchauffage des batteries. Bien que les critères d'ergonomie soient différents de nos jours, il faut savoir que, toujours pour l'époque, les Sherman en tenaient compte. Ainsi, les sièges du pilote, copilote, et tireur sont à dossiers avec deux réglages principaux et des ceintures de sécurité. Le chef de char et le radio-chargeur sont un peu moins bien lotis du fait de leur fonction dans le char et de l'étroitesse de leurs espaces respectifs. Le chef de char passe souvent de la position assise à la position observation ou, dans certains cas, sorti à hauteur de taille. Le radio-chargeur est plus souvent debout pour les opérations d'approvisionnement, de chargement, ou d'évacuation des douilles. D'autre part, les mouvements qu'il fait pour charger la pièce font que son siège doit pouvoir être escamoté. C'est pour ces différentes raisons que ces deux sièges sont de petite taille, sans dossier, et repliables. Parmi les équipements, il y a également une pompe d'injec-

Le T6 aux essais, avec l'écoutille du chef de char du M3, ses deux *Pistol ports*, et le support du bas-mât d'antenne du côté copilote. Il est équipé de trois mitrailleuses cal. .30 sur le glacis avant et des deux *vision slots* obturables : pilote et copilote. Les deux trappes d'accès latéral sont présentes, le train de roulement est celui du M3, et le blindage de transmission est en trois parties.

tion carburant (manuelle ou électrique); ce dispositif, destiné à faciliter les démarrages sous certaines conditions est à manier avec précautions. Certains tableaux de bord sont équipés d'une montre. La tourelle et le compartiment de combat sont munis de ventilateurs destinés à évacuer les fumées pendant le tir aux différentes armes car, un canon et deux mitrailleuses cela dégage un beau nuage, odorant de surcroît. Un répétiteur d'azimut prend place en tourelle, tandis que le pilote dispose d'un compas – gyroscopique – de navigation.

Parmi les difficultés rencontrées par les Américains lors de la production en série, une des principales est le manque de « moteur de char » ; ce qui ne veut pas dire qu'ils n'avaient pas de moteur mais, comme nous l'avons évoqué plus haut, produire cinquante mille engins blindés relève déjà de l'exploit, même aux États-Unis d'Amérique. Alors, produire autant de moteurs testés et éprouvés en si peu de temps, c'est tout simplement mission impossible. Mais, comme nous le savons déjà, les « *Boys* » de l'oncle Sam n'assoient pas leur suprématie sur des obstacles. La motorisation du Sherman est à elle seule un concentré de technologies et cet aspect de la vie du char sera largement abordé dans la partie motorisations.

Enfin, pour bien comprendre l'histoire de cet outil de guerre, il faut prendre en compte le volet « équipages ». Les servants de cette machine à combattre ont été unanimes. L'engin était loin d'offrir une protection maximum et son canon s'est vite révélé insuffisant face aux blindages et à l'artillerie allemands. Par contre, il avait l'avantage de la mobilité et d'un rayon d'action supérieurs aux Panzer, une tourelle plus rapide et des munitions en quantité conséquente.

Dans les derniers mois suivant les débarquements alliés, les chars Tigre de dernière génération avaient la supériorité incontestable en matière de blindage, de conduite de tir et de pouvoir de pénétration grâce au 88 Pak[1]. On sait que dans le contexte des batailles, il fallait cinq Sherman pour détruire un seul Tigre et encore ! Il fallait le tirer à 600 mètres, ce qui n'enlève rien à la bravoure des équipages de Sherman. Pour fermer cette parenthèse sur le Tigre, nous dirons de ce super-panzer qu'il avait trois gros défauts : son manque de mobilité, son petit nombre face aux chars alliés, et, surtout, la complexité et les coûts de sa mise en œuvre et de son entretien. Il ne faut pas croire que l'Allemagne est à court de production en 1944 car, la machine industrielle sous la direction d'Albert Speer tourne encore, mais l'engagement sur plusieurs fronts simultanés depuis 1941 est consommateur de blindés, notamment les batailles de Koursk et Leningrad.

Enfin, concernant notre M4, un détail a son importance : au début des années 1940, le prix de revient d'un char M4 s'échelonne entre 45500 et 54000 dollars US (pour le M4A3E2).

Le M4, le *Lend lease* et la guerre…

Difficile de parler du M4 dans les conflits sans connaître les conditions de sa mise en place sur les divers théâtres d'opérations. La première apparition du Sherman est essentiellement due à la mise en place des accords « *Lend lease* » par les États-Unis d'Amérique[2].

Ainsi, le 28 février 1945, Jean Monnet représentant du gouvernement provisoire français entame les pourparlers avec les représentants américains. Sont adoptées les dispositions suivantes : Un accord (article 1) semblable à celui conclu entre le Royaume Uni, la Chine, l'Union Soviétique et d'autres pays ; un accord (article 2) de réciprocité similaire à ceux signés avec le Royaume-Uni, l'Australie, la Nouvelle Zélande et d'autres pays ; un accord conforme à l'article 3 de la loi prêt bail. Ces accords sont applicables jusqu'à la reddition inconditionnelle du Japon et de l'Allemagne. Le Président des États-Unis est garant de cet accord. Ces accords ont pour but de permettre à la France d'être capable de combattre l'ennemi commun en mobilisant ses forces armées, en accélérant la production agricole, en développant ses infrastructures de transport.

Les États-Unis ont déjà fourni à la France, au titre de la loi prêt-bail, des canons et des chars pour équiper huit divisions et 300 unités de support, soit un ensemble de 225000 hommes, plus 15000 hommes

1. Lui-même issu du canon de la Flak.
2. Traduction (partielle) des accords de la loi « prêt bail » (*Lend lease* et *Reverse Lend lease*) conclus entre le gouvernement provisoire de la République française et les États-Unis d'Amérique. Ces accords *Lend lease* ont débuté en mars 1941.

Vue arrière du T6, les portes de visite du moteur sont identiques à celles du M3 ; de même, les échappements sont encore du type « pepperbox » et seront remplacés par la suite. L'orifice de la manivelle moteur est prévu, les portes arrière n'ont pas de butées, et la nuque de tourelle préfigure bien celle des M4.

L'AIDE À LA FRANCE

L'aide américaine à la France se poursuivra selon les deux échéanciers suivants :

Matériels pour l'effort de guerre et l'aide à la population (métal, coton, acier, synthétique et médical)	840 000 000 $
Alimentation	185 000 000 $
Carburants	132 000 000 $
Aide aux prisonniers de guerre français	48 000 000 $
Produits de consommation pour l'effort de guerre	250 000 000 $
Fret maritime	220 000 000 $
TOTAL	**1 675 000 000 $**

Le second échéancier d'aide à la France concerne les matériels et matières de longue durée qui permettent à la France de produire et de transporter les équipements nécessaires aux troupes alliées. La répartition se fera suivant le listing ci-après :

Locomotives (principalement de type 141-R charbon ou fuel)	200 000 000 $
Wagons	120 000 000 $
Docks	140 000 000 $
Vedettes portuaires	32 000 000 $
Flotte de pêche	8 000,00 $
Barges	50 000 000 $
Métallurgie	100 000 000 $
Machines industrielles	150 000 000,00 $
Équipements miniers et arsenaux	100 000 000,00 $
TOTAL	**900 000 000 $**

pour les Forces Aériennes françaises. Selon le ministre américain de la Guerre Stimson : *« Au cours de l'année 1944, la plupart des divisions françaises se sont superbement battues aux côtés des troupes américaines de la 5e Armée US dans la très difficile campagne d'Italie. Après ça, les troupes françaises ont pris une part importante dans le débarquement de Provence (*dans le cadre du support apporté au débarquement de Normandie). *La capture des ports de Marseille et Toulon, la marche triomphale dans la vallée du Rhône à travers Lyon, jusqu'à la jonction avec les troupes d'Eisenhower sur le Rhin sont autant de victoires au crédit de la France. Il est correct d'user du mot indispensable en parlant des divisions françaises, car sans elles, les divisions américaines seules n'auraient pas pu mener cette campagne sans pertes énormes de notre côté* [US]. *Dans le même temps, les troupes de la 1re Armée française ont libéré l'Alsace y compris Strasbourg et la zone allemande du Rhin environnante.*

Pour ces raisons, la production de matériels de guerre et de tout l'approvisionnement nécessaire seront fournis à la France, jusqu'à ce que le Président des États-Unis décide de la fin de la guerre.[3] » (voir encadré ci-contre)

L'aide totale des USA pour les pays alliés (y compris la Chine) s'élève à plus de 50 milliards de dollars, (soit 880 milliards actuels) dont environ dix milliards ont été effectivement remboursés au titre du « *Return lend lease* ».

Cette aide fut répartie de la façon suivante :

Belgique	148 394,45 $
Brésil	332 545,22 $
Empire britannique	31 267 240,53 $
Chine	1 548 794,96 $
France	3 207 608,18 $
Grèce	75 475,88 $
Mexique	36 287,01 $
Pays Bas	230 127,71 $
Norvège	51 524,12 $
URSS	11 260 343,60 $
Turquie	26 640,03 $
Yougoslavie	32 026,35 $

En gris clair, les pays ayant bénéficié de l'aide la plus importante.

Les M4 britanniques

Le premier Sherman ayant participé au combat était britannique – 8th Army – et a pris part à la seconde bataille de el Alamein en octobre 1942, soit à peine un an après sa mise en production. Peu

3. Ces accords ne comprennent pas les matériels militaires complets (chars canons véhicules divers et munitions) qui sont acquis à part aux frais de la France. Ces matériels seront remboursés par la France par un plan de remboursement annuel établi sur 30 ans débutant le 1° juillet 1946 avec des intérêts de 2 3/8 % par an.

Sur ce M4 « Early » français n° 420050, on remarque que les orifices d'origine des « pepperbox » ont été obstrués par des plaques de blindage. Les portes arrières sont munies de butées et le mécanisme de tension de droite est fixé riveté, celui de gauche est vissé. Les filtres à air sont du type carré.

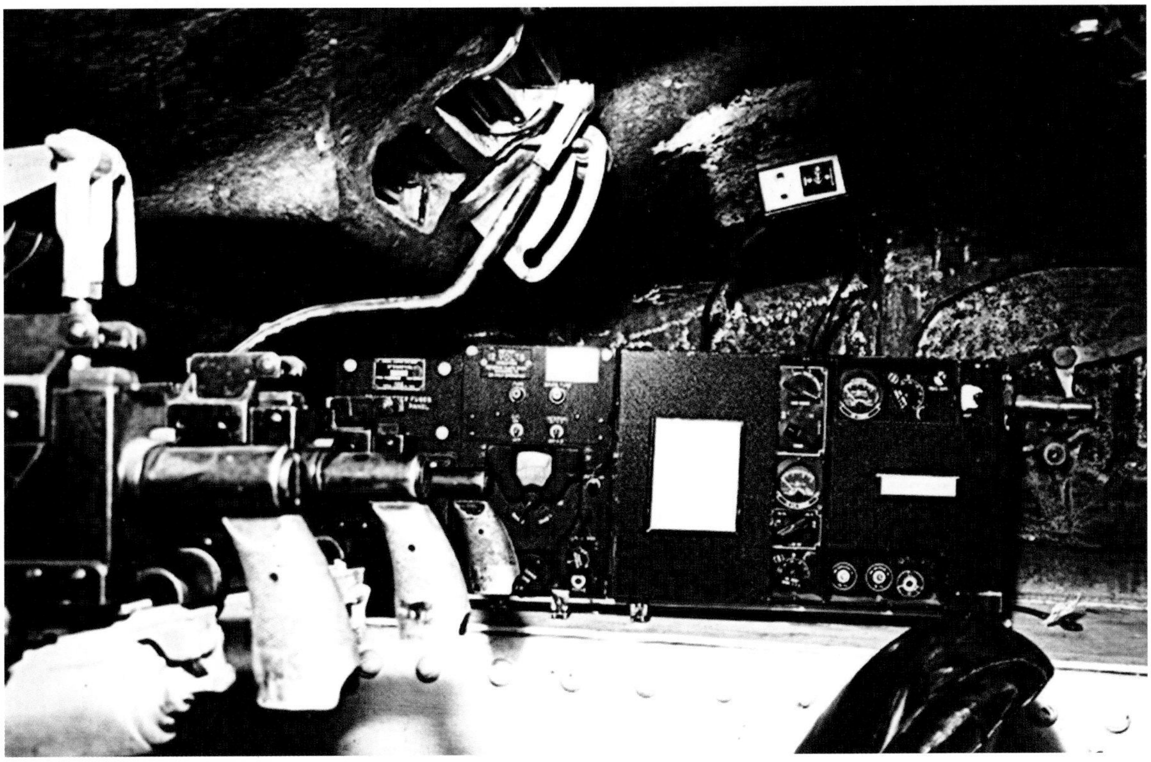

Intérieur du T6, vue depuis le poste du pilote. La trappe d'accès latéral est présente mais non utilisable pour cause de pose du poste-radio SCR 506. Les trois mitrailleuses cal. .30 sont en place, et les deux premières sont équipées d'une détente électrique. On voit bien la commande du *vision slot*; le siège du copilote est équipé de soutiens latéraux (supprimés par la suite).

de temps après, en novembre, les premiers M4A1 américains participent à l'opération « *Torch** ». Les Britanniques ont surtout été équipés de M4, M4A1, M4A2 et, plus tard, de M4A4. La version Firefly (voir plus loin), résulte (en général) de la conversion de M4 et de M4A4. Elle est en service dans les régiments équipés de Cromwell en tant que chasseur de chars. Dans un escadron de chars, il y a un Firefly par peloton.

La Grande Bretagne reçoit et utilise plus de 17000 M4. Après le Deuxième Conflit mondial, le Sherman prend du service en Allemagne (ex RFA) avec les troupes anglaises, belges et françaises qui y sont stationnées.

Les premiers M4 armés du canon de 76 sont entrés au combat en juillet 1944 il s'agit de M4A1 CN 76 VVSS*, suivis de près par une série de M4A3 VVSS Le premier Sherman équipé de la suspension HVSS* est le M4A3 E8 canon de 76 et *Wet stowage*. (stockage humide des munitions du canon)

Le M4 en Australie et Nouvelle Zélande

Équipés en majeure partie de M3 Lee, les Australiens reçoivent trois M4 fournis par l'armée britan-

Ce Sherman II appartient à l'état-major de la *29th Armoured Brigade* sur un chemin de Normandie, au sud-est de Caen.
La chenille de gauche possède un patin monté à l'envers.
(IWM B6980)

nique. Ces chars sont uniquement destinés à l'entraînement. Ainsi, un M4A2 et deux M4 sont livrés en 1943, dans le but d'entamer une campagne de tests de combat en jungle (Nouvelle-Guinée). Le Churchill s'étant révélé meilleur, les Australiens passent commande de 510 Churchill. En 1945, ce pays achète 12 Firefly aux Anglais.

Le M4 au Canada

Officiellement, les États-Unis n'avaient pas inclus le Canada dans le programme de Prêt-bail, mais, en 1941 ces deux pays passent un accord de défense stipulant que chacun des deux états doit pourvoir l'autre en matériel de guerre qu'il est en mesure de produire. De fait, la firme American Locomotive Works autorise sa filiale canadienne à produire le M4, c'est la série « Grizzlis », ou M4 A5 et RAM

Le M4 et l'armée polonaise

La Pologne utilise une grande variété de Sherman et la 1re Division Blindée polonaise participe à la bataille de Normandie avec des M4A4. Après de lourdes pertes lors des batailles de Falaise et en Hollande, cette division a été remise à hauteur avec des M4A1 76 W. Ces chars sont recouverts d'éléments de chenille sur toute la partie avant pour augmenter la protection du blindage. Le 2e Corps polonais – dont la 2e DB polonaise qui a combattu en Italie – était équipé des M4A2 utilisés par les Anglais en Afrique, mais également de Firefly. Concernant la 1re Armée polonaise, après les lourdes pertes de la bataille de Gdansk, les Russes leur prêtent des M4A2 76.

Le M4 et la France

À son entrée sur l'ETO, la 2e DB est équipée de 165 M4A2 et quelques M4 105; la 1re et la 5e DB sont respectivement dotées de 110 M4A4 et 55 M4A2 chacune, les trois divisions françaises sont donc alignées avec 165 Sherman. Après les pertes dues aux combats, les compléments comme les équipements sont réalisés à l'aide de M4A1 76 mm, M4A3 75 Wet, mais aussi des derniers M4A3E2 Jumbo, ainsi que la base M4A2 en TD M10 puis, plus tard, des TD M36, notamment au RBCEO en Indochine. Comme nous le verrons plus loin, la version obusier de 105 « *Late* » est aussi mise en service dans l'armée française. Les chiffres exacts concernant les blindés livrés à la France sont parfois différents en fonction des sources. Ainsi, certains documents (US) donnent les livraisons suivantes:

– mai 1943, 382 M4A2 sont livrés à Casablanca au Maroc;

– un total de 274 M4A4 – produits entre novembre 1943 et janvier 1944 – est livré à la France, à Casablanca, au Maroc, en avril 1944.

Livraisons des M4 et dérivés à la France

The Dupuy Institute est un organisme spécialisé dans les recherches et études concernant les guerres des États-Unis d'Amérique. Il a entre autres contribué à l'établissement du « *Green book* » édité par « *the Office of the Chief of Military History* » qui fournit les chiffres suivants concernant la production et les expéditions au titre du Lend lease:

Répartition de la production par type d'armement:

M4 avec canon de 75 mm	33671
M4 avec canon de 76 mm	10883
M4 avec canon de 105 mm	4680
Total des M4	**49234**

EXPÉDITIONS AU TITRE DU PRÊT BAIL

— Empire Britannique	
avec canon de 75 mm	15256
avec canon de 76 mm	1335
avec canon de 105 mm	593
Total	17184
— Canada	
avec canon de 75 mm	4
— France	
avec canon de 75 mm	755

La France a par ailleurs reçu au titre de la loi Prêt-bail:
238 chars M3 et
413 chars M5 soit. 651

Nous savons d'autre part que la 2e DB est équipée de M4 -105 lors du débarquement de Normandie; le chiffre exact d'unités livrées est à ce jour non connu.

Total des chars	1406
— URSS	
avec canon de 75 mm	2007
avec canon de 76 mm	2095
Total	4102
— Républiques américaines.	
avec canon de 75 mm	53

Total *Lend lease* (soit 34, 9 % de la production totale, non compris chars M3 et M5) **22098**

Concernant les chars livrés à la France, aux chiffres ci-dessus, il convient d'ajouter les re-complètements d'engins blindés suite aux pertes lors des combats. De plus, ces chiffres ne tiennent pas compte des versions M7 Priest, et TD M10. Un rapide calcul fait à partir des TED/G en vigueur à l'époque nous permet de dire que: 168 TD M10 ont été en service dans l'armée française (ce chiffre ne tient pas compte des remplacements de chars détruits au combat), environ 154 M5 A1 ont équipé les régiments de chars à

4. Concernant les matériels livrés à la France au titre du *Lend lease*, il convient d'ajouter 689 AM M8, 205 AM M20, 31 Half-Track M2, 649 Half-Track M3 A2 et 287 Scout-Car M3 A1. L'équipement a été complété avec: 9397 camions GMC CCKW tous types, 6044 Dodge WC 51, 54, 56 et 63, 9736 Jeeps, 227 Wrecker, 44 porte-chars M25, 749 GMC benne, 413 GMC ateliers, 50 GMC soudure Hobart, 81 GMC *Van Medical*, et les remorques de différents types. Le M4 a fait partie des TOA (troupes d'occupation en Allemagne) puis des FFA (forces françaises en Allemagne) avant de se retrouver en Indochine avec le CEFEO, pour finir sa carrière en Algérie.

raison d'un escadron de chars légers par régiment, une quarantaine de M31 B2 et M32 B1 sont mis en service, sachant que leur nombre au sein de chaque unité varie de deux à quatre.

Nous arrivons donc à un total approximatif de plus de 1600 chars fournis au titre de la loi Prêt-bail.

Pour ce qui est des M74 ARV (mis en place après-guerre), leur nombre est de trois par régiment de chars. Bien souvent, seulement deux sont affectés. On peut donc estimer leur nombre à une trentaine entre 1960 et 1974.[4]

De nos jours, il y a en France encore une centaine de Sherman répartis sur le territoire national, soit dans les municipalités, les cantonnements militaires ou bien les associations ou chez des particuliers collectionneurs. On recense (chiffres susceptibles d'évolution) : 15 M4 en CN* 75 et CN105 mm, 33 M4A1 en CN 75 et CN 76 mm, 19 M4A2, 5 M4A3, 1 M4A3 E2, 11 M4A4, 12 M4A4 T et 13 M4A1 E8.

Ne sont pas compris dans ces chiffres, les « *carcasses sur les champs de tir ou les réceptacles d'artillerie* ». Il faut savoir également que lorsqu'un char « pot de fleur » est détenu par une unité de l'armée française, il est enregistré et comptabilisé tout comme un engin blindé en service. À ce titre, il est inscrit au registre des matériels, y compris tous ses armements même s'ils sont neutralisés par le service compétent. De même, s'il est muni d'équipements spéciaux, (par exemple *Tank Dozer* et sa lame) ces derniers sont listés à la rubrique équipements.

Le M4 soviétique

L'Union soviétique a préféré les Sherman version diesel, son parc de T-34 étant motorisé de la sorte. De ce fait, l'URSS est, après le Royaume Uni, le plus grand utilisateur de M4A2 en version 75 et 76 mm. L'armée rouge a employé 2007 (dont 447 ont disparu en mer) M4A2 75, 2095 M4A2 76 et 115 M31 ARV*. Les premiers A2 sont arrivés juste avant la bataille de Koursk en 1943, mais la plus grande partie a été livrée en 1944-1945. Quelques modèles A2 à suspension HVSS sont arrivés et ont été employés avant la fin de la Deuxième Guerre mondiale. L'armée rouge a également reçu 52 TD M10 Wolverine au titre de la loi prêt bail. Ces Tanks destroyers ont été affectés au 1223e Régiment d'artillerie et engagés sur le front de Biélorussie en 1944.

Le M4 en Chine

La Chine a utilisé ses Sherman A4 lors des combats de Birmanie en 1945.

Le M4 indien

Le char a été utilisé lors des deux conflits Indo-pakistanais.

Le M4 au Moyen-Orient

Voir le chapitre 12.

Le M4 en Afrique du Sud

Les unités blindées de la 6e DB sud-africaine qui débarquent en Italie sont équipées de M4 A1.

Le Sherman brésilien

Le Brésil a reçu 84 Sherman, utilisés jusqu'en 1979.

Le M4 aux Philippines

Lors de la reconquête de l'archipel par le général Douglas Mac Arthur, l'armée américaine a débarqué des M4 A1 et A3. Par la suite, ces blindés sont versés à la nouvelle armée philippine, ou bien engagés en Corée.

Cette photographie présente l'équipage d'un Sherman M4A2 75 fourni par les Américains aux Soviétiques. Un moment de détente immortalisé pour la propagande *(Tous droits réservés)*

UNE BELLE CARRIÈRE

Pour résumer on peut dire que le M4 a participé à tous les conflits majeurs suivants :

1939 -1945	Deuxième Guerre mondiale
1947-1954	Guerre d'Indochine
1948	Conflit arabo-israélien
1950 -1953	Guerre de Corée
1956 -1957	Crise de Suez
1954 -1962	Guerre d'Algérie
1965	Premier conflit indo-pakistanais
1967	Guerre des Six jours
1971	Second conflit indo-pakistanais
1973	Guerre du Yom Kippour.

2 PRODUCTION - IDENTIFICATION

Au cours de sa période de production, le M4 est décliné en sept versions principales : M4, M4A1, M4A2, M4A3, M4A4, M4A5 et M4A6.

Il aurait existé un prototype de M4A9 mais nous n'avons pas de trace au moment où nous écrivons ces lignes. Dans tous les cas, ces appellations ne désignent pas des améliorations successives ou hiérarchiques. Par exemple, A4 ne signifie pas obligatoirement un modèle supérieur à celui dénommé A2. Ces différentes évolutions sont plutôt le fait des usines concurrentes qui ont construit les M4.

Le M4, plaque de base de la production

Les principales modifications ont trait aux motorisations, important sujet de préoccupation comme nous l'avons mentionné plus haut. Ainsi, le M4A1 diffère du M4 plus de par sa caisse moulée que de par sa motorisation. Le M4A4 du fait de sa motorisation a nécessité un allongement du châssis, un espacement des bogies augmenté, une suspension plus longue et des patins de chenille en plus. Le M4A5 désigne la production canadienne en général mais peut être assemblé autour d'un A1 ou d'un M4.

Le M4A6 bénéficie, quant à lui, d'un châssis allongé (celui du M4A4) mais est produit à moins de 100 exemplaires. Dans ce labyrinthe d'équipements, il faut retenir par exemple que les A2 et les A6 sont équipés de moteurs diesel et la plupart des M4 sont motorisés en essence, pour la simple et bonne raison que l'armée américaine ne voulait pas mélanger les sources d'approvisionnement en carburants.

Une foule de détails de production, tels que forme de la caisse, performances, tourelles, armement, blindage ou stockage des munitions sont restés sans effet sur le modèle de base : le M4. Il en va de même pour les séries W ou E dont nous verrons plus loin les différentes caractéristiques.

Il est donc très difficile – voire impossible pour certaines versions – de classer d'un simple coup d'œil un Sherman. Le seul que l'on peut désigner sans erreur possible est le M4 version A1 et ce, grâce à sa caisse moulée dont les formes arrondies ne laissent aucun doute. Les Américains appellent ce modèle « *Turtle Back* », carapace de tortue. À noter, tout de même, que la version hybride (fin

PRODUCTION ET CARACTÉRISTIQUES DES CHARS M4

Type de char	Début de prod.	Nombre	Constructeurs	Poids	Longueur	Largeur	Garde au sol	Glacis avant	Pression unitaire
M4 75	juillet 1942	6748	PSCC BLW ALC PUSCC DTA -Chrysler	30300 kg	5,89 m	2,62 m	0,43 m	57°	0,959 kg/cm²
M4 105	février 1944	800	DTA -Chrysler	31500 kg	5,89 m	2,62 m	0,43 m	47°	0,997 kg/cm²
M4 105 HVSS	septembre 1944	841	DTA -Chrysler	32820 kg	5,89 m	3,00 m	0,43 m	47°	0,681 kg/cm²
M4A1 75	février 1942	6281	PSCC LLW PCFC	30300 kg	5,84 m	2,62 m	0,43 m	33-55°	0,962 kg/cm²
M4A1 76 W	janvier 1944	3426	PSCC	32000 kg	6,20 m	2,67 m	0,43 m	33-55°	1,02 kg/cm²
M4A1 76 W HVSS	1944	Compris dans les 3426	PSCC	33362 kg	6,20 m	3,00 m	0,43 m	33-55°	0,7 kg/cm²
M4A2-75	avril 1942	8053	PUSCC. ALC. BLW. FTA. FMWC	31800 kg	5,92 m	2,62 m	0,43 m	57°	1,01 kg/cm²
M4A2 76 W	mai 1944	2915	FTA. PSCC.	30300 kg	6,30 m	2,67 m	0,43 m	47°	1,06 kg/cm²
M4A2 76 W HVSS		Compris dans les 2915	FTA. PSCC.	34630 kg	5,90 m	2,62 m	0,43 m	47°	0,744 kg/cm²
M4A3-75	juin 1942	1690	FMC.	30255 kg	5,90 m	2,62 m	0,43 m	57°	0,959 kg/cm²
M4A3 75 W	février 1944	3070	FTA. DTA-Chrysler	31600 kg	6,27 m	2,67 m	0,43 m	47°	1 kg/cm²
M4A3 76 W	mars 1944	1925	FTA. DTA-Chrysler	32320 kg	6,30 m	2,67 m	0,43 m	47°	1,09 kg/cm²
M4A3 76 W HVSS	août 1944	2617	FTA. DTA-Chrysler	33700 kg	6,27 m	3,00 m	0,43 m	47°	0,772 kg/cm²
M4A3 105	mai 1944	500	DTA-Chrysler	31730 kg	5,90 m	2,62 m	0,43 m	47°	1,07 kg/cm²
M4A3 105 HVSS	septembre 1944	2539	DTA-Chrysler	33100 kg	6,27 m	3,00 m	0,43 m	47°	0,758 kg/cm²
M4A3 E2 Jumbo	juin 1944	254	FTA.	38000 kg	6,27 m	2,94 m	0,43 m	47°	0,997 kg/cm²
M4A4	juillet 1942	7499	DTA-Chrysler	31600 kg	6,06 m	2,62 m	0,43 m	57	0,927 kg/cm²
M4A4 T	janvier 1950	Compris dans les 7499	FRA.	29950 kg	6,15 m	2,62 m	0,43 m	57	0,927 kg/cm²
M4A6	octobre 1943	75,00	DTA-Chrysler	31800	6,06 m	2,62 m	0,43 m	33-55°	0,927 kg/cm²
PRODUCTION TOTALE	49233	La version M4A4 T française consiste essentiellement en l'échange de la motorisation d'origine par le moteur Continental R 975, le remplacement de la plage arrière, le montage du tourelleau à épiscopes et volet CC, la protection de la sirène, les garde-boue ar. et concerne une cinquantaine de chars environ. À ce total, il faut ajouter 1 prototype T6 construit par Aberdeen Proving Ground, soit 49234 chars construits.							

Les constructeurs
PSCC : Pressed Steel Car Company – BLW : Baldwin Locomotive works – ALC : American Locomotive Company – PUSCC : Pullman Standard Car Company – DTA : Detroit Tank Arsenal-Chrysler – LLW : Lima Locomotive Works – PCFC : Pacific Car & Foundry Company – FTA : Fisher Tank Arsenal – FMWC : Federal Machine & Welder Company – FMC : Ford Motor Company – FRA : France

Fin de chaîne de montage des Sherman M4A1 dans une usine américaine au début de l'année 1944. *(NARA)*

de production), construite sur la base M4A1, est composée d'éléments moulés assemblés à des plaques de blindage. Une autre possibilité de différencier certaines versions est possible en observant l'arrière du char ou bien sa plage arrière. Voir le chapitre « *différencier les modèles* ».

Le char M4 première version est directement issu du T6. Il est équipé d'un moteur Continental R-975 C-1 à C4, neuf cylindres en étoile, refroidi par eau et pouvant développer 353 chevaux. On peut être surpris par ce montage, car le R 975 est tout simplement un moteur d'avion développé par Wright, un radial éprouvé et fiable. Ce moteur est adopté car la production du M4 démarre fort et, l'*Ordnance*[1], n'a pas le temps nécessaire pour étudier et fabriquer un « moteur de char ». Il faudra d'ailleurs attendre l'avènement du M41 Bulldog, en 1946, pour voir l'apparition d'un vrai moteur de blindé, le Continental AOS-895-3, six cylindres en V, 500 CV et refroidissement par air. C'est un moteur essence, suralimenté. Le M4 est construit à 6748 exemplaires entre juillet 1942 et janvier 1944.

La caisse est réalisée par soudure. Les derniers exemplaires produits (vers la fin 1943) par l'usine de Detroit ont une caisse composée d'un glacis avant coulé tandis que le reste de la structure est composé de plaques de blindage soudées. Nous voici donc avec deux variantes sur le M4, et ça ne fait que commencer. Une des premières grosses modifications consiste en la suppression de la porte latérale qui permet l'embarquement de l'équipage, tout au moins une partie de l'équipage, puisque pilote et le copilote accèdent à leur poste par leur écoutille respective.

Le M4 en chiffres

Ces données s'appliquent aux M4 tous types, mais certains modèles ont fait l'objet de modifications du châssis ou de la tourelle. Exemple, le M4 en version Jumbo pèse plus de 38 tonnes et la version A4 a une longueur de 6,58 m. Il en va de même pour ce qui concerne l'armement et les munitions redistribuées en fonction des armes embarquées et du type de stockage.

L'arme principale est le canon de 75 M3 monté sur affût M34, approvisionné à 90 coups dont huit en première urgence. Commande de gisement manuelle et/ou électrique sur 360° en 24 secondes. Pointage en site à commande manuelle de +25° à -12°. Stabilisation horizontale.

Mitrailleuse antiaérienne: calibre .50 M2 HB fixée sur la tourelle et approvisionnée à 300 coups.

Mitrailleuse coaxiale: calibre .30 M1919 A5 approvisionnée à 4750 coups.

Mitrailleuse de capot: cal. 30 M 1919 A4 montée sur rotule et servie par le copilote.

Train de roulement: suspension de type ressorts à volutes verticaux. Barbotin à 13 dents.

Galets de roulement: type bogie, nombre: trois, deux galets par bogies, galets ajourés à cinq branches.

Rouleaux porteurs: un par bogie. Poulie de tension à l'arrière.

Chenilles: T48, 49, 51 ou 54E1.

DONNÉES PRINCIPALES DU CHÂSSIS

Poids en ordre de marche	30300 kg	**Tranchée franchissable**	2,30 m
Longueur hors tout	5,84 m	**Gué franchissable:**	1 m
Largeur sans pare-sable	2,62 m	**Pente maxi**	60 %
Hauteur	2,74 m	**Hauteur franchissable**	0,61 m
Garde au sol	0, 43 m	**Virage minimum**	19 m
Pression unitaire	0,962 kg/cm²	**Rayon d'action**	170 km sur route
Diamètre du puits de tourelle	175 cm	*Eh oui! Les neuf cylindres sont gourmands*	
Vitesse maximum sur route	45 km/h	*et le choc pétrolier n'est même pas un rêve.*	

Concernant ces données, certaines sont fixes comme la garde au sol, le gué et la hauteur franchissables; les rayons de virage ont très peu varié, il en va de même pour les contenances de réservoir et l'autonomie. Côté tourelle, celles équipées de CN 105 ont des commandes de pointage site

1. Équivalent aux États-Unis de l'ancien Service du Matériel de l'armée française.

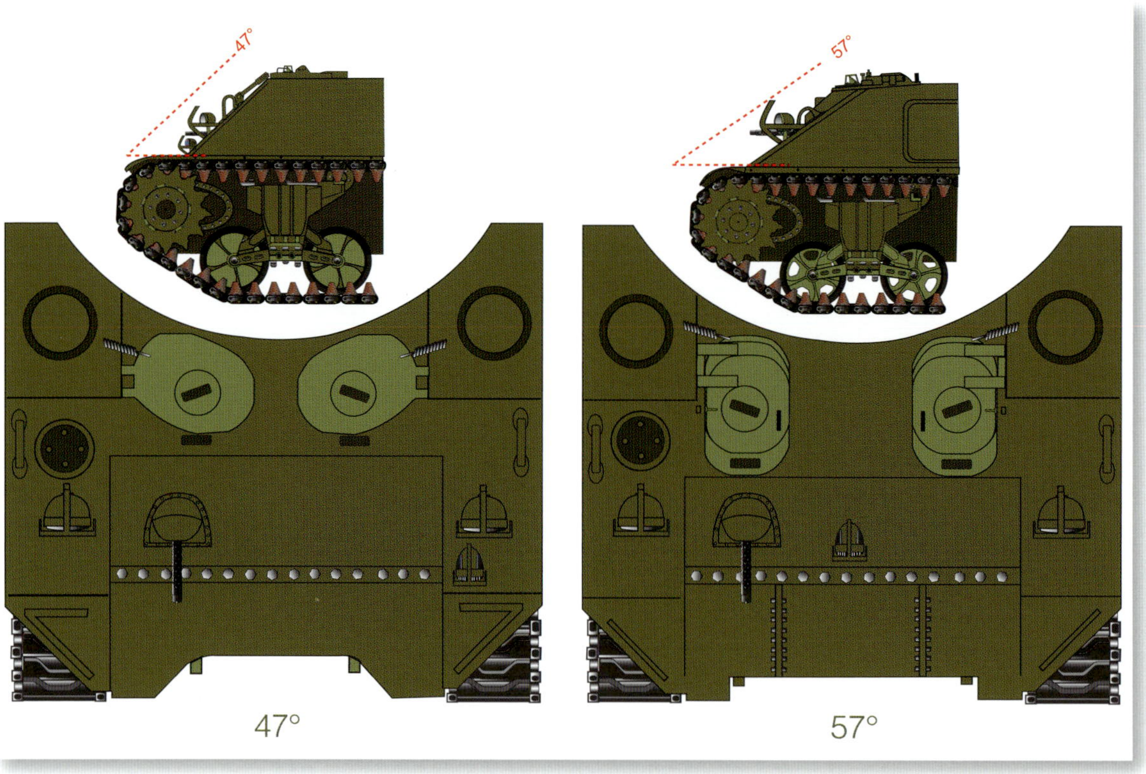

L'inclinaison de la partie frontale de la caisse passe de 47 à 57 °.

Page ci-contre. Comparaison entre les parties arrières de différents modèles de char Sherman.

et gisement manuelles (sauf sur certains modèles « *Late* »). Tous les autres Sherman sont à commande de gisement hydraulique et manuelle en site, avec stabilisation gyroscopique.

Pour produire environ 50 000 engins blindés, il y a différents constructeurs qui utilisent des motorisations diverses. Le tableau de la page 14 regroupe les données concernant les différents modèles de M4. On peut ainsi constater que la firme Fisher Tank Arsenal a construit et livré 254 chars entre juin et juillet 1944 alors que Detroit Tank Arsenal (Chrysler) en fabrique près de 18 000.

Après analyse de ce tableau de production, on peut constater que contrairement à ce que les dénominations pourraient laisser penser, que le modèle produit en premier n'est pas le M4, mais le M4A1.

Chronologie de la production

1942	**février**	Début de la production du M4A1
	juin	Début de la production du M4A3
	juillet	Début de la production des M4 et M4A4
1943	**octobre**	Début de la production du M4A6
1944	**janvier**	Début de la production du M4A1 76 W
	février	Début de la production du M4 105 Howitzer[2]
	mars	Début de la production du M4A3 76 W
	mai	Début de la production du M4A2 76 W et M4A3 105 Howitzer
	juin	Début de la production du M4A3 E2.

Les documents

Concernant les documentations techniques, en plus des *Field manuals** et des *Technical manuals**, elles sont complétées par des manuels destinés aux organes de réparation et de soutien. Il s'agit entre autres des :

SNL (*Standard Nomenclature List),* catalogue de pièces détachées et outillages spécifiques.

LO (*Lubrication Order)*, qui est la liste des points de graissage et de lubrification. Il est toujours utile de savoir que, jusqu'en 1969, sur les véhicules militaires, les points de graissage et de lubrification sont repérés à la peinture rouge par un cercle de deux centimètres. Les orifices de remplissage et de vidange d'huile sont peints en rouge sur toute leur surface. Par la suite, les marquages sont faits à la peinture jaune pour l'armée française.

La documentation technique du M4 est complète, donc, volumineuse et détaillée ; d'autre part, elle couvre toutes les versions du char M4. Ces catalogues et manuels sont parfois difficiles à trouver mais sont presque indispensables dans le cadre d'une rénovation, d'une reproduction (maquette ou diorama) ou bien d'une étude. Il existe toutefois des sociétés qui vendent des versions numérisées et disponibles en format PDF.

Comment différencier les Sherman ?

La partie avant du Sherman permet de différentier quelques modèles (mais pas tous, hélas). Le « nez » du char peut être soit d'une seule pièce moulée de fonderie, ou bien composé de trois parties distinctes assemblées entre elles par vis et écrous. De même, l'angle de la partie frontale de la caisse est différent, de 57° il passe à 47°.

Ce dernier, subit également de nombreuses modifications, jusqu'au super blindage de la version Jumbo. Les transformations de la partie avant touchent les postes d'accès pilote et copilote.

En effet, avec l'inclinaison à 57°, les volets des écoutilles forment une protubérance bien visible sur les photos. C'est dans ces protubérances que se situent les fentes de vision. Ces fentes, après l'adjonction d'un épiscope (orientable) de conduite, ont été obturées par des plaques de blindage de 25 mm d'épaisseur.

Reconnaître le M4

Les M4 « *Early* »* sont équipés de *slots** de vision pilote et copilote puis, des plaques de blindage obstruent ces slots de vision. Le glacis est

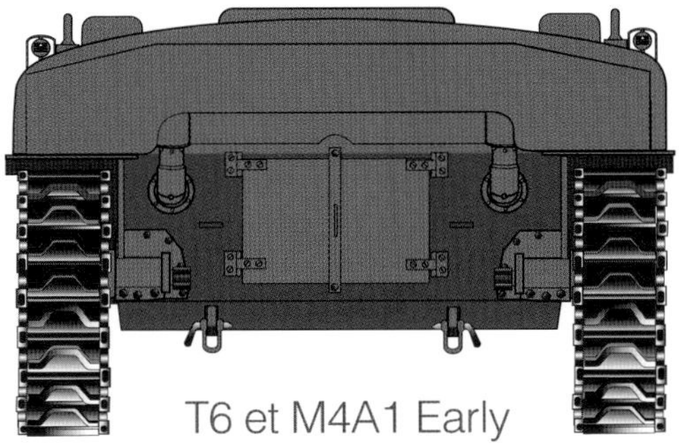

T6 et M4A1 Early

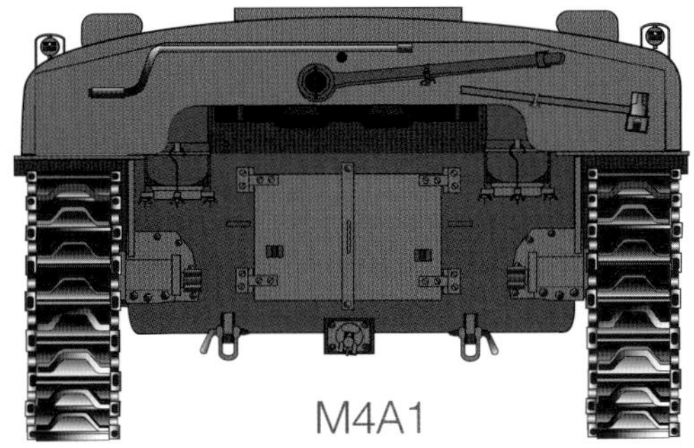

M4A1

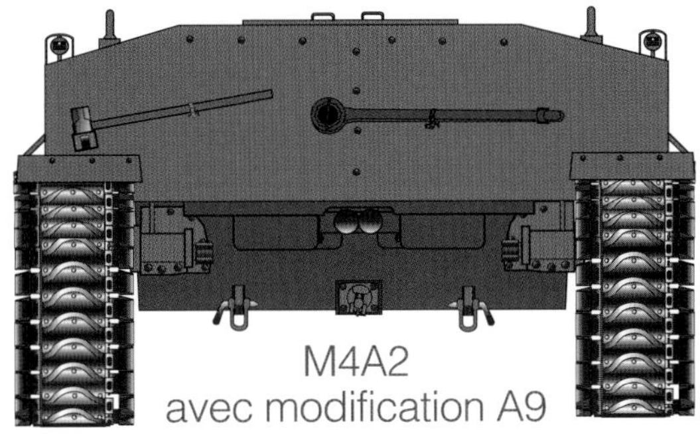

M4A2
avec modification A9

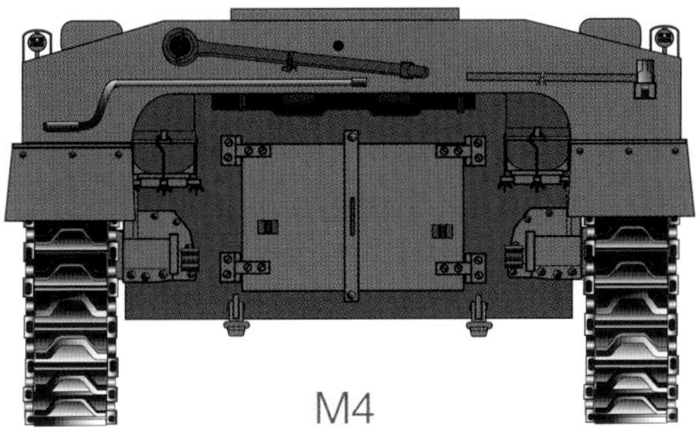

M4

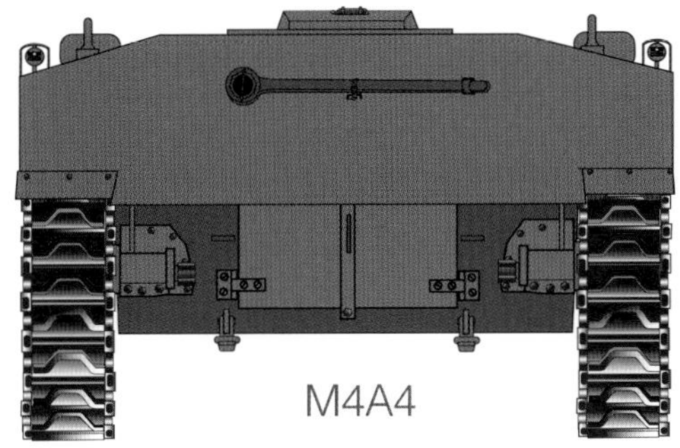

M4A4

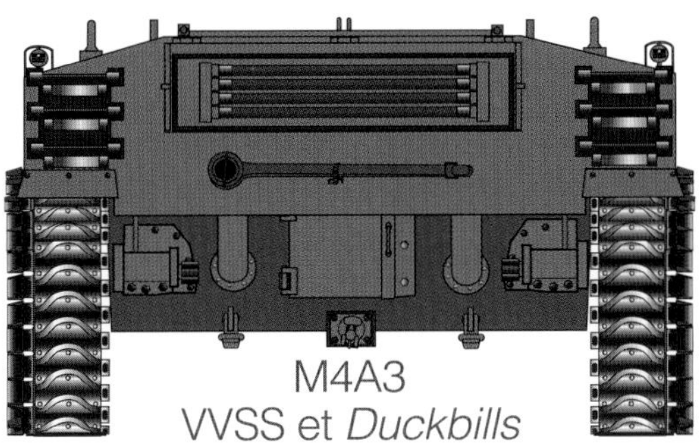

M4A3
VVSS et *Duckbills*

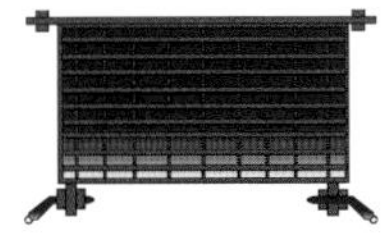

Barber Colman exhaust deflector
M4 et M4A1

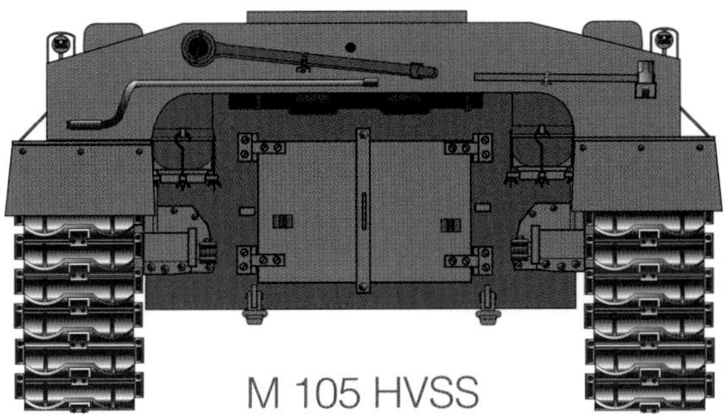

M 105 HVSS

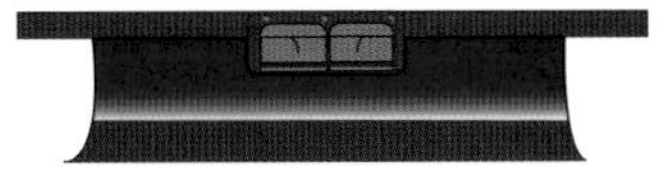

Déflecteur échappement
M4A2

Déflecteur échappement
M4A3

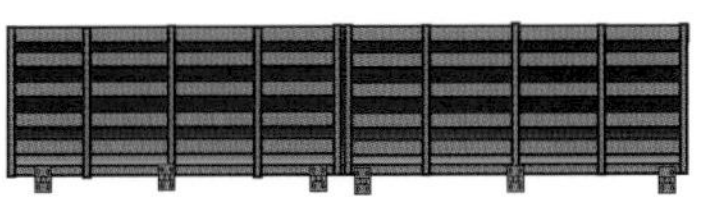

Déflecteur échappement
M4A3 E8

incliné à 57° et la protection de transmission est en trois parties. La plaque de blindage arrière est en forme de U inversé, droite au début, elle peut être inclinée par la suite. La plage arrière est identique à celle du M4A1, les filtres à air extérieurs sont du type carré.

Les M4 105 ont un glacis à 47°, des volets pilote et copilote « grand modèle » et un ventilateur supplémentaire à l'arrière de la tourelle. Le blindage arrière est incliné, et la forme en U inversé a disparu. Une tape de remplissage et sa protection sont ajoutées sur la plage arrière, sur la partie grand-volet.

Le M4 peut être équipé de la tourelle à un ou deux volets d'écoutille et parfois de la modification E9 du train de roulement. Le carter de différentiel est en trois parties ou moulé d'une seule pièce.

Reconnaître le M4 105 Howitzer

Sur ce M4, l'arrière en forme de U inversé disparaît et il est équipé de supports de patins de rechange de chaque côté. Le bordage arrière gauche est équipé du « *Rammer Cleaning and Unloading M5* », le support pour écouvillon, hampes et refouloir de déchargement. Ce support est monté sur les modèles « *Early* » et « *Mid* », puis disparaît sur les modèles en 105 HVSS.

Sur ce modèle, la tourelle est équipée du volet chef de char du type « *Revolving hatch* », et du volet radio-chargeur. La mitrailleuse de 12,7 mm AA est montée sur le pivot entre les deux volets, et la tourelle est équipée d'un extracteur ventilateur additionnel, fixé vers l'arrière. Les M4 105 sont équipés du masque de canon incluant un volet de protection pour la lunette de visée. Le carter de différentiel est moulé d'une seule pièce.

Reconnaître le M4A1

Le modèle A1 est assemblé par différents constructeurs, mais la caisse est toujours la même : coulée à bords arrondis. Le blindage de transmission est d'une seule pièce.

Les A1 construits par Pressed Steel Cars Foundry possèdent des protections de feux arrière de forme particulière, en trois segments plats.

La jonction de la partie arrière et le fond de caisse est constituée d'une plaque rivetée montée inclinée entre les deux. Par la suite, cette plaque sera montée soudée.

Sur les chars construits par Pressed Steel Cars et Lima Locomotive Work, la fixation de la toile de protection de la mitrailleuse de capot est constituée par une monture tubulaire soudée sur le glacis.

Sur les chars construits par Lima Locomotive Work et Pacific Cars Foundry, la plaque de liaison entre la partie arrière et le fond de caisse est arrondie. Les planchers de caisse peuvent être montés rivetés sur les montants ou soudés par la suite. Certains modèles ont les plaques d'obturation des slots de vision.

Sur le A1 CN 75 les volets pilote et copilote sont du type *Small**, les slots vision n'existent pas sur ce modèle. L'arrière est en forme de U inversé, les filtres à air extérieurs sont du type rond, un déflecteur d'échappement leur sert de protection.

Sur le A1 76 W, les plaques de blindage additionnel latérales ont disparu (pour cause de stockage humide). Les volets pilote et copilote sont du type *Large*. Sur la partie arrière, la forme en U du blindage disparaît, un orifice de remplissage et sa protection sont ajoutés sur la plage arrière, sur la partie grand-volet.

Sur le A1 E8, le train de roulement et la suspension sont du type HVSS*, les filtres à air bénéficient d'une protection en blindage. Les ailes sont élargies à hauteur des bordages et renforcées par des fixations latérales.

Les portes arrières de visite moteur, peuvent être équipées de butées d'ouverture soit fixées sur les portes, soit soudées de part et d'autre de celles-ci, sur le blindage arrière. Sur le modèle A1, le volet de tourelle en deux parties peut être du type « *Small* ou *Large* ».

Coupe longitudinale du Sherman M4

1. Manille de remorquage
2. Différentiels, freins de direction, réducteurs de barbotin.
3. Garde-boue.
4. Mitrailleuse de capot cal. .30
5. Protège phares
6. Phare de route avec inverseur au pied.
7. Feux de black-out.
8. Anneau de levage du char.
9. Épiscope du pilote.
10. Canon de 75 M3.
11. Mitrailleuse coaxiale de cal. .30.
12. Masque.
13. Anneau de dépose artillerie
14. Anneau de levage tourelle
15. Projecteur orientable
16. Épiscope tireur.
17. Ventilateur.
18. Épiscope radio chargeur.
19. Support de mitrailleuse AA cal. .50
20. Support de canon de mitrailleuse
21. Épiscopes du chef de char.
22. Boîtier radio interphone
23. Bas-mât d'antenne
24. Support de mitrailleuse.
25. Cloison pare-feu.
26. Remplissage d'eau.
27. Remplissage carburant.
28. Filtre à huile.
29. Radiateurs.
30. Échappements.
31. Blindage arrière
32. Système de tension de chenilles
33. Conduites d'eau.
34. Collecteur d'échappement
35. Embrayage
36. Batteries.
37. Munitions de cal. .30
38. Casiers à obus.
39. Arbre de transmission.
40. Pédale d'embrayage
41. Pédale d'accélérateur.
42. Accélérateur à main.
43. Leviers de direction.
44. Siège du pilote
45. Levier de vitesses.
46. Boîtier interphone.
47. Groupe hydraulique
48. Couronne de rotation tourelle
49. Pointage en site (manuel).
50. Panier de tourelle.
51. Siège du tireur
52. Siège du radio chargeur
53. Obus de première urgence.
54. Émetteur-récepteur radio.
55. Berceau de canon.
56. Boîte de vitesses.
57. Moteur VS Ford.
58. Répétiteur d'azimut.
59. Stabilisation gyroscopique.
60. Joint tournant

COUPE LONGITUDINALE DU SHERMAN M4

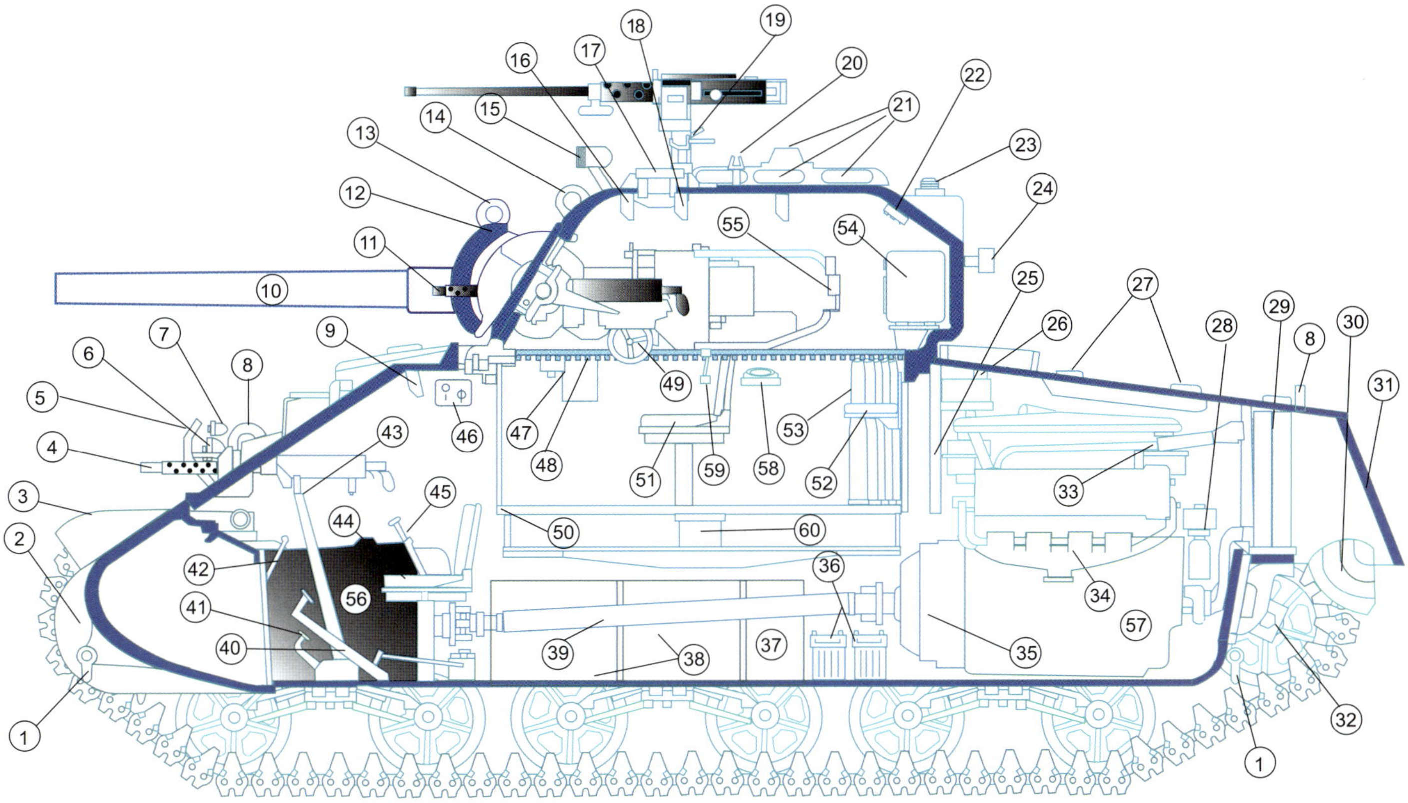

Reconnaître le M4A2

Les M4A2 75 ont été produits par cinq différents constructeurs parmi lesquels Fisher Tank Arsenal. Ce dernier a produit les châssis numérotés de :

2305 à **2654** : 350 chars
7460 à **9459** : 2000 chars
16280 à **16554** : 275 chars
26305 à **28004** : 1700 chars

Les A2 produit par Fisher se reconnaissent à un support d'antenne copilote particulier, un support de mitrailleuse de capot différent – la partie supérieure est soudée –, des supports de phares particuliers, les protections du défaut de tourelle* sont en blindage cintré au lieu de coulé. Ces A2 n'ont pas de slot de vision, (d'autres constructeurs de A2 les ont conservés) un blindage à 47° et les protubérances de volet pilote et copilote sont de forme angulaire et soudées. Les anneaux de levage sont soudés sur des plaques rectangulaires et non directement sur la caisse. Les modèles *« Early »** de Fisher ont le blindage arrière fixé par onze vis en partie supérieure, les modèles *« Late »** possèdent une fixation à six vis seulement.

Certains A2 sont équipés du blindage de transmission une seule pièce du type « pointu » ou « Mary-Ann » (allongement de la partie avant), un marchepied est fixé au centre de ce type de blindage.

Les A2 75 sont du type *« Dry »** avec blindage latéral additionnel. Sur ces modèles, les écopes d'air arrière sont supprimées pour cause de moteur GM 6046.

Reconnaître le M4A3

Le A3 75 a été exclusivement construit par Ford qui a fabriqué les châssis numérotés de :
2655 à 3004 et 11460 à 12799

Modèle A3 CN 75

Sur tous les A3, les écopes d'air sont supprimées et remplacées par des plaques vissées. Les modèles *« Early »* possèdent les slots de vision et des volets pilote et copilote *« Small »*.

Les modèles *« Late »* sont équipés de protubérances pilote et copilote larges comme les M4A4. Les supports d'antenne sont du type rond. (char équipé du moteur Ford V8 GAA). Les volets du moteur sur la plage arrière sont du type à charnières sur les modèles *« Early »*. À partir des modèles *« Mid »* puis *« Late »*, les volets moteurs sont articulés par des barres de torsion elles-mêmes déclinées en deux variantes.

Les A3 *« Late »* sont équipés du blindage de transmission une seule pièce allongée type « Mary-Ann », avec deux marchepieds soudés de part et d'autre des mains de remorquage.

Ford a équipé ses A3 de barbotins spécifiques.

Le A3 a été le seul Sherman équipé du canon de 75 avec système de stockage *« Wet »*, donc sans blindage latéral additionnel.

Modèle A3 76 et 76 W

Ces modèles sont équipés de glacis à 47° et de volet pilote et copilote grand modèle. La mitrailleuse de 12,7 mm est montée côté radio-chargeur. Les garde-boue arrière sont allongés, le déflecteur d'échappements occupe toute la largeur du panneau arrière. Des patins de rechange sont fixés sur les garde-boue et un support repliable et basculant est vissé sur le panneau arrière. Le modèle A3 E2 bénéficie d'un blindage de glacis renforcé et d'une tourelle remaniée. Le modèle A3 E8 est équipé de la suspension HVSS, et d'ailes élargies.

Page précédente, en bas.
Ce Sherman M4A1 du *756th Tank Battalion* – une unité rattachée à la *3rd Infantry Division* américaine est à l'arrêt dans les rues de Lure, en Haute-Saône, lors de la libération de la ville, le 16 septembre 1944. *(Photo Thiébaut, tous droits réservés, collection particulière)*

1

Reconnaître les M4A4 et A4T

Tous les A4 ont été construits par Chrysler Corporation et sa filiale Detroit Tank Arsenal à Detroit, État du Michigan. Le contrat agréé par l'*Ordnance* a le n° W ORD. 461. Les numéros de châssis affectés sont :

Série 1 de 4805 à 6804

Série 2 de 16555 à 22652

Comme presque tous les modèles de Sherman, les A4 ont eu des séries « *Early* » et « *Late* ».

Tous les A4 sont construits par Chrysler et sortent d'usine avec le blindage de transmission en trois parties ; donc les A4 que l'on pourrait voir avec un blindage de transmission d'une seule partie, ont fait l'objet d'une intervention après leur construction (très rare).

Sur les modèles « *Early* », on distingue à l'avant des slots de vision pilote et copilote, les anneaux de levage sont soudés sur une plaque rectangulaire et non directement sur la caisse, la fixation du blindage de transmission est du type apparent. Le glacis avant est incliné à 57°.

Par la suite, sur les modèles « *Late* », Chrysler remplace les slots de vision par des protubérances du type large, tout comme Ford sur les modèles A3.

Toujours sur le modèle « *Early* », le blindage arrière est incliné et est composé de deux parties soudées. Les modèles « *Late* » ont un blindage arrière en une seule pièce.

Sur les A4 « *Late* », les anneaux de levage sont directement soudés sur le blindage, sans plaque rectangulaire. De même, sur les modèles « *Late* », les fixations de blindage de transmission sont du type « à lèvres ». Toujours sur ces mêmes modèles, Chrysler ajoute des plaques de protection sur les blindages de protection des orifices de remplissage. Chrysler équipe les A4 de barbotins à couronne rapportée.

Le blindage de protection des tapes arrières est d'une seule pièce et soudé sur la plage arrière, juste derrière le puits de tourelle. Dans certains cas (agrandissement de la plaque moteur), la partie centrale du blindage constitue une pièce à part, maintenue par deux vis juste devant la grille de ventilation du moteur.

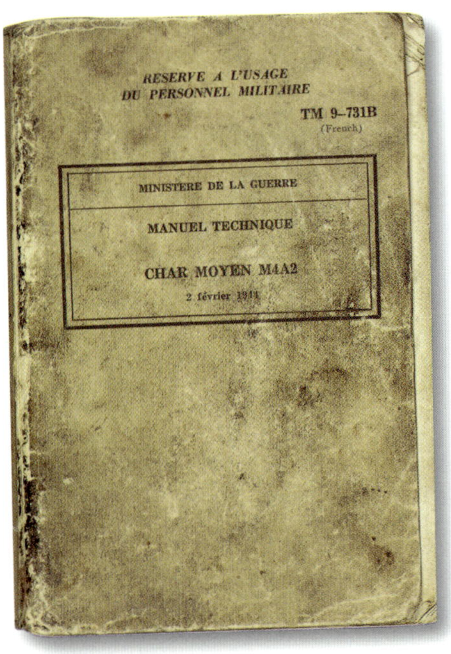

RESERVE A L'USAGE DU PERSONNEL MILITAIRE

TM 9-731B (French)

MINISTERE DE LA GUERRE

MANUEL TECHNIQUE

CHAR MOYEN M4A2

2 février 1944

TM 9-731B, le manuel technique consacré au char moyen M4 A2 de février 1944 édité par le ministère de la Guerre. *(Collection particulière, tous droits réservés)*

4

7

Les versions A4 T sont typiquement françaises et les modifications portent sur :

Le remplacement de la motorisation Multibanks par le Continental R 975. Le remplacement de la plage arrière par celle du M4. Le perçage de la partie arrière pour le passage de la manivelle ; ce perçage est de forme carrée au lieu de ronde sur les M4 et M4A1.[3]

La modification des renforts de garde-boue arrière. Vers l'avant, la sirène reçoit une grille de protection. Le volet chef de char « *Split hatch* » est remplacé par le « *Revolving hatch* » à six épiscopes.

Reconnaître le M4 hybride

Sur ce modèle, facilement identifiable, la partie avant (glacis) est constituée par la coque moulée du M4A1, à laquelle on a rajouté la caisse angulaire (plaques assemblées) du M4.

La soudure entre les deux parties permet une identification immédiate en vue latérale d'autant que, sur les hybrides, les plaques de renfort latéral sont, elles aussi, souvent, en deux parties soudées. Ce modèle peut être équipé de volets pilote et copilote de grand ou petit modèle (en fonction du type

3. Sur certaines photos de chars du 2e régiment de cuirassiers (équipé de M4A4) on peut voir des chars sans plaque de blindage additionnel à droite et à gauche et un CN 75 avec stockage Dry. De même, certains M4 « Early » ont une tourelle sans tape d'évacuation des douilles.

Les détails qui font la différence
1. Caisse soudée.
2. Caisse coulée.
3. Caisse hybride.

4. Protubérances de volet pilote étroites.
5. Protubérances *« Large »*.
6. Slots de vision non protégés.
7. Blindage additionnel des « slots » de vision.
8. Volets pilote et copilote de type *« Small »*.
9. volets de type *« Large »*.

de M4A1), mais dans tous les cas, les slots de vision disparaissent.

Reconnaître le M4A 6

Les modèles A 6 sont basés sur un châssis hybride, mais sur base de M4A4 (châssis allongé). Le moteur Caterpillar nécessite la modification de la plage arrière qui, comme sur le A4, est dotée d'une protubérance due au système de refroidissement. Toutefois, cette excroissance est plus importante que sur le A4.

Les modèles A 6 sont tous dotés de jupes pare sable.

La tourelle comporte un volet chef de char en deux parties et un volet radio chargeur de type ovale (small).

Tous les A6 ont un blindage de transmission monocoque.

10. Blindage de transmission en trois parties.
11. Blindage de transmission monocoque.

Les détails qui font la différence *(suite)*.
1. Galet de roulement plein.
2. Galet de roulement plein et nervuré.
3. Galet de roulement plein et plat.
4. Galet de roulement ajouré.
5. Protection de support de bas-mât d'antenne type arrondi.
6. Protection de type ovale.
7. Protection de type en « D ».

Aménagements particuliers

À chaque nationalité, ses aménagements ou modifications particuliers. À partir de modèles A 3 *« Late »*, les Américains ont équipé leurs Sherman de racks montés sur le panneau arrière. Ces supports sont installés par la suite sur tous les modèles de M4. Les Marines pendant la guerre du Pacifique recouvrent les côtés du char d'un bardage en bois, les Japonais ayant la mauvaise habitude d'y « coller » des mines magnétiques. Ils installent également des protections autour des écoutilles pour éviter les jets de grenades et autres cocktails « réchauffant ». Très répandu – et toutes nationalités confondues –, est l'usage d'éléments de chenilles additionnels en guise de protection supplémentaire.

Il ne s'agit pas des six patins de chenille qui, sur certains modèles de Sherman, sont installés d'origine. Les équipages en ajoutent sur l'avant du char – parfois le glacis est entièrement recouvert –, mais également sur les flancs, voire le pourtour de tourelle. Les créations personnelles dans le domaine de la protection peuvent souvent prendre des dimensions impressionnantes et les commandants d'unité sont obligés d'intervenir car les modifications effectuées alourdissent considérablement le char, diminuent sa mobilité, affectent la vision ou l'observation et mettent en danger la fiabilité des équipements.

Ainsi, on pouvait trouver des protections additionnelles réalisées à base de sacs de sables rangés sur des supports métalliques soudés tout autour du char (sauf en partie arrière). Dans ce cas, c'est plusieurs tonnes supplémentaires qui s'ajoutent. Une autre technique de protection, fortement inspirée de la technologie des chars Tigre, consiste en l'adoption d'un blindage frontal à base de ciment. Après avoir fixé une traverse-support à hauteur de la fixation du blindage de transmission, on coule un béton sur tout le glacis avant, excellente protection contre les munitions HEAP.

Certains équipages n'hésitent pas à utiliser la combinaison bardage bois/chenilles ou sacs de sable/chenilles en guise de protection supplémentaire. Autre type de protection personnelle, le blindage en plaque. Ce dispositif est composé de plaques additionnelles soudées sur un support métallique, lui-même fixé sur le glacis avant. Une découpe est aménagée autour de la mitrailleuse de capot pour en conserver l'usage, il est pratiqué de même pour la chaise route.

En dehors de ces appendices de protection, les équipements d'« usine » varient d'un pays à l'autre. Les Anglais ont toujours privilégié la disposition de coffres et supports additionnels et le Sherman n'a pas échappé à la règle. Le coffre de nuque est un trait caractéristique des blindés britanniques. Il peut être monté sur des Firefly ou des tourelles à canon de 75. Autre particularité des chars anglais, un grand coffre de forme tronquée prend place soit à l'avant soit à l'arrière du char. Ce coffre occupe toute la largeur disponible entre les deux chenilles. Très en usage pendant la campagne d'Afrique du Nord, le réservoir d'eau fixé à l'avant droit du char. Ce réservoir métallique, d'une quarantaine de litres, est enfermé dans un cerclage métallique vissé sur le châssis. Sur le panneau arrière de leurs chars, les Britanniques installent parfois un porte-jerrican ou un coffre à munitions supplémentaire.

Les Canadiens utilisent beaucoup le coffre de nuque. Dans certaines unités, ces boîtes sont remplacées par des caisses métalliques de munitions de grand modèle, montées par deux sur l'arrière de la tourelle. Sur beaucoup de Sherman canadiens, on peut trouver un coffre métallique fixé sur les bordages droit et gauche. Beaucoup de blindés canadiens sont équipés de jerricans. Leurs supports sont fixés, par deux, sur les côtés du char, parfois sur le glacis avant.

Les chars des unités polonaises sont d'origine britannique donc les équipements sont similaires. Les Français et les Soviétiques apportent fort peu de modifications sur leurs engins, hormis les protections supplémentaires sur base d'éléments de chenille, usage courant.

À ces aménagements particuliers, il convient d'ajouter tout ce que les équipages « chargent » à l'extérieur du char. Tout ce matériel en sus change même l'aspect extérieur du char et, si l'on ajoute à cela l'installation de morceaux de filet de camouflage, parfois des pieux ou de petits poteaux en bois, on a une idée du changement opéré. Les Britanniques utilisent les barres latérales ajoutées sur les côtés pour y suspendre le nécessaire « vie » de l'équipage (contenu dans les musettes ou sacs à dos) mais, on peut très bien trouver sanglée, sur les côtés de la tourelle, une bâche supplémentaire, une vache à eau, ou, encore, un rouleau de barbelés.

Les caisses de munitions supplémentaires sont parfois sanglées sur la plage arrière ou sur les côtés du glacis avant (plus rare). Ces caisses en bois ou métalliques, selon qu'il s'agisse de caisse d'obus ou de munitions de petit calibre, sont réparties et installées aux endroits où elles ne gênent pas le fonctionnement des écoutilles, de l'armement (rotation de tourelle) ou des équipements de vision.

Enfin, pour des missions spécifiques, il peut arriver qu'un char transporte un matériel plus lourd ou plus volumineux (remorque ou le *Wadding Device*). Ceci était moins courant et directement lié à la situation tactique du moment.

Éléments extérieurs

C'est également sur la partie avant que prennent place certains éléments de rechange comme le, ou les, galet(s) de roulement, patins de chenille, câble de remorquage, les éléments d'éclairage, la chaise de route du canon, les anneaux de levage du char, les manilles de remorquage, le support sur rotule de la mitrailleuse de défense rapprochée, servie par le copilote. Autour de la rotule, qui permet un tir tous azimuts, vient se clipper une toile de protection qui évite à l'eau de pénétrer dans le poste lors des passages à gué. C'est également à cet endroit que l'on peut trouver, selon le modèle, les prises d'air de ventilation, la protection blindée du bas-mât d'antenne radio.

La partie avant – moulée ou assemblée – permet d'accéder aux éléments de transmission, à savoir :

Boite de vitesses à cinq rapports « avant » synchronisés et une marche arrière, différentiels et freins de direction, demi-arbres et réducteurs de barbotin. Concernant la synchronisation des vitesses, tous ceux qui ont piloté un Sherman sont unanimes, elle est avant tout théorique car le passage des premier, deuxième et troisième rapports se fait en double-pédalage en montant et double-débrayage en rétrogradant... avec coup d'accélérateur sur le point mort.

Vers le milieu du châssis, se trouve le puits de tourelle dans lequel passe l'arbre de transmission venant du moteur. Au fond, et sur les côtés, sont répartis divers équipements tels que...

Du côté droit, les casiers à obus pour le canon, et sur le côté, les lignes de câblage châssis, radio, électrique.

Du côté gauche, les munitions pour la mitrailleuse de .30, les batteries, les extincteurs fixes. Tout à fait à l'arrière du puits de tourelle, se trouve la cloison pare-feu qui sépare le compartiment équipage du compartiment moteur.

Compartiment moteur et train de roulement

Il est aménagé différemment en fonction du type de moteur installé. Il contient le moteur et son environnement, le système de lancement, refroidissement (liquide ou air), embrayage, génératrice, réservoirs de carburant, filtres à air, échappements, diverses boîtes de jonction.

Les trains de roulement droit et gauche se composent des éléments suivants :

À l'arrière, une poulie de tension, actionnée par un système à vis sans fin réglable par l'équipage. Ce dispositif, permet de tendre la chenille si besoin est, ou bien de la détendre pour permettre de la couper dans le cas d'un échange ou d'une réparation.

Tout à l'avant du char, monté en bout des réducteurs de transmission, se trouvent les barbotins. Le but de ces roues dentées est d'entraîner les chenilles, donc de faire avancer le char. Entre la poulie de tension et le barbotin, prennent place les galets de roulement et les rouleaux porteurs. Dans le cas du Sherman, les premiers types sont équipés du train de roulement du M3. Les galets sont montés en bogies (par deux), la suspension est à ressorts à volutes verticaux (VVSS) et les galets porteurs sont montés au-dessus des bogies.

Les galets sont du type ajouré pour passer à âme pleine par la suite. Le train de roulement est, dans un premier temps, légèrement modifié : déplacement des rouleaux porteurs vers l'arrière du bogie et adjonction d'un patin de guidage de chenille à leur place. Les galets passent de cinq à six branches. La suspension a évolué en HVSS par le montage de ressorts à volutes horizontaux, épaulés par des amortisseurs hydrauliques, eux aussi, horizontaux.

Un M4A1 Sherman de toute première fabrication. Deux mitrailleuses M1919 sont installées au milieu du glacis. Cette disposition disparaîtra sur les chars de production.

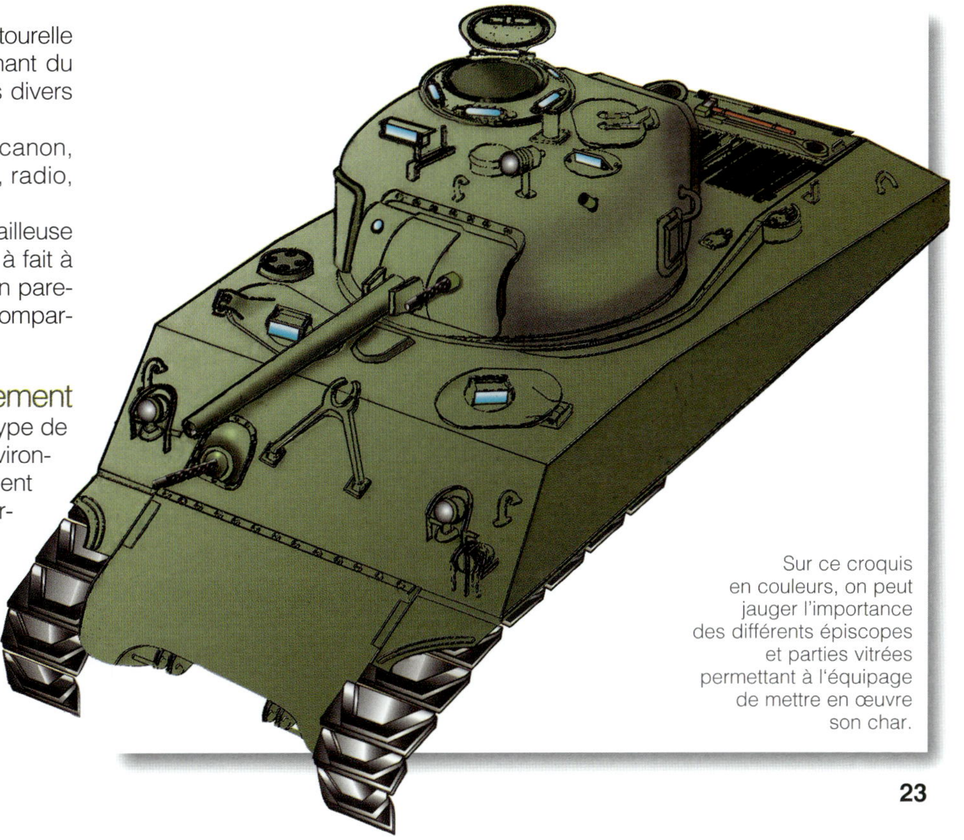

Sur ce croquis en couleurs, on peut jauger l'importance des différents épiscopes et parties vitrées permettant à l'équipage de mettre en œuvre son char.

3

LE CHASSIS

Aménagement, organisation

Il faudrait même dire les châssis. En effet, cette partie du char, tout comme la tourelle, a changé selon les périodes de production. Ce châssis – ou caisse – est un assemblage de plaques blindées soudées, ou rivetées sur le M4 du début. La construction du M4A1 voit l'apparition d'une caisse moulée de fonderie, facilement reconnaissable à ses angles arrondis.

Par la suite, avec l'apparition du M4A4, le châssis est allongé et les bogies écartés en proportion. Cette caisse allongée servira à la – petite – production du M4A6.

À partir de 1944, apparaissent les châssis dits « hybrides ». Il s'agit d'un avant moulé de fonderie, assemblé à une caisse composée de plaques de blindage soudées. Sur ces modèles, les plaques du blindage latéral refont leur apparition, mais elles sont tronquées sur le côté avant (sens de la soudure entre les parties moulées et plaques soudées).

Le nez du Sherman n'échappe pas aux modifications et le blindage avant en trois parties du M4 refait son apparition sur les M4A2. Il est remplacé par un blindage monocoque. Si les châssis sont relativement faciles à classer, il n'en est pas de même pour ce qui est des équipements et des aménagements extérieurs. Ainsi, sur les M4 et M4A1, la masse située sur le panneau arrière peut se trouver aussi bien à droite qu'à gauche, tout dépend du constructeur. Sur ces deux modèles, il peut y avoir la sirène et sa protection au centre du glacis ou bien du côté gauche pour les modèles « *Mid* », et « *Late* ».

Applique Armor ou blindage additionnel

Conscients des faiblesses du blindage, les concepteurs américains ont très tôt prévu un « kit » pouvant se monter sur les Sherman. Cet ensemble concerne la tourelle et le châssis.

Il faut savoir que ces kits, châssis ou tourelle, sont étudiés par les bureaux adéquats, l'*Ordnance Department Drawings*, fabriqués en usine puis, montés avant la livraison du char ou bien livrés avec le char, accompagnés de la notice de montage ou d'installation.

Ces notices précisent les endroits à traiter, avec des côtes bien définies et des dimensions données

Ci-dessous, de gauche à droite.
M4 équipé d'un blindage additionnel réalisé à l'aide de patins de chenilles à Okinawa, en 1945.

M4A1 de la 1st Armored US avec un blindage partiel additionnel d e glacis réalisé à partir de patins de chenilles.

Un mécanicien américain soude les patins de chenilles du blindage additionnel sur un M4A3.

à partir du centre du véhicule (pour le châssis ou le glacis avant). Cet ensemble pièces/documentation est appelé FSMWO « *Field Service Modification Work Order* » dont l'équivalent français est le « Bulletin de service ».

Les organismes dépendant de l'*Ordnance*, qui sont accrédités pour l'application de ces modifications sont les FDI, *Field & Depot Issues* l'équivalent des établissements du Matériel* en France ou bien encore les unités du Matériel supportant des unités de combat.

Les blindages de glacis avant

Ces blindages supplémentaires – gérés par le MWO G104-W 83 – se montent devant les « *vision slots* » ou fentes de vision. Ces fentes sont obstruées par un volet blindé manié depuis l'intérieur du char. Avec l'apparition des épiscopes de conduite, ces derniers sont devenus obsolètes et présentent d'autre part un point faible du blindage avant. Le « kit » de glacis est composé d'une seule plaque additionnelle de 38 mm à souder devant le slot. Ces modifications sont réalisées sur les chars équipés d'un glacis incliné à 57° et équipés de volets pilote et copilote du type « *Small* ». La plaque de blindage pilote était référencée C 101542 celle du copilote C 101543 et comporte une découpe qui épouse la forme du support extérieur de mitrailleuse de capot.

Les blindages latéraux

Ces modifications sont gérées par le MWO G104-W 81, qui traite du blindage renforcé pour les racks à obus en place sur les bordages droit et gauche. Tout comme pour le blindage de tourelle, les différents composants sont référencés. Trois plaques de 25,4 mm d'épaisseur sont soudées sur les côtés : une sur le flanc gauche et deux sur le flanc droit.

Les plaques avant sont identiques, et les trois plaques sont soudées à deux centimètres du bord inférieur du bordage. Particularité des M4A1 et M4

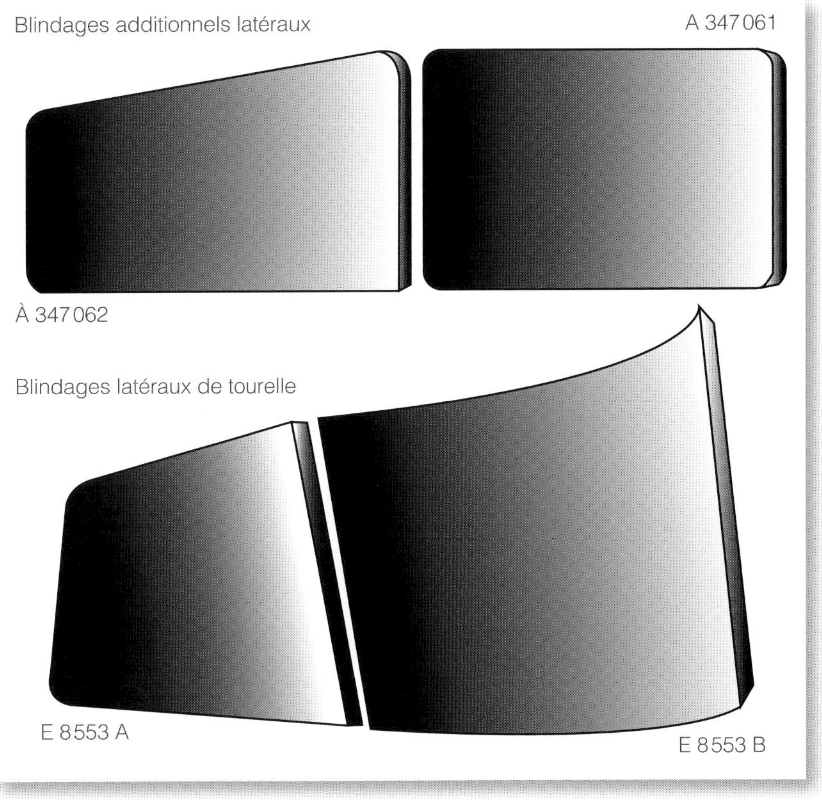

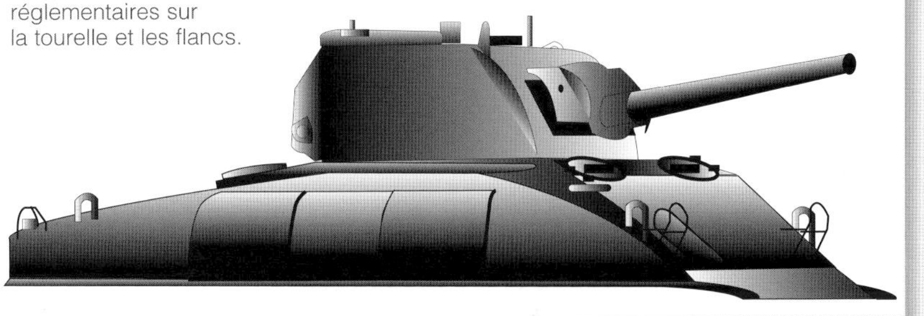

Plaques de blindages réglementaires sur la tourelle et les flancs.

En haut, de gauche à droite
M4 équipé d'un blindage additionnel réalisé en béton

Le « Comet » est un M4A3 du Corps des Marines équipé d'un blindage latéral en planches et de patins de chenilles soudés sur le glacis

M4A1 doté d'un blindage additionnel fait de plaques d'acier soudées sur le glacis.

« hybrides », la courbure du glacis impose un montage du blindage additionnel en plusieurs morceaux, parfois jusqu'à cinq parties différentes.

On peut donc trouver des combinaisons surprenantes ou des modèles 75 « *Dry* » ne sont pas équipés de blindages additionnels, tout comme les M4A3 W, n'en possède pas, bien qu'étant équipés de canons de 75.

Cas particulier des M4A1 : certains de ces Sherman de type « *Late* » sont équipés de blindage additionnel particulier. Il s'agit de protections qui sont coulées sur les flancs du char. Ce blindage additionnel est composé de trois parties d'épaisseurs différentes, formant une protection plus large et plus performante puisque d'épaisseur plus importante.

Toujours à propos du blindage, il existe, parallèlement aux solutions évoquées ci-dessus, des études menées soit par l'*Ordnance*, soit par des constructeurs pour apporter une solution plus concrète au problème du blindage des Sherman. L'*Ordnance* teste un dispositif de protection sur base de M4A3 E8 en 1945. Il se compose d'un kit de protection des bordages complets – de l'avant à l'arrière – et d'un « kit » de protection tourelle. La forme et la disposition du « kit » bordages sera reprise ultérieurement pour la construction des *Recovery* M 74 et servira à loger les coffres latéraux.

Ce blindage composite à faible densité est contenu dans un caisson en aluminium de 1 pouce d'épaisseur (25,4 mm). La composition est réalisée à base de sciure de bois, quartz broyé et asphalte. Les caissons sont disposés sur les côtés du char et autour de la tourelle. Ce procédé est testé fin 1945

Ci-dessus, de gauche à droite
M4 équipé d'un blindage en béton et sacs de sable.
Tous ces sacs de sable empilés dans une armature métallique. protègent ce M4A3 E8 en Allemagne, 1945.
M4A3 canon de 76 M1A1 dont le blindage est réalisé à l'aide de lourds madriers sur les flancs.

Ci-contre.
M4A3 E8 doté de plaques d'acier soudées sur les flancs et le long de la tourelle, blindage inspiré de celui équipant les Panzer IV allemands.

et donne satisfaction, mais, il arrive trop tard pour être industrialisé.

Chrysler développe un kit blindage présenté début février 1944. Ce programme (pour des raisons inconnues) est abandonné fin février et demeure à l'état de prototype en bois.

Le *Comb*, une barrette métallique, pouvant pivoter sur un axe et fixée au blindage par une goupille, servant à conserver le char « freiné » lors des transports.

The comb. Traduction : le peigne

Sur certains Sherman, on peut noter la présence d'un accessoire fixé sur le glacis avant, du côté droit, sous la mitrailleuse de capot.

Cet appendice se présente sous la forme d'une barrette métallique munie d'encoches, pouvant pivoter sur un axe et fixée au blindage par une goupille. Il ressemble plus ou moins à un peigne. Cet accessoire est parfois supprimé d'où, la question de son utilité : fixation de composant du lot de bord ? Installation personnelle ? Ajout d'un constructeur ? Pas du tout !

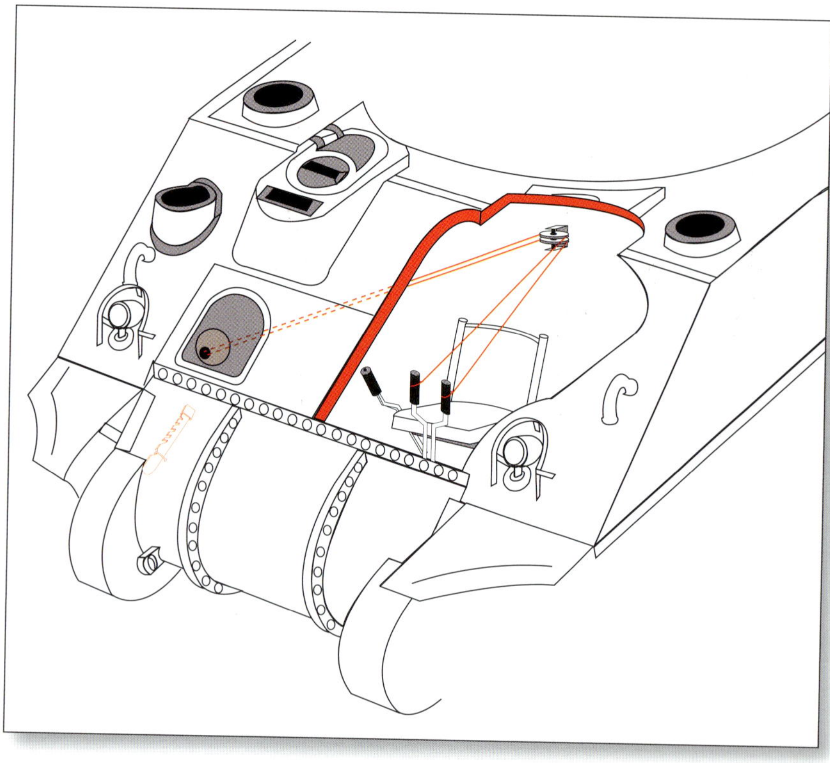

Ce montage est installé sur les chars neufs voyageant sur plateforme ou par voie maritime. Le but est de garder le char « freiné » pendant le transport. Deux câbles sont fixés aux leviers de direction du poste pilote, passent par le logement de la mitrailleuse de capot pour rejoindre le « *Comb* », ces deux câbles viennent s'accrocher dans l'un des logements de la barrette métallique puis rabattent celle-ci avant de verrouiller avec la goupille. Le char ne bouge plus, il n'y a donc plus de contrainte sur les cales ou les chaînes d'embarquement.

L'installation électrique et la génération électrique auxiliaire

Les batteries sont fixées du côté gauche du châssis, derrière le siège pilote. Sur les premiers modèles, elles sont fixées sur le blindage inférieur de la caisse. Sur les modèles suivants, les batteries sont arrimées dans un bâti-bac, lui-même monté sur le renfoncement supérieur gauche. Ces renfoncements, situés de part et d'autre du char, sont dus à l'élargissement du châssis au-dessus des chenilles. Ce sont les bordages.

Concernant le circuit de charge des accumulateurs au plomb (les batteries), il est différent suivant le type de M4. Par exemple, sur la version A3, les premiers modèles sont équipés de deux génératrices situées dans le compartiment moteur de part

Les différentes versions du peigne (le « *Comb* »).

et d'autre du V8 Ford. Par la suite, ce montage est remplacé par la mise en place d'une seule génératrice, montée à côté de l'arbre de transmission. La transmission comprend à cet endroit précis un palier et une poulie double gorge sur laquelle viennent s'insérer les deux courroies d'entraînement de la génératrice. Concernant ce dernier montage, il existe deux variantes : génératrice placée à l'arrière du compartiment de combat, près de la cloison pare-feu, et génératrice placée à l'avant, au niveau pilote et copilote. Ce type de montage offre l'avantage de pouvoir intervenir sur la génératrice, voire la changer, sans avoir à ouvrir le compartiment moteur, ou déposer le moteur. Ces opérations étant « légères », elles sont effectuées par l'échelon de l'unité. Ces génératrices peuvent débiter 50 ampères sous 30 volts. Concernant la régulation du circuit de charge, il est équipé d'un dispositif à trois étages, un étage conjonction/disjonction, un étage limitation d'intensité et, enfin, un étage régulation de tension. Ces trois étages sont interactifs et assurent les fonctions suivantes :

Le conjoncteur/disjoncteur évite la décharge de la batterie lorsque la génératrice est à l'arrêt ou ne débite pas dans les accus. Le débit de la génératrice est directement proportionnel à sa vitesse de rotation c'est-à-dire qu'à bas régime (en dessous de 800 tours minute) le voltage est égal 0. Ceci explique pourquoi, sur ces types d'engins blindés, les moteurs sont maintenus à un régime de 1 200 t/mn lorsque l'engin est à l'arrêt moteur en route.

Le régulateur de tension est chargé de maintenir un courant continu de 30 volts en permanence.

Le limiteur d'intensité ajuste l'ampérage en fonction des besoins ponctuels en courant et de la charge des batteries. Les fortes demandes d'énergie exigées par les phares de route, le groupe électrohydraulique de tourelle, etc. sont gourmandes en ampérage. Dans le cas des chars équipés de deux génératrices, il existe deux boîtes de régulation.

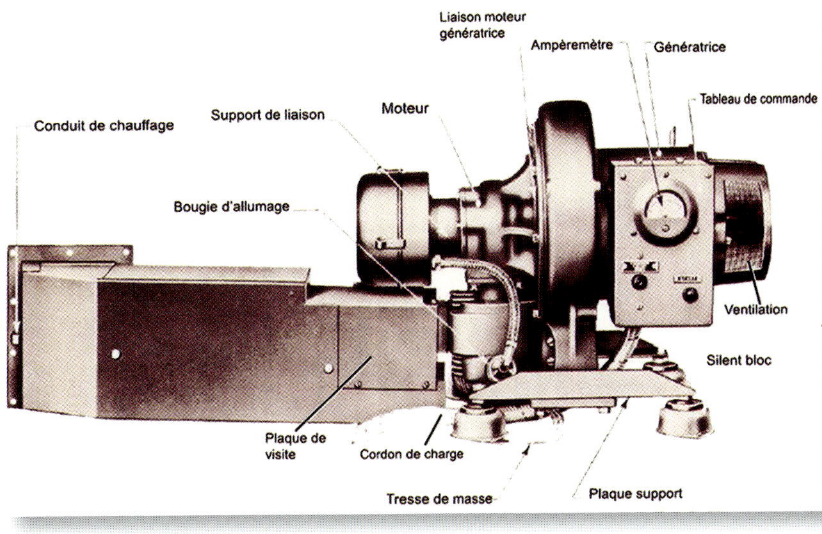

Le générateur électrique auxiliaire du char Sherman.

Les Sherman, moteur à l'arrêt, peuvent utiliser tous leurs circuits de servitudes. Pour ce faire, ils sont équipés d'une génération électrique auxiliaire. Le but est de reprendre les fonctions de la génératrice principale, mais, aussi, en cas de besoin, recharger les batteries du char. Ce dispositif permet d'utiliser la tourelle, l'armement et l'installation radio, mais aussi, les ventilateurs d'extraction, les mises à feu électriques.

Cette génération, de marque Homelite type HRU H28, est montée sur le bordage gauche, côté cloison pare-feu (emplacement sujet à modification selon le modèle de M4). Dans le char A4, la génération auxiliaire est sur le plancher de caisse à

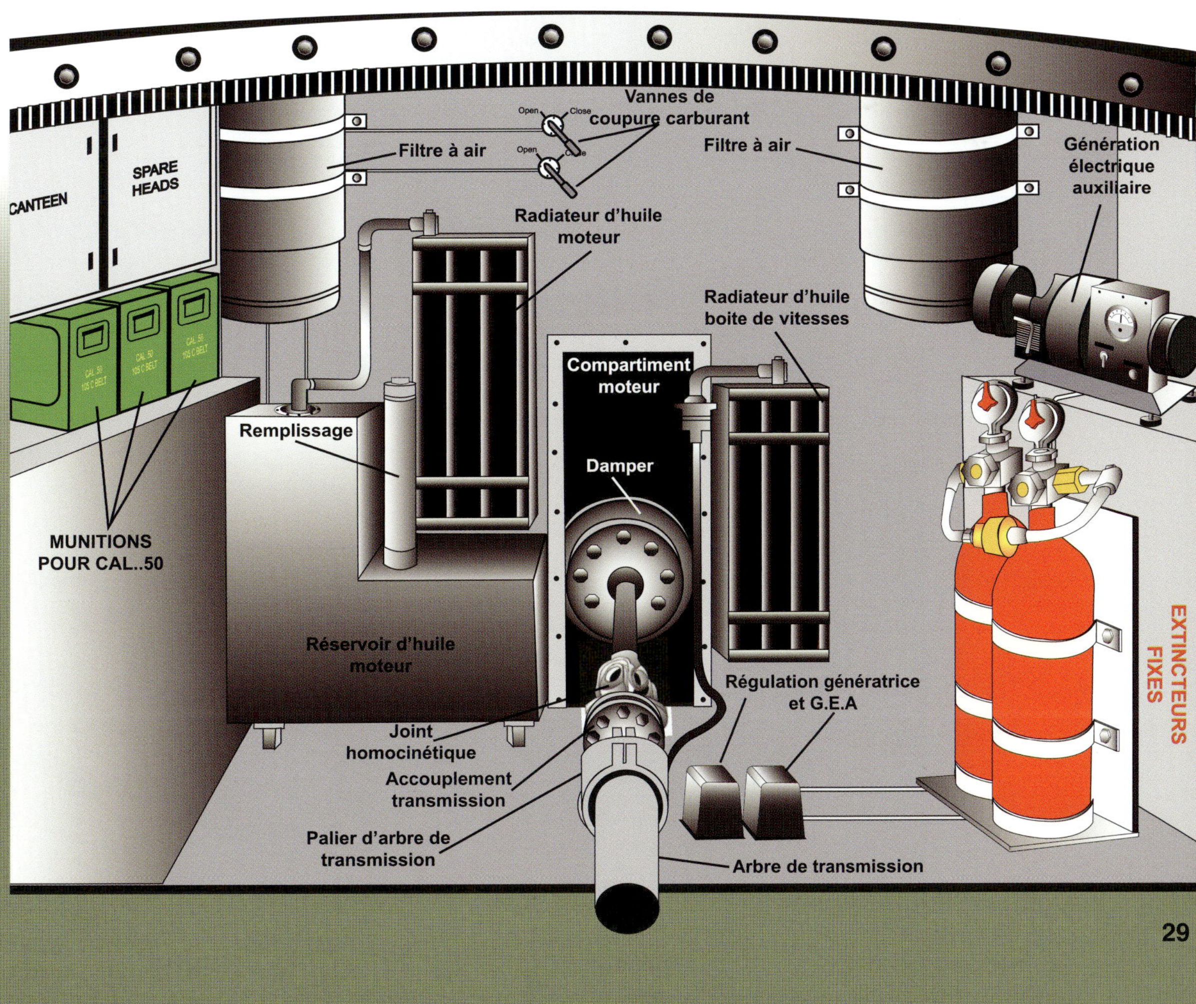

Le compartiment de combat du M4 A4.

l'arrière gauche). La génératrice est entraînée par un petit moteur quatre temps essence – certains modèles sont équipés d'une génération à moteur deux temps –, monocylindre et refroidissement par air qui puise son carburant dans le réservoir attenant par l'intermédiaire d'une pompe à travers une crépine. il peut, dans certaines variantes, posséder son propre réservoir et orifice de remplissage selon le modèle de M4. Allumage par magnéto.

L'échappement est réalisé par raccordement sur la pipe gauche du moteur principal. L'ensemble moteur et génératrice est fixé sur un support suspendu par quatre silentblocs. La génération auxiliaire est équipée de la même régulation que la génératrice principale son équipement comporte un ampèremètre et un carter de ventilation; cette génératrice délivre une tension de 30 volts et une puissance maxi de 1500 W. L'ensemble pèse entre 60 et 70 kg, selon le modèle de char sur lequel il est monté. Cette génération électrique équipe les Sherman M4, M4A1, M4A2, M4A3 et M4A4.

Les dispositifs anti-incendie

La lutte incendie à bord d'un char est capitale, vu la quantité de munitions embarquées, le volume d'essence ou de napalm chargé. Les Sherman sont donc équipés d'extincteurs mobiles, chargés à deux kilos de liquides tous feux, utilisables notamment sur les feux d'origine électrique. Un est placé dans le puits de tourelle, un au poste de copilote et, parfois, un au poste pilote.

Ce dispositif est complété par une installation fixe de lutte incendie composée de deux grosses bouteilles (ou une selon le modèle) fixées à l'arrière du compartiment de combat, côté gauche. Ces conteneurs sont équipés d'une tête de distribution sur laquelle viennent se raccorder plusieurs tuyauteries en cuivre, passent à travers la cloison pare-feu avant d'être réparties autour du moteur. Ces tuyauteries sont terminées par des cornets de pulvérisation. Deux diffuseurs sont placés au-dessus des carburateurs, deux au niveau des pompes à essence, et deux en partie supérieure, à l'admission.

La mise en œuvre du dispositif de lutte incendie se fait par l'intermédiaire de câbles coulissant dans des gaines et reliés aux deux têtes de percussion sur les bouteilles.

Une poignée se trouve dans la zone du poste de pilotage, entre le pilote et le copilote, et l'autre en puits de tourelle. Selon le modèle, une troisième poignée se situe sur la plage arrière, à côté d'un orifice de remplissage carburant.

Filtres, radiateurs, organes annexes

L'alimentation (air et carburant) diffère selon le type de char considéré. Ainsi, dans le cas du M4A3, propulsé par le V8 Ford, le char est équipé de deux filtres à air à bain d'huile qui sont situés soit dans le compartiment moteur, soit dans le compartiment de combat. Dans le cas où les filtres sont à côté du moteur, ils sont équipés chacun d'un conduit additionnel rejoignant le compartiment de combat.

Dans ce cas, chaque conduit est équipé d'une vanne avec poignée de manœuvre. Lorsque la poignée est poussée, les filtres à air aspirent à travers le compartiment de combat. La poignée étant tirée, l'air est aspiré à travers le compartiment moteur. Deux plaques de visites situées de part et d'autre de la cloison pare-feu permettent d'accéder aux filtres à air – s'ils sont situés côté moteur –, pour l'entretien.

Dans le cas où les filtres à air sont placés côté compartiment de combat, les conduits d'adduction et les trappes de visites ne sont pas nécessaires. Les M4A2 ont six filtres à air répartis à droite et à gauche du groupe moteur. Les M4A4 ont deux filtres à air dans le compartiment de combat – comme les M4A3 –, fixés sur la cloison pare-feu.

Les M4 et M4A1 ont leurs deux filtres à air fixés à l'extérieur, sous le panneau arrière.

Un Sherman M4 de la *3rd Armored Division* à Stolberg, le 14 octobre 1944. Les fantassins appartiennent probablement à la *36th Infantry Division*. *(NARA)*

ORGANISATION GÉNÉRALE DU CHÂSSIS DU SHERMAN

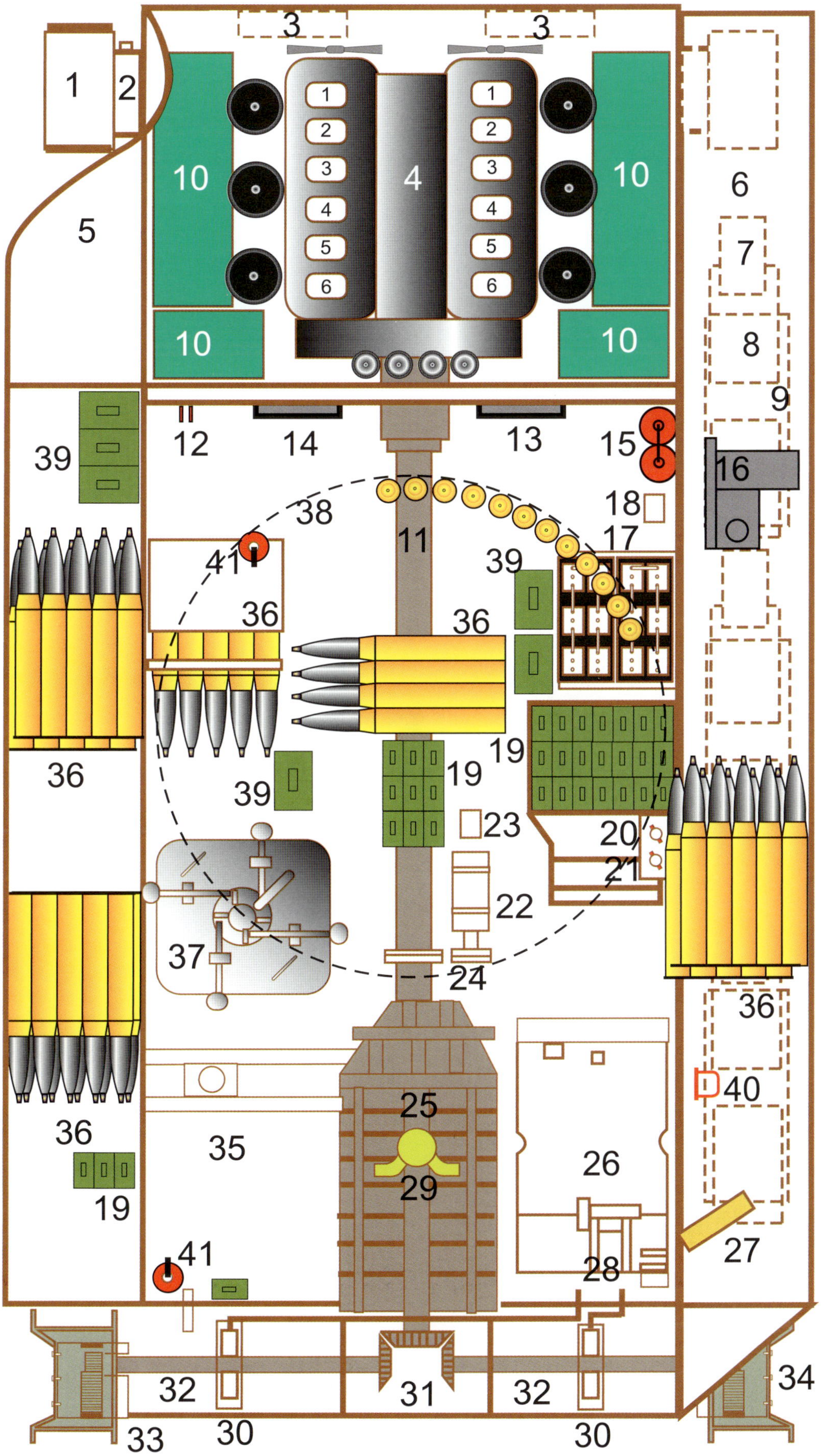

1. Poulie de tension.
2. Système de tension de chenille.
3. Échappements.
4. Motorisation General Motor
5. Bordage droit.
6. Bordage gauche.
7. Rouleau porteur
8. Galet de roulement.
9. Boggie.
10. Réservoir de carburant.
11. Arbre de transmission.
12. Vannes de carburant.
13. Radiateur moteur.
14. Radiateur transmission.
15. Extincteur fixe.
16. Génération électrique auxiliaire.
17. Caisson batteries.
18. Régulateur de la GEA
19. Stockage munition de calibre .30.
20. Coupe batteries
21. Switch radio.
22. Génératrice 24 volts.
23. Régulation de génératrice.
24. Poulie d'entraînement génératrice.
25. Boîte de vitesses.
26. Siège pilote.
27. Tableau de bord pilote.
28. Leviers de direction freinage.
29. Ventilateur.
30. Freins de direction.
31. Différentiel principal.
32. Demi-arbre de transmission.
33. Réducteur de barbotin.
34. Barbotin.
35. Siège copilote.
36. Rack munitions de canon.
37. Plaque trou d'homme.
38. Puits de tourelle.
39. Stockage munitions de calibre .50.
40. Commande d'extincteurs fixes.
41. Extincteur mobile.

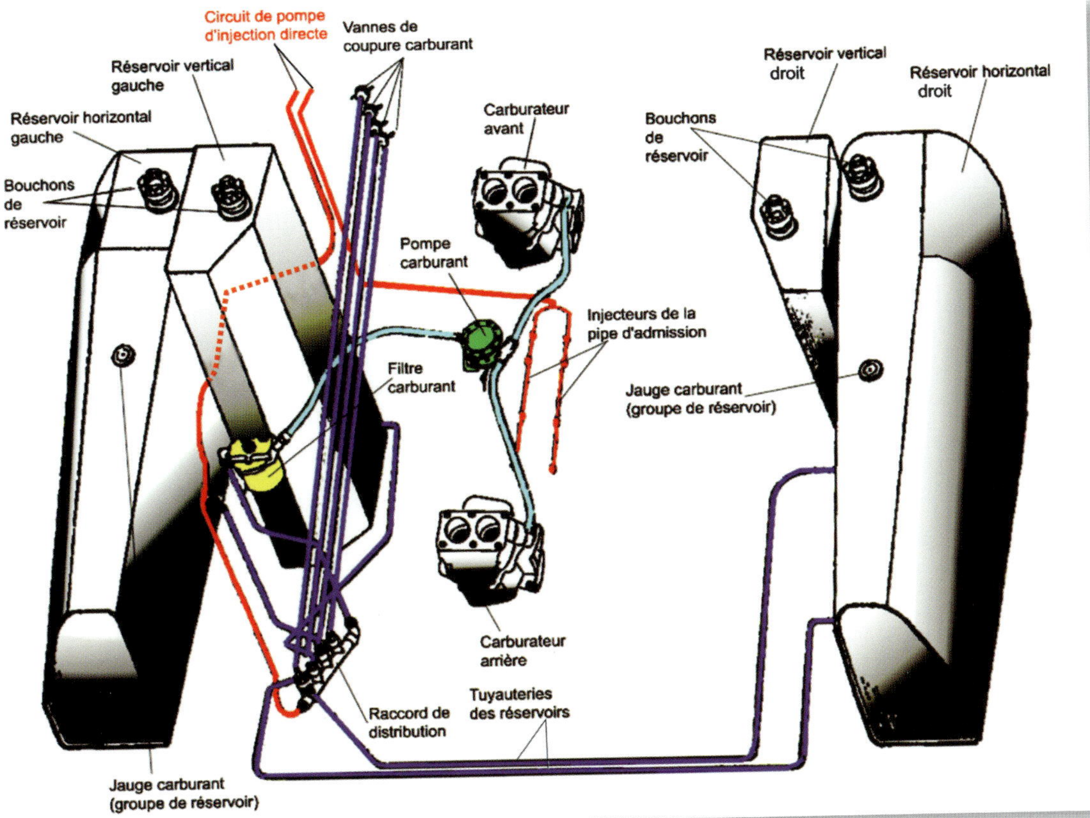

Schéma du circuit du carburant entre les réservoirs et le moteur du M4A3.

Les réservoirs de carburant

Ils sont au nombre de quatre, situés dans le compartiment moteur. Il y a deux réservoirs verticaux, placés contre la cloison pare-feu, et deux réservoirs horizontaux, incorporés sur les bordages latéraux. Ces deux derniers épousent la forme du blindage arrière.

Sur la plupart des modèles de M4, on trouve un cinquième réservoir destiné à la génération électrique auxiliaire. Les orifices de remplissage et leur crépine* se trouvent sur la plage arrière du char et les orifices de vidange sont situés sous le char pou r les réservoirs verticaux, et sous les bordages (au-dessus de la chenille), pour les réservoirs horizontaux. Les vannes coupure-carburant sont au nombre de deux – ou quatre – suivant les modèles de motorisation. Ces vannes sont situées sur la cloison pare-feu, du côté droit et sont accessibles depuis le panier de tourelle.

Accélérateurs et carburation

Les M4, comme la plupart des engins blindés sont équipés d'un accélérateur à main et d'un accélérateur au pied. La commande d'accélérateur à main est placée devant et à droite du pilote (cas du A3), du côté de la boîte de vitesses. Cette manette, permet de bloquer le régime moteur à une valeur donnée, comme lors de la séquence de montée en température du moteur, où un régime constant (entre 1 000 et 1 200 tours minute) est requis. Autre cas d'utilisation, les servitudes de tourelle sont utilisées lorsque le char est à l'arrêt, génération auxiliaire coupée.

La génératrice ne débitant pas en dessous de 800 tours minute, il faut maintenir un régime compris entre 1 200 et 1 800 tours.

L'accélérateur au pied commande l'ouverture des papillons sur les deux carburateurs équipant le moteur V8. Un système de tringleries, montées sur des paliers/renvois, relie la pédale aux carburateurs. Ces derniers sont placés entre les deux bancs moteurs, sous le collecteur des filtres à air. Il s'agit de carburateurs double corps Stromberg type NA-Y5G, chaque corps de carburateur étant équipé d'une pompe de reprise et d'un *Degazer*, qui coupe le circuit de ralenti lors de l'arrêt du moteur. Les réglages des carburateurs sont différents, selon le modèle de char concerné. Ainsi, le TM9-759, manuel technique du char M4A3 préconise des réglages différents selon qu'il s'agit d'un A3 Wet et 105 Howitzer ou bien d'un 75 « *Dry* ». Dans le premier cas, le réglage du ralenti est calé à 800 tours minute, pédale d'embrayage en position « embrayé », alors que dans le second cas, le ralenti est réglé à 500 tours minute.

Pompe d'injection et pompe d'alimentation

La pompe d'alimentation est entraînée par l'arbre à cames gauche. Cette pompe délivre le carburant sous une pression comprise entre 2 et 3 kg/cm^2. La pompe d'injection est un dispositif qui permet de faciliter les lancements du moteur dans certaines conditions climatiques extrêmes. Cette installation est à utiliser avec précautions et, sa mise en œuvre est très clairement définie par le manuel d'utilisation. Le principe étant d'injecter du carburant directement dans les pipes d'admission, il est évident que la quantité injectée doit rester compatible avec la phase de démarrage, sous peine de détérioration du moteur. La commande de cette pompe peut être soit manuelle (levier situé en avant à droite du pilote), soit électrique, commande située sur le tableau de bord.

Filtrage du carburant

Le carburant est filtré en sortie de réservoirs par des filtres de type cartouche ou accumulation des rondelles filtrantes compressées. Le circuit d'alimentation de la génération auxiliaire est lui aussi filtré (en fonction de la configuration et du modèle) par une cartouche filtrante placée dans un conteneur en verre. Certains circuits sont équipés de deux vannes de coupure, une en sortie de réservoir, l'autre avant le filtre carburant. Sur les modèles n'ayant qu'un seul filtre placé en sortie de réservoir, une seule vanne est nécessaire.

Ci-contre. Sherman M4A1, probablement photographié en Italie, au cours de l'hiver 1943-1944. *(Signal Corps)*

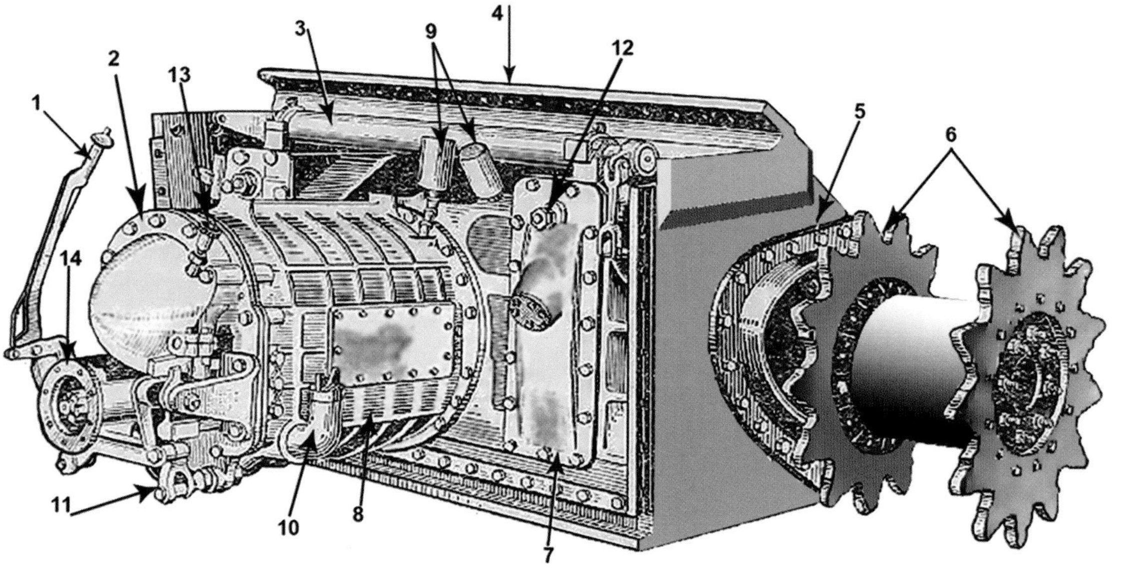

1. Leviers de vitesse.
2. Carter Ar. de BV.
3. Arbre de commande des freins.
4. Blindage de transmission.
5. Réducteur de sortie.
6. Couronne de barbotin.
7. Carter de frein de direction.
8. Carter inférieur de BV.
9. Reniflards.
10. Tube de remplissage.
11. Commande de marche arrière.
12. Réglage de frein de direction.
13. Prise tachymètre.
14. Flasque d'arbre de transmission.

La chaîne de transmission*

La chaîne de transmission débute à la sortie de l'embrayage et se prolonge jusqu'aux réducteurs des barbotins. Elle est composée d'un arbre de transmission qui envoie le mouvement de rotation du moteur à la boîte de vitesses. Sur le Sherman, l'embrayage est situé derrière le volant moteur. Cet arbre de transmission traverse le char en partie basse, monté sur deux paliers relais. Sur cet arbre, on trouve une poulie double-gorge clavetée qui sert à entraîner la génératrice ; selon le modèle considéré, cette poulie peut se situer côté cloison pare-feu, soit immédiatement derrière le pilote. Certains modèles de chars A3 et A2 possèdent leurs génératrices dans le compartiment moteur.

L'arbre de transmission entre dans la boîte de vitesses (cinq rapports avant et un arrière) et transmet le mouvement à l'arbre primaire. La boîte de vitesses est équipée d'un système de refroidissement dont le radiateur se trouve à l'arrière, côté cloison pare-feu. À la sortie de la boîte de vitesses, la chaîne de transmission passe en mouvement à 90° bilatéral, par l'intermédiaire du différentiel.

Nous trouvons alors de chaque côté un demi-arbre de transmission qui envoi le mouvement du différentiel vers les barbotins.

Le différentiel est un dispositif, basé sur le principe du train épicycloïdal, qui permet aux roues (ou barbotins) d'un même axe de parcourir des distances différentes à des vitesses différentes.

Sur les parties cannelées de ces demi-arbres, viennent se placer les freins de direction, freins qui sont actionnés par les leviers de direction dans le poste de pilotage. Une action simultanée sur les deux leviers génère une action de freinage. En fin d'arbre de transmission, se trouvent des cannelures qui entrent dans le réducteur.

Le réducteur

On ne peut pas faire tourner les barbotins du char à la même vitesse que les rapports de boîte ; il en résulterait une vitesse circonférentielle trop importante (rupture des éléments), mais aussi un manque de « couple* » au démarrage. Le réducteur, par l'intermédiaire d'un seul train de pignons, va donc ramener ces vitesses à des valeurs exploitables. En dernier, le barbotin vient se fixer sur le réducteur, il ne reste plus qu'à engrener la chenille et le char se déplace.

La fin de la transmission est située à l'avant du char, enfermée dans le blindage de transmission en une ou trois parties. Dans le cas du blindage en trois parties, la partie droite est référencée E 4151 RH, la partie centrale E 1232 et la partie gauche E 1231. Le blindage d'une seule pièce comprend deux types qui sont référencés E 4186 pour les modèles *« Early »* et E 8543 pour les modèles de type *« Late »* ou *« Mary Ann »*.

Direction et freinage

On peut dire dans le cas du Sherman (comme pour bien d'autres chars) que freiner c'est tourner et, ce qui peut paraître simple en théorie, se révèle moins évident dans la pratique.

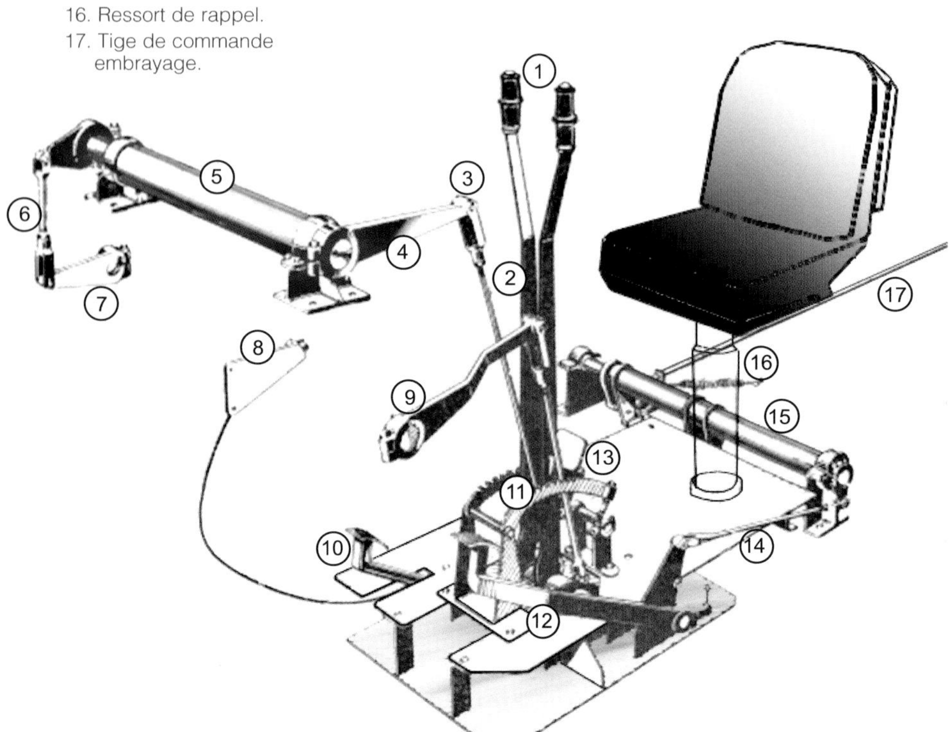

Commandes de direction et de freinage.
1. Leviers de direction
2. Tringle de liaison.
3. Chappe de réglage.
4. Bras de liaison G.
5. Barre de commande.
6. Bielette de réglage.
7. Chappe de commande.
8. Accélérateur de commande.
9. Bras de liaison.
10. Pédale d'accélérateur.
11. Crémaillère de blocage.
12. Pédale d'embrayage.
13. Pédale de blocage des leviers.
14. Commande d'embrayage.
15. Bras de liaison droit.
16. Ressort de rappel.
17. Tige de commande embrayage.

(d'après le TM 9-759)

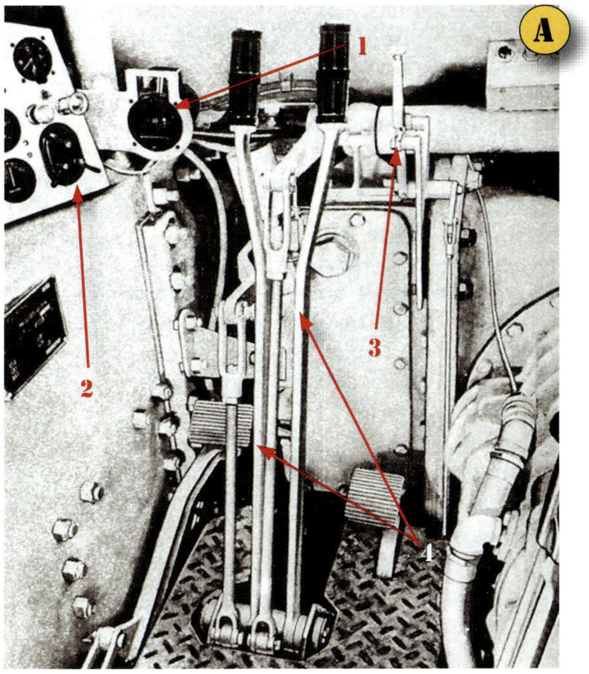

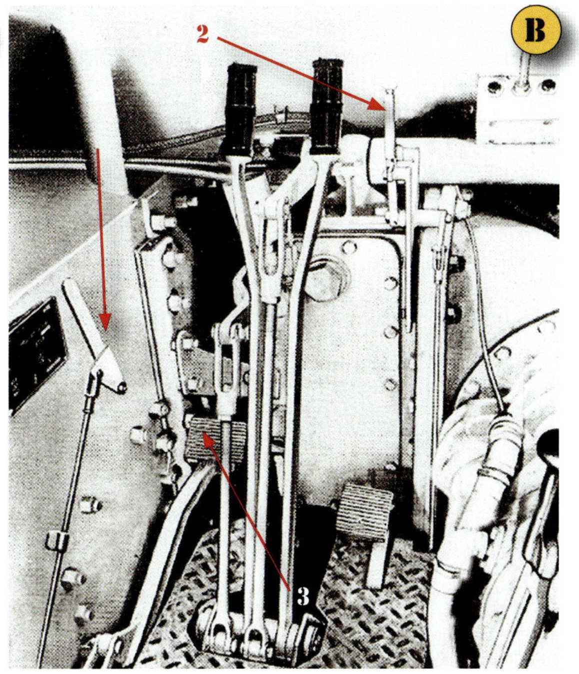

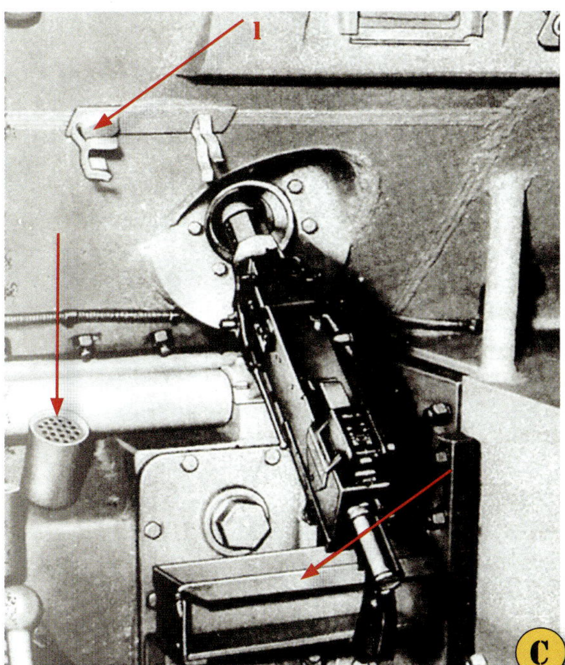

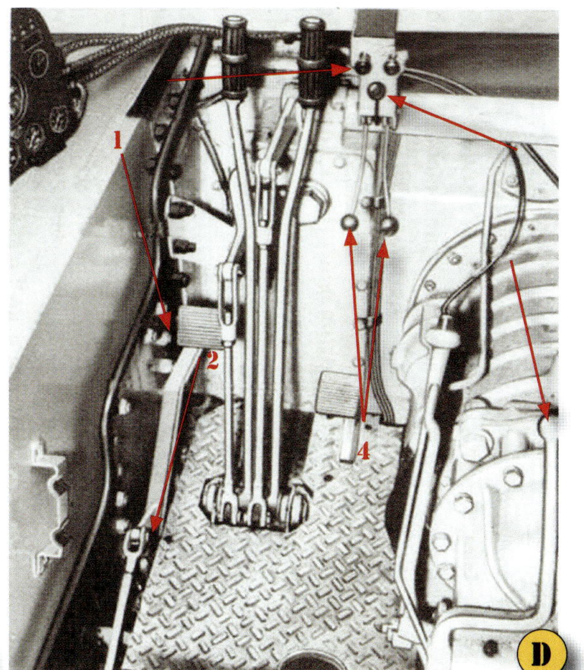

A. Poste de pilotage du M4 « *Early* ».

1. Compas.
2. Manipulateur de mise en route moteur.
3. Commande d'accélérateur à main.
4. leviers de direction.

B Poste de pilotage du M4A4.

1. Commande de starter (départ à froid).
2. Commande d'accélérateur à main.
3. Pédale d'embrayages.

C. Poste du copilote.

1. Support de TL 122.
2. support de boîte à munitions de la mitrailleuse cal. .30,
3. Reniflard de différentiel.

D. Poste de pilotage du M4A2.

1. Contacteur de sirène.
2. Commande d'embrayage.
3. levier de frein de parc (sur la transmission).
4. Deux leviers d'accélérateur à main.
5. Verrouillage des embrayages.

Les deux leviers de direction utilisés par le pilote agissent sur la chaîne de transmission. En tirant, et par l'intermédiaire d'un ensemble de tringles, de leviers et de barre de commande, le pilote agit sur des mâchoires qui viennent se serrer sur l'un ou l'autre des demi-arbres.

Ces mâchoires ressemblent à celles de frein à tambour, mais la surface d'appui se trouve sur l'intrados – sur un frein à tambour la surface de freinage est sur l'extrados – et les demi-arbres sont munis de flasques qui augmentent la surface de travail, donc l'efficacité du freinage.

Cet ensemble flasque-demi-arbre et mâchoires est huilé ce qui permet une meilleure progressivité du freinage et plus de souplesse dans les virages. Contrepartie de cette lubrification, un temps de réponse plus long.

Du fait que les demi-arbres sont solidaires du différentiel, l'action de freinage sur un côté reporte la vitesse sur le demi-arbre opposé. La vitesse augmentant, il y a virage. Ceci explique que, plus la vitesse engagée est « longue », plus le rayon de virage augmente.

Pour faire simple, le char tournera beaucoup mieux en Première qu'en Cinquième, d'autant que, à compter du moment où il y a freinage, le régime moteur aura tendance à chuter. Il est donc judicieux pour le pilote, chaque fois qu'il peut anticiper, de rétrograder avant le virage ou bien d'accélérer pour conserver le régime, et le couple.

Une action simultanée sur les deux leviers de direction entraîne l'arrêt du char. Cette action est suffisante bien que n'ayant rien à voir avec les systèmes de freinage actuels.

De toute façon, la procédure d'arrêt du char passe impérativement par la descente des rapports de boîte, c'est souligné au début de l'ouvrage : il s'agit bien de piloter, pas de conduire.

Les trains de roulement

Page suivante en haut.
1. *Duckbill* allongé .
2. *Duckbill* type 1.
3. Char équipé de la modification E9.
4. Système de tension.
5. Bogie type M3.
6. Bogie type M4.
7. Bogie HVSS.
8. Barbotin à couronne rapportée.
9. Barbotin Ford.
10. Barbotin Chrysler.
11. Barbotin à couronne moulée.

Les trains de roulement, VVSS et HVSS

Les M4 « « *Early model* » sont équipés du train de roulement à bogies du char M3. La composition est classique, à savoir :

– un barbotin fixé sur le réducteur et solidaire de la transmission (il y a différents types de barbotins sur les Sherman) ;

– six galets de roulement montés sur trois bogies équipés de rouleau porteur au-dessus ou décalé vers l'arrière suivant le modèle de train de roulement ;

– une poulie de tension solidaire de son mécanisme ;

– une chenille composée de patins articulés sur des axes reliés par des connecteurs.

Ces chenilles comportent des patins de différents types. La chenille de première génération a une largeur de (seulement) 42 cm et est composée de 79 patins de différents types. Il y eut ainsi la chenille T48 à patins caoutchouc, la T49 à patin composé de 3 barres métalliques horizontales, la T51 avec patin caoutchouc à chevrons et, enfin, la T54 avec patin acier en forme de chevron. Toutes ces différentes chenilles sont du type « à connecteurs » *(voir dessins des chenilles ci-dessous).*

C'est dans ces espaces entre les connecteurs que viennent engrener les dents du barbotin. Les dents-guide, faisant partie des patins, viennent encadrer les galets de roulement et rouleaux porteurs.

La faible largeur des chenilles augmentant considérablement la pression unitaire au sol, on essaye de monter des dispositifs d'élargissement des chenilles. Ce sont les « *Duckbills* », qui sont en fait de petits godets métalliques, montés en bout des connecteurs sur la partie extérieure de la chenille.

Ce dispositif, améliorant l'adhérence en terrain mou, est beaucoup trop fragile et demeure peu utilisé, voire abandonné sur le terrain. Les bogies, de type suspension à ressorts verticaux, s'articulent sur deux bras latéraux permettant le débattement des galets de roulement.

Pour ces trains de roulement, l'évolution en E9 est capitale puisque cette dernière permettait de mon-

Ci-dessous.
Les différents modèles de patins équipant les chenilles des Sherman.

T 47 E1
patins caoutchouc
trois barres métal.

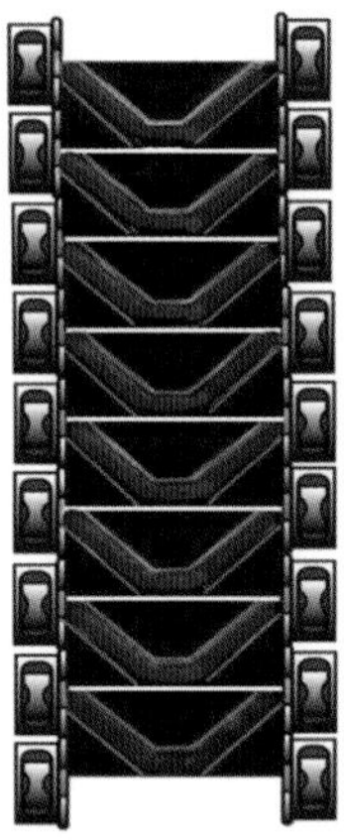

T 48
Patins et chevrons
en caoutchouc.

T51
Patins
caoutchouc.

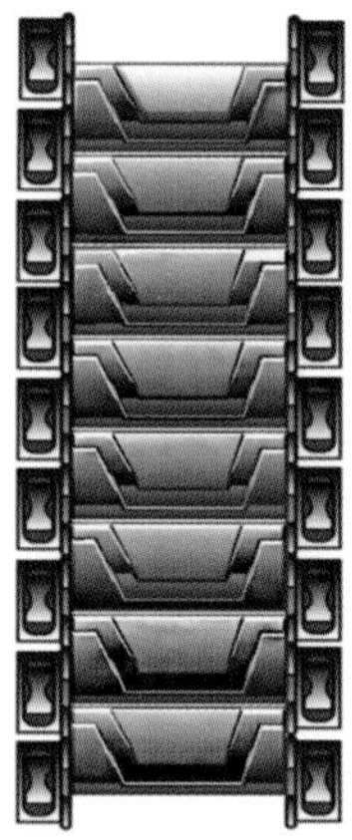

T 54
Patins et chevrons
en métal.

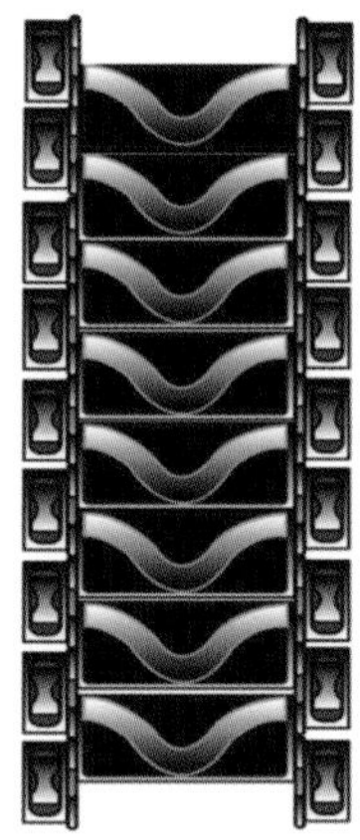

T 54 E2 Chrysler
Patins caoutchouc
chevrons métal.

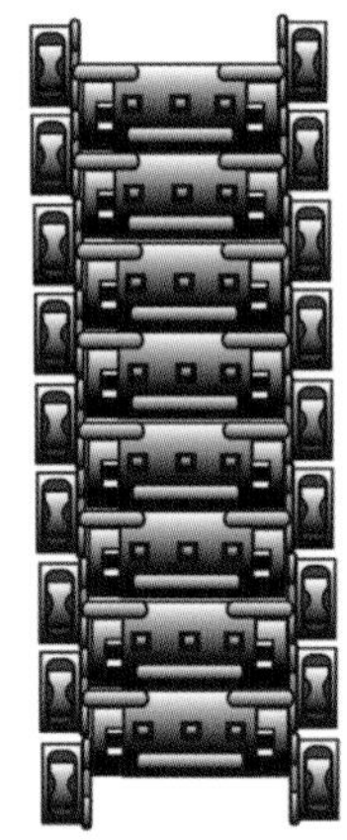

T 56
Patins métal
Trois barres métal.

T 62
Patins et chevrons
métal riveté.

T 74
Patins en caoutchouc
et chevrons métal.

HVSS

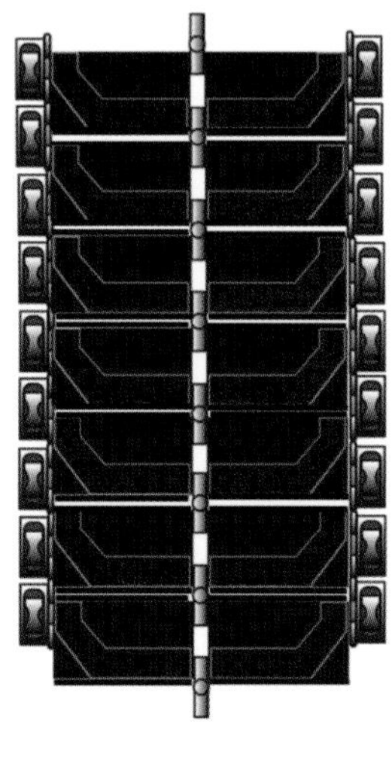

T 84
Patins et chevrons
caoutchouc.

T 80
Patins et chevrons
métal.

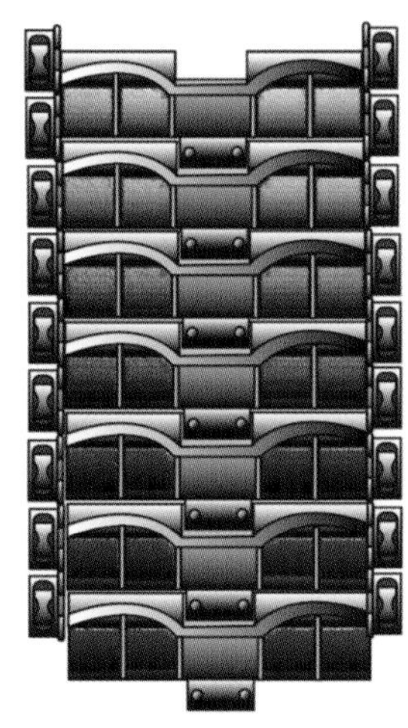

T 66
Entièrement métal.

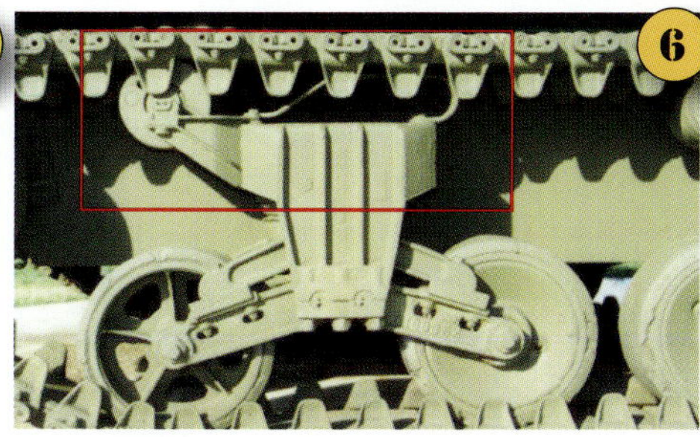

ter des « *Duckbills* » des deux côtés de la chenille, diminuant ainsi la pression unitaire au sol. Il s'agit d'entretoises qui se montent entre le châssis latéral et les éléments de fixation des trains de roulement.

Le train de roulement HVSS, ressorts à volutes horizontaux.

Sur ces trains de roulement, ces chenilles sont remplacées par celles du type T80 et T84, d'une largeur de 58 cm, avec un double patin sur les axes et toujours un montage à connecteurs. Entre les deux demi-patins, viennent se monter les dents guide.

Ce dispositif, élimine pratiquement le risque de déchenillage. Sur ces trains de roulement, les galets sont doublés, les rouleaux porteurs au-dessus des bogies sont simples et ceux entre les bogies sont doublés.

Sur les trains de roulement de ce type, les ressorts à volutes sont montés en position horizontale et sont épaulés par des amortisseurs hydrauliques fixés horizontalement. Autre avantage des trains HVSS, la notable diminution de la pression unitaire, donc de meilleures performances en terrain mou.

Sur les chars suivants, les bogies ont été remplacés par des suspensions à barre de torsion et amortisseurs hydrauliques, principe beaucoup plus performant.

Méthode de coupure de la chenille et outillage spéciaux.

Il est parfois nécessaire de couper une chenille, soit pour supprimer un patin après allongement (usure) de la chenille, soit pour intervenir sur les rouleaux porteurs ou bien changer une poulie de tension ou un barbotin.

Couper la chenille

Il peut aussi être nécessaire de couper la chenille suite à un déchenillage. Cette opération nécessite un outillage spécial qui, bien entendu, fait partie du lot de bord du véhicule. La première opération consiste à détendre la chenille à traiter. Sur le Sherman, cette opération se fait en trois temps.

1. Écarter l'arbre cannelé à l'aide de l'outil (clé spéciale 41W-640-400).

Ci-dessous. Schéma explicatif du système de tension des chenilles.

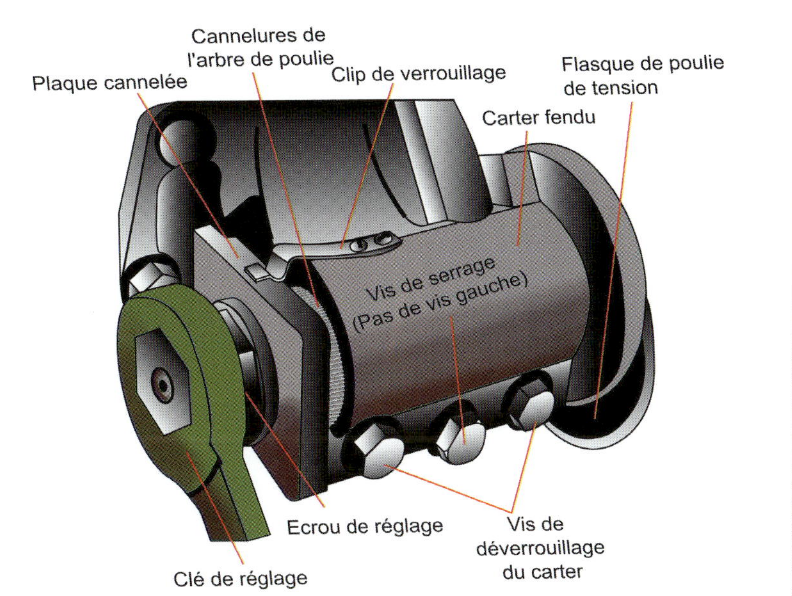

Ci-dessus.
Ces mécaniciens aidés par les membres de l'équipage de ce Sherman *Crab* du *Westminster Dragoons* de la *79th Armoured Division* changent un galet et un demi-boggie à l'aide du cric qui ne soulève, heureusement, que le boggie abîmé. *(IWM)*

2. Détendre la chenille à l'aide de l'excentrique situé sur le mécanisme de tension.
3. Mettre en place les appareils de maintien de la chenille et les serrer.

Les connecteurs à enlever se trouvent ainsi au centre de l'appareil. Desserrer les écrous des connecteurs intérieur et extérieur, chasser les connecteurs, détendre les crochets de maintien, la chenille est coupée.

Les appareils de maintien de la chenille sont de deux types : un à chaînes, l'autre à vis sans fin. Dans les deux cas, ils sont actionnés par un entraînement à cliquet.

Réglage de la tension de chenille

Pour éviter de décheniller mais aussi pour un fonctionnement optimal de la chaîne de transmission, la chenille doit être tendue à une certaine valeur, tout en conservant sa souplesse de fonctionnement. La valeur de tension est obtenue en mesurant l'espace compris entre l'horizontale et la chenille ; cet espace se mesure entre deux rouleaux porteurs.

Revers de la médaille, en laissant du mou à la chenille, on préserve le système de tension, on augmente la souplesse de fonctionnement et on compense le débattement des amortisseurs et des ressorts.

Ce faisant, du fait de cette souplesse de la chenille, on conserve le risque de déchenillage. Pour parer cet inconvénient, les Américains, sur leur train de roulement à barres de torsion, ont ajouté une poulie compensatrice.

Cette poulie supplémentaire, montée sur barre de torsion, est située à l'arrière du train de roulement, entre le barbotin et le dernier galet.

Sur notre tableau comparatif des plages arrières de Sherman M4, les bouchons des orifices de remplissage de carburant sont colorés en jaune, ceux d'huile en rouge et ceux d'eau en bleu.

Principe de fonctionnement

1er cas, le char se déplace en ligne droite

Aucune action sur le différentiel, les chenilles s'enroulent autour du train de roulement, les poulies compensatrices maintiennent les chenilles tendues par l'intermédiaire de leur barre de torsion.

2e cas, Le char vire

Virage à droite : de par l'action du différentiel, la vitesse de la chenille gauche augmente considérablement, le « mou » de la chenille est projeté vers l'avant créant un vide entre la poulie de tension d'une part, et, d'autre part, la partie de chenille comprise entre la poulie de tension et le premier galet qui se détend. Il y a risque de déchenillage.

De par l'action de sa barre de torsion, la poulie compensatrice pousse la chenille vers bas, maintenant ainsi la tension optimale et limitant le risque de déchenillage.

La plage arrière

Par plage arrière, on entend l'espace compris entre les feux arrière du char et la nuque de tourelle.

Tout comme pour les munitions, la configuration des plages arrière est fonction du moteur qui équipe le M4. C'est en effet sur cet espace que se situent les diverses trappes d'accès moteur et autres orifices de remplissage.

C'est également sur cette plage que l'on trouve le lot de pionnier et les croquis *(sur la planche ci-contre)* en donnent la disposition en fonction du modèle de M4 concerné.

À cet endroit, se trouvent aussi les feux arrière avec leur protection, les ouïes ou écopes de prise d'air du compartiment moteur, les orifices de remplissage d'eau, de carburant ainsi que des plaques amovibles permettant d'accéder au moteur pour les opérations d'entretien, les vérifications ou les compléments (huile). Sur la plage arrière, on trouve le lot de pionnier : pelle, pioche, masse, hache, barre à mine, câble de remorquage, manivelle, clé de tension de chenille. Sur certains modèles, les patins de rechange et les hampes d'écouvillon* sont fixés sur l'arrière. À partir des modèles A3 « *Late* », un support pliable et rabattable est fixé sur le panneau arrière.

Ce rack permet de transporter des jerricans additionnels ou des caisses de matériel. Sous la partie rabattable du rack, prennent place les hampes d'écouvillon. Cet espace arrière, permet également de transporter quelques fantassins et, bien souvent, il est utilisé par l'équipage pour y arrimer tout ce qui n'était pas vraiment réglementaire, mais tellement utile !

Les différents types de moteurs modifient le profil de la plage arrière, permettant parfois de différencier les M4 entre eux.

Par exemple, la plage arrière du A4 comporte une excroissance due au radiateur et son orifice de remplissage. D'autres n'ont pas les ouïes ou écopes de prise d'air et de ventilation des réservoirs de carburant.

Le M4A6 possède, lui aussi, une excroissance tandis que les A2 et A3 ont des grilles de ventilation.

LA PLAGE ARRIÈRE DES M4

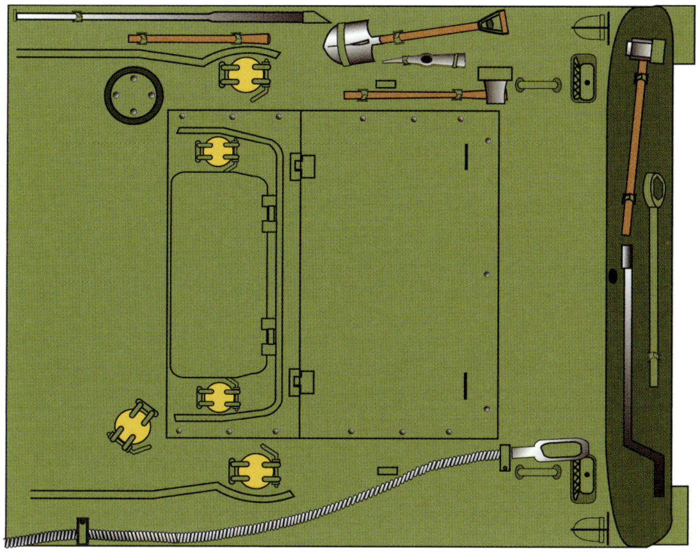

M4A1

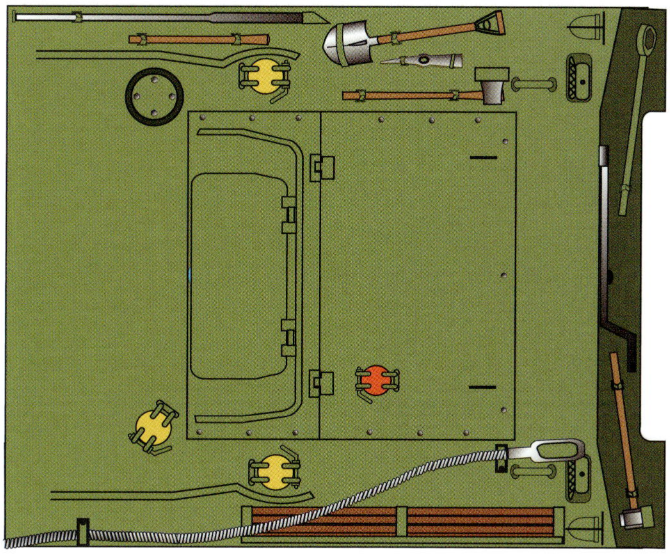

M4 et M4 105 Hw

M4A2

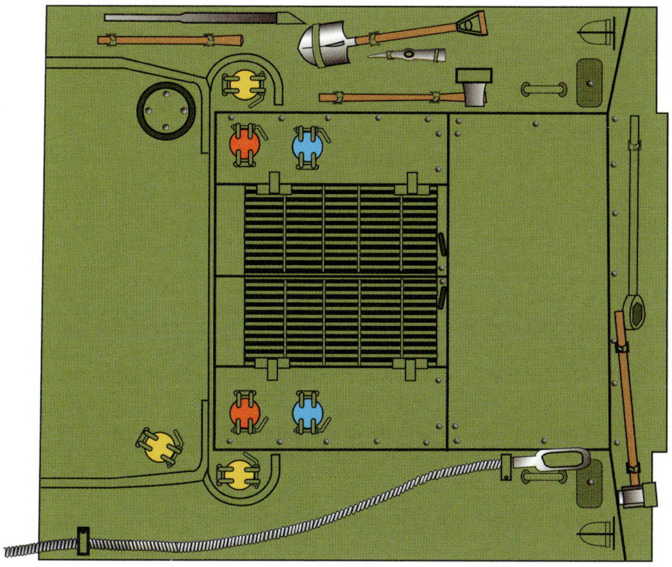

M4A3

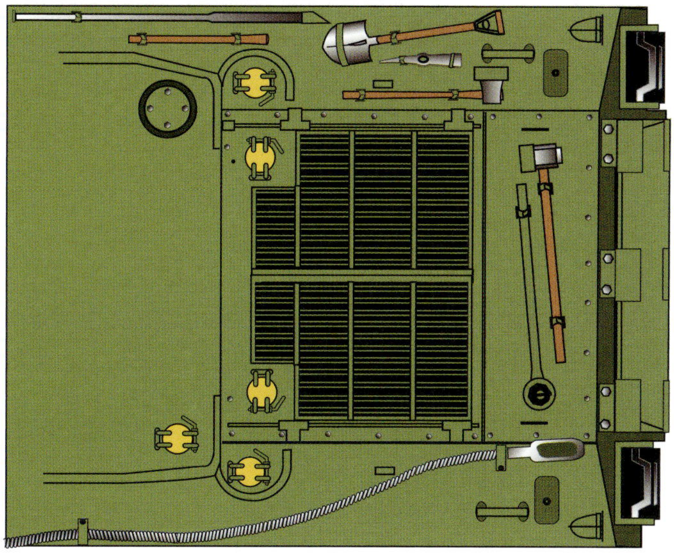

M4A4

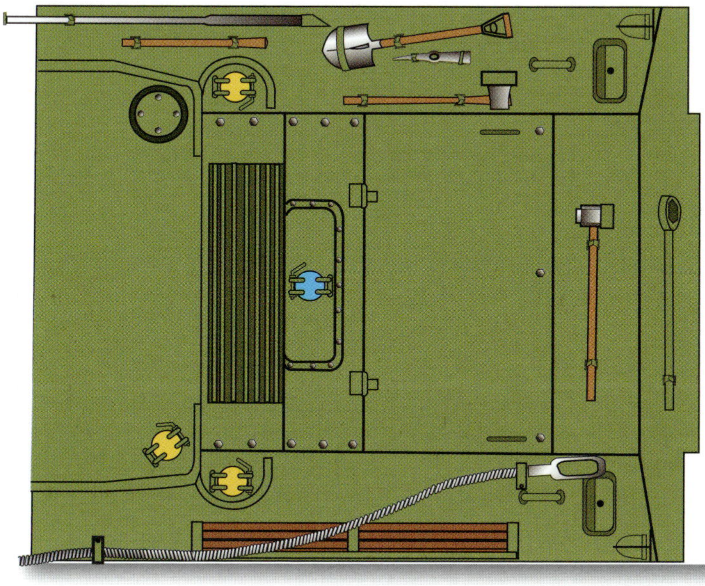

M4A6

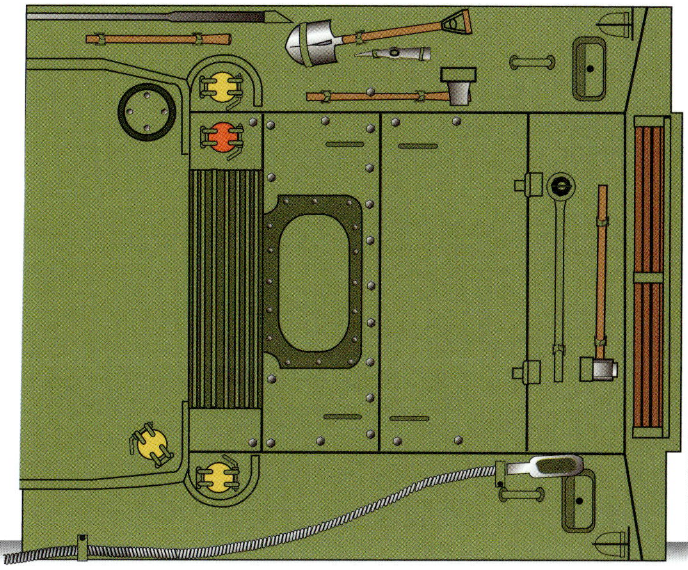

Les motorisations du Sherman

Le compartiment moteur.

En fonction du moteur embarqué, la plage arrière change d'aspect et les aménagements diffèrent. C'est un élément essentiel qui permet de différentier facilement les Sherman. Les M4 et M4A1 sont similaires puisqu'ils embarquent tous les deux le moteur Continental radial. Une partie du blindage de la plage arrière est montée sur charnières et permet un accès (partiel) au moteur. Un modèle « *Late* » de M4 est équipé d'un orifice supplémentaire de remplissage (huile), à gauche sur le panneau arrière. Sur ces modèles, la clé de tension de chenilles et la masse sont fixés sur ce même panneau arrière. Les autres M4 et M4A1 ont leur clé de tension de chenilles, la masse et la manivelle sur la paroi arrière.

Pour tous les modèles de M4, le lot de pionnier est arrimé au-dessus du bordage droit: pelle, tête de pioche, hache, manche de pioche et barre à mine. Sur le bordage droit, prend place le câble de remorquage, et parfois (dans le cas du M4 105) les hampes d'écouvillon. Certains modèles de A1 ont eu la barre à mine fixée sur le côté droit.

Pour le M4A2, une grille blindée en deux parties s'ouvrant latéralement permet un accès à certains organes moteur. La partie arrière est composée d'une plaque de blindage maintenue par vissage. Ces plaques sont retirées lors d'une dépose du moteur (Jumelage GM 60-71). Du fait de la présence de ce moteur, la plage arrière comporte deux orifices de remplissage d'eau, deux orifices de remplissage d'huile, et les deux orifices de remplissage carburant plus l'orifice de remplissage carburant de la GEA.*

Le cas du M4A3 est différent puisqu'il est propulsé par le V8 Ford. Les grilles blindées de protection ventilation occupent toute la largeur de la plage arrière. Ces grilles sont articulées en deux demi-éléments et sont montées sur deux barres de torsion qui en facilitent la manipulation. Il existe deux modèles de barre de torsion: court et long. L'ensemble est complété par un blindage arrière fixé par des vis, une plaque à retirer lors de la dépose du moteur. La masse et la clé de tension de chenilles sont arrimées sur la partie arrière de la plage arrière du fait de la présence d'un rack – support – pliable fixé sur la paroi arrière. L'orifice de remplissage d'eau se situe vers l'avant de la plage arrière, au centre.

Les quatre orifices de remplissage carburant sont répartis sur les côtés et l'orifice de remplissage du réservoir de la GEA est à l'emplacement (gauche) habituel, avec les poignées de déclenchement des extincteurs fixes.

Le M4A4, avec son Multibanks de 30 cylindres a nécessité l'allongement du châssis et, à cause de son système de refroidissement, il a fallu aménager dans la plage arrière une protubérance montée sur charnières pour que le radiateur de refroidissement et son bouchon de remplissage puissent tenir dans le compartiment moteur. Le plancher blindé a été aménagé pour permettre le passage du carter de ventilation. Tout contre la tourelle, une grille blindée permet le refroidissement et la circulation de l'air. Comme pour les autres modèles, une plaque de blindage complète la plage et doit être démontée lors de la dépose du moteur. La masse est fixée à l'arrière de la plage arrière, et la clé de tension de chenille prend place sur le panneau arrière. Il y a un orifice de carburant à droite et à gauche. L'orifice de remplissage du réservoir de la GEA est à son emplacement habituel.

Sur le M4A6, qui bénéficie lui aussi du châssis allongé du M4A4, la même disposition est reprise, avec, toutefois, une augmentation de la protubérance de refroidissement, modification due au moteur Caterpillar. Sur ces modèles, la dernière plaque de blindage est articulée sur deux charnières. Les deux orifices de remplissage carburant sont vers l'avant de la plage arrière et, sur le même axe, un orifice de remplissage d'huile est aménagé, l'orifice de remplissage du réservoir de la GEA est à son emplacement habituel.

Et alors ? Fais-le démarrer à la manivelle !

Comme nous pouvons le constater sur les photos, certains Sherman sont équipés d'une (conséquente) manivelle. Il s'agit des modèles équipés du moteur radial R-975. Fixée à l'arrière du char, non loin des portes moteur, on pourrait penser que cette manivelle sert au lancement du moteur. Pour un profane, ce raisonnement est acceptable. Ceux qui possèdent quelques notions de mécanique – ou bien ceux qui ont déjà mis en route à la manivelle un véhicule – savent que ce faisant on frise l'inconscience. « Tourner » un 9 cylindres en étoiles de quelques litres de cylindrée, assez rapidement pour le mettre en route est une expérience qui peut très mal se terminer... Surtout pour celui ou ceux qui tournent la manivelle. La manivelle en question a un tout autre rôle.

Explication.

Dans le cas d'un moteur radial à graissage sous pression intégral par carter sec, au moment de l'arrêt du moteur, la pression chute dans le circuit de graissage. De par la disposition en étoile des cylindres, l'huile s'écoule par gravité dans la jupe du 5e cylindre puis, à travers le segment racleur, elle s'infiltre dans la chambre de combustion. Dans le cas où les deux soupapes du 5e cylindre sont fermées et la bielle en début de « compression », si l'on fait tourner le moteur, les liquides étant incompressibles, il y a blocage hydrostatique. Ça, c'est dans le meilleur des cas.

La mise en route des chars américains est un peu différente. Ces moteurs sont équipés d'un « *booster* » (système d'intensification d'allumage) qui, quand il est actionné facilite le lancement du moteur. Dans le cas où le 5e cylindre est en blocage hydrostatique et en début de compression, le cylindre n° 6 est en allumage/explosion. Le « *booster* » jouant son rôle, le moteur se lance et là, c'est l'ensemble vilebrequin + bielles qui encaisse – très mal – le choc. Détérioration du moteur.

Avant tout démarrage, suite à un arrêt moteur prolongé, le copilote introduit la manivelle dans l'orifice prévu à cet effet, puis il effectue 50 tours ce qui équivaut à un cycle complet du moteur. Dans le cas où il y a blocage hydrostatique (on s'en aperçoit très bien), on enlève les bougies des deux cylindres les plus bas, on vidange l'huile, on remet les bougies en place.

Après quoi, le pilote procède à la phase de lancement normale.

La phase de mise en route étant maîtrisée, passons

en revue l'histoire de la motorisation des M4. Il est intéressant de noter qu'à chaque type de moteur, correspond un modèle de tapes d'accès, de volets de refroidissement, de prise d'air.

Le Continental Wright R 975-C2 ou C4

Le Continental Wright R 975-C2 ou C4, 460 chevaux, 15,9 litres de cylindrée. Essence, 662 litres en réservoirs. Poids du moteur: 850 kg

Moteur d'avion à l'origine, il est monté sur les M3 et donne satisfaction. Ce moteur radial de 9 cylindres est simple de conception donc fiable. C'est exactement ce qui est nécessaire pour une armée en manque de motorisation pour blindés.

Ce moteur a tout de même quelques carences et, en tout premier lieu, sa masse et son gabarit dus à la disposition en étoile. En effet, si ce type de moteur s'est révélé *ad hoc* pour un aéronef, le fuselage allant en s'élargissant et le moteur entrant très bien dans l'aérodynamisme d'un avion, il en va différemment pour un engin blindé.

Dans le cas du Sherman, il faut rehausser la caisse pour y caser le moteur ce qui donne au char son apparence « haut sur pattes ».

D'autre part, les dimensions d'un char moyen ne permettent pas de rabaisser la tourelle pour la silhouette, ni même d'élargir le gabarit. Il faudra attendre l'apparition du M24 et du M18 « Hellcat » pour que le blindé américain (précurseur en la matière), prenne les proportions qui préfigurent celles de nos chars actuels.

Le continental R975 sera donc pour longtemps la motorisation du Sherman. Ce moteur étant enfermé dans son compartiment, il faut lui adjoindre un système de refroidissement supplémentaire, constitué d'un gros ventilateur placé à l'arrière, côté arbre de transmission, et un radiateur. La génératrice est casée, elle aussi, côté transmission, juste sous l'arbre qui le relie la boîte de vitesses.

Enfin, comme à cette époque on s'occupe très peu des questions de consommation, on notera la taille conséquente du carburateur (unique) de ce moteur Continental. C'est un double corps dont la taille des flotteurs laisse imaginer la quantité d'essence envoyée lors d'un bon coup d'accélérateur.

Le manuel de référence en matière d'entretien et réparations du moteur Continental est le TM9-1750D édité par le *War department* en août 1942. Ce manuel, comme tous les fascicules de la documentation technique américaine, est d'une précision qui met le maintien en condition des chars à la portée de tout mécanicien. Toutes les opérations sont listées et détaillées, les outillages communs et spécifiques sont bien définis et les différentes valeurs de réglages ne sont pas omises.

Ainsi, on trouve en tête de liste, une méthode de recherche des principales pannes ou incidents que l'on peut avoir à traiter, depuis le non-démarrage du moteur jusqu'aux filtres à air en passant par une température d'huile élevée, un manque de puissance ou des difficultés par temps froid. Prenons, par exemple, un manque de compressions sur un moteur radial 9 cylindres Continental. La procédure stipule:

« [...] - *Vérifier la compression de chaque cylindre en enlevant la bougie arrière (2 bougies par cylindre) pour y mettre le compressiomètre.*

- Noter la valeur relevée dans chaque cylindre, elle doit être comprise entre 105 et 110 livres par pouce carré.

- Si un cylindre n'a pas de compression, vérifier l'état, le fonctionnement et le réglage des soupapes.

- Déposer tous les cylindres ayant plus de 10 livres/pouce carré de variation par rapport à la normale, et vérifier :

** État et usure de la segmentation.*

** État et élasticité des ressorts de soupape.*

** Gommage des soupapes, absence de cassure ou brûlure.*

** Mauvais montage ou fuite sur les bougies d'allumage.*

** Fêlures sur les têtes de chemises ou des pistons.*

** État et usure des sièges de soupapes.* [...] »

Les différents sous-ensembles composant le char sont clairement localisés par des croquis, comme l'emplacement et la disposition des quatre réservoirs de carburant, les tuyauteries de communication et d'alimentation, les divers orifices de remplissage les vannes de coupure et la pompe d'injection manuelle, les filtres et la pompe mécanique.

Le carburateur est un Stromberg NA-R9D, dont les dimensions laissent entrevoir une consommation très « honorable ». Il est équipé des principaux circuits tels que reprise, ralenti, marche normale et, de plus il comporte un système de coupure du circuit de ralenti pour l'arrêt du moteur.

Ce dispositif est composé d'une aiguille montée sur un ressort actionnée par un solénoïde. Ce dernier, est commandé par le pilote depuis le tableau de bord, c'est le « *Degazer* ».

Le système d'allumage du Wright Continental est composé de deux magnétos, un intensificateur d'al-

Coupe du moteur Continental R975-CI.

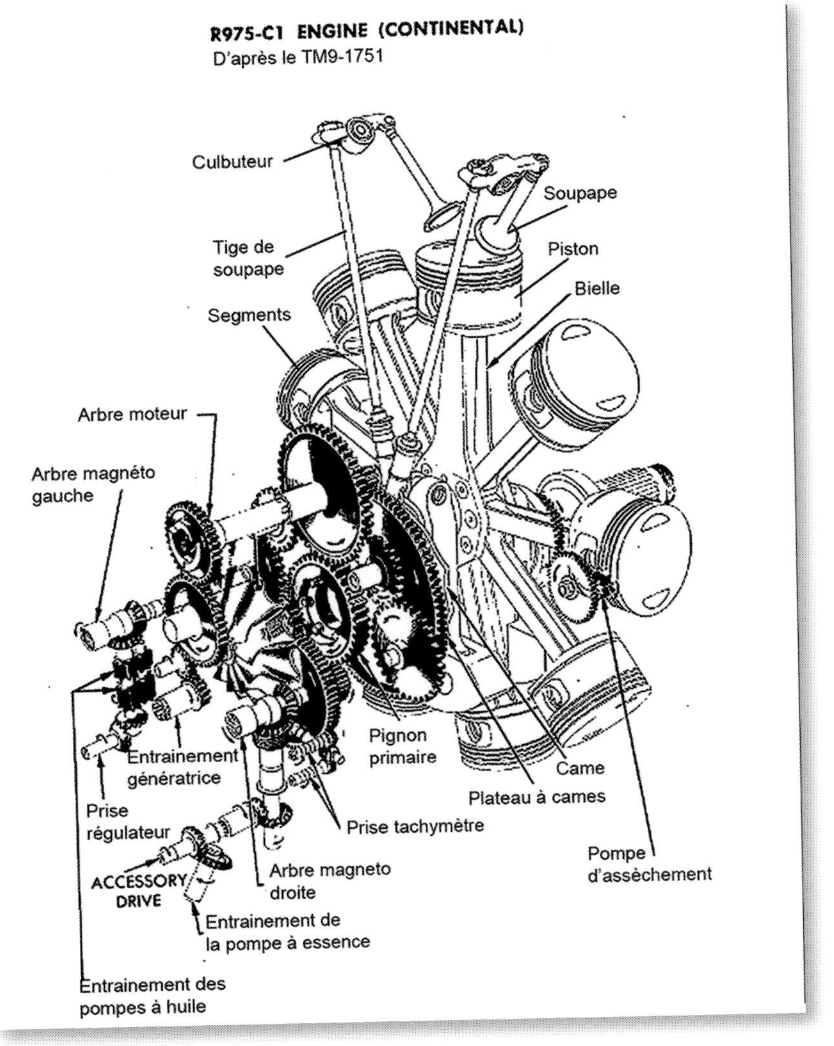

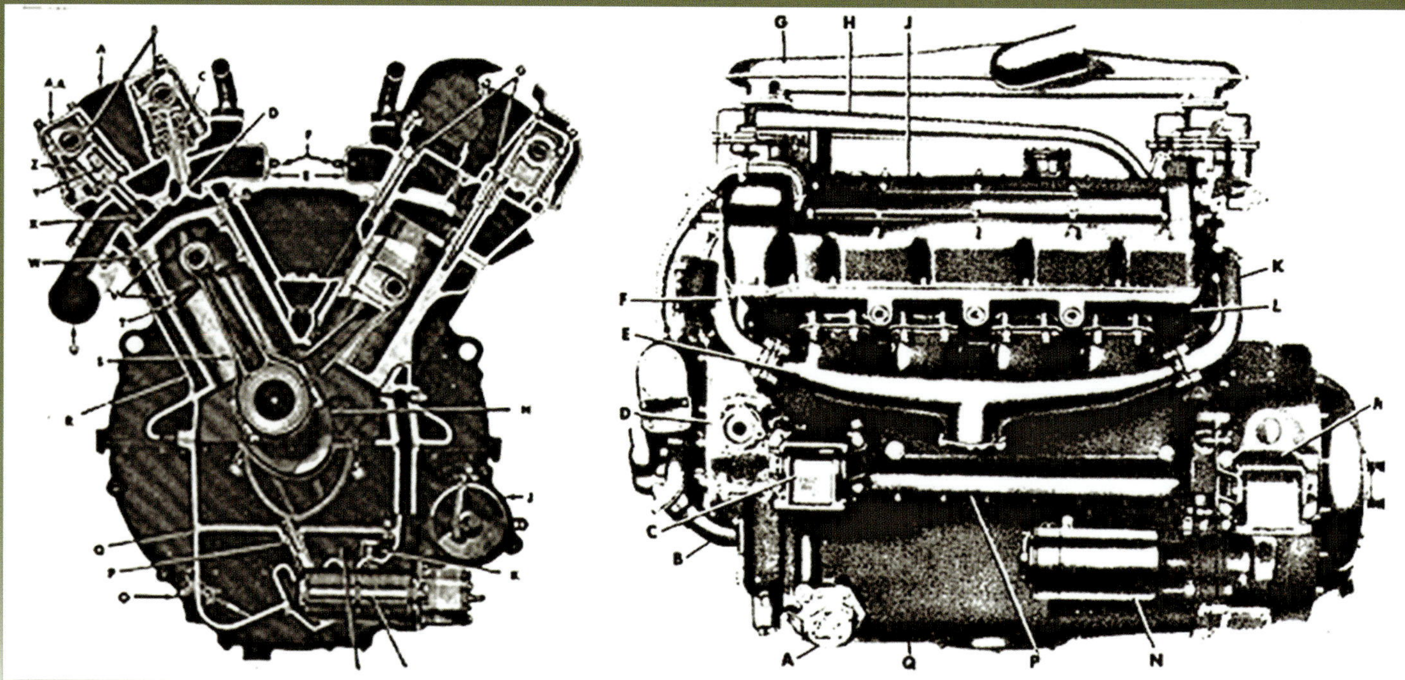

Le moteur V8 Ford GAA.
A. Filtre à huile.
B. Tube de remplissage.
C. Fixation.
D. Entraînement.
E. Conduit échappement.
F. Sortie échappement.
G. Conduit carburateur.
H. Conduite d'eau.
J. Cache culbuteur.
K. Collecteur.
L. Culasse.
M. Fixation.
N. Démarreur.
P. Bloc-moteur.
Q. Carter d'huile.
(RA PD 27200)

lumage appelé « *booster* » (qui agit sur la magnéto droite), bougies et câblages blindés. Les magnétos sont du type VAG 9 DFA et sont équipées d'un dispositif d'avance à l'allumage ainsi que d'un déparasitage pour l'installation radio.

La magnéto de droite allume la rampe des bougies avant, et la magnéto de gauche la rampe arrière. La méthode de calage des magnétos et les repères idoines, sont bien référencés dans le manuel technique.

Le V8 Ford GAA. 550 CV à 2600 tours

Refroidissement par eau. Essence, 636 litres en réservoirs. Poids du moteur: 1200 kg.

En matière de moteurs, les Américains n'ont jamais été à court et Ford avait dans ses tiroirs, un moteur qui, enfin, s'approchait d'une motorisation pour engin blindé: Le V8 GAA. Il sera monté par la suite sur le M74 et traînera des M47 de 45 tonnes pendant de nombreuses années.

Les origines de ce moteur.

Juste avant le Second Conflit mondial, Ford achève de mettre au point un moteur en même temps que Rolls-Royce/Allison. Il s'agit d'un V12 à 60°, bloc aluminium, double arbre à cames en tête, et quatre soupapes par cylindre. Le but poursuivi est d'équiper les avions de chasse et la construction du moteur répond donc aux standards aéronautiques: légèreté, hautes performances et fiabilité. Tout est en double câblage ou double conduite. Ce moteur n'est pas produit pour l'Aéronavale, l'US Navy décidant de s'en tenir au moteur radial pour ses avions. La pénurie de moteur pour char se faisant de plus en plus sentir, l'armée américaine se rapproche de Ford. C'est ainsi que la firme de Détroit décide de supprimer quatre cylindres à son V12 pour le « rentrer » dans la caisse du Sherman.

Le Ford GAA V8 est né: moteur en V qui, contrairement aux autres, n'est pas à 90° mais à 60° (comme celui du T 34), ce qui réduit son volume, portant sa largeur à seulement 90 cm.

C'est un moteur 4 temps essence, double arbre à cames en tête à refroidissement par eau. Le système d'allumage est assuré par deux magnétos Bosch de type MJF4A et des rampes d'allumage blindées. L'allumage des cylindres se fait dans l'ordre suivant [Lettre R pour Right (droit) et L pour Left, (gauche)]: 1R, 2L, 3R, 1L, 4R, 3L, 2R, 4L soit 1-6, 3-5, 4-7, 8-2.

Le refroidissement du moteur est complété par deux ventilateurs latéraux, entraînés par des courroies doubles. Les poulies de ces courroies prennent leur mouvement sur les carters accessoires reliés au moteur par des entraînements à cardans. Le radiateur, qui fait toute la largeur du compartiment moteur, est situé après les deux ventilateurs. Deux carburateurs Bendix-Stromberg NA-Y5G alimentent les deux bancs moteurs. Le graissage des éléments mobiles se fait sous pression, l'huile étant filtrée par un filtre auto-nettoyant de marque Cuno.

Contrairement aux autres modèles utilisés sur les M4, ce moteur entraîne deux génératrices placées dans le compartiment moteur. Elles sont régulées par deux boîtes (de régulation) séparées. Dans le cas du char M4A3, il y a donc trois boîtes de régulation avec celle de la génération auxiliaire. Le M4A3 75 W et 105 Howitzer sont équipés de la génératrice simple, entraînée par l'arbre de transmission et placée derrière le pilote. Dans ce modèle, les filtres à air sont dans le compartiment de combat.

Le moteur Chrysler Multibanks

Chrysler Multibanks* AC 57. 470 chevaux à 2700 tours. Essence, 606 litres en réservoirs. Poids du moteur: 2884 kg.

Si Chrysler, est mondialement connu, le Multibanks, pour un Européen, c'est déjà plus nébuleux... Et pourtant, ce moteur est une petite prouesse technologique.

Si vous êtes un constructeur comme Chrysler, vous dessinez et créez un ensemble composé de cinq moteurs en ligne de 6 cylindres montés autour d'une transmission commune; résultat: 30 cylindres et 21 litres de cylindrée. Le point de départ de cet ensemble est le moteur 6 cylindres en ligne de 4,12 l. une légère retouche de la culasse ramène le taux de compression à 6,2: 1 et le carburateur d'origine est remplacé par un carburateur. Dodge, carburateur multipositions utilisé en motorisation aéronautique. Ces carburateurs sont remplacés par la suite.

Les cinq moteurs sont disposés en « demi-étoile », les cinq volants moteurs venant s'engrener sur un pignon central, lui-même solidaire du départ de transmission et de l'embrayage. Ceci nous donne la disposition suivante : un banc vertical, deux bancs à 45° et 2 bancs à 90° (horizontaux). L'assemblage final est, malgré tout, assez compact pour tenir dans un compartiment moteur de char. Le montage de ce Multibanks nécessite, toutefois, l'allongement du châssis. Le prototype du moteur connaîtra de grosses difficultés du côté la carburation.

Ces problèmes sont dus aux longueurs des conduits d'admission qui rendent l'alimentation et la synchronisation des carburateurs difficiles.

Ceux-ci ont donc été déplacés de façon à les positionner au même niveau, facilitant de surcroît la maintenance. De plus, le fait d'aligner les carburateurs simplifie le problème des tringleries de commande et des filtres à air. Même type d'aménagement pour l'allumage des 30 cylindres. Les têtes d'allumeurs, qui à l'origine sont montées verticalement à mi-moteur, sont déplacées vers l'avant et montées en bout d'arbre à cames et chaque banc conserve son allumeur.

Au passage, la distribution par chaîne d'origine est remplacée par un entraînement à pignons.

Le refroidissement fait l'objet de remaniements sérieux. En effet, cinq pompes à eau cinq poulies et cinq courroies, c'est bien tant que le moteur est externe. Dans le cas d'un moteur enfermé dans son compartiment, ce montage devient plus qu'aléatoire. Les concepteurs ont donc transformé ces cinq ensembles en une seule pompe, entraînée par un arbre secondaire, lui-même mis en œuvre par le pignon central des cinq volants moteur.

Dans le cas du moteur à cinq pompes à eau, le collecteur droit alimente les pompes des moteurs 4 et 5, le collecteur gauche les pompes des moteurs 1, 2 et 3. Il y a trois différents types de pompe à eau, du fait de la disposition des moteurs. Les composants des pompes sont interchangeables mais pas les corps de pompe. Le moteur n° 1, vertical au centre, à une pompe particulière, les moteurs 2 et 3 un autre modèle et il en va de même pour les moteurs 4 et 5. La pompe à essence est entraînée par l'arbre à cames

Installation du moteur Chrysler Multibanks AC 57. *(NARA)*

du moteur n° 4 et, sur les dernières productions de M4A4, la génératrice est placée dans le compartiment de combat, entraînée par l'arbre de transmission avec poulies et courroies. Pour le graissage de cette « usine », la solution sous pression intégrale et carter sec est retenue.

Chaque banc – ou moteur – possède son carburateur, en l'occurrence il s'agit d'un carburateur à tirage inversé et, les cinq carburateurs sont commandés par un ensemble de tringles reliées à la commande d'accélérateur. Les starters (dispositif de démarrage à froid) fonctionnent suivant le même principe. Il en est de même pour l'allumage, chaque banc possédant son allumeur, sa tête de distribution, sa bobine d'allumage.

Le changement est d'importance sur ce moteur, puisque l'allumage ne se fait plus par l'intermédiaire de magnétos. Sur les premiers modèles, une seule génératrice est utilisée et entraînée par le moteur n° 2.

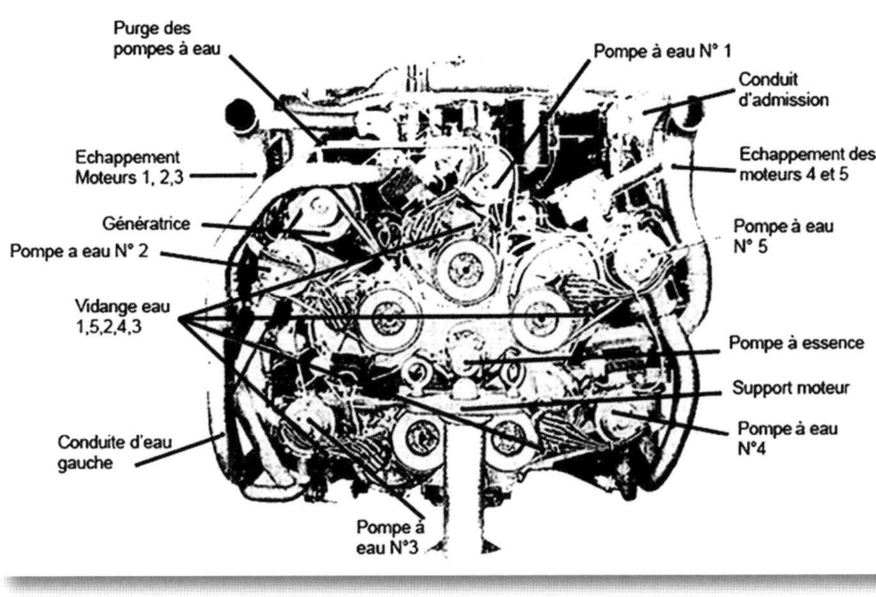

Coupe du moteur Chrysler Multibanks AC 57.

Le démarreur est unique et est placé entre les moteurs n° 1 et n° 2. La numérotation des différents bancs est faite en regardant l'ensemble des moteurs côté distribution et, en sens inverse de l'horloge, ce qui nous donne :

Moteur 1 en haut, moteur 2 à gauche, moteur 3 en bas à gauche, moteur 4 en bas à droite, moteur 5 à droite du moteur 1. L'échappement des moteurs 1, 2 et 3 est collecté dans la pipe gauche, celui des bancs 4 et 5, dans la pipe droite.

Ce bijou mécanique équipe les chars M3A4 et M4A4, c'est la plus lourde des motorisations du Sherman.

Conformément au TM 9-754, l'équipage effectue l'entretien, mais aussi certains réglages et réparations. Le manuel décrit avec précision les modes opératoires pour l'entretien et le réglage ou l'échange des contacts platine de l'allumeur, mais aussi la méthode de calage en cas d'échange de l'allumeur.

Le General Motors GM 6-71.

General Motors GM 6-71. 410 CV à 2900 tours. Diesel, 560 litres en réservoirs. Poids du moteur : 1030 kg.

Deux moteurs de bus montés côte à côte et vous obtenez un 12 cylindres très acceptable. Cette motorisation équipe les chars M3A3, M3A5, et M4A2. Il s'agit d'un groupe moteurs diesel géré par le *Technical Manual* 9-1750G édité par l'*Ordnance Corp*. Ces moteurs ont un numéro de série sur le bloc et les numéros démarrent à 6046-1. L'appellation de « groupe moteurs » désigne deux moteurs en ligne de 6 cylindres composés d'un moteur type 671 LA 24M, et d'un moteur 671 LC 24M.

Les lettres LA désignant le moteur droit et LC le moteur gauche. Ce dernier est le moteur situé du côté gauche du char dans le sens de la marche. Les deux moteurs sont rendus solidaires par l'intermédiaire d'une boîte transfert située à l'arrière. C'est sur le carter de cette dernière, que le numéro de série est frappé. Chaque moteur possède sa propre lubrification, son système de refroidissement, sa génératrice montée en bout d'arbre à cames. Le cylindre n° 1 est celui situé côté ventilateur.

Le moteur 6046 est un diesel dit 2 temps à combustion interne et distribution latérale. De ce fait, il est équipé d'une pompe chargée d'envoyer l'air chaud sous pression à l'intérieur des cylindres. Ceci a pour effet d'évacuer les gaz de combustion, dans un premier temps, puis de remplir les chambres de combustion avec de l'air frais.

La suite du fonctionnement est celle commune à tous les diesels : injection et compression inflammation ; le dernier temps étant le balayage des gaz d'échappement par l'injection d'air frais réchauffé. Dans ce type de moteur, l'admission et l'échappement font partie de la compression et du temps moteur d'où, l'appellation de deux temps.

Une pompe à carburant est chargée de fournir le gasoil sous une pression constante jusqu'aux injecteurs. Sur chaque cylindre, trois culbuteurs commandent une soupape d'échappement, une soupape d'admission, le mouvement de l'injecteur.

Ordre d'injection : 1-4-2-6-3-5.

Ce moteur est équipé d'un vilebrequin en alliage carbone/manganèse *steel*.

Un régulateur est chargé de contrôler la pompe, de façon à avoir des débits mini-maxi en fonction de la vitesse de rotation du moteur. La lubrification du moteur se fait par le système du carter sec et comprend trois pompes : une pompe de mise en pression et deux de relevage (ou assèchement). Ces pompes permettent au moteur de fonctionner sans danger sous une inclinaison de 35°. L'huile est filtrée par l'intermédiaire de deux filtres montés en série et un régulateur de pression maintien cette dernière à niveau constant. L'huile est d'autre part maintenue à température par un échangeur « eau » équipé d'un calorstat qui per-

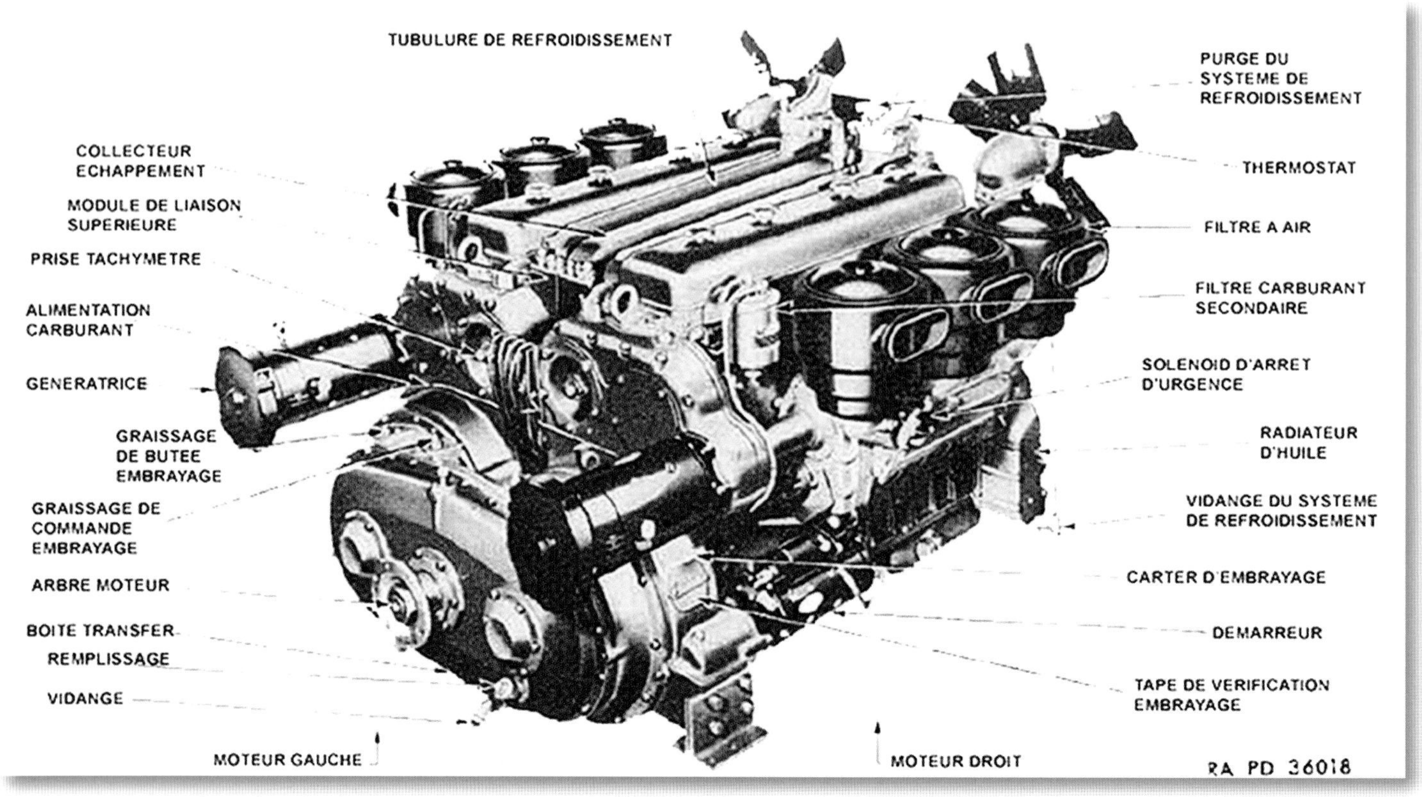

Le moteur General Motors GM 6-71.

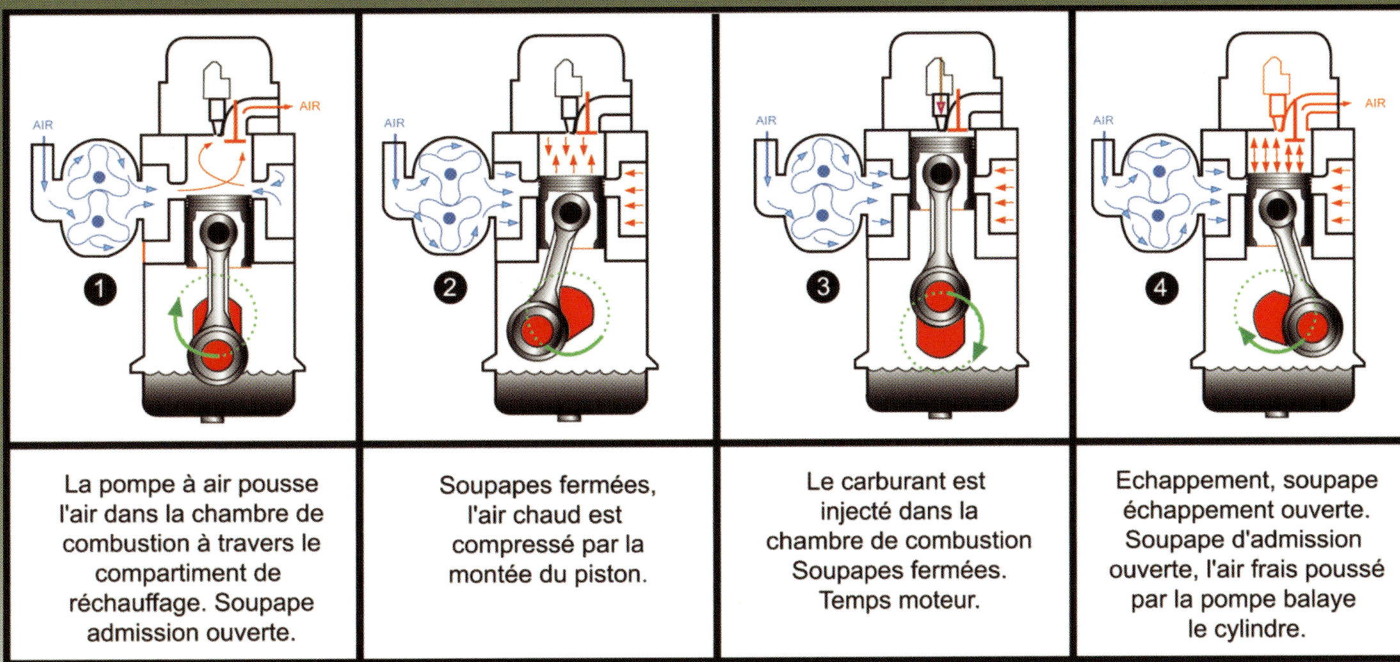

Le fonctionnement en quatre temps du moteur Grey Marine 6046 de General Motors.

met une montée en température plus rapide pendant la période de réchauffage. Une vanne de régulation, à l'entrée de l'échangeur, limite la pression dans ce dernier.

Les filtres à air sont dans le compartiment moteur, disposés de part et d'autre des moteurs, il y en a trois de chaque côté.

À la sortie de mouvement de la boîte transfert, l'embrayage vient se positionner entre le mouvement moteur et la transmission, l'entraînement de cette dernière se situant entre les deux embrayages. Il s'agit d'un embrayage de type mono-disque avec fourchette et butée d'embrayage. Le lancement du groupe moteur est réalisé par l'intermédiaire d'un démarreur entraînant le moteur droit.

Le char peut se déplacer avec un seul moteur et, dans ce cas, la vitesse maximum est de 38 km/h.

Les Caterpillar RD 1820 et D22A radial

Les Caterpillar RD 1820 et D22A radial. 500 CV à 3000 tours. Multi carburants, 522 litres en réservoirs. Poids du moteur : 1950 kg

Ces moteurs sont montés sur le modèle A6.

RD1820 cyclone 9. Ce moteur est une évolution du Wright P2, datant lui-même de 1925. Le RD 1820 est entré en production en 1931 et y est resté jusque dans les années 1950. Ce moteur est fabriqué sous licence par Lycoming Pratt & Whitney Canada, mais également par Studebaker Corporation au cours de la Deuxième Guerre mondiale.

L'Union soviétique a acheté une licence et Shvetsov OKB produit ces moteurs sous la dénomination M-25. Ce moteur est également produit par Hispano Suiza (Espagne) sous l'appellation V9.

Le RD 1820 fonctionne dans l'ordre : 1-3-5-7-9-2-4-6-8. Il est équipé de deux démarreurs 24V, un refroidissement par air et un réchauffeur d'air pour les démarrages à basses températures.

Le moteur R-1820 a équipé les avions les plus célèbres (Douglas DC3, quelques DC5, les B-17 Flying Fortress et, chez les Russes, le Polikarpov I-16 et l'hélicoptère Piasecki H21.

Ce moteur, sous le nom D200, équipe d'autres engins blindés comme, le char lourd M6. Dans ce cas, il est de type radial 9 cylindres essence, développe 900 CV à 2300 tours autant dire du ralenti. C'est Caterpillar Hein. qui convertit cet engin en diesel.

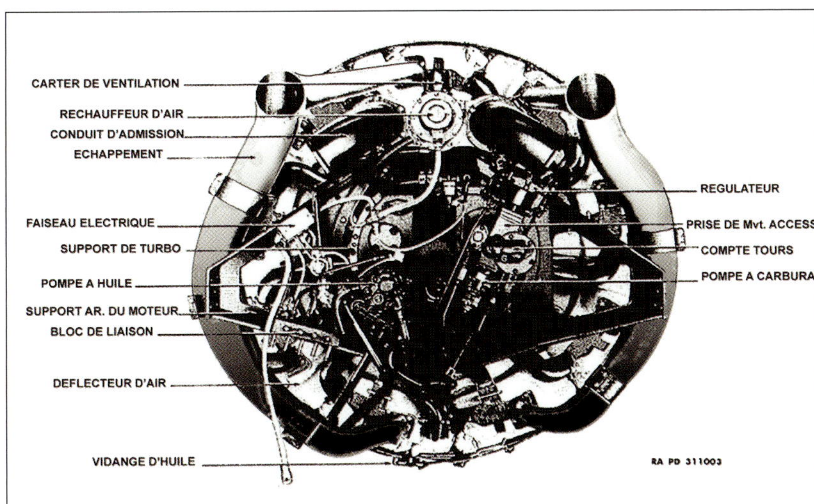

Coupe du moteur Caterpillar RD 1820.

À propos de motorisations

De tout ce que nous avons présenté concernant les motorisations du Sherman, nous retiendrons que les ingénieurs américains ont su largement utiliser les moteurs de gamme civile pour les adapter à la propulsion de leurs engins blindés.

Aux constructeurs que nous avons cités ci-dessus, il convient d'ajouter Cadillac. Cet autre concepteur américain, plus spécialisé dans la limousine grande routière, est mis à contribution pour motoriser certains M3 et M5, puis le char léger M24 Chaffee, à l'aide de ses moteurs V8.

Le moteur Ford V8 GAA a, quant à lui, équipé les chars lourds M 26 Pershing. Concernant le rapport poids/puissance, la norme entrée en vigueur par la suite, à savoir 20 CV/Tonne, n'est pas encore d'actualité en 1941, ceci explique les faibles rapports (parfois 15 CV/t) que l'on peut avoir sur certains modèles de Sherman.

4 LES TOURELLES DU SHERMAN

Le Sherman peut être équipé de cinq modèles de tourelle.

- Les tourelles D 50878 et D 78461 prévues pour le canon de 75, puis pour l'obusier de 105.
- La tourelle T23 pour le canon de 76.
- La tourelle Jumbo.
- La tourelle du Firefly pour le canon de 17 Pounder britannique.

Les tourelles du Sherman peuvent être équipées d'une commande de rotation électrique, hydroélectrique ou exclusivement manuelle.

Ces tourelles se divisent en deux grandes familles, « nuque haute » et « nuque basse » (ces appellations ne sont pas officielles). Il y a trois types de volets de tourelle, le « *Split Hatch* », le « *Vision cupola* », et le « *Oval Hatch* ». Celle avec une seule écoutille d'accès à deux volets « *Split Hatch* » (il y a deux différents types de volets avec des ouvertures différentes) et celle avec tourelleau ou « *Vision cupola* » à droite et écoutille à gauche. L'écoutille du radio chargeur peut être de deux modèles. Soit une trappe semi-ovale de dimensions plus petites que celle du chef de char, le *Oval Hatch* », soit l'ancien volet du chef de char en deux parties, avec ouverture latérale et épiscope sur un des deux volets. Dans ce cas, il est courant que le support de mitrailleuse antiaérienne soit monté côté radio chargeur, dans l'axe de fermeture des deux battants de volets. La tape d'évacuation des douilles est appelée « *Pistol port* ».

Pourquoi « *Pistol port* » alors que tape d'évacuation des douilles donne en Anglais : « *Case Disposal Port* » ? À l'origine, les tourelles sont équipées d'une ouverture style meurtrière, permettant au radio chargeur de tirer avec son pistolet ou la SMG* Thompson cal. .45. Par la suite, les concepteurs se sont dit pourquoi ne pas agrandir cette ouverture et l'utiliser pour évacuer les douilles vides? La tape est validée mais garde son appellation d'origine. Un projet de tourelle T26 avec canon de 90 mm a vu le jour en 1944, puis a été abandonné en raison des modifications – trop importantes) – à apporter au char. Cette tourelle sera celle du M26 Pershing.

Les tourelles de « Firefly » sont particulières. Les tourelles des TD M10 et M36, spécifiques, seront abordées plus avant, en même temps que leur châssis respectif. Comme nous allons le voir plus loin au chapitre des M4 revus par d'autres pays, il y a dans ce domaine beaucoup d'adaptations, voire de création et tout ceci ne simplifie pas la classification.

La tourelle standard pour le Sherman est la tourelle D 50878 conçue autour du canon de 75. Plus tard, cette tourelle subit des modifications pour recevoir l'obusier de 105 ou le canon de 17 livres anglais. La tourelle T23 est étudiée pour recevoir le canon de 76. La tourelle du M4 *Jumbo* est une T23 dont le blindage supplémentaire a été réparti autour de la tourelle.

Au départ, le T23 est un prototype de char moyen qui n'a pas été accepté. Sa tourelle par contre s'est révélée une excellente solution pour permettre d'équiper le Sherman d'un nouveau canon. Voici pourquoi la tourelle du 76 mm est appelée T23.

La tourelle D 50878 standard du Sherman est équipée du canon de 75 mm M3 L40 et de 90 munitions réparties en tourelle et autour. Les premiers exemplaires sont armés d'un canon M2 de 75 mm nécessitant le montage de contrepoids – au niveau de la bouche – pour rester compatible avec la stabilisation gyroscopique de l'armement. Le montage du canon M3 élimine, ensuite, le besoin de ce contrepoids. L'affût de canon initial, le M34, est très vite remplacé par le M34 A1 qui, plus large, embarque une lunette de visée directe en plus du périscope de son prédécesseur. De plus, le bouclier ou masque de canon englobe celui de la mitrailleuse, séparé auparavant. L'armement antiaérien est constitué par une mitrailleuse lourde cal. .50 (12,7 mm), la Browning M2 HB approvisionnée à 300 coups. La défense rapprochée du char est assurée par une mitrailleuse cal. .30-06 Browning M1919 A4 ou A5 montée en coaxiale sur le canon et une seconde M1919 A4 fixe, au poste de copilote.

Certains M4A3 sont équipés d'une mitrailleuse lourde cal. .50 (12,7 mm) à l'arrière de la tourelle et une cal. .30-06 Browning M1919 A4 Flexible montée devant le volet du chef de char. La tourelle du 105 Howitzer existe en deux versions : celle avec écoutille chef de char à deux volets, et l'autre avec tourelleau chef de char à six épiscopes.

Il en est de même pour l'écoutille du radio-chargeur, qui peut être de forme ovale (petite ouverture) ou ronde, d'un diamètre équivalent à celle du chef de char.

La tourelle du Sherman est issue du modèle T6. Cette tourelle, montée sur le châssis du M4 à portes latérales, est équipée d'un périscope oscillant pour le tir, du tourelleau issu du char M3 avec mitrailleuse incorporée, de tapes à douille avec fente de vision des côtés droit et gauche de la tourelle. Le bouclier du canon est simplifié et ne comporte pas d'anneaux de levage, tout comme la tourelle d'ailleurs. Sur les modèles définitifs, ces anneaux sont montés. Le tourelleau du char M3 est remplacé par une écoutille de chef de char à deux volets avec un épiscope ro-

tatif sur 360°. Cette écoutille reçoit le support pour la mitrailleuse antiaérienne et le support à clip pour verrouiller le canon. Le « *Pistol port* » ou tape d'évacuation des douilles est installé du côté gauche uniquement et la fente de vision a été supprimée. Cette tourelle est référencée D 50878. Elle peut être appelée « *Low bustle* » (nuque basse).

Un autre modèle de tourelle, la D 78461 est appelée « *High bustle* » (nuque haute). Les différentes configurations de ces deux modèles sont répertoriées sur la planche « tourelles de 75 ». Ces tourelles sont équipées du canon de 75 M1, monté indifféremment sur affût M34 ou M34 A1. L'affût M 34 comporte un petit bouclier de protection muni de deux joues qui englobent le canon uniquement. Les deux anneaux de dépose de l'artillerie sont situés de part et d'autre du bouclier. La tourelle comporte trois anneaux de dépose, un à l'avant dans l'axe du canon et deux à l'arrière de la tourelle. Concernant ces derniers, sur les modèles « *Early* », les deux anneaux sont soudés en partie haute de la tourelle, à l'arrière. Sur les modèles « *Late* », ils sont soudés en partie basse. Toujours sur les modèles « *Late* », l'affût M 34 A1 est installé avec un nouveau bouclier. Celui-ci, est plus large, les joues de protection du canon ont disparu et le bouclier englobe la mitrailleuse coaxiale à gauche et la nouvelle lunette de visée à droite. Les volets de l'écoutille chef de char sont munis de verrous d'accrochage à l'ouverture. Ces modifications sont réalisées par les DFI, à l'aide de « kits » fournis à la livraison. Les modèles « *Late* » voient également l'apparition d'un projecteur (amovible) de tourelle prenant place sur un support fixé à proximité de la protection du ventilateur de tourelle.

Pour la tourelle D 50878 qui équipe les chars à canon de 75, l'emplacement du mécanisme de rotation de la tourelle oblige les constructeurs à « rogner » dans l'épaisseur du blindage latéral droit pour pou-

LES TOURELLES « EARLY » ET « MID » AVEC CANON DE 75 MM

D 50878 Early
de Février à Avril 1942
Visée type rotor
Affut M 34
Pistol port
Volet type Split Hatch D 69993
Montée sur
M4 A1 Early

D 50878 Mid
Avril 42 à Mars 1943
Episcope de visée
Affut M 34 avec extension de masque côté lunette
masque partiel pour coaxiale
verrous de volets position ouverte
protection des épiscopes
anneaux de sangles
Organe ext. de visée
Montée sur
M4 - M4 A1 - M4 A2
M4 A3 - M4 A4

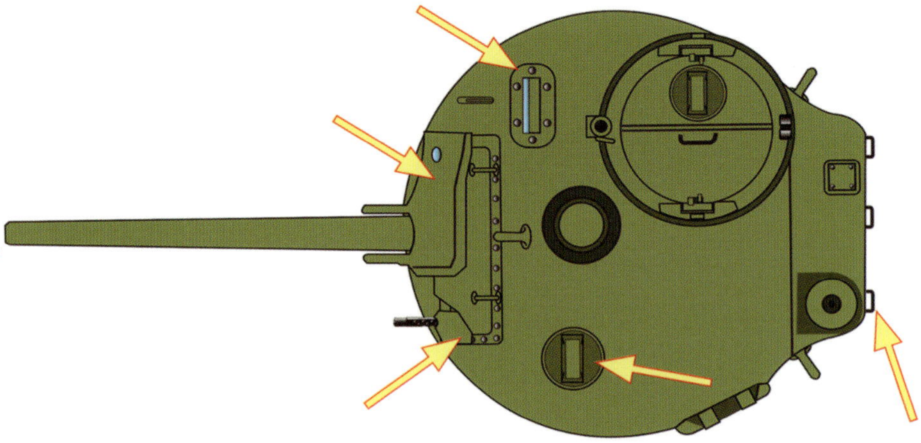

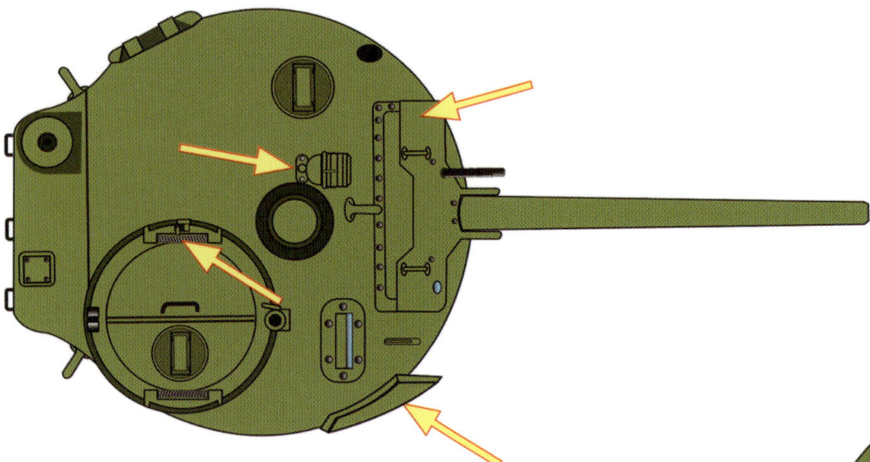

D 50878 Mid
Avril à Aout 1943
Episcope de visée
Affut M 34 A1
Blindage additionnel
Volet Split Hatch D 94598
Pistol port soudé
Fumigène 2 Inches
Projecteur additionnel
Montée sur
M4 - M4 A1 - M4 A2
M4 A3 - M4 A4

D 50878 Late
Septembre à Décembre 1943
Visée ext. améliorée
Affut M 34 A1
Tourelle à joue renforcée
Pas de Pistol port
Volet Split Hatch D 94598
Supports pour BMG H2 HB
et canon de rechange
Montée sur
M4 - M4 A1 - M4 Hybride
M4 A2 - M4 A3 - M4 A4

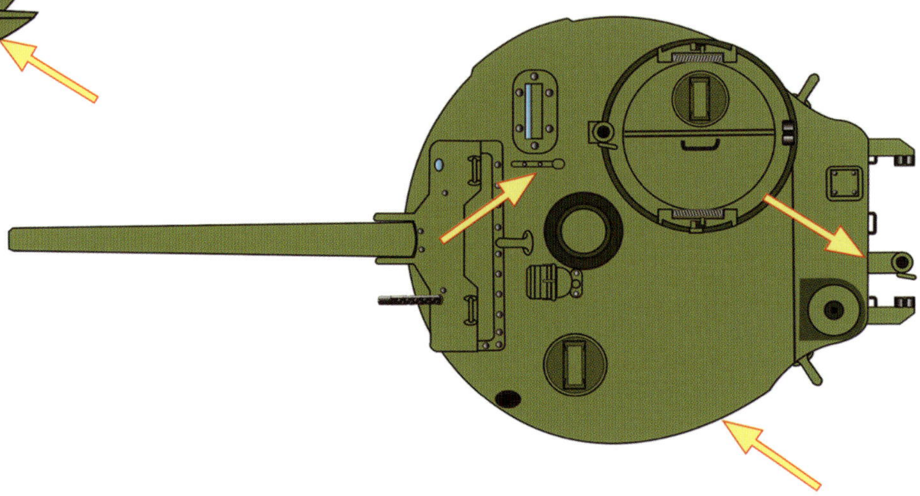

voir y loger un nouveau modèle de mécanisme. Il a donc fallu étudier et fabriquer un ensemble de plaques de blindage supplémentaires pour venir renforcer ce nouveau point faible. Le MWO G104-W 57, donne les modalités d'application pour le montage du blindage additionnel de tourelle, côté droit. Ce blindage est composé de deux plaques blindées de trois inches (soit 76,2 mm), légèrement incurvées pour épouser la forme de la tourelle, et soudées sur l'avant et le côté de la tourelle.

Ces blindages supplémentaires, selon le cas, ne sont pas soudés à la partie inférieure, lorsque le pare-éclats de défaut de tourelle couvre ce blindage. Dans le cas de plaques plus petites, la partie basse des blindages est soudée. L'affût M34 fait lui aussi l'objet de modification. En effet, le besoin d'une lunette de tir en remplacement du périscope de visée s'est assez vite imposé.

L'affût M34 A1 a résolu ce problème, mais dans l'intervalle, il y a eu quelques milliers de Sherman équipés en M 34. Une modification appliquée, principalement sur les chars hors du territoire des USA, touche les points suivants: ajout d'un demi-bouclier courbe sur la partie droite de l'affût incluant l'orifice de la lunette de tir (pièce référencée D 52869); sur la plaque de l'affût, ajout d'un côté semi-circulaire (référencé D 52870), qui épouse la forme du demi-bouclier courbe. Ajout sur la plaque de l'affût M34 d'une butée de site maximum.

L'anneau de levage droit est supprimé.

Les blindages de glacis

Parfois, le char est livré avec les « kits » en caisse et ces derniers ne sont pas toujours montés soit par manque de temps, soit par manque de moyens. Les chars destinés aux écoles et aux centres d'instruction ne sont pas équipés des blindages additionnels. De même, les M4A2 et M4A4, destinés au *« Lend lease »* n'en sont pas toujours équipés (les blindages additionnels étaient en principe livrés en « kits » séparés).

En avril 1943, l'*Ordnance* décide de supprimer la tape d'évacuation des douilles, jugée comme un point faible de la tourelle. À cette époque, les constructeurs soudent les tapes à douilles *(voir planche les équipements de tourelle).*

Les tourelles D 50878 sont donc redessinées sans la tape à douilles. Autre modification dans ce nouveau modèle, le flanc droit de la tourelle à l'endroit à épaisseur réduite possédait les blindages additionnels. Le nouveau dessin de tourelle inclut une surépaisseur de blindage coulé devant la partie droite amincie.

Ce renflement est visible en partie basse de la tourelle. Sur certains Sherman français, les blindages additionnels de tourelle sont montés alors que les tourelles livrées comportent la nouvelle surépaisseur.

En juillet 1943, l'*Ordnance* décide de remettre en service les tapes à douilles et, suite à demande des unités utilisatrices, équipe la D 50878 d'une écoutille radio-chargeur de type ovale. *(À partir de novembre 1943).*

Les tourelles D 78461 ou *« High Bustle »*

Sur ces tourelles, la partie arrière est relevée de façon à permettre le passage des volets pilote et copilote de grand modèle. Le tourelleau à six épiscopes pour chef de char est monté sur les tourelles D 50878 et les tourelles D 78461. Sur ces dernières, une protubérance sur le haut du flanc droit permet de déplacer le tourelleau vers l'extérieur.

Ce M4A1, qui pénètre à l'intérieur du Fort Santiago à Manille, lors de la reconquête des Philippines, nous laisse admirer l'arrière si caractéristique de sa tourelle. *(Signal Corps, NARA)*

Les tourelles de 105 *« Late »* sont équipées d'un second extracteur de fumées, monté à l'arrière de la tourelle. Ce montage implique l'ajout d'un nouveau support pour le pied de la .50 AA *(voir planche armement).*

Tourelle T23

Cette tourelle est issue du prototype de char T23. Le char n'a pas été retenu, par contre, la tourelle équipée du canon de 76 s'est révélée intéressante et adaptable au châssis du Sherman. Elle porte au départ la référence D 82081 et les premiers modèles sont livrés sans le ventilateur de tourelle puisque le prototype du T23 possédait un système de ventilation différent. Le ventilateur est ajouté ultérieurement sur les tourelles pour Sherman, son évacuation se situe sur la nuque de tourelle, avec, soudé à sa protection, le support additionnel pour mitrailleuse antiaérienne.

Autre particularité, sur les modèles 76 *« Early »*, les deux demi-volets de l'écoutille du chef de char s'ouvrent à 90° ce qui rend délicate l'utilisation de la mitrailleuse de 12,7 mm. Une modification – réalisable sur place – permet une ouverture des volets à 135°. Le M4A1 est le premier modèle à être équipé de cette tourelle, les 2nd et 3rd Armored Divisons américaines en sont dotées en 1944 pour la bataille de Normandie. Ces chars sont armés du 76 M1 A1.

Les canons de 76 mm suivants sont équipés d'un filetage en bout de tube en prévision du montage d'un frein de bouche. En attendant, ces canons ont à leur extrémité une protection qui vient se visser sur le filetage du frein de bouche. Ces canons sont référencés M1 A1 C. On peut en voir un exemplaire sur le M4A1

Un Sherman M4A3 76 W ou un M4A2 76 W de la deuxième compagnie du 501e régiment de chars de combat, 2e DB, Paris, août 1944. *(Collection particulière)*

à l'entrée du Quartier Delestraint à Mourmelon. Autre changement important sur la tourelle T23, le remplacement de l'écoutille radio-chargeur à deux volets par un volet ovale. Comme l'ancienne écoutille comportait le support de la mitrailleuse de 12.7, ce support est déplacé entre les deux écoutilles, vers l'arrière de la tourelle. Cette tourelle est référencée 70 54366.

Il arrive souvent que les équipages changent le support mitrailleuse de place, à leur convenance. Sur les tourelles de canon 76, le bouclier comporte une toile de protection clipsée entre le bâti tourelle et le bouclier. Cette modification intervient fin 1944.

Certaines tourelles font l'objet de particularités, telle cette T23 munie d'un anneau sur le côté gauche, devant le volet radio-chargeur. C'est un point d'ancrage destiné à recevoir un dispositif de levage (du genre chèvre) qui aurait permis à l'équipage de changer le moteur ou manipuler des pièces lourdes, sans l'intervention d'un véhicule de dépannage.

La tourelle du Sherman est moulée de fonderie ; de forme pratiquement arrondie, hormis une protubérance vers l'arrière, (cavité qui reçoit les moyens de radio communication) elle est équipée d'un groupe électrohydraulique qui lui permet d'effectuer des rotations sur 360° dans les deux sens. Le pointage en site est manuel. Dans cette tourelle, la majorité de l'espace disponible est occupée par le canon, son berceau (ou châssis) les vérins de frein de tir et de retour en batterie.

Quelques munitions – les obus de première urgence – sont à la disposition du chargeur sur un râtelier, dans le panier de tourelle. Hormis les sièges de l'équipage, on y trouve aussi les boîtiers d'interphone/radio, les supports de grenades à main, le groupe moteur de la tourelle, des épiscopes, la lunette de tir, un répétiteur d'azimut (pour le tir masqué ou tir d'artillerie), les munitions pour la mitrailleuse coaxiale, un extincteur portatif, le joint tournant (dispositif placé sous le panier de tourelle qui fournit l'alimentation électrique quelle que soit la position de la tourelle), les armes individuelles des servants de tourelle, le ventilateur extracteur, des épiscopes de rechange, les jumelles, un dispositif lance-fumigènes, un PM modèle Thompson cal. .45 et 600 cartouches en 20 chargeurs.

Vers l'arrière de la tourelle, sur la cloison pare-feu, on trouve, en fonction du modèle de M4, les vannes de coupure carburant, le boîtier d'arrêt d'urgence, un radiateur pour chauffer – modérément – le compartiment de combat, les radiateurs d'huile pour le moteur et la transmission. À tout ceci, il convient d'ajouter ce que chaque membre d'équipage apporte – dotation réglementaire ou pas – et vous avez une idée de « l'espace vie » dans une tourelle.

À l'extérieur, l'équipement est tout aussi complet. Hormis les anneaux de levage pour la dépose de la tourelle, on trouve la protection des ventilateurs, la tape d'éjection des douilles. À l'extérieur, on trouve aussi un projecteur sur rotule, le masque de canon et de la coaxiale, la mitrailleuse antiaérienne de 12,7 mm qui pouvait être soit sur circulaire devant le volet du chef de char, soit entre les volets du chef de char et du radio-chargeur, soit sur un support rotatif placé à l'arrière de la tourelle.

Des photos nous montrent des tourelles équipées d'une mitrailleuse de 12,7 vers l'avant et d'une mitrailleuse cal. .30 vers l'arrière, mais c'est une pratique assez rare. Les tableaux de dotation ne font état que de deux mitrailleuses de .30 : une montée en coaxial et l'autre dévolue au copilote. Alors? Aménagement particulier? Concernant les mitrailleuses en service sur le M4 On relève les possibilités suivantes…

Les modèles de début de production sont équipés d'un jumelage de mitrailleuse de cal. .30, monté fixe au centre du glacis, servi par le pilote. Par la suite, une mitrailleuse calibre .30 est installée au poste copilote portant à trois le nombre de mitrailleuses calibre. .30. Nombre auquel il faut ajouter la mitrailleuse cal. .30 montée en coaxial.

Pour ce qui concerne le M4A3 E2 « *Jumbo* », la tourelle est équipée d'un support pour mitrailleuse antiaérienne sur la nuque de tourelle, un support de mitrailleuse cal. .50 entre les écoutilles chef de char et radio chargeur, le support de canon en position « route » est, cette fois, vers l'avant de la tourelle, au centre. Sur ce A3, le canon de rechange de la mitrailleuse est fixé dans son support à clips sur la plage arrière, vers le panneau arrière. Le ventilateur de tourelle est incorporé au support de nuque de la mitrailleuse de cal. .50.

On peut rencontrer une autre répartition : la tourelle est équipée d'une écoutille de chef de char pivotante à deux demi-volets. et le support de la mitrailleuse cal. .50 est monté sur l'avant de l'écoutille (partie tournante) et le verrou canon à 180° sur l'écoutille. Un second support est en attente entre les écoutilles du chef de char et du radio-chargeur avec son verrou de canon sur la partie avant de la tourelle. Le troisième support pour cal. .50 est sur la nuque de tourelle.

Cas de la tourelle avec canon de 105.

Un support de cal. .50 se trouve entre les écoutilles chef de char et radio-chargeur, verrou route de canon vers l'avant de la tourelle. Un second support est sur la nuque de tourelle, au-dessus du ventilateur additionnel.

Cas de la tourelle équipée d'un tourelleau à six épiscopes.

Un support de cal. .50 se trouve à côté du tourelleau, avec verrou route du canon dans l'alignement, vers l'avant. Support supplémentaire sur la nuque de tourelle.

Cas de la tourelle à deux grandes écoutilles.

La cal. .50 est fixée sur l'écoutille du radio-chargeur (circulaire) avec le verrou de canon à 180° sur la circulaire. Un support supplémentaire se trouve sur la nuque de tourelle.

Cas particulier

Certains M4A3 E8 sont équipés avec une mitrailleuse cal. .30 devant l'écoutille du chef de char et une mitrail-

LES TOURELLES « LATE » ET « JUMBO » AVEC CANON DE 75 MM

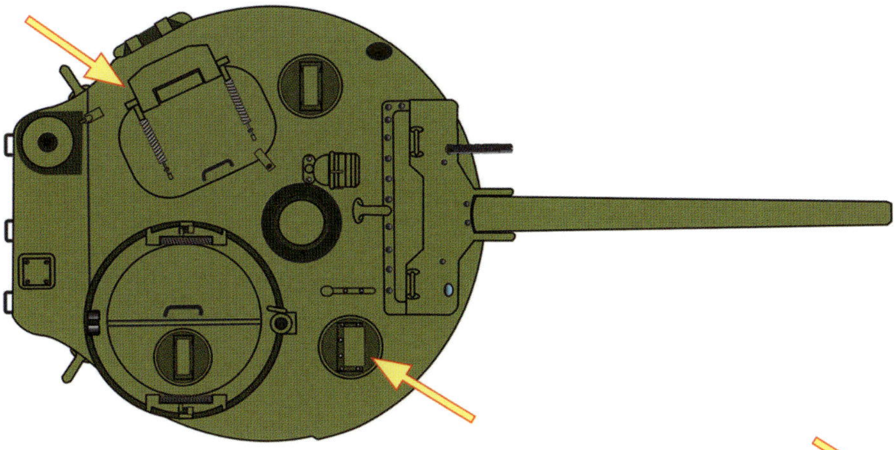

D 50878 LB et HB
Novembre Décembre 1943
PistolPort,
Loader Hatch
Episcope tireur à protection blindée
Montée sur M4 A1 et M4 A 2

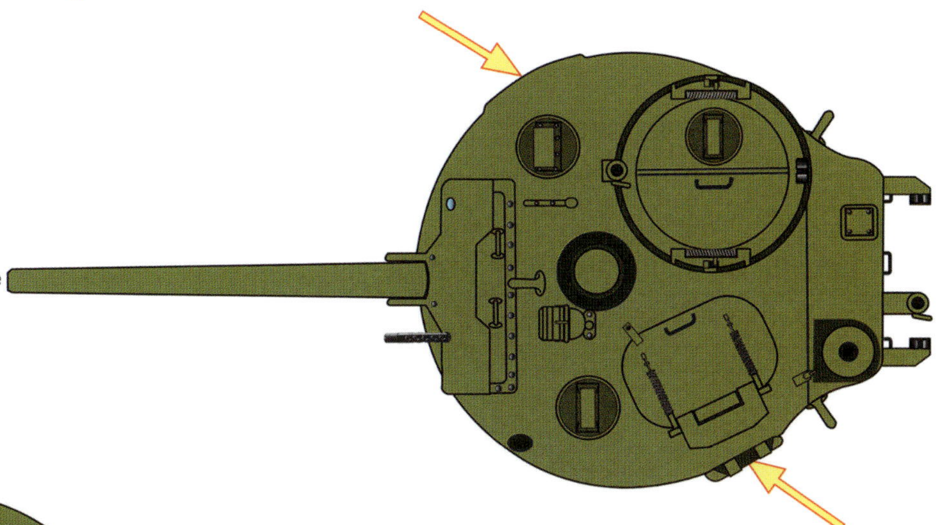

D 78461 - High Bustle
tourelle à
joue renforcée, Pistol port
Loader hatch, split hatch
fumigène 2 inches
Affut M 34 A1 avec anneaux de levage
Supports pour BMG H2 HB
et canon de rechange
Montée sur M4 hybride,
M4 A2, M4 A6

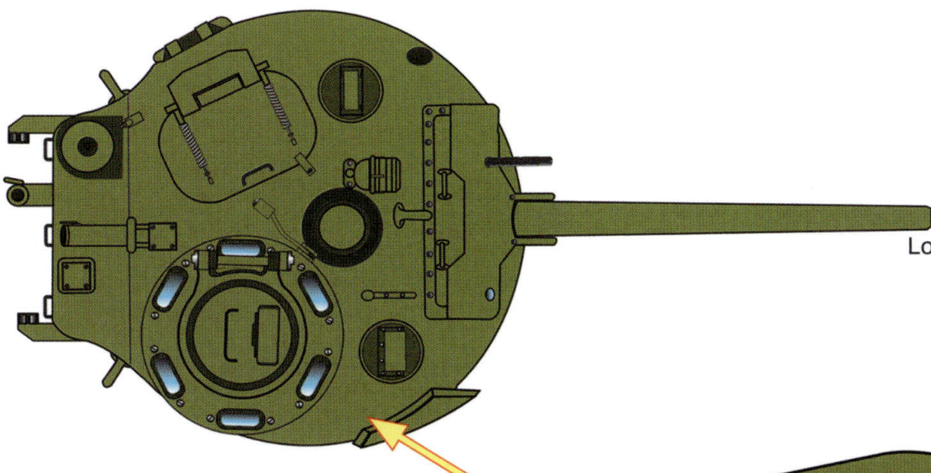

D 50878 Rétrofittée
tourelle à
blindage additionnel,
Pistol port
Loader hatch, revolving hatch
fumigène 2 inches
Affut M 34 A1
Montée sur M4 A3 75 W

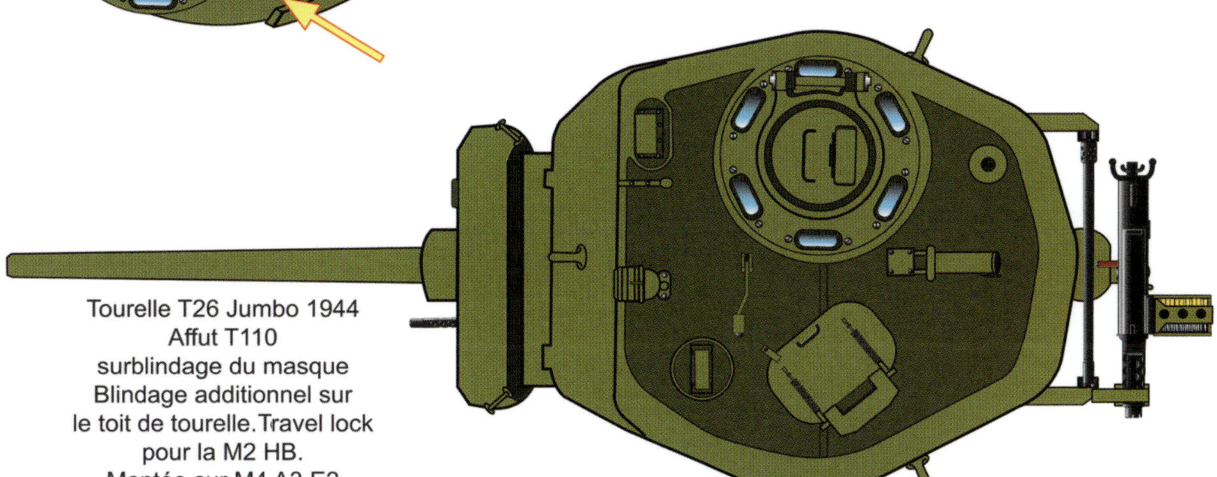

Tourelle T26 Jumbo 1944
Affut T110
surblindage du masque
Blindage additionnel sur
le toit de tourelle. Travel lock
pour la M2 HB.
Montée sur M4 A3 E2

LES TOURELLES AVEC CANON DE 76 105 HOWITZER ET 17 POUNDER

Tourelle D82081 "Early" avec affut M62 pour canon de 76 M1A1, M1A1 C ou M1 A2. Vision cupola, split hatch et anneau de levage latéral. Montée sur M4 A1 Travel lock pour BMG M2HB

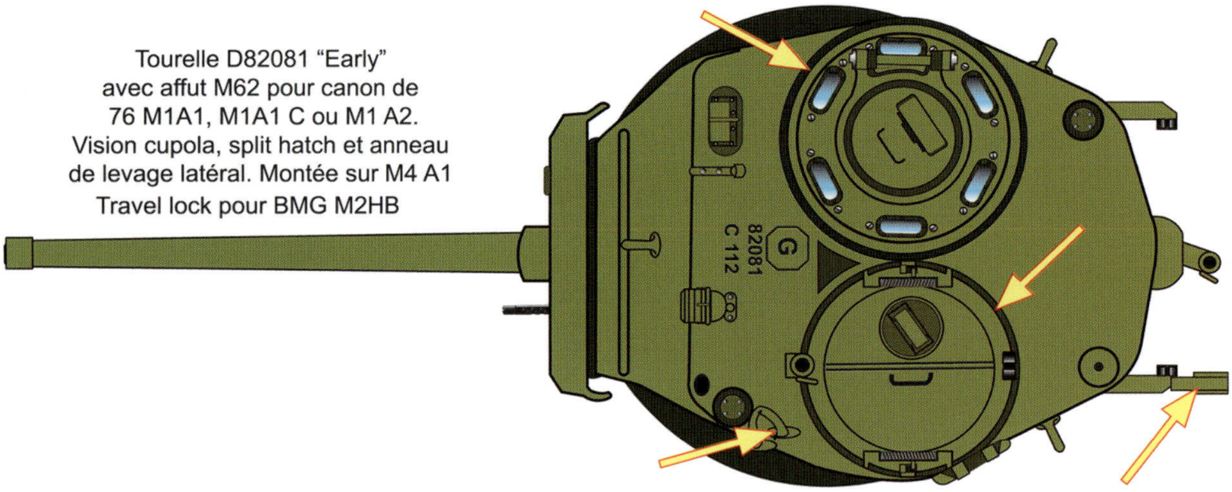

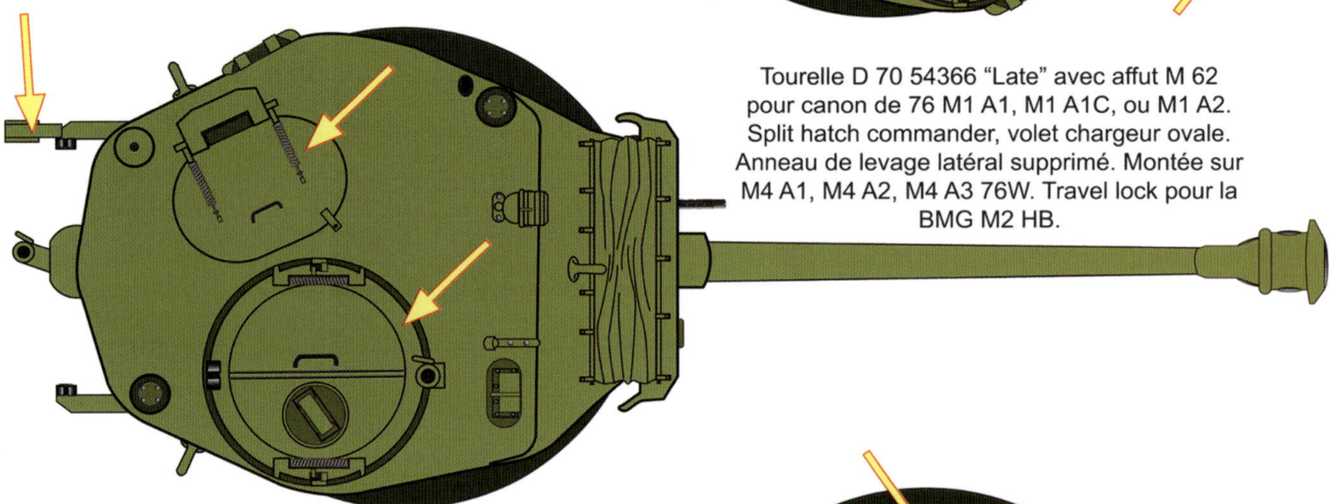

Tourelle D 70 54366 "Late" avec affut M 62 pour canon de 76 M1 A1, M1 A1C, ou M1 A2. Split hatch commander, volet chargeur ovale. Anneau de levage latéral supprimé. Montée sur M4 A1, M4 A2, M4 A3 76W. Travel lock pour la BMG M2 HB.

Tourelle D 50878 Canon 105 M4 et affut M52. Vision cupola et volet chargeur ovale,pistol port et deux extracteurs de fumées.Montée sur M4 105 et M4 105 HVSS.Travel lock pour BMG M2HB et support centralfixé au-dessus de l'extracteur arrière. Obturateur de lunette de visée sur le masque.

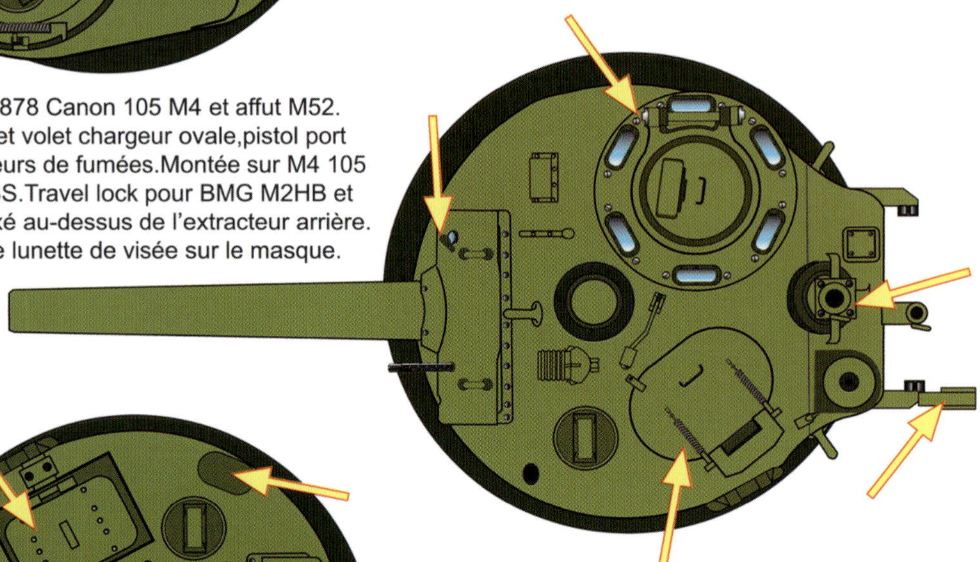

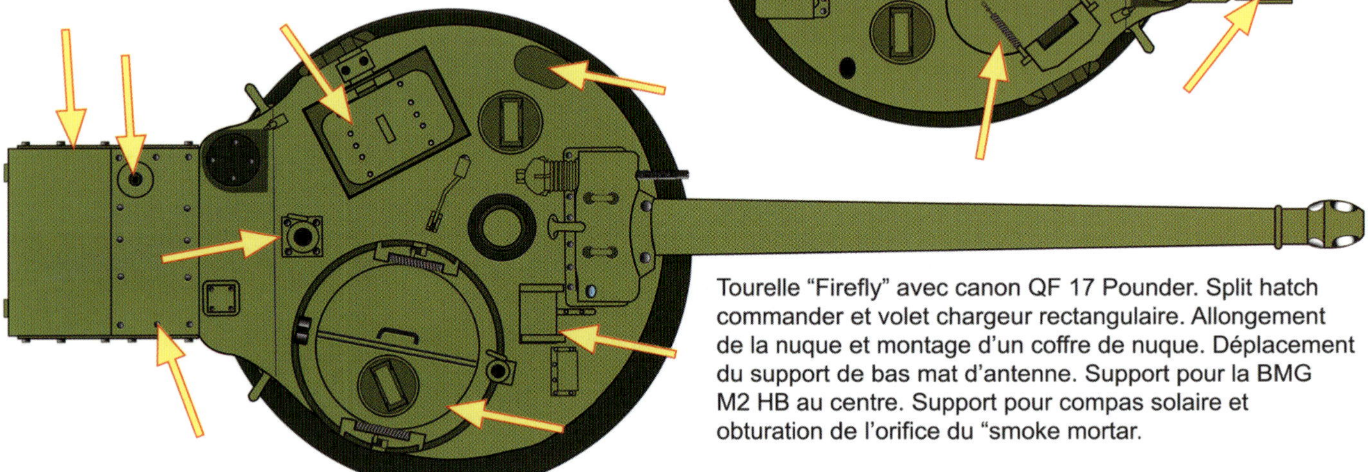

Tourelle "Firefly" avec canon QF 17 Pounder. Split hatch commander et volet chargeur rectangulaire. Allongement de la nuque et montage d'un coffre de nuque. Déplacement du support de bas mat d'antenne. Support pour la BMG M2 HB au centre. Support pour compas solaire et obturation de l'orifice du "smoke mortar.

leuse cal. .50 devant l'écoutille du radio-chargeur *(voir planche cal. .50 et versions A3)*

À part les modèles « *Jumbo* », tous les M4 ont le canon de rechange de la cal. .50 fixé sur la nuque de tourelle, avec les deux clips de maintien et un strap* de fixation. On trouve également sur la tourelle le – ou les – dispositif(s) de blocage du canon de mitrailleuse, les organes de visée extérieurs qui permettent au chef de char de procéder à une visée dégrossie pour accélérer la séquence de tir; le bas-mât d'antenne radio vers l'arrière gauche et, répartis sur le pourtour, des anneaux grenouillère destinés à la fixation de divers accessoires. La sortie du tube lance-fumigènes est, quant à elle, située du côté gauche, vers l'avant, pour les tourelles qui en sont équipées.

La tourelle XLR? Non, ce n'est pas un nouveau modèle de tourelle. XLR signifie « *Extra Lifting Ring* » et il s'agit d'un anneau supplémentaire monté devant l'écoutille du radio-chargeur. Cet anneau permettait la fixation d'une flèche mobile qui aurait permis à l'équipage de changer le moteur ou manipuler des pièces lourdes, sans l'intervention d'un véhicule de dépannage.

Le dispositif n'a en fait jamais été utilisé (donc vite abandonné), par contre, les équipages utilisent beaucoup l'anneau pour y suspendre leurs affaires. Ce dispositif de levage monté sur les T 23 des M4A3 76 « *Early* » a été mis en place par Chrysler qui était approvisionné en tourelles par American Steel Foundry et Continental Steel.

Les blindages de la tourelle

Sur les M4 et M4A1, la tourelle est blindée à 51 mm sur les côtés, l'avant et l'arrière. Le dessus de tourelle fait 25 mm d'épaisseur.

Sur le M4A3 et le M4A4, les flancs de tourelle sont blindés à 51 mm, l'avant et l'arrière à 76 mm, le bouclier de canon à 89 mm. Le blindage additionnel du côté gauche sur les A3 a une épaisseur de 25 mm.

Le M4A3 E8 76 W HVSS est blindé à 64 mm sur le pourtour de tourelle, à 89 mm sur le bouclier, et 25,4 mm sur le dessus de tourelle (soit 1 pouce).

Organisation de la tourelle

Le poste « tireur ».

Le groupe électro hydraulique de tourelle « *Logansport* » est le plus répandu sur les chars M4, cependant il existe deux autres modèles, un similaire au « *Logansport* », l'autre, électrique produit par « Westinghouse ». Ce dernier utilise une génératrice supplémentaire pour alimenter son moteur. Celle-ci est entraînée par l'arbre de transmission en fond de caisse.

Le groupe hydraulique met la tourelle en rotation et la vitesse de rotation est proportionnelle au déplacement de la commande. Le moteur électrique, chargé de mettre le circuit hydraulique en pression, est situé en bas du mécanisme, à hauteur du plancher de tourelle et, tout à côté, se trouvent les deux contacts électriques: au pied pour la mise à feu du canon et de la mitrailleuse coaxiale, ainsi que la pédale mécanique (à câble) qui commande la mise à feu du canon en cas de défaillance du système électrique.

Certains modèles « *Late* » comportent une commande de rotation tourelle « chef de char ».

La stabilisation du tube

Ce dispositif, bien que peu utilisé, est malgré tout satisfaisant. Il reste évident qu'il n'a pas le niveau de performance des stabilisations actuelles, mais, il permet le tir en marche, sous réserve qu'il soit correctement servi et bien calibré. Le bon fonctionnement de ce dispositif dépend aussi d'une bonne coordination entre le pilote et le tireur. Tout ceci transposé en situation de combat peut expliquer certaines réticences quant à l'utilisation de la stabilisation.

Principe de fonctionnement

Un ensemble gyrostabilisateur maintient le canon dans une position donnée – en l'occurrence, la visée est la référence. Cette action s'applique uniquement sur le mouvement en site (hauteur). Un vérin fait la liaison entre l'affût et le bâti de tourelle, cette liaison est gérée par un boîtier de commande situé sous le canon. Le vérin est maintenu en pression par l'intermédiaire d'un circuit hydraulique. Le système de stabilisation prend sa génération hydraulique en dérivation sur celle de la tourelle. Cette génération maintient, dans les chambres du vérin, une pression constante; pression soumise à variations de par les mouvements verticaux du tube. Le circuit de retour à la bâche permet à l'huile (incompressible) d'absorber ces variations. C'est cet équilibrage des chambres du vérin qui va permettre de réaliser la stabilisation.

Voyons maintenant comment est gérée cette stabilisation. Elle est du type gyroscopique. Un gyroscope est un appareil comprenant quatre parties principales: un volant tournant à grande vitesse, l'axe de ce volant, et deux arceaux montés en « cardan » qui permettent à cet axe de rester fixe par rapport à l'axe de rotation de la Terre, par conséquent de fournir un axe de direction invariable.

Dans le cas présent, le gyroscope va corriger en permanence les variations du vérin en le ramenant à la visée de référence. Lorsque le tireur enclenche la stabilisation, il doit débrayer la commande de pointage en hauteur, enclencher l'hydraulique, lancer le moteur de commande gyroscopique (rotation à grande vitesse). Le tireur effectue une visée, cette visée devient la référence pour le gyroscope qui va maintenir le tube sur ces données par l'intermédiaire du vérin.

Tant que le tireur n'agit pas sur la commande de pointage en hauteur, le canon reste pointé sur le même site. Comme on peut s'en douter, une installation de ce type nécessite des réglages pour fonctionner dans de bonnes conditions. Outre la violence des variations encaissées par le tube, il faut aussi calibrer l'appareil. Pour ce faire, le tireur dispose de deux réglages principaux.

– Le réglage de fermeté du boîtier gyroscope, qui agit sur la sensibilité du moteur. En tournant la commande, on change les valeurs et ceci se traduit par des vibrations importantes du canon. Dans ce cas, tourner la commande en sens inverse jusqu'à la disparition des vibrations.

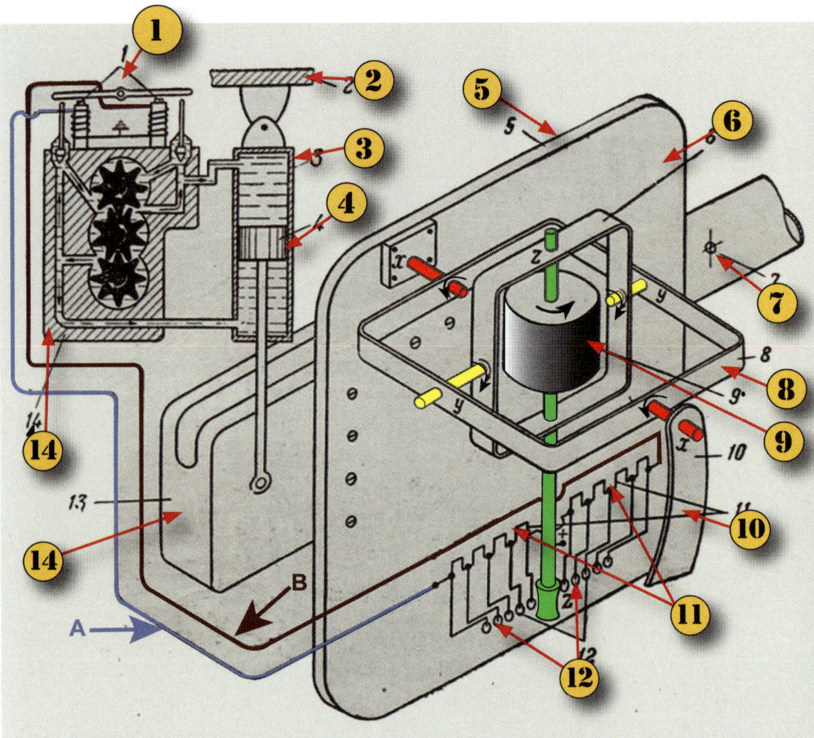

1. Electrovanne de pompe.
2. Bâti de tourelle.
3. Vérin de maintien.
4. Piston.
5. Support latéral.
6. Arceau Intérieur.
7. Axe de liaison boîtler-canon.
8. Arceau extérieur.
9. volant du gyroscope.
10. Support de l'arceau extérieur
11. Résistances.
12. Contacts.
13. Berceau de canon
14. Pompe hydraulique.
15. Axe de commande du volant.

Lors de la mise en service de la gyrostabilisation, la pompe met le circuit hydraulique en pression ce qui équilibre le piston **4** dans la chambre de vérin **3**. Simultanément, le circuit électrique alimente le moteur du volant de gyroscope qui est mis en rotation rapide, par l'axe **15**. C'est la dimension Z. Le volant maintien son axe de rotation par l'intermédiaire des arceaux **6** et **8**. Ce sont les dimensions X et Y. Les Infos (réglages) venant des commandes de stabilisation (sensibilité et recul) transitent par les circuits A et B et agissent sur l'électrovanne **1** pour maintenir le piston **4** (solidaire du berceau de canon) à la position donnée : la visée.

– Le réglage du rhéostat de recul. Au moment du départ du coup, le canon recule sur son berceau et la culasse à tendance à plonger vers le bas. Le rhéostat fournit un réglage qui permet de maintenir le canon horizontal pendant la phase de recul.

Si la culasse à tendance à baisser, on tourne la commande vers la droite; dans le cas contraire, on tourne la commande vers la gauche.

Méthode de simbleautage sur Sherman, récit d'un servant de tourelle dans les années quarante.

« Sur le côté droit de la tourelle, au poste du tireur, j'ai une lunette très précise. Pour la régler, on prend comme objectif un clocher à 2000 ou 3000 mètres. On retire le percuteur de canon et on découvre un orifice de 4 mm environ. À la gueule du canon, on adapte deux cheveux en croix tenus par de la graisse. On prend une paire de jumelles et, par réglage des jumelles, on essaie de voir la croix de cheveux et la pointe du clocher, dans le cas où celui-ci est pris pour modèle.

En jouant avec les commandes de tourelle et celles de hausse de canon, sans faire vibrer quoique ce soit, on déverrouille la lunette et, à l'aide des manettes de site et de hausse, on amène la croix de la lunette – hausse 0 – sur la pointe du clocher. »

Réglage du recul et de la sensibilité.

Cette procédure, est dite « de campagne », lorsque la situation le permet, le simbleautage, opération relativement minutieuse, est réalisée à partir d'une mire calibrée et propre au char considéré.

Lors de cette opération, l'utilisation de la mire permet de pointer en convergence le canon, la mitrailleuse coaxiale, la lunette de visée et, si présente, la télémétrie.

La tourelle du Firefly

Les ingénieurs anglais ont quand même dû résoudre quelques petits problèmes pour arriver à installer leur QF 17 Pounder dans la tourelle du Sherman. À l'ori-

PRINCIPE DE LA STABILISATION

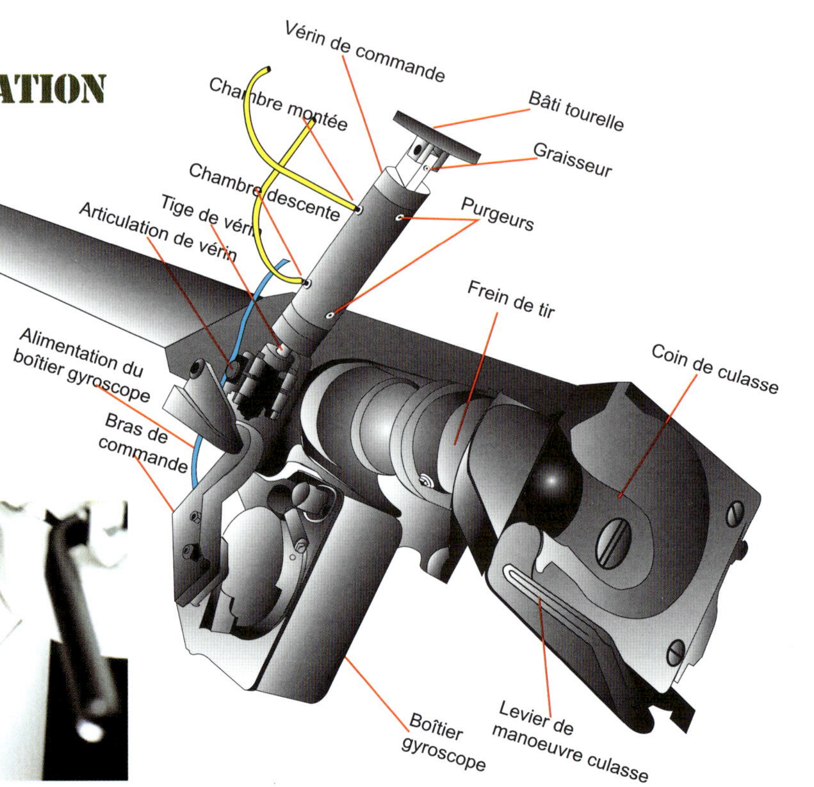

Activation de la stabilisation.

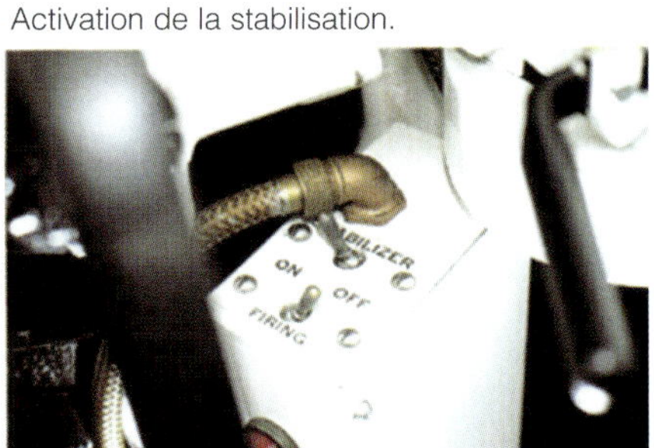

LES TOURELLES DU M4 A3

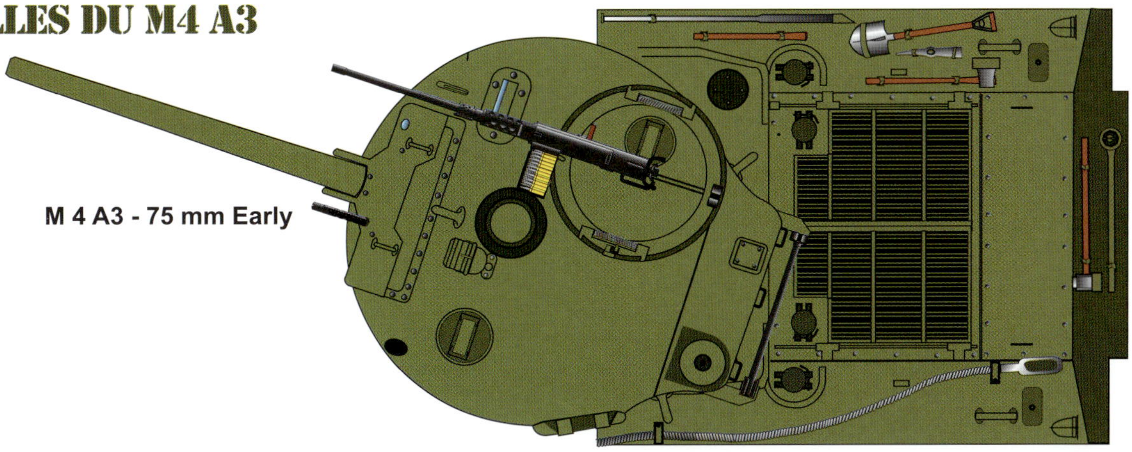

M 4 A3 - 75 mm Early

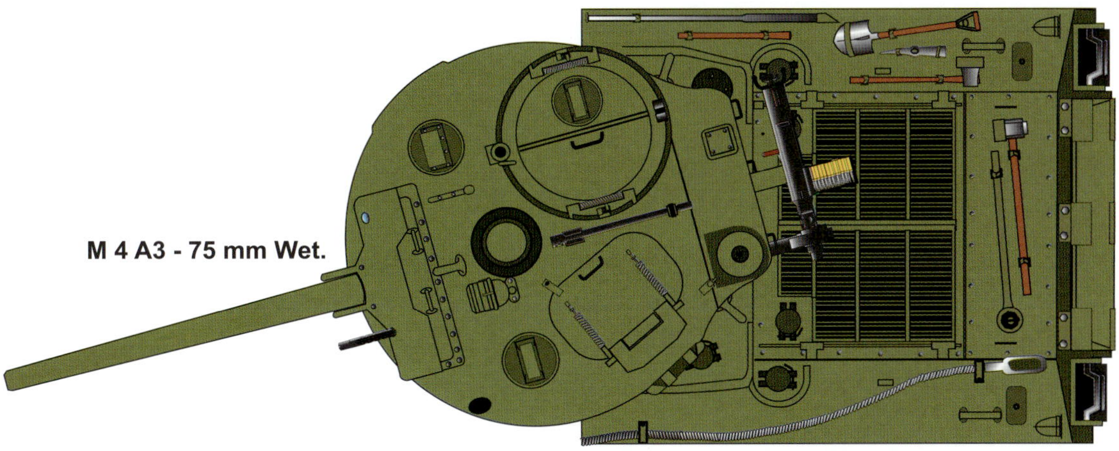

M 4 A3 - 75 mm Wet.

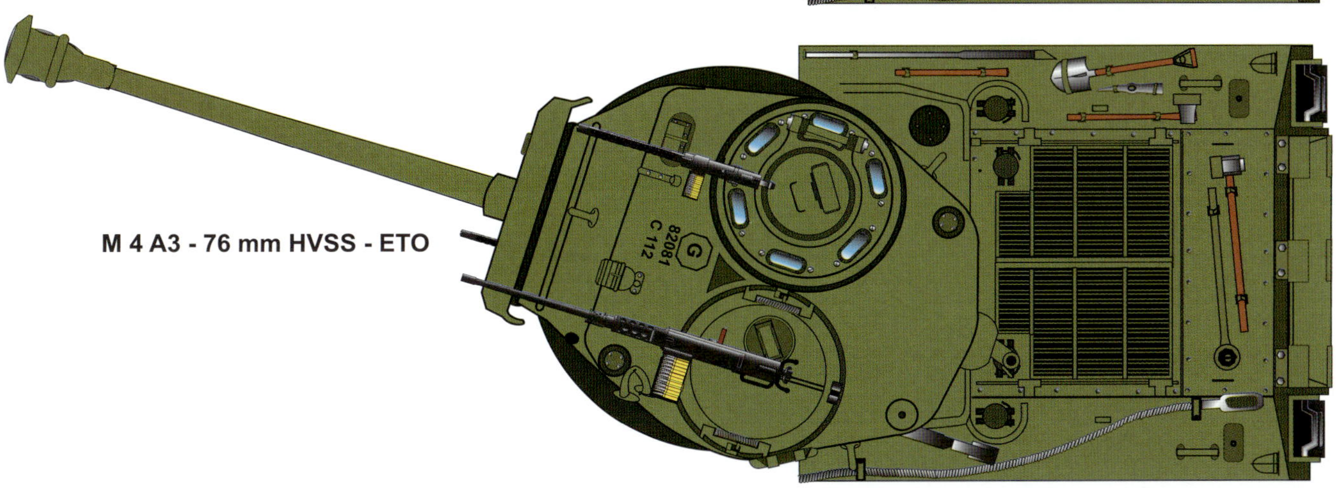

M 4 A3 - 76 mm HVSS - ETO

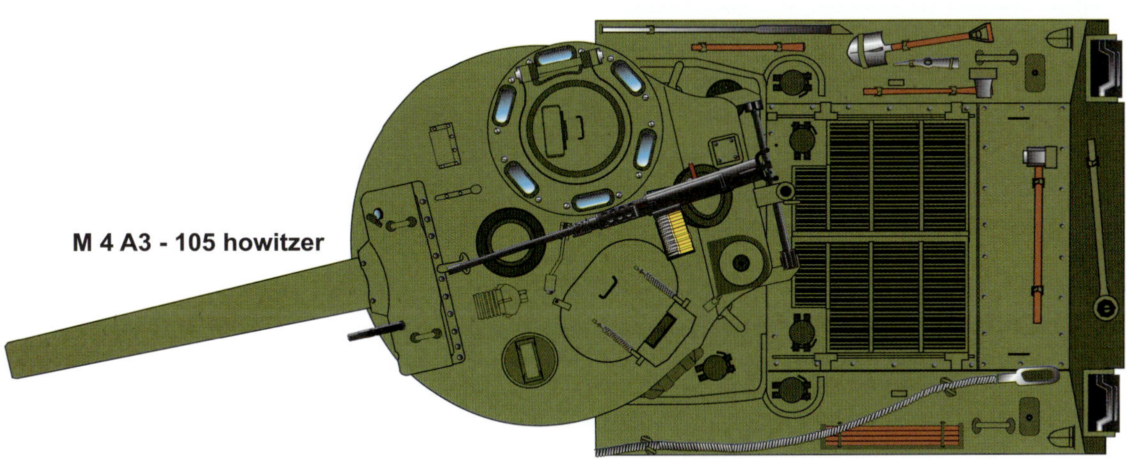

M 4 A3 - 105 howitzer

1. Vue du poste tireur, on distingue la protection du recul de canon, l'appui-front de la lunette de visée, les commandes de pointage en site et gisement, le répétiteur d'azimut.

2. Tourelle T amélioration ETO. Notez le support rudimentaire de la mitrailleuse en calibre .30.

3. Manipulation du « *smoke mortar* », au premier plan le « *Recoil gard* » du canon.

4. Lunette de visée du tireur.

5. Les deux modèles de volet du chef de char, « *Split hatch* » et « *Revolving hatch* ». Noter sur le « *Revolving hatch* », la présence d'un indicateur d'azimut et d'un pointeur.

6. Le joint tournant – fixé sous la tourelle – et ses principaux composants.

7. « *Pistol Port* » soudé, toute la partie charnières a été supprimée.

8. Organisation d'une tourelle – ouverte – de TD M10.
Les « *Track grousers* » sont des dispositifs amovibles venant se fixer sur les chenilles pour améliorer la traction en terrain meuble.

gine, ce canon de 17 livres est un canon antichar sur roues. Pas de soucis de masse ou de gabarit. Pour le « rentrer » en tourelle, il fallait tenir compte de :

- la longueur du tube
- le diamètre des vérins frein de tir et récupérateur
- la longueur de ces deux vérins
- le sens de fonctionnement du coin de culasse. (horizontal à l'origine).
- le recul du canon lors du tir. Le canon de 17 livres recule de 40 pouces, soit un plus d'un mètre.
- Équilibrage du canon par rapport à l'affût.

Pour adapter tout ça dans la tourelle M4, les Anglais ont dû réduire longueur et diamètre des vé-

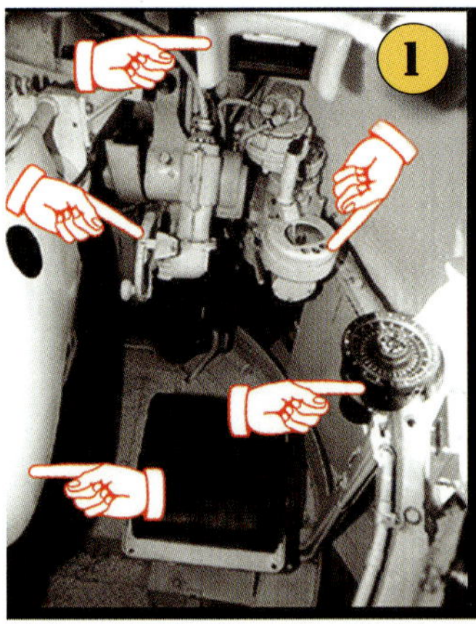

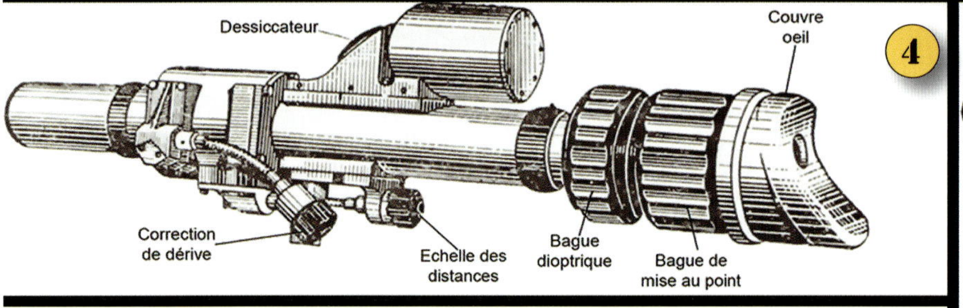

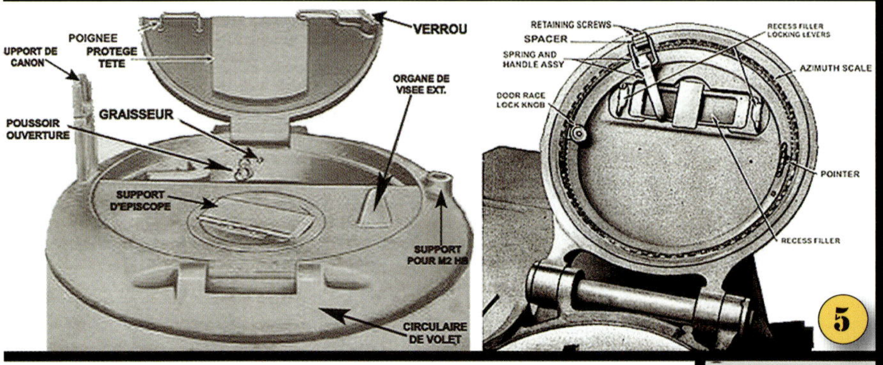

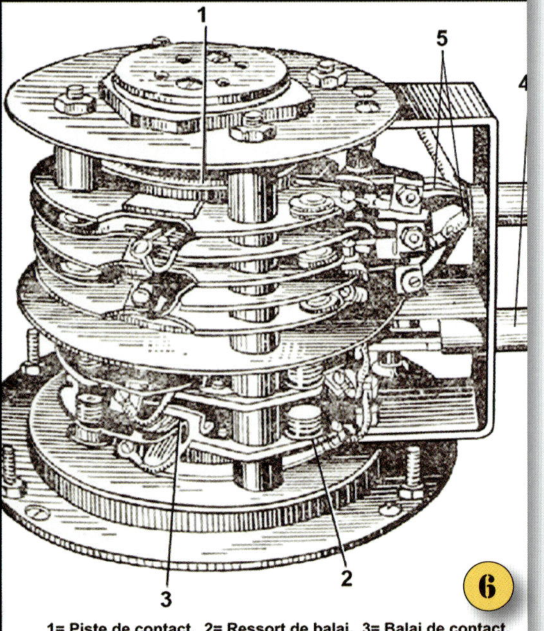

1= Piste de contact. 2= Ressort de balai. 3= Balai de contact. 4= Cablages. 5= Faisceau.

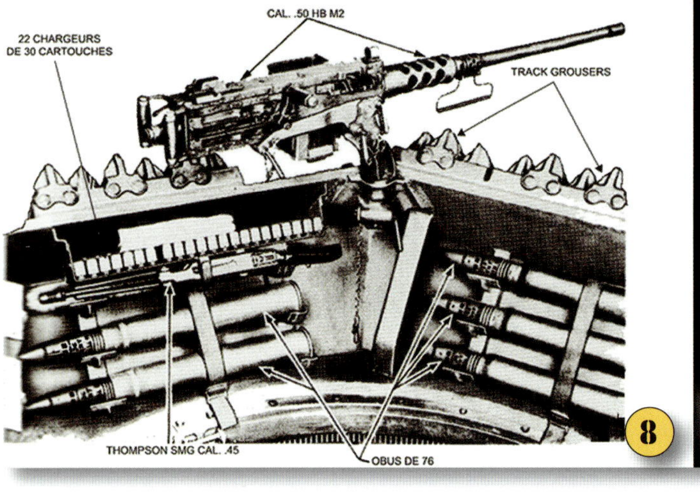

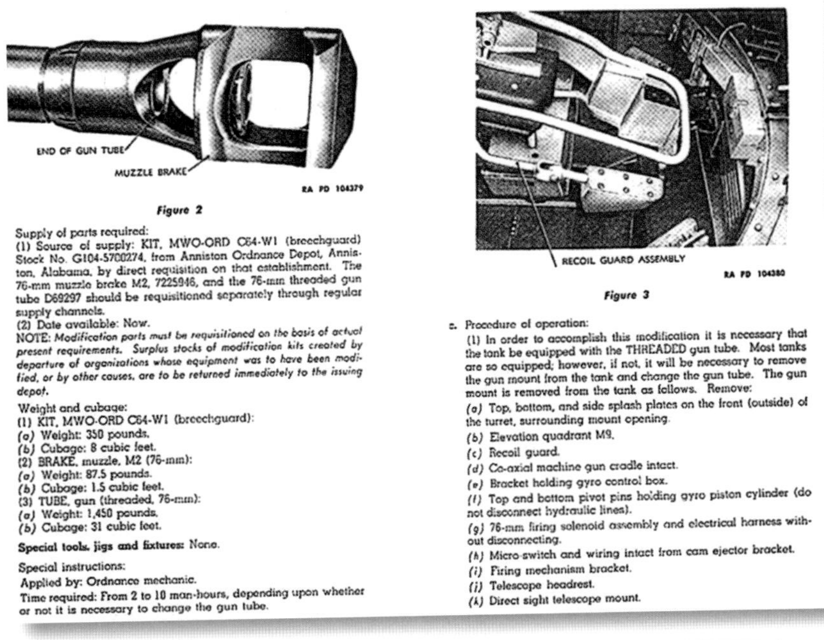

Figure 2

Supply of parts required:
(1) Source of supply: KIT, MWO-ORD C64-W1 (breechguard) Stock No. G104-5700274, from Anniston Ordnance Depot, Anniston, Alabama, by direct requisition on that establishment. The 76-mm muzzle brake M2, 7225946, and the 76-mm threaded gun tube D69297 should be requisitioned separately through regular supply channels.
(2) Date available: Now.
NOTE: *Modification parts must be requisitioned on the basis of actual present requirements. Surplus stocks of modification kits created by departure of organizations whose equipment was to have been modified, or by other causes, are to be returned immediately to the issuing depot.*

Weight and cubage:
(1) KIT, MWO-ORD C64-W1 (breechguard):
(a) Weight: 350 pounds.
(b) Cubage: 8 cubic feet.
(2) BRAKE, muzzle, M2 (76-mm):
(a) Weight: 87.5 pounds.
(b) Cubage: 1.5 cubic feet.
(3) TUBE, gun (threaded, 76-mm):
(a) Weight: 1,450 pounds.
(b) Cubage: 31 cubic feet.

Special tools, jigs and fixtures: None.

Special instructions:
Applied by: Ordnance mechanic.
Time required: From 2 to 10 man-hours, depending upon whether or not it is necessary to change the gun tube.

Figure 3

c. Procedure of operation:
(1) In order to accomplish this modification it is necessary that the tank be equipped with the THREADED gun tube. Most tanks are so equipped; however, if not, it will be necessary to remove the gun mount from the tank and change the gun tube. The gun mount is removed from the tank as follows. Remove:
(a) Top, bottom, and side splash plates on the front (outside) of the turret, surrounding mount opening.
(b) Elevation quadrant M9.
(c) Recoil guard.
(d) Co-axial machine gun cradle intact.
(e) Bracket holding gyro control box.
(f) Top and bottom pivot pins holding gyro piston cylinder (do not disconnect hydraulic lines).
(g) 76-mm firing solenoid assembly and electrical harness without disconnecting.
(h) Micro-switch and wiring intact from cam ejector bracket.
(i) Firing mechanism bracket.
(j) Telescope headrest.
(k) Direct sight telescope mount.

rins, le recul du canon, pivoter le canon lui-même de 90° de façon à avoir un chargement à gauche, Enlever les postes radio (du type SCR 508 donc volumineux) de la nuque de tourelle, rallonger la tourelle d'un caisson blindé pour y loger la radio.

À cette nouvelle nuque de tourelle, ils ont rajouté un coffre, organisation typique de chars anglais. Mais, les difficultés ne sont pas toutes surmontées. En effet, il faut résoudre le problème du berceau de canon. Bien rétréci, lui aussi pour passer par l'ouverture du masque, il est devenu trop léger pour la longueur du tube et entraîne un déséquilibre de la pièce. Il faut donc étudier un nouveau berceau, plus élargi vers le bas, de même que les vérins frein de tir et récupérateur ont été placés de part et d'autre du tube pour utiliser la grande largeur de la tourelle.

Mais les problèmes ne sont pas encore finis !

Dans la tourelle M4, le radio chargeur sort par l'écoutille (à deux volets) du chef de char, comme le tireur. Après installation complète du canon de 17 livres, l'accès à l'écoutille est pratiquement fermé. W.G. Kilbourn (le maître d'œuvre des modifications), pratique une ouverture supplémentaire du côté radio-chargeur pour permettre à ce dernier un accès plus aisé et plus rapide à son poste. Ce volet radio-chargeur est de forme rectangulaire et de dimensions conséquentes.

La dernière modification sur la tourelle, concerne la disposition et le stockage des munitions de première utilisation, les obus du 17 pounder étant beaucoup plus longs que les 75 d'origine. On peut se poser la question de la différence entre 75 et 76,2 mm. La performance n'est pas dans le millimètre de différence. La performance est une question de longueur de tube et de rayures internes, mais aussi de type de munition utilisée. Dans le cas du canon de 17 livres, les obus ont une vitesse initiale bien supérieure aux munitions de 75, un pouvoir de haute pénétration grâce au type de charge utilisée ce qui donne à ce canon une hausse de combat à 1 000 mètres contre 850 sur les 75 mm. Ces munitions peuvent donc percer, à cette distance, une épaisseur de blindage de 130 mm sous un angle de 30°.

La tourelle du Firefly est détaillée à la rubrique du char M4 *OP Command*, puisque ce modèle est basé sur la tourelle modifiée par les Britanniques. Dans le cas du *OP Command*, le canon 17 Pounder est remplacé par un « dummy barrel » (faux canon en bois). Les conversions en Firefly ont été exclusivement menées par les Anglais, jusqu'à décembre 1944 et principalement dans les ateliers de Woolwich, Hayes, et Nottingham arsenal.

Les Firefly sont la cible privilégiée des chars ennemis, de par le danger qu'ils représentent et, très tôt, les Anglais ont pensé à camoufler le canon de deux façons principales (voir la planche au chapitre Firefly) .

Solution 1.

Comme le canon anglais fait à peu près deux fois la longueur d'un canon de 75 d'origine, on met à mi-tube un faux frein de bouche, peint couleur olive drab comme le reste du char. À partir de là, la partie inférieure du canon est peinte en blanc y compris le vrai frein de bouche.

Solution 2.

En utilisation route, la tourelle est tournée à six heures, le 17 pounder est donc dirigé vers l'arrière du char. Sur le caisson additionnel de radio, l'équipage fixe un ensemble de faux masque canon de 75 qui donne l'impression d'un canon de 75 en service normal (vers l'avant donc). Le vrai 17 livres est quant à lui camouflé avec des morceaux de filet de camouflage ou des branchages.

Cette seconde solution n'est pas souvent retenue, du fait du manque de rapidité de la mise en œuvre du canon de 17 livres, et de l'installation du faux canon vers l'avant.

Les M4 « *Jumbo 7* ne possédaient ni phares de route ni feux black-out.

La tourelle « *Jumbo* »

La version « *Jumbo* », n'est pas un char moyen mais un char d'assaut. Il s'agit donc d'utiliser des munitions explosives. C'est pour cette raison que ce blindé a conservé le canon de 75 M3. Étant appelé à faire face à des Tigre ou des Jagdpanther, ses caractéristiques ont été revues à la hausse, notamment la protection. Le glacis avant a fait l'objet d'un surblindage et, le M4A3 E2 75 « *Jumbo* » possède un blindage de 152 mm sur le pourtour de tourelle et 25 mm sur le dessus.

Le bouclier de canon est blindé à 178 mm. Les derniers modèles de Jumbo sont équipés en canon de 76 mm.

Une des premières tourelles T23 montée sur un char M4A1 76 W. *(NARA)*

5 ARMEMENT ET MUNITIONS

Les véhicules et blindés militaires sont équipés de différents types d'armement, en fonction de leur utilisation ou de leur vocation. On distingue :

l'armement gros calibre : canon, mitrailleuse lourde, mortier, lance fumigènes, lance-roquettes individuel[1] ;

l'armement petit calibre tel que : mitrailleuse légère, pistolet-mitrailleur, arme de poing[2] ;

l'armement spécifique tel que : lance-roquettes multiples, obusier, canon de 20 mm ou 30 mm antiaérien, lance-flammes.

S'agissant des *Medium Tank M4* Sherman en service sur l'ETO. (non compris les *Tank destroyers* et canons automouvants), les canons sont de calibre 75 mm, de 76 mm ou de 105 mm (de différents modèles), pouvant tirer plusieurs types de munitions. Certains M4 britanniques, polonais ou canadiens sont équipés du canon antichar de 17 Pounder. Les Américains en ont perçu quelques exemplaires qu'ils n'ont pas jugés d'un intérêt suffisant, leurs 76 leur donnant entière satisfaction.

La désignation des armes en service à bord du Sherman et dérivés sur l'ETO est la suivante :

BMG* US M2 HB* cal. .50 Browning Flexible dite aussi « *Ma deuce* » ou « *Fifty* ».

SMG M1A1 Cal. .45 ACP. Thompson

SMG M3 Cal. .45 ACP « *Guide Lamp* » appelé « *Grease gun* » ou « *Greaser* ».

US 1911 A1 Cal. .45 ACP Pistolet automatique Colt.

BMG US 1919 A4 Fixe, cal. .30-06 Browning Coaxial ou ***Ball mount***.

BMG U.S 1919 A5 Fixe, cal. .30-06 Browning. Post 1945 sur les chars français.

BMG US 1919 A4, cal. .30-06 Browning Flexible.

BMG US 1919 A6, cal. .30-06 Browning. Version fusil-mitrailleur.

AT M20 (Bazooka)**.** Arme antichar post Seconde Guerre en dotation dans les *Recovery* de l'armée française.

Mortier de 80 installés sur les TRV et ARV

2 inches Smoke Mortar M3 Fixed in turret.

Canon 75 M3 sur affût M 34, M34 A1 ou T110

Canon 76 M1 A1, **M1 A1 C**, ou **M1 A2** sur affût M 62

Canon 105 M4 sur affût M 52

Pour plus de commodité nous dirons « cal. .50 » en parlant de l'US M2 HB cal. 50 et « cal. .30» pour l'US 1919 A4. Le *2 inches smoke mortar* sera « lance-fumigènes »

La mitrailleuse lourde en service en 1943 est la M2 HB, calibre .50 (50/100 de pouce, soit 12,7 mm en métrique). Sur les M4, elle est prévue pour un montage sur la tourelle en tant qu'arme de défense antiaérienne. Il existe, en général, trois emplacements prévus situés soit sur la circulaire du volet d'écoutille du chef de char, soit entre les volets chef de char et radio-chargeur, soit vers la nuque de tourelle, au centre. Dans ce cas, la mitrailleuse M2 HB peut être servie depuis la plage arrière. Il existe, sur certains modèles de Sherman, un emplacement dit « *Travel* » ou route, qui est un support placé sur la nuque de tourelle. Ce support, utilisé pour les déplacements hors zone de combat, permet de fixer la mitrailleuse et sa boîte de munitions avec bande engagée (prête à l'emploi), le canon est maintenu par un clip à verrou fixé sur le toit de tourelle. Toutes les mitrailleuses en service sur les M4 sont dotées du canon de rechange, fixé sur son support à l'arrière de la tourelle. Lorsque la cal. .50 n'est pas utilisée, elle est maintenue en position « attente » par l'intermédiaire d'un clip rabattable, (*Barrel clamp*) relié au toit de tourelle par un axe pivotant. L'équipement du char comprend également un trépied M3 pour l'utilisation de la .50 à terre. Un sac d'accessoires contenant quelques pièces de rechange et le nécessaire de nettoyage et d'entretien est en dotation réglementaire. Pour le montage sur la tourelle, la cal. .50 est placée sur un support composé de : *D 80030 Cradle pintle, & ammo box holder* Cet ensemble, spécialement développé pour une utilisation sur char, est facilement reconnaissable par la présence sur le côté droit du grand manipulateur permettant de régler le ressort d'équilibrage du support.

À cet ensemble D 80030 vient s'ajouter le *Ammunition box tray D 90077*, support prévu pour recevoir la boîte AMM .50 cal M2. Parfois, en particulier sur les tourelles version « *Early* », le D 80030 est équipé de la boîte *D 40731 Ammunition box*. Cette boîte est fixée

1. Les canons de 90 mm ont été utilisés sur l'ETO, à partir de la fin 1944, sur les M 26 Pershing et les TD M 36.

2. Toutes les documentations américaines d'époque parlent uniquement de mitrailleuses du modèle 1919 A4, et nous n'avons trouvé aucune photo montrant une 1919 A5. De même, pour la dotation en munitions, certains annoncent la Thompson collective à 20 chargeurs de 30 cartouches alors qu'il y a 23 emplacements de chargeurs. Le conditionnement des munitions peut également varier. Ainsi, s'agissant des mitrailleuses 12,7 mm, certaines photos montrent des boîtes de 110 cartouches en bande, 105 cartouches en bandes. La dotation du Sherman est de 600 cartouches pour la 12.7, correspondant à six boîtes, donc 660 ou 630 cartouches. Un autre document fixe la dotation à six boîtes de 50 cartouches. Dans ce cas, l'équipage doit assembler deux bandes pour arriver à 100 cartouches, ce qui correspond à la contenance de la boîte M1 prévue pour être montée sur le support D 69820. Pas facile de faire le ménage dans tout ça.

au support par l'intermédiaire de deux vis et est approvisionnée manuellement par des bandes de 50 cartouches; ceci corrobore la dotation à six boîtes de 50 cartouches. Ces ensembles boîtes-supports sont utilisés sur les *M4 Medium Tank*, M36 *Gun Motor Carriage 90 mm,* M 24 *Light Tank*, et M26 Pershing.

Cette mitrailleuse équipe d'autres véhicules tels que Jeep, Scout Car, half-track, auquel cas les supports et berceaux sont différents en fonction du véhicule. Dans le cas d'une installation sur un GMC CCKW 352/353, un Dodge *Weapon Carrier*, des AM M 8 ou M 20, les M 2 HB sont montées sur des Affûts circulaires M 32 ou M 36.

La mitrailleuse légère cal. .30-06 se décline en trois versions principales: A4, A5 et A6.

La cal. .30 A4 est dite « *Fixe* » ou « *Flexible* ». Fixe lorsqu'elle est installée sur un véhicule. Dans ce cas, les supports varient en fonction du véhicule. Ils peuvent être latéraux, sur colonne centrale ou bien sur circulaires. Flexible, lorsque la mitrailleuse est utilisée avec le trépied « *tripod U.S M2* ».

Sur les Sherman, seuls les M4A3 avec « *Upgrade ETO* » ont une cal. .30 A4 installée sur la tourelle, devant le volet chef de char. Cette fois, la 12.7 est installée devant le volet du radio-chargeur, sur le support du « *split hatch* », ou sur le pied, entre les deux volets.

Sur les chars M4, il y a une mitrailleuse cal. .30 installée au poste du copilote. Cette mitrailleuse est installée sur une rotule permettant le tir tous azimuts, elle est dite « *Ball mount* ». Elle est équipée d'un support de boîte pour munitions en bande de type *cal. .30 Ammo box* qui comporte un dispositif d'accrochage sur la mitrailleuse, permettant l'introduction et le transfert de la bande. Un sac de récupération de douilles complète l'ensemble. Le canon de rechange de la mitrailleuse cal. .30 est clipsé (dans son étui en toile) sur le mon-

Page précédente.
La tourelle de ce M4 (ou M4 A1) a été équipée du volet « *Split hatch* » de conception britannique. On distingue nettement la circulaire d'adaptation qui réduit le diamètre. Les deux demi-volets sont équipés d'une garniture sur la face intérieure, les équipages anglais ne portant pas de casque de protection. Sur la droite de la tourelle, il reste une partie du support de compas solaire, très utilisé en Libye. L'organe extérieur de dégrossissement de la visée est du type « *Late* ».

SUPPORT ET ACCESSOIRES D'ARMEMENT

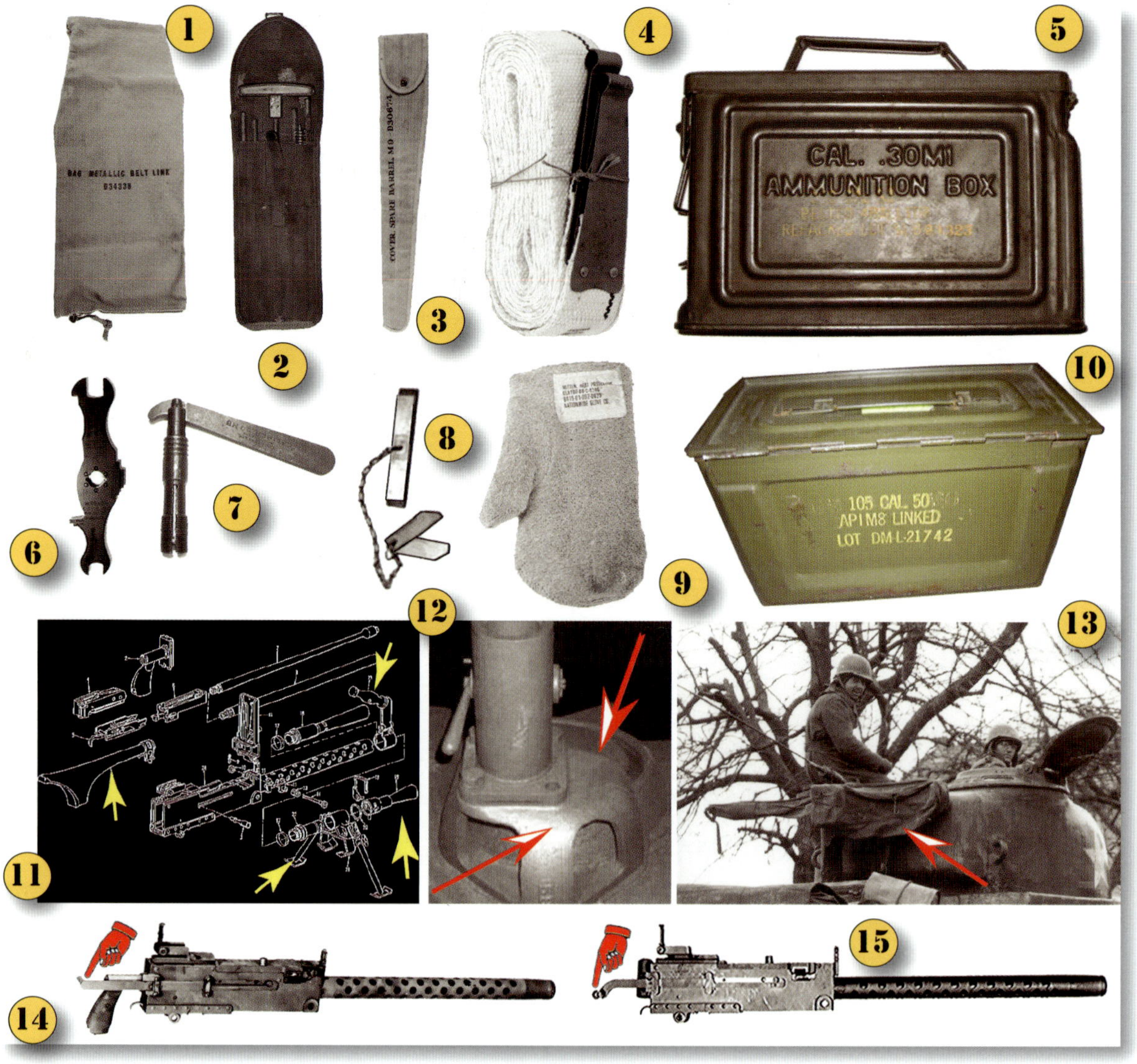

1. Sac à douilles avec zip.
2. Étui contenant le nécessaire de nettoyage.
3. Étui pour le canon de rechange de la cal. .30.
4. Bande en toile pour munitions de cal. .30.
5. Boîte de munitions de 30-06.
6. *Combo wrenc*h pour la cal. .50.
7. Extracteur pour étui cassé (cal. .50)
8. Jauges de réglage feuillure et espace de tête (cal. .50)
9. Gant pour échange du canon de la cal. .50.
10. Boîte de munitions en bande pour la cal. .50.
11. Accessoires pour la cal. .30 A6 version FM.
12. Support spécifique de la cal. .50 pour les 105 Howitzer.
13. Cal. .50 sur son « *travel lock* » avec housse de protection.
14. RIA cal. .30 E1
15. RIA cal. .30 A5.

Notez la différence entre les deux leviers d'armement.

tant à droite du copilote, au-dessous des trois boîtes de 250 cartouches sanglées sur le bordage droit. Cette arme peut servir en combat à terre et, dans ce cas elle est montée sur le trépied M2 (*FM crew drill for Medium tank M4 series*).

La cal. 30 A5 est dérivée de la version A4 et comporte un levier d'armement particulier, rallongé et guidé, permettant au radio-chargeur de réarmer après l'introduction d'une nouvelle bande.

Le montage en coaxial de la mitrailleuse, accolée au canon ne laisse pas suffisamment de place pour manœuvrer le levier d'armement dans les conditions habituelles. D'autre part, cette mitrailleuse est équipée d'une détente électrique commandée au pied depuis le poste tireur *(voir planche ci-dessus)*.

La mitrailleuse de calibre .30 A6 est la version fusil-mitrailleur; elle remplace le célèbre FM BAR *(Browning Automatic Riffle)*. Le FM BAR est aussi prévu pour un montage sur véhicule, en particulier la Jeep. Il bénéficie d'un dispositif de fixation particulier qui s'adapte sur les supports à colonne ou déportés.

Cette version A6 est équipée d'une épaulière qui vient se fixer sur la poignée pistolet et on utilise toujours la même détente. Il y a également un bipied qui s'adapte sur l'avant du canon, permettant le tir à terre. Un cache-flamme peut compléter l'ensemble. Voir planche accessoires armement.

Les M4 sont dotés d'une « Thompson », cal. .45 ACP soit un calibre de 11,43 mm. L'utilisation de cette arme est « commune »; elle peut servir en défense rapprochée du char, comme en combat à terre. Cette arme est approvisionnée à 20 ou 22 chargeurs de 30 cartouches.

Le Submachine Gun, Cal. .45 M3 est produit par Guide Lamp. Il est plus connu sous les appellations de « *Grease Gun* » (pompe à graisse) ou encore « *Greaser* » (le graisseur). De calibre 11,43 mm, comme la Thompson M1 A1, il équipe tardivement les équipages d'engins blindés américains. C'est l'arme de dotation du pilote, du copilote, du tireur et du radio-chargeur. Des emplacements à clips sont prévus en tourelle et aux postes pilotes pour maintenir l'arme avec son chargeur (replié) pendant les déplacements. Le pistolet Colt 1911 A1 .45 ACP est l'arme du chef de char. De calibre 11,43 mm, le pistolet est approvisionné par un chargeur de sept cartouches, plus trois chargeurs de réserve.

Les armes collectives sont mises en œuvre par plus d'un membre d'équipage, comme le canon ou les mitrailleuses. Les armes individuelles sont propres à chaque membre d'équipage et peuvent varier selon la fonction du membre d'équipage. La Thompson cal. .45 est placée dans un rack fixé au-dessus des postes radio du char. Les membres d'équipage perçoivent leurs munitions nécessaires à l'approvisionnement de leur arme mais ils perçoivent aussi la dotation de feu, portée en cartouchières au ceinturon ou en bandoulière. Il faut savoir que, en fonction des circonstances ou des compléments, ces munitions peuvent être perçues dans différents conditionnements. Il appartient donc à l'équipage de reconditionner les chargeurs ou boîtes de cartouches en bandes.

Répartition des obus dans le M4 A4 (CN75)

En parage « combat », le char embarque 96 munitions de 75 mm réparties comme suit:

8 coups en rack sur le bordage gauche à l'avant du coffre à outils.

15 coups en rack sur le bordage droit à l'avant du caisson à munitions de la mitrailleuse AA.

17 coups en rack sur le bordage droit à droite du copilote

30 coups en rack sur le plancher de caisse en arrière de la plaque trou d'homme.

8 coups sur le plancher du panier de tourelle (sous le canon).

18 coups dans des chargeurs autour du panier de tourelle (première urgence).

Dans le cas du M4 et M4A1, il y a huit coups en première urgence, Les M4A1 76 W en possède six. Le M4A2, dispose de 12 coups en première urgence, dont huit dans un coffre sous le canon. Dans le cas des modèles *« Late »*: l'A2 76 W dispose de six coups en première urgence. Le M4A3 75 a huit coups en première urgence, alors que le modèle A3 75 W en a quatre. Les M4A3 76 sont alignés à six coups en première urgence. Les versions 105 mm n'ont aucun obus en première urgence.

Les cartouches fumigènes sont stockées sur le plancher de tourelle, au pied gauche du radio chargeur, leur nombre varie en fonction du modèle de M4.

Les différents obus pour Sherman

Les munitions sont différentes en fonction du type de canon. Voir les tableaux *« Principales munitions du M4 Medium Tank », pages 66 et 69.*

À partir du mois d'août 1944, la munition du canon de 76 mm est à noyau de tungstène dans une ogive en aluminium. C'est la M93 HVAP. Concernant les canons de 75 mm, ils ont équipé les modèles A1, A2, A3 et A4. Le canon de 76 est monté sur les A1, A2 ou A3. Le canon (obusier) de 105 mm équipe seulement les M4 et M4A3. Concernant les munitions des différents canons installés sur le Sherman, elles sont fabriquées en grande partie par les USA, mais aussi par les Britanniques pour les versions Firefly ou CN 75. Les obus anglais sont totalement différents; à l'origine, le canon 17 Pounder est chambré pour des munitions antichars, ceci est bien visible sur les dessins des pages suivantes. Tous les obus sont identifiables par un code couleur, en plus des inscriptions sur les douilles ou ogives. Ceci évite d'avoir à « chercher » la bonne munition au moment du tir, sachant que la vitesse de réaction est un facteur décisif lors d'un combat de blindés. Ainsi, d'une façon générale, on place dans le rack, sous le canon, les obus fumigènes, éclairants, shrapnel ou canister. Les perforants sont au râtelier de première urgence et les explosifs dans le rack arrière droit.

Les munitions marquées *« Hypervelocity »* sont des obus à haute vitesse initiale, ceux marqués d'un trait noir avec mention *« Reduced »* ont une charge de propulsion réduite, ceux marqués d'une bande noire avec mention *« Normal »* ont une charge de propulsion classique, ceux marqués de deux bandes noires encadrant la mention *« Super »* ont une charge de propulsion augmentée.

D'une façon générale, les Américains repèrent les munitions d'exercice par la couleur « bleue », tandis que pour la même catégorie, c'est le jaune qui est pri-

Les munitions transportées dans les remorques *M10 Ammo trailer* sont conditionnées dans des supports d'obus (ogive et culot) à trois compartiments, sans caisse et avec cocon. Sur le timon des remorques M10 est fixé un caisson métallique compartimenté dans lequel sont stockées les fusées des obus. On ne peut pas transporter des obus « équipés » dans une remorque, risque élevé d'explosion incontrôlée. Ces remorques peuvent transporter 117 coups de 75, 44 coups de 105, 16 coups de 155. Elles sont par ailleurs équipées d'un second crochet de remorquage à l'arrière permettant de tracter une seconde remorque.

Près de Vicht, en Allemagne le 17 novembre 1944, un Sherman M4 d'une unité inconnue est utilisé comme une pièce d'artillerie de campagne. Le char est surnommé « Ink spot ». *(NARA)*

vilégié chez les Britanniques. Les obus ayant les plus grandes vitesses initiales sont ceux du CN 76 et du 17 Pounder. Ils atteignent des vitesses de 1200 mètres par seconde (pour l'APDS anglais).

Le marquage des munitions comprend également des inscriptions sur le culot de la douille ; ces dernières stipulent :

- le numéro du lot et les initiales du technicien qui a réalisé la charge ;
- le calibre et le modèle de la douille ;
- le n° de lot de la douille et les initiales du technicien ;
- l'année de fabrication ;
- le type et le modèle de l'arme qui tire la munition.

Conditionnement, marquages (conteneurs)

Les obus de char sont conditionnés par deux, dans des caisses en bois, renforcées, cerclées au feuillard et munies de deux poignées en corde à leurs extrémités. Les obus sont emballés « complets et assemblés ».

Sur la caisse, outre les renseignements afférents aux munitions contenues, on trouve les caractéristiques d'expédition comme le poids, le volume, le symbole AIC *(Ammunition Identification Code)*. Toutes les caisses de munitions américaines sont marquées de la grenade à quatre flammes.

Pays-Bas, septembre 1944. Deux des membres de l'équipage d'un M4A1 – probablement le tireur et le pourvoyeur – nettoient le tube du canon de 75 mm de leur char à l'aide du grand écouvillon de dotation. *(NARA)*

Fonctionnement des obus

Les Sherman tirent des munitions différentes qui sont mises à feu par des fusées d'ogives. Les dessins page 65 en montrent le fonctionnement en quatre phases.

Phase 1. Sécurité

La fusée est vissée sur l'ogive de l'obus, la coiffe de protection vissée sur la fusée.

Les leviers d'armement sont maintenus en position haute par l'intermédiaire du ressort de compression.

Les segments de verrouillage sont maintenus « effacés » par les leviers d'armement. Le percuteur est verrouillé en position attente par son ressort.

Le détonateur est maintenu excentré par l'intermédiaire de la came de verrouillage.

Phase 2. Départ du coup

La coiffe de protection est bien entendu enlevée.

L'inertie comprime le ressort du coulisseau de percuteur (par l'intermédiaire du levier d'armement), cette action libère les segments de verrouillage.

Le percuteur est maintenu en place par son ressort.

Phase 3. Trajectoire

Les segments de verrouillage s'effacent totalement. Le ressort du coulisseau renvoie le levier d'armement en position haute (poussée du ressort).

Le verrou du déclencheur s'efface, libère le déclencheur qui place le détonateur en position centrale.

Phase 4. Impact.

La coiffe de protection du détonateur s'écrase à l'impact et comprime le ressort de maintien du percuteur. Ce dernier vient frapper le détonateur qui active la charge dans le container.

L'équipage de ce M4 de la *1st Armored Division*, stocke patiemment les obus dans les logements prévus à cet effet. Au sol, on reconnaîtra des obus *High Explosive* et *Amour Piercing* (pointe noire). *(NARA)*

Le tireur et le pourvoyeur de ce M4A3 E8 76 mm comparent les obus *High Velocity Armour Piercing* (à gauche) et *Armour Piercing TNT* (à droite). *(NARA)*

Le conditionnement des munitions

Les munitions de mitrailleuses calibre .30 et .50 sont conditionnées différemment.

Les munitions de calibre .30 sont conditionnées en caisse en bois type « léger » (contreplaqué renforcé) avec cerclage et fermeture par fil de fer torsadé. Chaque caisse contient 1 100 cartouches réparties dans 4 conteneurs métalliques type M1A1. Chaque conteneur contient 275 cartouches montées sur bande.

Les munitions de cal. .50 sont le plus souvent conditionnées en boîte métallique de 105 cartouches en bande (*Linked belt*), ces boîtes métalliques sont prévues pour se fixer sur le côté des supports de mitrailleuse et comportent un guide d'alimentation qui facilite le transport de la bande vers le tracteur/abaisseur du mécanisme de culasse. Les munitions de cal. .50 sont livrées dans des emballages bois « légers », chaque caisse contenant deux boîtes métalliques soit 210 cartouches.

Munitions en vrac. Toutes les munitions peuvent (rarement) être livrées non conditionnées, l'équipage doit alors « constituer » les chargeurs et les bandes. Les munitions des mitrailleuses de .30 et .50 peuvent être livrées en caisse de 1 500 cartouches de .30 réparties en six bandes de 250 cartouches, ces bandes sont alors remises dans les boîtes métalliques A1 M1. Les cartouches de .50, quant à elles, peuvent être livrées en vrac en boîtes (légères) métalliques M10 contenant chacune 60 cartouches. Les munitions de cal. .50 sont alors conditionnées dans des étuis en carton contenant chacun 5 cartouches.

À bord du Sherman, les mitrailleuses sont de deux types : la mitrailleuse antiaérienne montée sur la tourelle est une Browning HB M2.cal. .50. Les munitions de cal. .50 (12,7 mm) peuvent également être livrées en cartouches en vrac, en cartouches munies d'anneau d'accrochage (pour reconstituer la bande). Les boîtes M2 (de 105 cartouches) supplémentaires sont fixées à l'intérieur du char aux emplacements suivants.

Dans le cas du char M4 A4 : 315 cartouches réparties dans trois boîtes métalliques de 105 cartouches chacune sur le bordage droit, à l'avant de la cloison pare-feu. 315 cartouches réparties dans trois boîtes métalliques de 105 cartouches, chacune fixée par courroies au plancher du panier de tourelle. Total : 630 cartouches.

La mitrailleuse de cal. .30 (7,62 mm) M1919 A4. Elle est fixée du côté gauche sur l'affût M34 ou M34 A1. Cette arme est dite coaxiale puisqu'elle manœuvre en même temps que le canon. Un support, fixé à gauche

Anatomie d'un obus.

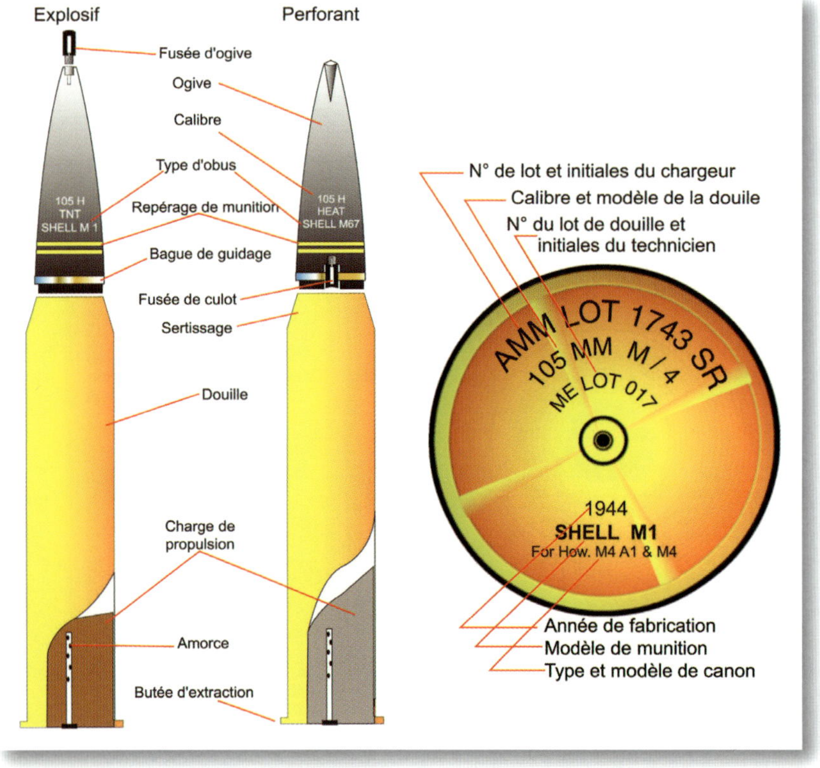

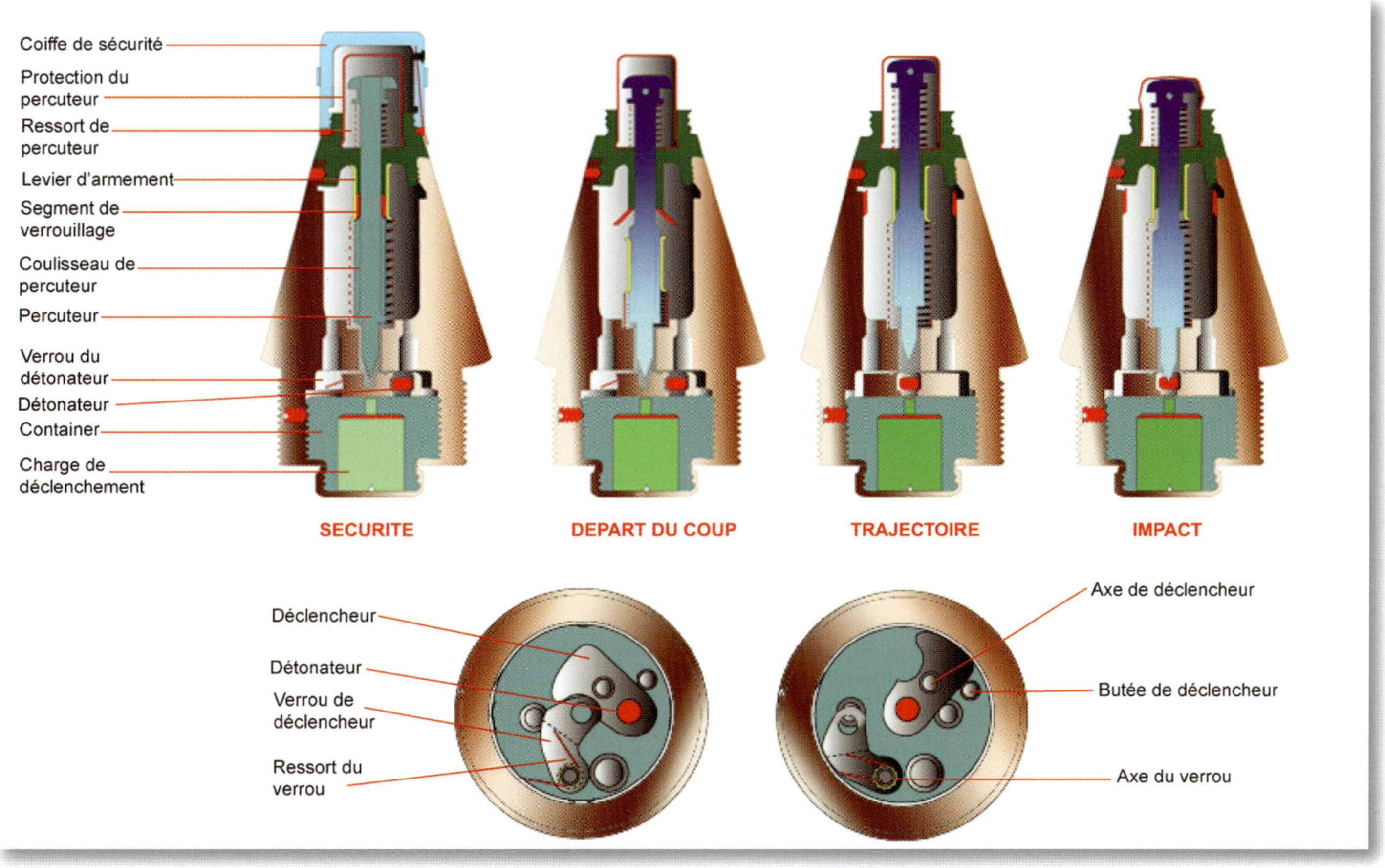

Les quatre phases du bon fonctionnement de la fusée d'ogive.

sous le lance-fumigènes, est prévu pour accueillir une boîte contenant la bande de cartouches. Dans le cas du M4A4, le support de la boîte à bande se trouve sous la mitrailleuse avec le sac à douilles.

Les boîtes de munitions de cal. .30 sont réparties comme suit. Répartition valable pour les deux mitrailleuses Browning M1919 A4: 5500 cartouches conditionnées dans 22 boîtes à emballage perdu de 250 cartouches chacune, rangées dans un support, sur le plancher de caisse, à l'avant du coffre batteries.

1750 cartouches conditionnées dans sept boîtes à emballage perdu de 250 cartouches chacune, rangées dans un support, sur le plancher de tourelle sous le canon.

250 cartouches dans le support de bande de la mitrailleuse coaxiale.

250 cartouches dans le support de bande au poste de copilote.

Munitions de calibre .45: 600 cartouches dans 20 chargeurs de 30 cartouches, dans le support du SMG Thompson, au-dessus du châssis radio.

Grenades: quatre grenades à fragmentation, deux grenades offensives, deux grenades fumigènes dans une caisse sous le siège du tireur.

Deux grenades fumigènes et deux grenades incendiaires, en caisse, sur la paroi gauche de la tourelle.

Fusées de signalisation rangées dans un coffre au-dessus du coffre batteries:

Trois fusées éclairantes à parachute type M17

Trois fusées de couleur blanche type M18

Trois fusées de couleur verte type M19

Trois fusées de couleur ambre Type M21

Les différences entre les affûts M34 et M34 A1

Sur l'affût M34 A1, la lunette de visée M55 ou M70F est incorporée au masque de canon, ce qui n'est pas le cas avec le M34.

Un contrepoids de culasse est ajouté pour compenser le poids du nouveau masque de tube. Un opercule de protection de la lunette de tir est aussi ajouté.

Dans un char, les munitions de canon sont réparties en fonction de leur utilisation et des séquences de tir. En général, et tant que cela est possible, on réserve les obus en tourelle (râtelier de première urgence) pour les situations nécessitant une riposte immédiate.

Les munitions stockées dans les racks sur les bordages, ou le plancher de tourelle, sont passées au radio-chargeur par le pilote ou le copilote, en fonction du type de munition utilisée: obus perforant, explosif, incendiaire, fumigène ou d'exercice. Dans le

Marques, techniques et marquages de la caisse en bois pour les obus de 76 mm.

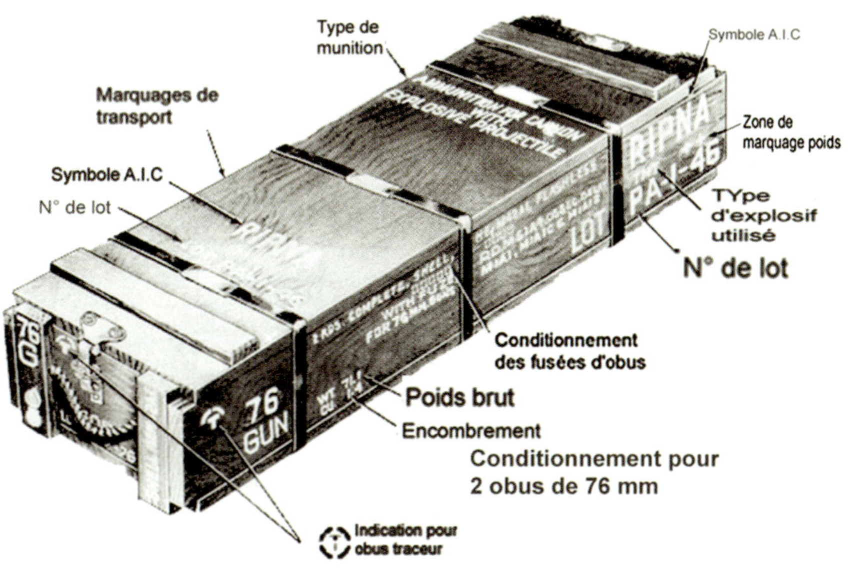

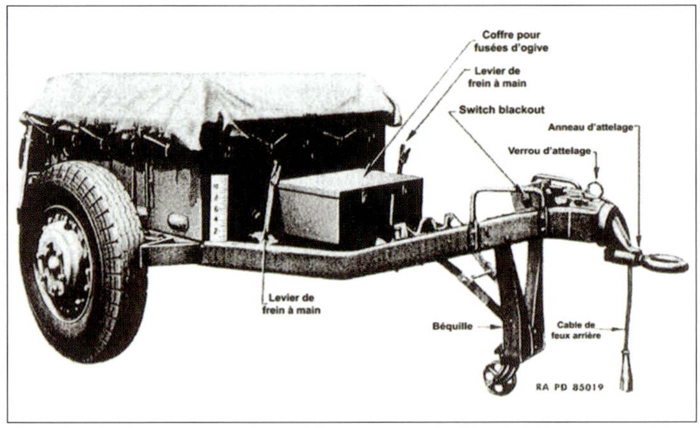

Ci-dessus. Les différents types de conteneurs pour obus.

En haut, à droite. La remorque *Ammunition Trailer* M 10.

cas du M4 A2 ou A3 canon de 75, les munitions sont utilisées dans l'ordre suivant.

1. Les racks situés en tourelle.
2. Les racks situés sur le bordage avant droit.
3. Les racks situés sous le plancher de tourelle.
4. Les racks situés sur le bordage arrière droit.

Les coups de première urgence et ceux stockés sur le bordage gauche sont réservés aux chargements rapides, puisqu'ils sont directement accessibles au poste radio-chargeur.Dès que possible, les racks situés sur le bordage droit et sous la tourelle sont utilisés pour compléter.

PRINCIPALES MUNITIONS DU M4 MEDIUM TANK			
Modèle du canon	Type de la munition	Poids de la munition	Vitesse initiale en m/s
75 M2 L31	AP	7,5 kg	563
	APC M61	7,5 kg	583
	APCBC	7,2 kg	584
75 M3 L40	APC	7,5 kg	615
	APC M61	7,5 kg	613
	AP		696
76 M1, M1A1, M1 A1C, M1 A2	APCT M62		787
	HVAP	7,8 kg	10,30
76 M1A1, M1 AÉ L55	APCBC	8 kg	787
	HVAP	7,8 kg	1 030
105 M4	HE	18 kg	469
2 inches Mortar	M89	3,3 kg	260

ABRÉVIATIONS UTILISÉES POUR LE MARQUAGE DES DIFFÉRENTES MUNITIONS	
AT	Anti-Tank
BD	Base Detonating
BE	Base Ejection
HE	High Explosive
HEAT	High Explosive Anti tank
HV	High Velocity
HVAP	High Velocity Armor Percing
PD	Point Detonating
SQ	Super-Quick
AP	Armour PIercing
APC	Armour Piercing Capped
APCBC	Armour Piercing Ballistic Capped
APDS	Armour Piercing Sicarding Sabot

Le M4 canon de 76. Les obus de 76 mm bien plus longs que les obus 75 nécessite la modification des zones de stockage des munitions, dans ce cas qui sont au nombre de trois. Deux racks de stockage en diagonale sont situés du côté gauche du tunnel de transmission, racks avant et arrière. Ce sont les zones 1 et 2, situées en fait sous les pieds du radio-chargeur.

Le troisième rack, stockage horizontal, est situé à droite du tunnel de transmission, derrière le copilote. Les zones d'approvisionnement sont utilisées dans l'ordre 1, 2 et 3.

La zone trois est utilisée pour compléter les zones 1 et 2 dès que la situation de combat le permet. Comme pour le 75, l'utilisation du râtelier de première urgence est réservée aux chargements rapides.

Le lance-fumigènes, *mortar M3* est situé à gauche du radio chargeur.

Le stockage des munitions, *Dry* et *Wet*

Dans tous les chars M4, les obus sont mis en place dans les racks et supports en mode « conditionné », c'est-à-dire fusée, ogive, cartouche et amorce assemblés, munition prête à tirer. À cette époque les obus sont munis d'une percussion centrale, leur mise en place dans les racks ou conteneurs nécessite une protection de l'amorce, soit par opercule, soit par retrait. Le dessin en haut de la page 65 donne la composition type d'un obus en service à ce moment-là.

Une fusée d'ogive dont l'armement peut se faire soit au départ du coup (inertie) soit à l'impact (cinétique). C'est cette fusée qui déclenche la charge (pénétration pour un perforant, fragmentation pour un explosif, phosphore pour un incendiaire, nuage occultant pour un fumigène.)

Une ogive qui contient la ou les substances destinées à la destruction.

Une douille ou étui, généralement en laiton contenant

une amorce, (mise en service par le percuteur) qui enflamme la charge de propulsion.

Les différents modes de stockage des munitions de canon vont modifier la distribution et l'emplacement des munitions.

D'une façon générale, sur le Sherman, les munitions sont réparties sur les bordages droit et gauche, sous le plancher de tourelle, et quelques-unes sont placées au râtelier de première urgence.

Les dessins stockage 75 et 76 (page 68), donne l'emplacement des obus dans le char soit en CN 76 soit en CN 75. Ces dessins précisent, aussi, l'ordre d'utilisation des munitions dans les deux cas.

On constate donc que les munitions sont transférées

CN 75

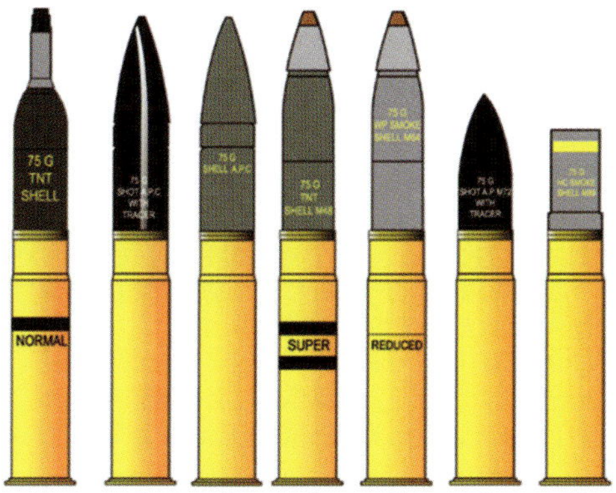

1 2 3 4 5 6 7

1 = High Explosive
2 = Armour Piercing Tracer
3 = Armour Piercing Explosive Fuse
4 = High Explosive M48
5 = Fumigène Phosphore
6 = Armor Piercing M72
7 = Fumigène

CN 76

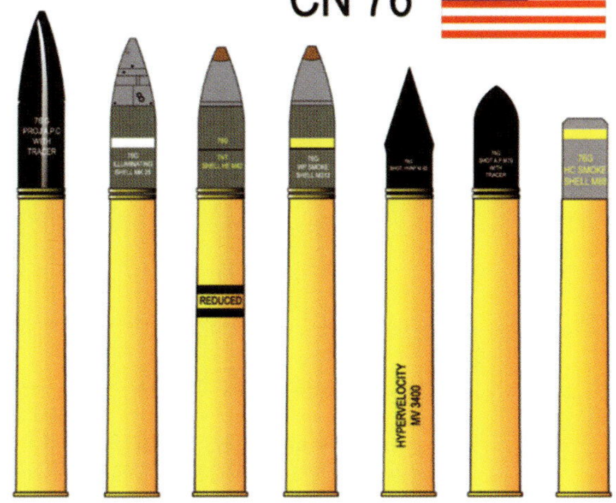

1 2 3 4 5 6 7

1 = Armour Piercing TNT
2 = Eclairant
3 = High Explosive
4 = Fumigène Phosphore
5 = High velocity Armour Piercing
6 = Armor Piercing Tracer
7 = Fumigène

CN 105

1 2 3 4

1 = HE M1 High Explosive
2 = H.E.A.T M67 High ExPlosive Anti Tank
3 = Smoke HC WP Fumigène White Phosphorus
4 = M60 Persistant Gas H

17 POUNDER

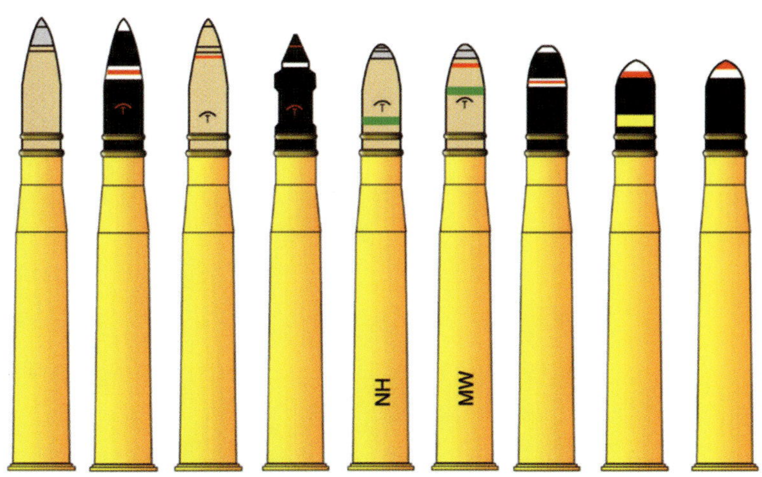

1 2 3 4 5 6 7 8 9

1= HE-T-HC High Explosive With Tracer
2 =Solid Armour Piercing Shot
3 HE-Hc- Super MK1
4= Armour Piercing Discarding Sabot
5 = HE-T-MK 1 High Explosive With Tracer
6= HE-T-MK2 High Explosive With Tracer
7= Armour Piercing Capped Ballistic Capped
8= Armour Piercing Practice
9 = Armour Piercing Capped

Le sigle ⊤ signale un obus muni de traceur

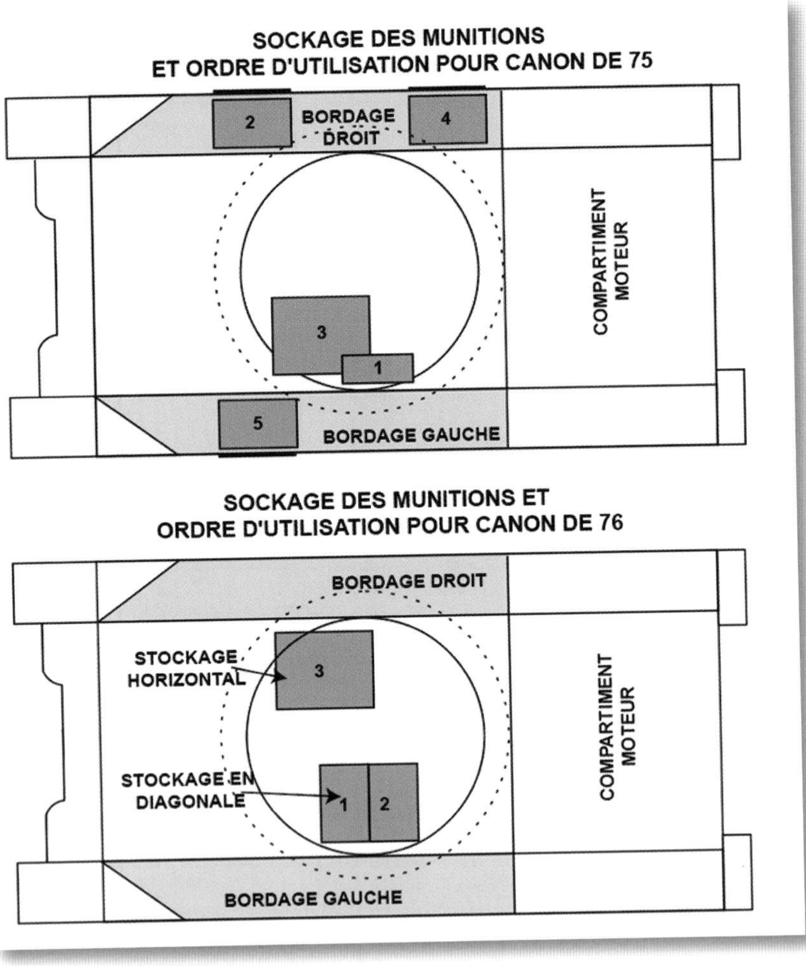

Ci-contre.
Répartition des stockages de munitions pour les Sherman armés de canon de 75 mm et 76 mm.

en tourelle au poste radio-chargeur par le tireur, le copilote, ou le radio-chargeur lui-même dans certaines configurations.

Dans le cas de stockage « *Dry* », les obus sont placés dans des alvéoles aménagées dans un caisson lui-même fixé sur l'emplacement de stockage.

Ces alvéoles protègent la fusée d'ogive pour éviter tout « armement intempestif » de la fusée en question. De même, les alvéoles protègent l'amorce de la cartouche contre toute percussion accidentelle.

Les racks et les supports permettent l'accès aux munitions tout en les maintenant fermement pendant les déplacements du char en tout-terrain.

Dans le cas d'un stockage « *Wet* », donc humide, les racks contiennent des alvéoles étanches, qui sont entourées d'une solution liquide qui protège les obus en cas de coup au but.

Dans ce cas, il y a incendie d'une part mais également explosion des munitions.

La solution liquide, empêche la propagation de l'incendie et l'explosion des obus dans le char.

Dans le cas où les obus d'un rack explosent, ils font exploser soit par impact soit par « sympathie » les autres munitions du char. Le mode « *Wet* » occupant plus de volume, le nombre de munitions emportées par ces chars est diminué.

L'équipage d'un Sherman Firefly du *C Squadron, 1st Northamptonshire Yeomanry* de la *33rd Armoured Brigade* charge les lourds obus de 17 pounder dans les casiers installés à la place du mitrailleur. Ces casiers ne sont accessibles que de l'extérieur. *(IWM B8793)*

TOURELLES ARMEMENT ET MUNITIONS DU CHAR M 4

Type de char	Turret	Canon	Affût	Obus	Gisement	Site	AA Dotation	Coaxiale et Capot Dotation	Stabili sation	Fumigène
M4	T 23	75 mm M3	M34 A1	97 dont 8 PU	Manuel et hydaulique	Manuel de +25 à -10	.50cal M2HB MG 300 coups	2 fois 30cal M1919A4 MG 4750 coups	Gyroscope	Mortier 2" M3 à 12 coups-35°
M4-105	T 26	105 mm M4	M 52	66 coups	Manuel	Manuel de +35 à -10	.50cal M2HB MG 600 coups	2 fois 30cal M1919A4 MG 4000 coups	Non	Mortier 2" M3 à 12 coups-35°
M4-105 HVSS	T 26	105 mm M4	M 52	66 coups	Manuel	Manuel de +35 à -10	.50cal M2HB MG 600 coups	2 fois 30cal M1919A4 MG 4000 coups	Non	Mortier 2" M3 à 12 coups-35°
M4 A1 Early	T 23	75 mm M3	M 34	90 dont 8 PU	Manuel et hydaulique	Manuel de +25 à -10	.50cal M2HB MG 300 coups	2 fois 30cal M1919A4 MG 4750 coups	Gyroscope	Non
M4 A1 76 W	T 26	76 mm M1A1 M1A1C - M1A2	M 62	71 dont 6 PU	Manuel et hydaulique	Manuel de +25 à -12	.50cal M2HB MG 600 coups	2 fois 30cal M1919A4 MG 6250 coups	Gyroscope	Mortier 2" M3 à 12 coups-35°
M4 A1 76 W HVSS	T 26	76 mm M1A1 M1A1C - M1A2	M 62	71 dont 6 PU	Manuel et hydaulique	Manuel de +25 à -12	.50cal M2HB MG 600 coups	2 fois 30cal M1919A4 MG 6250 coups	Gyroscope	Mortier 2" M3 à 12 coups-35°
M4 A2	T 23	75 mm M3	M 34 A1	97 dont 8 PU	Manuel et hydaulique	Manuel de +25 à -10	.50cal M2HB MG 300 coups	2 fois 30cal M1919A4 MG 4750 coups	Gyroscope	Non
M4 A2 76 W	T 26	76 mm M1A1 M1A1C - M1A2	M 62	71 dont 6 PU	Manuel et hydaulique	Manuel de +25 à -12	.50cal M2HB MG 600 coups	2 fois 30cal M1919A4 MG 6250 coups	Gyroscope	Non
M4 A2 76 W HVSS	T 26	76 mm M1A1 M1A1C - M1A2	M 62	71 dont 6 PU	Manuel et hydaulique	Manuel de +25 à -12	.50cal M2HB MG 600 coups	2 fois 30cal M1919A4 MG 6250 coups	Gyroscope	Non
M4 A3	T 23	75 mm M3	M34 A1	97 dont 8 PU	Manuel et hydaulique	Manuel de +25 à -10	.50cal M2HB MG 300 coups	2 fois 30cal M1919A4 MG 4750 coups	Gyroscope	Non
M4 A3 75 W	T 23	75 mm M3	M34 A1	104 dont 4 PU	Manuel et hydaulique	Manuel de +25 à -10	.50cal M2HB MG 300 coups	2 fois 30cal M1919A4 MG 4750 coups	Gyroscope	Mortier 2" M3 à 12 coups-35°
M4 A3 76 W	T 26	76 mm M1A1 M1A1C - M1A2	M 62	71 dont 6 PU	Manuel et hydaulique	Manuel de +25 à -12	.50cal M2HB MG 600 coups	2 fois 30cal M1919A4 MG 6250 coups	Gyroscope	Mortier 2" M3 à 12 coups-35°
M4 A3 76W HVSS	T 26	76 mm M1A1 M1A1C - M1A2	M 62	71 dont 6 PU	Manuel et hydaulique	Manuel de +25 à -12	.50cal M2HB MG 600 coups	2 fois 30cal M1919A4 MG 6250 coups	Gyroscope en site	Mortier 2" M3 à 12 coups-35°
M4 A3 105	T 26	105 mm M4	M 52	66 coups	Manuel	Manuel de +35 à -10	.50cal M2HB MG 600 coups	2 fois 30cal M1919A4 MG 4000 coups	Non	Mortier 2" M3 à 12 coups-35°
M4 A3 105 HVSS	T 26	105 mm M4	M 52	66 coups	Manuel	Manuel de +35 à -10	.50cal M2HB MG 600 coups	2 fois 30cal M1919A4 MG 4000 coups	Non	Mortier 2" M3 à 12 coups-35°
M4 A3 E2 Jumbo	T 26	75 mm M3	T 110	104 dont 4 PU	Manuel et hydaulique	Manuel de +25 à -10	.50cal M2HB MG 300 coups	2 fois 30cal M1919A4 MG 4750 coups	Gyroscope en site	Mortier 2" M3 à 12 coups-35°
M4 A4	T 23	75 mm M3	M34 A1	96 dont 18 PU	Manuel et hydaulique	Manuel de +25 à -10	.50cal M2HB MG 300 coups	2 fois 30cal M1919A4 MG 7750 coups	Gyroscope	Non
M4 A4T	T 23	75 mm M3	M34 A1	96 dont 18 PU	Manuel et hydaulique	Manuel de +25 à -10	.50cal M2HB MG 300 coups	2 fois 30cal M1919A4 MG 7750 coups	Gyroscope	Non
M4 A6	T 26	75 mm M3	M34 A1	97 dont 8 PU	Manuel et hydaulique	Manuel de +25 à -10	.50cal M2HB MG 300 coups	2 fois 30cal M1919A4 MG 4750 coups	Gyroscope	Mortier 2" M3 à 12 coups-35°

Les modèles M4 A3 75 W et M4 A3 E2 "Jumbo" sont ceux qui emportent la plus forte dotation en obus et la plus faible en ratelier de première urgence. Les Versions 105, de par leur vocation, n'ont pas de coups en première urgence.
PU = Première urgence.

6 L'ÉQUIPAGE DU SHERMAN

L'équipage d'un M4A3 (76) du *31st Tank Battalion* de la *7th Armored Division*. Le copilote est frileux, il porte la veste fourrée et son « beanie ». *(US Signal Corps)*

Cinq hommes composent l'équipage du char et assurent les fonctions suivantes.

En tourelle

Du côté gauche, se trouve le radio-chargeur et, comme sa fonction l'indique il est chargé d'approvisionner le canon et la mitrailleuse (coaxiale) en munitions, d'évacuer les douilles d'obus en fonction des besoins, mettre en œuvre le lance-fumigènes. À ces tâches, viennent s'ajouter la mise en œuvre et l'exploitation du – ou des – poste(s) radio selon qu'il s'agit d'un char subordonné ou d'un char d'autorité. Dans les tourelles de première génération, le radio chargeur accède à son emplacement de combat en embarquant par l'écoutille du chef de char. Il a, à sa disposition, un épiscope de vision (fixe). Il embarque en premier. Le radio-chargeur participe aux opérations d'entretien de la tourelle et en particulier le suivi de la mitrailleuse coaxiale. Il a à sa disposition une boîte contenant des grenades, les munitions de la mitrailleuse coaxiale.

Sur le bordage, vers l'arrière il a accès à la génération électrique auxiliaire et au casier d'obus vers l'avant. Sur certains modèles de M4, le bac batteries se trouve sur ce bordage alors que sur d'autres modèles, les batteries sont toujours fixées du même côté mais sur le plancher de caisse. Sous ses pieds, le plancher du panier de tourelle possède une ouverture qui donne accès à la zone de stockage des obus. Enfin, derrière lui, sur la droite, il a, à sa disposition, les obus de première urgence. Sur le côté gauche de la tourelle, au-dessus de la tape d'évacuation des douilles, se trouve le mortier lance fumigènes.

Du côté droit du canon prend place le pointeur-tireur. Son siège est situé en fond du puits de tourelle. Il a à sa disposition les commandes de pointage (site/gisement) et de tir ainsi qu'un épiscope (fixe) de vision. Les commandes de tir sont au pied (gauche) du tireur, ce sont des commandes électriques, il actionne le canon ou la mitrailleuse coaxiale en fonction de la situation. La mise à feu de la mitrailleuse coaxiale se trouve aussi sur la commande hydraulique de tourelle. Il embarque en second dans la tourelle en empruntant, lui aussi, l'écoutille du chef de char.

En dehors des phases de combat et de déplacement, le tireur participe à l'entretien et au maintien en condition de la tourelle comme les vérifications de l'hydraulique, le graissage de l'affût M34, l'état des organes de visée et de tir.

Toujours du même côté, mais un peu au-dessus du tireur, prend place le chef de char. Il a à sa disposition plusieurs épiscopes, pour une vision circulaire (ou bien un seul épiscope rotatif monté sur le demi-volet), les commandes de tourelle, une mise à feu, la gestion des réseaux de communication (interphone et radio) et peut servir la mitrailleuse antiaérienne. Il embarque le dernier en tourelle. L'entretien et les vérifications du canon mobilisent l'équipage au complet.

Dans la caisse

Du côté gauche, le pilote prend place sur un siège réglable en hauteur, ce qui lui permet de piloter volet fermé en utilisant son épiscope de conduite ou les fentes de vision pour pilotage.

Les dispositifs de mise en route, de pilotage et de contrôle sont répartis autour du siège. L'écoutille pilote est fermée par un volet pivotant sur des charnières et assisté de deux ressorts. Ce volet dispose d'un dispositif de verrouillage « volet ouvert ». En dehors de la conduite, le pilote est chargé de l'entretien de la partie châssis-moteur. Pour ce faire, il est aidé par le copilote. Ces tâches comprennent tout ce qui est niveaux et compléments, moteur, boîte de vitesses, réducteurs, filtres à air, radiateurs (sur un M4A4 le circuit de refroidissement contient 129 litres d'eau ou de solution antigel et le moteur 30 litres d'huile (d'une viscosité différente en fonction des températures ambiantes), sans oublier le train de roulement et les accessoires extérieurs.

Derrière le siège du copilote[1], en fond de caisse, se trouve la plaque « trou d'homme », dispositif qui permet à l'équipage d'évacuer le char en cas d'urgence.

Côté avant droit, c'est le copilote qui embarque. Son volet d'écoutille et son siège sont identiques à celui du pilote. Il est titulaire des certificats qui lui permettent de remplacer le pilote en cas de besoin et il est chargé de la défense rapprochée du char, ayant à sa disposition une mitrailleuse montée sur la partie avant du char. Le copilote est aussi en charge des vérifications châssis ainsi que, avec le pilote, de l'entretien,

Dans l'armée américaine, les équipages sont désignés différemment. Ainsi, le chef de char est le « *Tank commander* », le tireur est « *Gunner* », le copilote est le « *Bow gunner* », le pilote est le « *Driver* », et le radio chargeur le « *Cannoneer* ». Ces équipages embarquent dans un ordre bien précis. Une fois à son poste, chacun d'eux entame une

1. Ce dispositif était très utilisé par les Marines en Corée, ils s'en servaient pour récupérer les blessés qui étaient sous le feu de l'ennemi.

« chek list » qui permet à chacun de tout vérifier : Présence et état de l'armement, installation radio, installation hydraulique, munitions, déverrouillages divers, fixation des accessoires.

Les rôles et attributions de chaque membre d'équipage doivent – et sont – connus par chacun des hommes d'équipage. Rappelons qu'un équipage est une entité soudée, habituée à des conditions de vie spartiates, mais, surtout, les hommes du char réagissent à des situations maintes fois testées, et éprouvées. Ce style de vie crée des liens au sein de chaque équipage puisque chacun d'entre eux

Littiria, Italie, 1944. Ce Sherman M4 A1 a versé dans un fossé. Cette vue permet de juger de la disposition des trappes des différents postes de l'équipage. Ce blindé appartient à la *1st Armored Division.* *(US Signal Corps)*

connaît l'autre. Pour atteindre le plus haut niveau de fonctionnement, les équipages, sont soumis dans les années quarante au « *drill* » ou entraînement.

Au cours de ces séances, les gestes sont cent fois répétés, rodés, peaufinés. Pilotage, défilement d'observation, défilement de tir, tir canon ou guet antiaérien, rien n'est laissé au hasard; lorsque la mission est terminée, c'est l'entretien du char, les compléments en carburant et munitions, la préparation de la prochaine mission. Par la suite, ces exercices prennent l'appellation d'« école d'équipage ». Pour mener à bien toutes ces préparations, les équipages ont à leur disposition des documents qui, dans une rigueur et un souci d'efficacité typiquement militaires, leur précise tout ce qu'ils ont à faire, comment le faire et quand le faire. Concernant les chars Sherman, ces documents sont, bien entendu, rédigés en anglais et, les équipages de M4A3 se référaient au FM 17-67 « *Crew drill and service* » édité par le *War Department.* Les lettres FM désignent un *Field manual.* Ce document est en général complété par un TM, pour *Technical manual.*

En ce qui concerne les M4A4 servis par des équipages français, il existe, par exemple, une version traduite dans la langue de Molière, il s'agit du « TM 9-754 FR » (Fr. pour French) édité par le ministère de la Guerre en 1943. Si le *Field manual* précise les procédures d'embarquement, d'évacuation par la plaque trou d'homme, les séquences de tir, le parage du char, le TM décrit des procédures ayant trait à l'entretien, les réparations, les vérifications de toute la partie technique du véhicule. Ainsi, de la chenille à l'antenne radio ou de l'avant à l'échappement, tout est vérifié, réglé, lubrifié.

Il est impensable de former un équipage sans qu'il n'ait à sa disposition ces manuels. Prenons, par exemple, le parage d'un char pour une mission de combat. Les diverses munitions – jusqu'aux grenades à main – et armes doivent trouver leur place à des endroits bien précis de façon que, même dans l'obscurité, les membres d'équipage pourront les trouver, les utiliser, voire en effectuer le démontage et le remontage, si nécessaire. Idem pour les jumelles, armement individuel, épiscopes de rechange ou boîtes de ration individuelle. L'outillage de parc, ou lot de pionnier, est réparti sur l'extérieur du char, tandis que les outils nécessaires aux réparations sont rangés dans les coffres idoines.

Les éléments de rechange, tels que patins de chenille, galets et axes de chenille, sont arrimés sur les superstructures et sont très souvent rejoints par toutes sortes de protections que les équipages installent. Il en va de même pour les munitions, que les hommes embarquent « en rab ». La documentation de bord comprend également un carnet de bord ou ***logbook***, livret sur lequel sont inscrites toutes les sorties du char (dates, kilométrage, lieu de passage), mais aussi l'exécution de toutes les opérations périodiques d'entretien et de réglages. Un carnet de bouche à feu est également à tenir à jour, y sont notés le nombre et type d'obus tirés ainsi que les diverses interventions.

Opérations du ressort de l'équipage

Le maintien en condition des véhicules militaires est réparti sur différents échelons (ou niveaux). Le premier niveau est réservé à l'équipage, l'utilisateur direct. Ces opérations se divisent en trois catégories principales:

1. Les vérifications.
2. L'entretien.
3. Les petites réparations.

Les vérifications sont des opérations listées qui s'effectuent avant le départ, à la halte et en fin de mission. Avant le départ, il s'agit de s'assurer que les différentes composantes du char sont « opérationnelles », c'est-à-dire aptes au combat.

Les vérifications

Chaque membre d'équipage a donc une suite de contrôles à faire à l'extérieur du char, comme :

— absence de fuites, état du train de roulement, présence et arrimage des divers équipements de superstructure, armement extérieur ;

— à l'intérieur, présence et rangement des munitions du canon, des mitrailleuses, des armes individuelles avec leurs munitions, des grenades à main de différentes catégories, l'optique, la radio.

L'entretien

C'est un ensemble d'opérations qui nécessite des démontages partiels, réalisables par l'équipage qui a pour ce faire les outillages du lot de bord à sa disposition. Il s'agit, entre autres, des niveaux, du démontage et de l'entretien des filtres, la lubrification des organes mobiles conformément au tableau de graissage (*Lubrication order*) joint aux documents de bord.

Petites réparations

Échange des bougies d'allumage (sur les moteurs à essence), remplacement des ampoules et fusibles. Réglages des mises de feu sur les armes automatiques, échange d'éléments de chenille ou de galet de roulement. Remplacement des éléments d'optique défectueux, remplacements d'accessoires radio en utilisant ceux réunis dans le « carquois radio »*.

Les opérations et interventions plus importantes, nécessitant des outillages spécifiques n'entrant pas dans la composition des lots de bord, sont du ressort des échelons supérieurs du fait qu'elles.

Notons que sur les véhicules militaires, tous les lots de bord comportent un lot dit de « pionnier » constitué de : crochet de remorquage, manilles et mains d'accouplement, câble de remorquage, hache, pelle, pioche, masse et barre à mine. À cela, il convient d'ajouter la manivelle du moteur, la clé de tension des chenilles, un filet de camouflage et une bâche.

Enfin, toujours dans le but d'avoir une disponibilité opérationnelle la plus élevée possible, ces différentes opérations d'entretien sont assorties de périodicités. Ainsi, des *« check-lists »* détaillent ce qui doit être fait toutes les 25, 50, ou 100 heures de fonctionnement, sachant que les interventions des 100 heures sont des opérations lourdes, nécessitant la dépose du moteur, voire de la tourelle.

Ces opérations sont consignées sur le *« Log book »*, véritable carnet de santé du char.

Les opérations à effectuer

Toujours au niveau des vérifications et des équipements, chaque membre d'équipage du Sherman a une liste d'opérations à effectuer de façon à ne rien omettre lors de la mise en œuvre du char. Les tâches suivantes sont réparties entre les membres d'équipage :

Le pilote s'assure d'avoir : un extincteur mobile, une lampe torche, un jeu de trois fanions, une paire de lunettes-char (les « gogles ») avec ses trois plexiglass de rechange (Incolore, jaune et vert foncé), une paire de gants, une sacoche à outils contenant un marteau, une pince universelle, une pince coupante, deux tournevis, une clé à crémaillère, une clé à molette, un jeu de clé à douilles avec accessoires, son équipement radio composé d'un laryngophone T 30-Q, un câble CD 307, un câble CD 318, une pédale d'émission SW 41 un casque char M38 équipé de deux écouteurs HS 14. Ce dernier est commun à tous les membres d'équipage. L'équipement du chef de char comprend, de plus, un microphone T 17, un amplificateur BC 60, un jeu d'écouteurs HS 18.

Le copilote contrôle la présence de la bâche, du lot de pionnier, d'un extincteur mobile, de la manivelle, la clé de tension de chenilles, le jeu de courroies de fixation, le kit de première urgence (pansements), le trépied de la mitrailleuse de calibre .30 et sa housse, le couvre « nez de cochon » de la mitrailleuse de capot, la mitrailleuse de cal..30, le canon de rechange pour la mitrailleuse de capot et sa housse, un bec verseur pour jerrican, une vache à eau de 10 litres, son équipement radio.

Un Sherman M4A2 vu de dessus. C'est en 1943 qu'une seconde trappe pour le pourvoyeur apparaît sur la tourelle. *(Tank Museum 2717/B2)*

Cape Gloucester, Nouvelle-Bretagne, 1943. Le poste du pilote d'un M4A1 du Marines Corps engagé dans les combats. Notez le casque de tankiste du modèle le plus ancien. *(US Signal Corps)*

Le radio-chargeur vérifie : la présence des moyens radios et interphone, un extincteur mobile, six périscopes M6, six boîtes de cartouches cal. .30 en bandes, trois boîtes de cartouches cal..50 en bandes, un jerrican d'eau de 20 litres, une housse pour la mitrailleuse coaxiale, une housse pour la mitrailleuse AA, le support de la mitrailleuse AA, la mitrailleuse cal..50 Browning, les trousses d'entretien pour les mitrailleuses cal..50 Browning et cal..30 coaxiale, le carquois radio contenant entre autres les brins d'antenne de rechange, les haubans, son équipement radio.

Le tireur contrôle la présence de son périscope M4 et de celui de réserve, une trousse à outils spécifiques, le couvre culasse en toile, le couvre bouche, les manchons de hampe d'écouvillon*, les écouvillons pour le canon, une burette d'huile, une lampe TL 122, un microphone T17, son équipement radio.

Les radios de type SCR 508, 528, 538 sont gérées par le TM 11600 – édition de mars 1943.

Le point de vue des équipages.

Il y a toujours deux points sur lesquels les hommes s'opposent : la théorie et la pratique.

La mise en œuvre du Sherman n'échappe pas à cette règle, que ce soit dans l'utilisation quotidienne, l'équipement, ou l'utilisation au combat. Ainsi, ce qui se dit ou s'écrit dans les manuels, qu'ils soient techniques ou didactiques, n'est pas appliqué en permanence ou bien appliqué partiellement.

Ceci est lié à plusieurs facteurs, qui sont…

1. L'expérience acquise par les équipages

Les manuels prévoient, par exemple, d'effectuer des vérifications et contrôles à des échéances ou périodicités bien précises. Ainsi, chaque membre d'équipage doit faire des vérifications avant le départ, à la halte, et en fin de mission. Si ces contrôles – nombreux tout de même – sont facilement réalisables en temps de paix ou à l'instruction, il en va différemment au combat ou, tout simplement, lors de progression en zone d'insécurité. Il est donc logique que, à certains moments, une ou plusieurs vérifications soient « omises ». Pour autant, le char n'en devient pas indisponible. Avec le temps, ces « omissions » se transforment en « expérience » et, la pratique prend le pas sur la théorie. L'équipage se transforme alors en utilisateur chevronné et conscient, son expérience se substituant momentanément au manuel. Bien évidemment, la rigueur militaire de l'époque ne pouvait s'accommoder de ces « adaptations » mais, après avoir insisté sur l'application stricte des textes, chacun approuvait ce « remaniement » technique.

2. Les modifications apportées aux matériels

Chacun le sait bien, c'est à l'usage que l'on voit le matériel. Certes ! Avant de lancer une production en série, les prototypes sont mis à l'épreuve, en terrains variés ou au banc d'essais. Malgré tout, ces tests ne sauraient remplacer l'utilisation du char dans des conditions de combat, conditions météo, configuration de terrain, inexpérience d'équipages débutants. Bref, tant que l'utilisateur n'a pas cassé le char, raté sa cible ou embourbé le véhicule, l'engin n'est pas au « top » des performances. C'est d'ailleurs à ce moment-là que l'expérience dont nous avons parlé plus haut entre en jeu. Celle-ci est prise en compte dans les projets de modifications qui voient le jour. Ainsi, le passage au train de roulement HVSS a résolu le problème de la pression unitaire, améliorant les capacités de franchissement du char, mais aussi l'agrément du pilotage et le comportement au roulage. Idem pour les modes de stockage des munitions, tout comme le type

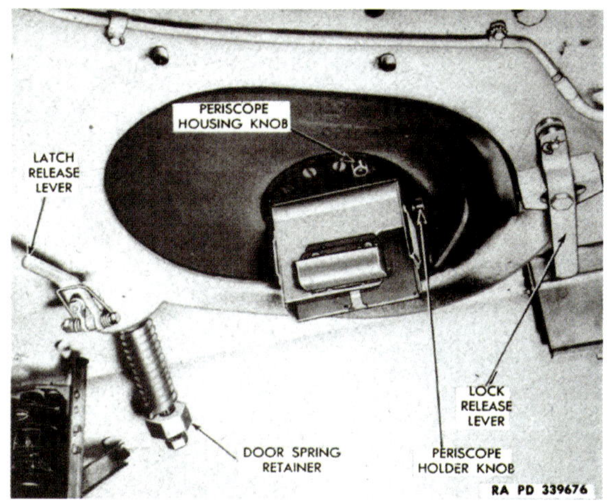

Ci-contre. Le panneau de la trappe du pilote, vue de l'intérieur. *(TM 9-748, 162-163)*

Page suivante, en bas. Le poste du pilote, vue de l'avant gauche. *(Coll. particulière, DR)*

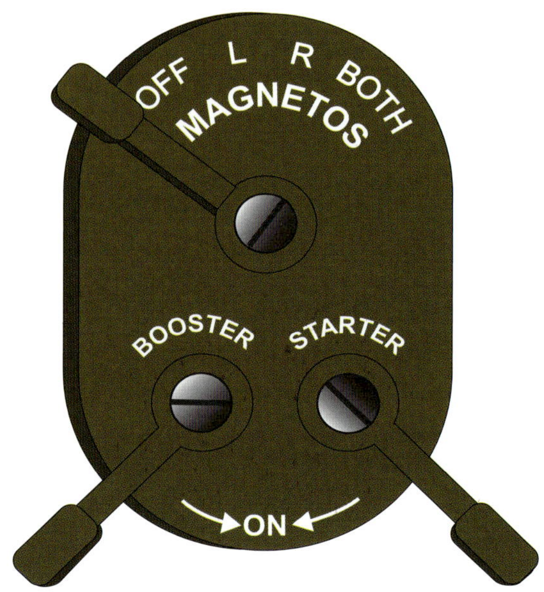

Le manipulateur n° 22 dispose de plusieurs fonctions : la manette du haut sert à couper, mettre en service ou tester les magnétos. La manette en bas à gauche commande les *boosters*, (intensificateur d'allumage) tandis que la manette de droite commande le démarreur. Donc pour lancer le moteur, le pilote :
1. Actionne la commande démarreur et s'assure que le moteur tourne librement.
2. Positionne la manette magnétos sur la position « *Both* » (les deux).
3. Actionne simultanément en pinçant les deux manettes inférieures vers la position « *On* » (Action combinée sur les boosters et le démarreur).
Le moteur est lancé. Les positions L et R sur le manipulateur servent à tester les rampes d'allumage. *(Dessin de l'auteur)*

de munition utilisé. Les fixations ou emplacements d'accessoires ont aussi évolué, par exemple, pour les porte-jerricans, téléphone extérieur, motorisations, boîtier blindé, trousse de secours.

3. Les performances réelles des engins

Les différents modèles de Sherman ont vu leur motorisation changer mais pas toujours évoluer. Ainsi, le moteur 30 cylindres Multibanks est moins puissant que les V8 Ford. Les A4, destinés aux Alliés, ont toujours conservé un canon de 75, sauf chez les Anglais qui l'ont parfois équipé avec leur canon de 17 Pounder. Les Américains ont toujours boudé le *Duplex Drive* et les Russes préfèrent le M4A2 à tous les autres modèles.

4. Les – rares – lacunes des documentations.

Les documentations américaines sont complètes, détaillées et bien structurées ; malgré tout, certains documents liés à un matériel spécifique comportent des lacunes. C'est le cas par exemple des versions *Dozer* qui comportent les modèles équipés de la lame de déblaiement et les versions du génie équipées par Caterpillar. Ces rares lacunes se retrouvent aussi pour la version lance-flammes.

5. Les moyens (d'ordre financier ou logistique) mis en œuvre.

L'effort de guerre se paie. Cash. Et, malgré les impératifs, il faut à certains moments serrer les cordons de la bourse. Les conséquences de ces économies, sont essentiellement dues au choix de la sous-traitance, notamment dans la construction d'accessoires. Concernant la logistique, celle de l'armée américaine a toujours été conséquente, mais il est certain qu'à un instant T, la chaîne d'approvisionnements peut-être interrompue. Les conséquences pour les hommes et les matériels sont toujours pénibles, souvent dramatiques.

6. Le contexte dans lequel les unités sont engagées.

Il est évident qu'un équipage qui débarque d'un LCT sous le feu, (risque d'ensablement ou de submersion) réagit différemment que celui qui participe aux combats dans les Ardennes. (température extrême ou visibilité pratiquement nulle). Il en est de même pour les véhicules qui ont toujours plus de difficultés à évoluer dans l'eau avec un sol mou, ou bien à progresser dans 50 centimètres de neige par une température de -20° Celsius.

Aménagement des postes d'équipage

Différents tableaux de bord sont prévus aux postes des pilotes et copilote. Plusieurs versions de char entraînent, bien évidemment, différents modèles de tableaux de bord. Les dessins des pages suivantes donnent un aperçu des différents modèles installés.

Tableau de bord du M4

C'est avec celui des A1 le plus simple et, bien que datant d'avant 1941 – il était déjà monté sur les M3 – il n'est pas dépouillé et comporte tout ce qui est nécessaire au pilotage du char et au contrôle du moteur. Le poussoir n° 20 appelé *« degasers »* sert à stopper le moteur. Il s'agit d'une commande qui coupe le circuit de ralenti sur le carburateur par l'intermédiaire d'un solénoïde. En effet, si l'on arrête le moteur en coupant les magnétos, le vilebrequin continue de tourner, les cylindres également et aspirent du carburant, ce qui pose problème lors de la mise en route suivante (risque de « flambage » de bielle). D'autre part, beaucoup savent que cou-

LE TABLEAU DE BORD DU PILOTE

M4

1 Prise 24V pour accessoires (pare-brise, balladeuse etc.) **2** Commande d'éclairage. **3** Contact de batteries. **4** Disjoncteur dégazers. **5** Disjoncteur d' éclairage. **6** Disjoncteur d'accessoires. **7** Disjoncteur éclairage principal. **8** Disjoncteur de sirène. **9** Lampe témoin de génératrice. **10** commmande d'éclai rage. **11** Sélecteur de réservoir carburant. **12** Jauges des réservoirs. **13** Tem pérature du liquide des refroidissement **14** Témoin de haute température de la transmission. **15** Pression d'huile mot. **16** Ampèremètre. **17** Eclairage du TB. **18** témoin de haute température eau et basse pression huile moteur. **19** compte tours. **20** Commande des degasers. 21 Tachymètre. **22** commande des magnétos et du démarreur.

M4 A1 LATE

1 commande black out. **2** Prise accessoires. **3** Disjoncteur BO Drive. **4** Disjo ncteur plafonniers. **5** Disjoncteur de commande magnétos. **6** Disjoncteur de Press et Temp Moteur. **7** Disjoncteur de temp. Transmission. **8** disjoncteur de jauge carbu. **9** Disjoncteur du voltmètre **10** Cde. de pompe d'injection. **11** Switch magnétos. **12** Degasers. **13** Cde éclai rage principal. **14** Voltmètre. **15** Ampère mètre. **16** Sélecteur d'éclairage. **17** Mo ntre. **18** Tachymètre. **19** Eclairage TB. **20** Sélection des réservoirs. **21** Jauge carburant. 22 Temp. transmission. **23** Temp. moteur. 24 Pression huile mot. **25** Témoin basse pression huile moteur **26** RAZ compteur Km. **27** Compte tours NB: la montre n'était pas toujours réalisée. Elle était alors remplacée par un insert en tôle.

M4 A2 & TD M10

1 Prise accessoires. 2 Commande du démarreur gauche. 3 Arrêt d'urgence. 4 & 5 Contacteurs des circuits d'injection. 6 Commande du démarreur droit. 7 Arrêt d'urgence. 8 Prise accessoires. 9. 10. 11. 12. 13. 14. 15 Disjoncteurs. 16 Témoin d'injection sur banc droit. 17 Témoin d'injection sur banc gauche 18 Commande d' injection banc droit. 19 Commande d'inj ection banc gauche 20 Commande d'éclairage TB. 21 Commande d'éclairage route. 22 Commande de black out. 23 Horloge. 24 Compte tours du moteur droit. 25 Ampèremètre. 26Voltmètre. 27 Compte tours moteur gauche. 28 Sélecteur de réservoir carburant. 29 Eclairage TB. 30 Jauge carburant. 31 Thermomètre de Temp. moteur gauche. 32 Mano de pression d'huile mot. gauche. 33 Témoin de basse pression d'huile. 34 Tachymètre. 35 Témoin de basse pression d'huile. 36 Manomètre de pression d'huile mot. droit. 37 Thermomètre de tempé rature du moteur droit. 38 Thermomètrede temp. d'huile de la transmission. 39 Remise à zéro du compteur Km.

LE TABLEAU DE BORD DU PILOTE

A Prise 24V B Démarreur C Pompe d' injection manuelle D Commande éclair age black out E Commande éclairage route F Sélecteur magnétos G Comm ande des dégazers H Disjoncteur circuit accessoires droit J Disjoncteur circuit accessoires gauche K Disjoncteur balck out L Disjoncteur sirène M Disjoncteur dégazers N Disjoncteur instruments TB O Horloge P Rhéostat éclairage TB Q Ampèremètre R Voltmètre S Tempé rature huile transmission T Compte tours U Pression huile moteur V Témoin de basse pression huile moteur W Jauge huile moteur X Tachymètre Y Tempéra ture d'huile moteur Z Sélecteur de réser voir carburant AA jauge carburant BB Eclairage TB

M4 A3 75

1 Disjoncteur circuit accessoires droit 2 Disjoncteur sirène 3 Disjoncteur circ uit accessoires gauche 4 Disjoncteurs balck out 5 Disjoncteur dégazers 6 Dis joncteur instrumentation TB 7 Disjonc teur circuit de détection incendie 8 Pri se 24V 9 Sélecteur de magnétos 10 Contacteur éclairage route 11 Démar reur 12 Contacteur éclairage balck out 13 Commande des dégazers 14 Tém oin incendie 15 Témoin test de circuit incendie 16 Contacteur test de circuit incendie 17 Compte tours 18 Voltmètre 19 Ampèremètre 20 Horloge 21 Rhéos tat éclairage TB 22 Eclairge TB23 Tem pérature huile transmission 24 Niveau huile moteur 25 Pression huile moteur 26 Témoin basse pression huile 27 Tachymètre

M4 A3 75W ET 76

1 2 3 4 5 6 Disjoncteurs 7 Contacteur éclairege route 8 Contacteur éclaire Black out 9 Haute température des éch appements 10 Sélecteur de réservoir carburant 11 Démarreur 12 Basse pres sion d'huile moteurs 13 Prise 24V 14 Haute température refroidissement 15 Horloge 16 Sélecteur 17 Contacteur d' allumage 18 Manomètre de pression d' huile 21 Sélecteur 22 Eclairage TB 23 Jauge carburant 24 Tachymètre 25 Amp èremètre 26 Voltmètre 27 Compte tours 28 Température 29 RAZ compteur jour nalier

M4 A4

per l'allumage et le remettre provoque une jolie déflagration, surtout pour ceux qui ne se trouvent pas loin de l'échappement.

La commande de *degasers* est surmontée d'une plaque qui donne la procédure d'arrêt moteur : retour au ralenti, maintien du régime à 1 100 tours, action sur le poussoir et retour au ralenti simultanés. Le maintien du régime moteur à 1 100 tours minutes a pour but de maintenir la génératrice en débit pendant la procédure d'arrêt moteur, sachant qu'une génératrice débite à partir de 900 t/m dans le meilleur des cas, contrairement à un alternateur qui débite au ralenti (500 t/m).

Tableau de bord du M4 A1

Pour le A1, le tableau de bord est remanié. On retrouve toujours le manipulateur de mise en route et la commande de *degasers* puisque c'est toujours le moteur Continental qui est présent. Par contre, la surveillance de l'ensemble motopropulseur et la sélection des réservoirs lors des niveaux sont améliorées. La température de la transmission est surveillée. L'éclairage du TB (tableau de bord) est augmenté et muni d'un rhéostat. Une montre vient compléter l'ensemble (Eh oui ! C'est quand même un engin américain). Le montage de la montre n'est pas, toutefois, systématiquement réalisé.

Tableau de bord du M4 A2

Totalement différent du tableau du A1 puisque la motorisation est du type diesel. De plus, il y a deux moteurs accouplés d'où, doublage des instruments de surveillance tels que température, pression, compte-tours, arrêt d'urgence, démarreurs et circuit de préchauffage.

Tableau de bord du M4 A3 et A3 « Late »

Avec ce tableau, il s'agit de commander et surveiller le V8 Ford. On y trouve donc un nouveau contacteur d'allumage avec la fonction *booster* modifiée, la commande de *degasers* refait son apparition et la prise *Utility Outlet* est doublée.

Tableau de bord du M4 A4

Dans ce cas, il faut surveiller les cinq bancs moteurs du groupe Chrysler. En plus des classiques instruments de pressions et températures, un ensemble de cinq sondes capte la température à la sortie de chaque échappement et un témoin visuel de haute température répercute l'alarme sur le tableau de bord.

Le poste « pilote ».

Les aménagements et configurations des postes pilote et copilote varient en fonction du modèle de Sherman.

Les commandes et les vérifications.

Côté pilote, on trouve, bien entendu, les éléments de conduite, de contrôle, de vérification et de mise en œuvre.

Éléments de conduite

En face du pilote, les deux leviers de direction et de freinage, l'épiscope de conduite « tête basse » – ou encore « volet fermé » – l'accélérateur à main, la commande manuelle d'injection. Dans le cas du M4 A2, c'est à cet endroit que se situent les deux leviers d'accélérateur à main et leur commande de verrouillage. En partie basse, on trouve la pédale d'accélérateur, la pédale d'embrayage, l'inverseur code/phares et, sur certains modèles, la commande au pied de sirène. La pédale de blocage[2] des leviers de direction en position « freiné ». Le modèle A4 possède une commande *starter** disposée sur la paroi gauche du poste de pilotage.

Du côté droit, le levier de vitesses, le support du PM M3 *Grease gun*, le rack pour quatre épiscopes de rechange et six têtes d'épiscope, au-dessus du rack, le pare-brise pliant (son but est de protéger le pilote s'il doit piloter tête dehors en cas de fortes intempéries comme : orages violents, brouillard, neige, etc.. Ce pare-brise se compose d'une armature vitrée équipée d'un essuie-glace, d'un dégivrage. Un soufflet en toile étanche complète l'ensemble. Ce soufflet se rabat derrière la nuque du pilote, fermant ainsi l'ouverture du volet qui se trouve, à ce moment-là, verrouillé en position « ouverte ». Le moteur d'essuie-glace prend son alimentation sur le tableau de bord, dans une prise prévue à cet effet (prise repérée « *Utility Outlet* »). Le boîtier de raccordement radio et interphone, la commande de ventilation. Concernant les boîtiers

---

Selon le modèle de M4, la pédale de blocage est remplacée par un levier qui bloque la transmission à l'entrée de la boîte de vitesses. C'est le cas sur le M4 A3 où ce levier se trouve en partie basse, à droite du pilote. Dans le cas du M4 A2, la tringlerie de la pédale d'embrayage commande les deux fourchettes d'embrayage simultanément.

de raccordement radio, ils sont identiques pour tous les postes et comprennent : un raccordement pour ensemble micro et casque radio, un voyant de mise sous tension, une commande de volume, un manipulateur à deux positions (une position radio et une position interphone). Le boîtier chef de char a une position supplémentaire (radio/Interphone) permettant de « trafiquer » sur les deux réseaux simultanément.

Sur la droite du pilote se trouve également la boîte de vitesses avec ses orifices de jauge, de remplissage et de vidange, les prises de compte-tours et de tachymètre.

Du côté gauche, vers l'avant, on trouve le tableau de bord, un compas de navigation, un compas de type gyroscopique qui permet le fonctionnement en environnement métallique. Le support et la lampe viennent se raccorder sur la prise *« Utility Outlet »* du TB, le boîtier 24V comprend un coupe-circuit batteries, un coupe-circuit radio, une prise de parc, (la prise de parc sert à recharger les batteries ou encore à démarrer le moteur en cas de faiblesse des accumulateurs de bord), le boîtier de régulation de la génératrice. Dans l'environnement pilote et copilote, on découvre également divers points de graissage et lubrification.

Conditions de travail

Du fait de sa fonction dans le char, le pilote dispose d'un environnement un peu plus espacé. Les commandes et les instruments de pilotage sont répartis en respectant des critères ergonomiques : son siège est plus large que celui des autres postes, il est muni d'un dossier mobile. Ce siège possède un réglage en translation et un réglage en hauteur permettant, en cas de besoin, le pilotage du char en position « tête basse » ou encore « volet fermé ». À sa droite, le levier de vitesses est doté d'un cliquet de sécurité qui permet d'enclencher la marche arrière uniquement de façon intentionnelle. Le siège étant en position basse, la manipulation du levier s'en trouve d'autant moins aisée (la poignée de manœuvre se trouvant à hauteur d'épaule). Lorsque le pilote déplace le char « volets fermés », il voit à travers son épiscope de conduite et, bien que celui-ci soit orientable en site et en gisement, il doit le manœuvrer de la main gauche dans certaines situations (virages, montée raide, ou descente). Le pilotage ne s'en trouve pas facilité puisque, contrairement à une conduite au volant, la main droite doit manœuvrer les deux leviers de direction. Si nous ajoutons à cela un changement de vitesse éventuel, nous avons une petite idée de la dextérité requise pour « piloter ».

Dès la génération suivante, les chars sont équipés du système à trois épiscopes au poste de conduite, rappelant les trois vitres du capot de conduite.

Dans l'environnement immédiat du pilote, se trouve l'arbre de transmission (il traverse tout le compartiment de combat) qui génère un bruit assez assourdissant surtout lors des rapports courts. Ajoutons à cela tous les bruits générés par le char et perceptibles par tous les membres d'équipage, et l'ambiance s'en trouve changée. Les principales sources sonores nuisibles sont : le claquement des chenilles et les bruits de train de roulement. Le sifflement des ventilations qui évacue les fumées des tirs, le bruit de la génération hydraulique de tourelle, le bruit du moteur. Tous les membres d'équipage portent les équipements radio et, entendent

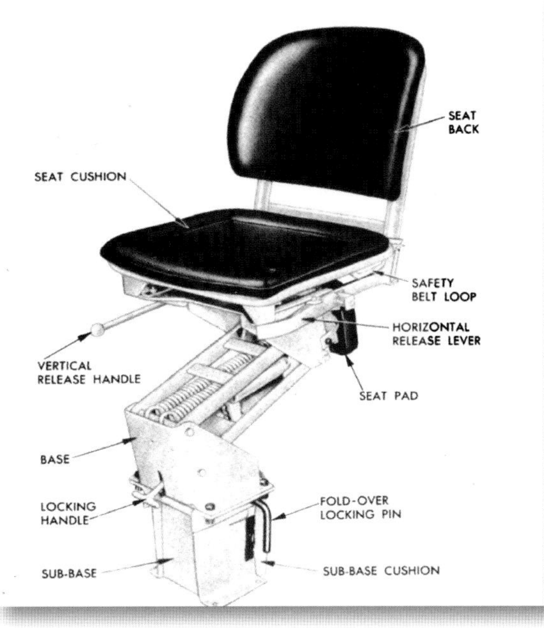

Le siège du copilote. *(TM 9-748, 162-163)*

De la trappe du chef de char de ce Sherman M4A3, cet observateur d'artillerie scrute la forêt ardennaise. *(Signal Corps)*

le réseau interphone ou radio, avec, parfois, leurs communications hachées, le bruit de fond de l'émetteur (surtout quand le *squelch** est mal calé), les sifflements dus à la fréquence, etc.

Le poste « copilote »

Dans certains cas, le copilote prend l'appellation de pilote-radio, il s'agit alors d'un char équipé d'un système radio SCR 506 (ou autre) monté sur le bordage droit à côté du copilote.

La mitrailleuse de calibre.30 A4 est montée sur un support pivotant tous azimuts (le support est du type D 51 070). Cette mitrailleuse est face au siège copilote et est équipée d'un sac de récupération des douilles. À droite du copilote, contre le montant du bordage, est arrimé le canon de rechange de la mitrailleuse de.30 dans son étui en toile.

Parmi les aménagements de ce poste se trouvent également un extincteur mobile, les boîtes à munitions de calibre.30, un rack à obus sur le bordage et, en arrière, un emplacement pour arrimer les boîtes de rations individuelles, un épiscope de

Page suivante, en haut. L'équipage du M4A2 « Champaubert » du 501e RCC, un des premiers Sherman à pénétrer dans Paris avec le détachement du capitaine Drone. Ce char possède quelques particularités comme le tube métallique soudé sur le bordage gauche, la barre métallique sur le glacis avant remplaçant la planche des chars américains, le coffre de nuque est propre à ce n° 24. La tourelle est ici dépourvue de Pistol port, donc sa fabrication date du 1er semestre 1943. *(Collection particulière DR)*

rechange pour le volet d'écoutille. Le M3 *Grease gun* est arrimé de la même façon que pour le pilote, toujours sur la transmission, à gauche du copilote. Toujours à gauche, fixé en partie supérieure, on trouve le boîtier de connexion radio/Interphone, un plafonnier, un support à pinces retenant une lampe torche type TL 122.

En partie haute, entre le pilote et le copilote se trouvent (selon les modèles de Sherman) les commandes d'extincteurs fixes. Derrière la tête du copilote, en partie haute, il y a la commande de verrouillage du volet d'écoutille, cette commande se trouve au même endroit côté pilote. Derrière le siège du copilote, sur le plancher de caisse se trouve la plaque trou d'homme*. Il y a dans le char des emplacements marqués *« Canteen »*. c'est là que les hommes accrochent leur bidon individuel, habituellement fixé au ceinturon du soldat.

Conditions de travail

Le copilote est doté du même siège que le pilote et son espace est semblable à celui du premier conducteur. Titulaire des mêmes certificats que le pilote, il peut, au besoin, remplacer ce dernier lorsque la situation l'exige ou le permet. Il peut avoir à exploiter le poste radio supplémentaire quand le char en est doté. Le copilote participe au transfert des obus qui sont dans le rack sur sa droite (sur le bordage). Il sert la mitrailleuse de capot, gère l'approvisionnement de l'arme, pratique à l'échange du canon quand nécessaire. Les canons de mitrailleuse se changent lorsqu'un certain nombre de coups sont tirés sans discontinuité, qu'il s'agisse de la cal..50 ou de la cal..30.

Le copilote est aussi chargé de la mise en œuvre de l'extincteur mobile qui est à sa disposition. Il participe, de plus, aux opérations de maintien en condition (du char) et aux réparations éventuelles avec le pilote.

En déplacements « volets fermés », il participe à l'observation et éventuellement guide le pilote sur sa droite. Sur les modèles M4 ou M4A1, il est fréquent que les copilotes retournent leur siège vers l'arrière, afin d'avoir un accès plus rapide et plus facile pour passer les obus à travers le panier de tourelle. D'autres copilotes optent pour le démontage du dossier du siège, passant ainsi plus facilement du service de la mitrailleuse de front au chargement des obus.

Trois hommes constituent l'équipage de tourelle et chacun a des tâches bien précises à remplir. Ils disposent de différents équipements. Certains aménagements peuvent être communs à deux membres d'équipage ; c'est, par exemple, le cas du dispositif d'arrêt d'urgence, les postes de radio communication, la commande de tourelle, et bien d'autres encore.

Ce chef de char, assis sur le haut de la tourelle, d'un M4A1, nettoie le canon de son pistolet-mitrailleur Thompson, principale arme individuelle aux tout débuts du M4 Sherman, très vite remplacé par le PM M3 puis M3 A1 *Grease gun*, beaucoup moins encombrants dans un char. *(US Signal Corps)*

Le poste « Chef de char »

Le chef de char possède un dispositif d'arrêt d'urgence du moteur situé sur la cloison pare-feu, accessible depuis la tourelle. Ce dispositif commande directement les coupe-circuit de ralenti (cas du A3). Il peut également avoir une commande de l'hydraulique de tourelle (selon le type de M4). En fonction du modèle de tourelle, les équipements de vision peuvent varier. Sur une tourelle équipée d'une seule écoutille d'accès à deux volets, un épiscope pivotant sur 360° est à la disposition du chef de char. Sur les modèles ultérieurs, cette écoutille est remplacée par un tourelleau « chef de char », équipé de six épiscopes fixes donnant une vision panoramique ; la partie centrale se compose alors de l'écoutille proprement dite sur laquelle est monté un épiscope rotatif.

Depuis son poste, le chef de char peut utiliser le réseau radio ou bien le réseau interphone. Il dispose d'un boîtier de raccordement à partir duquel il peut sélectionner le type de réseau utilisé. À proximité de ce boîtier, se trouvent des crochets qui permettent de suspendre les équipements de tête (casque, micro et cordons) lorsqu'ils ne sont pas utilisés. Également à sa disposition, les panneaux air-sol, fixés sous le châssis radio dans leur housse de rangement.

Du côté droit de la tourelle, à hauteur de la couronne d'entraînement de celle-ci, se trouve un répétiteur d'azimut. Ce dispositif, exploitable par le tireur, permet d'utiliser le canon du char en tant que pièce d'artillerie. À savoir, un canon de char tire différentes catégories d'obus. Les perforants (munition majeure du blindé) sont utilisés en tir direct, c'est-à-dire que le tireur voit sa cible ; au moment du tir, la trajectoire de l'obus entre le canon et la cible est dite « tendue ». Dans certains cas, comme le tir masqué ou tir plongeant, l'équipage ne voit pas la cible, mais sait où elle se trouve. C'est le cas d'un tir par-dessus une colline, ou bien à plusieurs kilomètres sans visuel. C'est là qu'entre en jeu le répétiteur d'azimut, combiné à l'utilisation d'une table de tir (fonctionnement en artillerie). Les deux niveaux (M1 et M9) équipant le char déterminent alors l'angle de tir (l'élévation), alors que l'azimut

L'intérieur de la tourelle, vue de l'emplacement du chef de char. En haut, à droite, la trappe. *(Coll. particulière DR)*

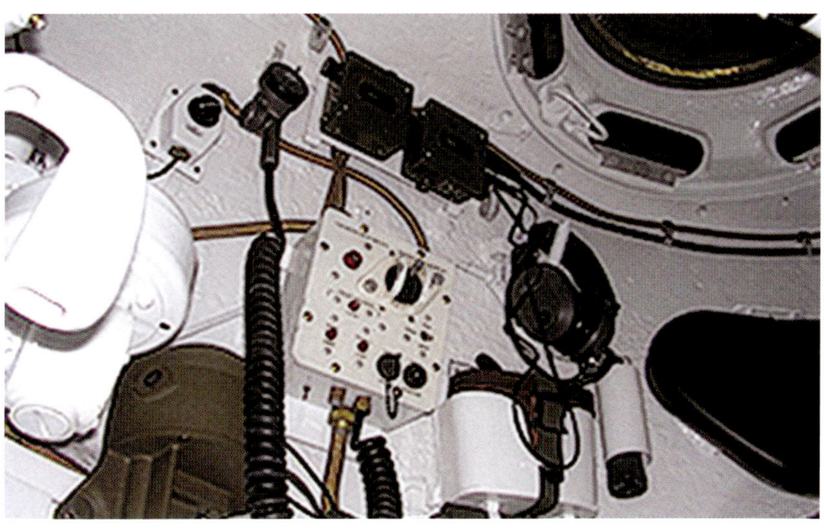

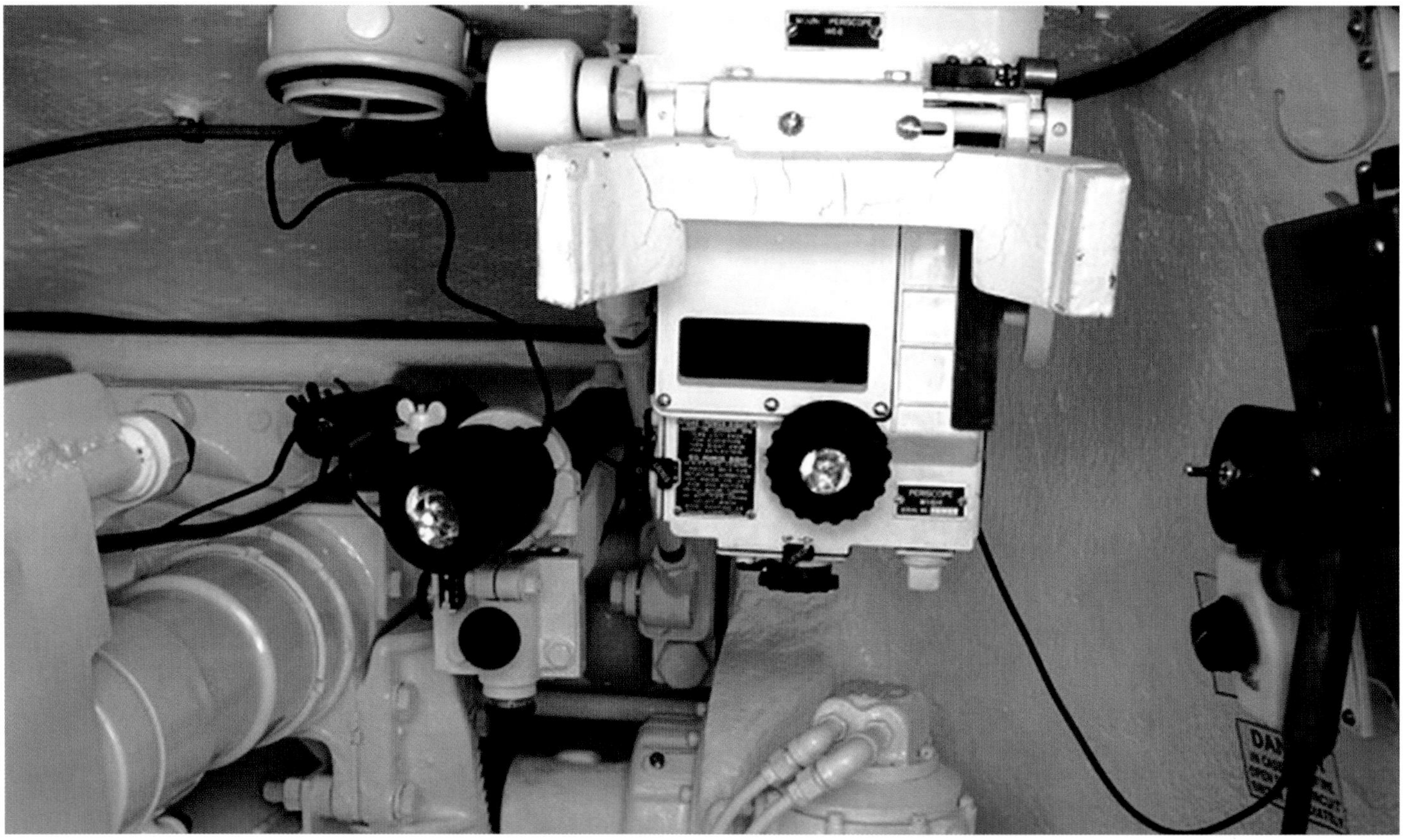

Le poste du tireur, côté droit du canon. *(Collection particulière)*

est repérable sur le répétiteur que le tireur a placé à zéro lors du tir de repérage.

Une paire de jumelles est fixée dans son support sur la paroi droite de la tourelle. Sous le siège, dans un support fixé sur le plancher de tourelle, se trouve un extincteur mobile.

Le chef de char a également accès aux munitions de la mitrailleuse antiaérienne et, dans certains cas, aux munitions de 75 dans le rack arrière du bordage droit. À côté des postes radio, un caisson contient un épiscope et trois têtes d'épiscope de rechange. Vers la nuque de tourelle, sous les postes radio, se trouvent les armes du tireur et radio-chargeur. Les vannes de coupure du carburant sont du côté droit, à côté du filtre à air, sur la cloison pare-feu. Le chef de char est en charge de l'exploitation du réseau radio.

Selon le modèle de M4, Les PM *Grease gun* du radio chargeur et du tireur sont fixés sur la paroi, sous le châssis radio. Un projecteur de rechange est fixé à l'arrière gauche du chef de char, tandis que du côté droit est fixé le support pour lampe torche TL 122. À droite, et vers l'avant, se trouvent deux boîtiers radio/interphone: un pour le chef de char, un pour le tireur. Deux crochets où vient se suspendre un micro T17 et un casque écouteurs pour les vacations sans le casque char sont placés à proximité. Derrière le chef de char, à côté des postes radio, est aménagé un casier contenant un épiscope de rechange.

Conditions de travail

Le chef de char gère la situation tactique au sein du peloton (*Platoon**), il peut être en même temps chef de peloton, ou commandant d'unité. Pour ce faire, il exploite les réseaux radio et interphone ainsi que les cartes topographiques quand elles sont disponibles. Il déclenche les opérations de tir, observe aux jumelles et dégrossit la visée le cas échéant. Il observe par l'intermédiaire des épiscopes de son tourelleau. Le chef de char fixe l'axe de progression du blindé (du *Platoon*, de la compagnie ou *Squadron**) ou la formation à adopter. Pour ce qui est des tirs, il dispose des organes de visée et d'observation, des niveaux (M1 et M9) et des tables de tir (selon qu'il sert sur CN105 ou CN75), ces dernières, bien souvent sont de « fabrication perso ».

Le chef de char est « casé » dans un espace restreint par rapport au radio-chargeur et, lorsqu'il est en position assise, ses pieds sont à hauteur des épaules du tireur. Son siège est identique à celui du radio chargeur, de plus, il doit passer de la position assise à la position « tête dehors ». Il est alors debout sur son siège. En position « tête dehors », le chef de char sert la mitrailleuse antiaérienne. Dans certains cas – M4A3 notamment – cette mitrailleuse peut être servie indifféremment par le chef de char ou le radio chargeur.

Le poste « Tireur »

Le tireur occupe la position la plus basse dans la tourelle. Son siège est situé devant les pieds du chef de char, coincé entre le canon, à gauche, et les commandes de tourelle, à droite. Il a en face de lui un épiscope fixe, la lunette de visée avec son appui-front, le tableau de commande hydraulique de tourelle et la commande mécanique de mise à feu.

À sa droite, sont placés la poignée de commande hydraulique de tourelle, le verrou de tourelle, la commande manuelle de rotation et un boîtier de raccordement radio/interphone. À hauteur des pieds, se trouvent le groupe hydraulique de tourelle avec la pompe du système de stabilisation gyroscopique du canon, un réservoir d'huile avec fenêtre de jauge, un boîtier électrique comprenant: un coupe-circuit d'alimentation tourelle, deux disjoncteurs thermiques, le témoin de mise de feu canon,

Page suivante. La répartition des munitions dans la caisse du char Sherman.

REPARTITION DES MUNITIONS DANS LE M4A4 CN 75 TM 9-754 Fr

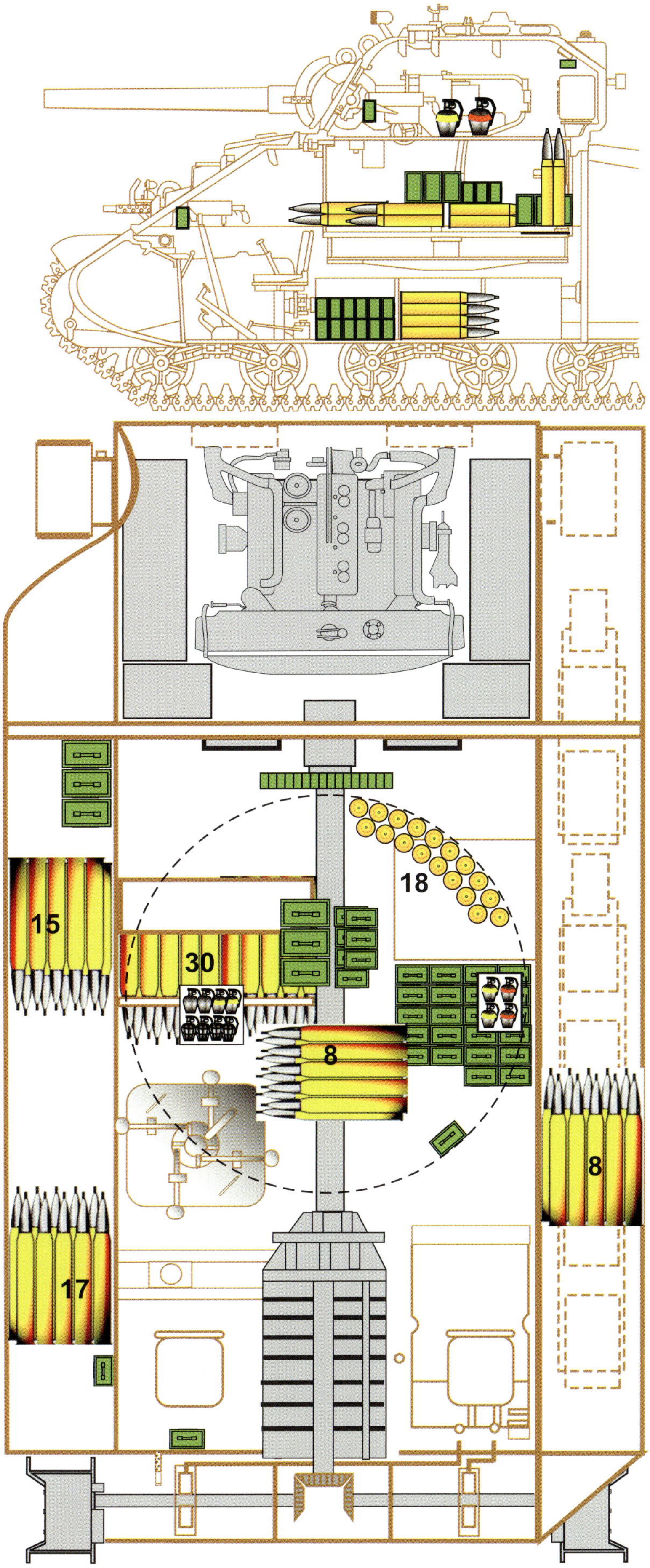

Obus de 75

Première urgence

Cartouche de 12.7

Cartouche de 7.62

Cartouche de 11.43

Grenade fragmentation

Grenade offensive

Grenade fumigène

Grenade incendiaire

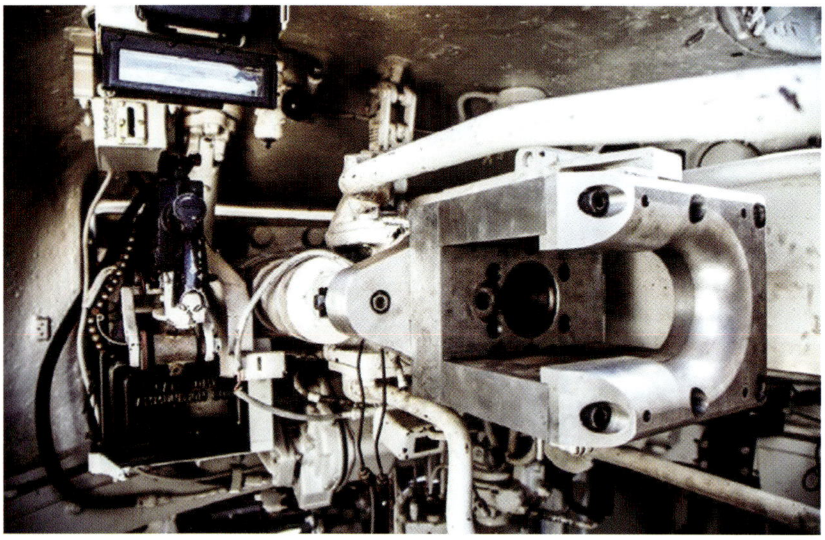

Vue du poste du radio-chargeur, côté gauche de la tourelle. *(Collection particulière)*

Page suivante. Le radio chargeur au travail. À gauche, sur la photo du haut, le petit siège qui lui est assigné. *(Collection particulière)*

la mise en route de la stabilisation. À sa gauche, le volant de pointage en hauteur. Sur le plancher de tourelle, au pied gauche, un boîtier comportant les deux mises à feu électriques pour le canon et la mitrailleuse coaxiale.

Toujours en bas, côté droit, on trouve la génération hydraulique et la bâche à huile. Le tireur a accès au rack de munitions avant droit. Sous le siège du tireur, se trouve un casier contenant des grenades à main. À la droite du tireur, sur le bordage, il y a un emplacement pour les rations et un casier pour le réchaud.

Devant, et sur la paroi droite, se trouve le coffret électrique de tourelle avec les mises en route pour l'hydraulique, les mises à feu, la stabilisation du tube et les *switchs* de réglage de la stabilisation gyroscopique. À sa main gauche, il y a le volant de pointage en hauteur. Le pointage en direction est à droite comme la commande hydraulique, le répétiteur d'azimut et le verrou de tourelle.

Un plafonnier complète l'équipement du poste tireur. Entre le groupe hydraulique et le répétiteur d'azimut, un jeu de trois fanions (rouge vert jaune) est rangé dans sa housse.

Conditions de travail

Le tireur est le plus mal loti en matière d'espace de travail. Son emplacement, en fond de tourelle, est équipé d'un siège à dossier, seule concession au confort. Sous son siège se trouve un container avec les grenades, devant lui, la lunette de visée avec son appui frontal.

Dans les déplacements du char, il ne voit que par son épiscope et, en fonction du terrain, il distingue à peine une fois le ciel et une fois le sol ; une situation loin d'être agréable.

Le tireur prend en charge tout ce qui est séquence de tir à savoir : acquisition de l'objectif sur désignation du chef de char, pointage (plus tard il aura la télémétrie au préalable) et déclenchement du feu. Le tireur actionne la commande de tir soit à partir de la commande électrohydraulique, soit à partir de la mise de feu à pédale. C'est également lui qui ouvre le feu à la mitrailleuse coaxiale. Il est également chargé – quand nécessaire – d'exploiter le répétiteur d'azimut.

Pour manœuvrer la tourelle, il utilise le volant de pointage en hauteur (site en commande manuelle) et la commande hydraulique de gisement ou direction (la tourelle tourne). Dans les séquences de tir, Il participe aux opérations d'approvisionnement, mais aussi au complément des munitions.

Le poste « Radio-chargeur »

Il est chargé, comme son nom l'indique, de la mise en œuvre des postes radio ainsi que du chargement de la pièce. Les munitions, utilisées en priorité, sont celles stockées sur le plancher de tourelle, à proximité immédiate du canon. Le nombre de ces munitions est variable en fonction du type de canon utilisé.

Les obus sont situés en principe dans la partie arrière droite du panier de tourelle. Après le tir, le radio chargeur évacue les douilles vides par la trappe prévue à cet effet.

Cette ouverture est située sur le côté gauche de la tourelle, à mi-hauteur du panneau extérieur. Elle se manœuvre par l'intermédiaire d'un levier à verrouillage, depuis l'intérieur. Toujours sur la gauche, on trouve le boîtier radio-interphone, le crochet à accessoires radio, et un support pour une lampe torche type TL 122.

Vers l'avant, à gauche, à côté de l'épiscope, le radio-chargeur à accès à l'approvisionnement du lance-fumigènes. À sa droite, le chargeur peut actionner le levier d'ouverture de la culasse.

Devant lui, au plafond de la tourelle, se trouvent un épiscope de vision monté fixe, un plafonnier et, sur la droite, le vérin et le mécanisme de stabilisation du tube. Fixé à la paroi gauche de tourelle, à hauteur d'homme, un casier contient des grenades à main.

Le plancher de tourelle au poste radio-chargeur est aménagé avec des panneaux montés sur charnières.

En soulevant ces panneaux, on a accès aux racks de munitions canon en fond de caisse. En face du radio chargeur, se trouve la mitrailleuse coaxiale et, sous cette dernière, un support pour boîte de cartouches cal..30 en bande.

Par l'intermédiaire des plaques de plancher de tourelle, le radio chargeur a également accès aux fusées de signalisation au-dessus du coffre des batteries.

C'est également sous le plancher tourelle que se situe le joint tournant, dispositif chargé de transmettre l'énergie électrique aux différents circuits de la tourelle, quelle que soit sa position. C'est un boîtier constitué de différentes pistes circulaires sur lesquelles des « frotteurs » font passer l'énergie. *(voir les équipements de tourelle).*

Conditions de travail

Le radio chargeur effectue, comme tous les membres d'équipage, ses tâches dans un espace restreint, mais il doit, de plus, manipuler les munitions lors des chargements et après les tirs. Pour ce faire, son siège, de dimensions réduites – une galette de quarante centimètres de diamètre – est rabattable.

Une fois debout, il doit ouvrir la culasse du canon et ramener le levier d'ouverture en position initiale, se saisir d'un obus dans le râtelier de première urgence, l'engager fermement et à fond dans la chambre de tir, sans laisser traîner ses doigts car, en pénétrant dans la chambre de tir, la douille efface les verrous de culasse et celle-ci se verrouille en position fermée.

La pièce est prête à faire feu, le radio-chargeur annonce « *Chargé* ». Il est aussi chargé de l'approvisionnement de la mitrailleuse coaxiale.

Pour ce faire, il dispose de boîtes de bandes cal..30 conditionnées et disposées soit en tourelle sous le canon, soit sous le plancher de tourelle. C'est toujours le radio-chargeur qui met en œuvre le dispositif lance fumigènes (*Mortar*), sur ordre du chef de char.

Il est également chargé de la mise en œuvre de l'équipement radio (SCR 508/528), des changements de fréquence éventuels, des échanges d'accessoires ou des équipements de tête.

Après les tirs, lorsque la situation tactique le permet, le radio-chargeur procède à l'évacuation des douilles vides, soit par la tape à douilles (*Pistol port*), soit par l'écoutille d'embarquement. Il est aussi chargé de l'exploitation de la génération électrique auxiliaire.

Le radio-chargeur comme tous les membres d'équipage a un secteur d'observation défini, en l'occurrence le sien est compris entre 9 heures et 12 heures.

La *External Phonebox BC1632* est un boîtier blindé contenant un combiné avec pédale d'appel et les divers raccordements. Une lampe témoin d'appel de couleur rouge est fixée sous le Boîtier. *(Collection particulière)*

LE PARAGE DU CHAR M4

Le parage est un ensemble d'opérations qui consistent à rendre le char « opérationnel », c'est-à-dire apte au combat. Pour ce faire, le char doit embarquer tous les équipements permettant :

- les déplacements du véhicule :
- son entretien et réparations de première urgence ;
- ses capacités à tirer avec toutes ses armes ;
- la logistique de fonctionnement ;
- ses moyens de communication ;
- tous les équipements nécessaires à l'équipage.

En temps de paix, les engins blindés peuvent être utilisés en parage partiel. Dans ce cas, les chars sont équipés du minimum permettant les déplacements sur route ou tous terrains. Le parage complet du véhicule est une opération plus longue, à laquelle tout l'équipage participe.

Le casque de tankiste US. Il est largement inspiré des casques des footballeurs américains de l'époque. Tout d'abord nu, il est ensuite équipé, sur la photo du dessous, des écouteurs et du microphone. (*Collection particulière)*

Parage de la tourelle

L'équipement de la tourelle en vue d'une mission de combat doit permettre le fonctionnement de toutes les installations, à savoir : les armes collectives ou individuelles avec leurs munitions, les moyens de radio communication, l'optique, les organes de visée et d'observation, la signalisation, les rechanges, le nécessaire vie de l'équipage tourelle.

Armement de la tourelle

Armes collectives, individuelles et munitions.

Le matériel de communications.

Radio, fanions, panneaux air-sol.

1. La radio communication embarquée

Les moyens de communication radio sur le Sherman sont en général du type SCR (pour *Signal Corporation Radio*). Parfois, en fonction de la situation tactique, cet équipement est complété par une radio de type ANVRC 3 (pour *Army Navy Vehicular radio Com.*) ou ANPRC 10 (pour *Army Navy Portable Radio Com.*). Le SCR 508 est un ensemble radio composé d'un émetteur BC 604 et de deux récepteurs BC 603 cet ensemble est monté sur un châssis FT 237. Cette configuration est réservée aux chars d'autorités (chef de corps ou commandant de compagnie).

Le SCR 528 est un poste de configuration semblable au 508 avec un seul récepteur BC 603.

Le SCR 538 est composé d'un amplificateur d'interphone BC 605 et d'un récepteur BC 603, le tout monté sur châssis FT 237 ;

Cet équipement est utilisé lorsque l'émetteur n'est pas nécessaire. Les véhicules d'accompagnement (jeep ou half-track) sont équipés en SCR 510 ou autre, selon qu'ils appartiennent à l'infanterie, l'artillerie, ou le génie.

Les équipements individuels peuvent varier selon les époques ou les unités, seul le casque radio est commun à tous les équipages. Ce casque, le M38 fabriqué par Sears Saddlery Company, comprend deux écouteurs R 14. Pour communiquer les membres d'équipage sont équipés soit de laryngophone, soit de « moustachophone ».

Casque et micro sont reliés à la pédale d'émission SW 141, qui permet d'émettre sur le réseau radio ou en interphone. Le carquois d'accessoires radio contient des brins d'antenne de rechange, les cordes de haubanage avec leurs mousquetons et les équipements de tête pour l'équipage : écouteurs, microphone ou laryngophone, pédale d'émission. Certains modèles de Sherman sont équipés de téléphone extérieur pla-

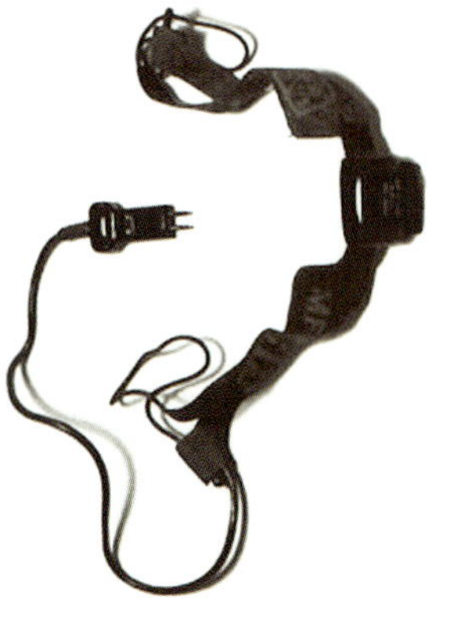

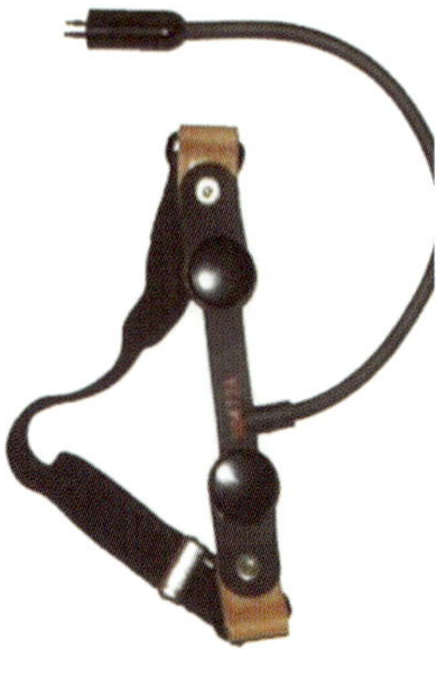

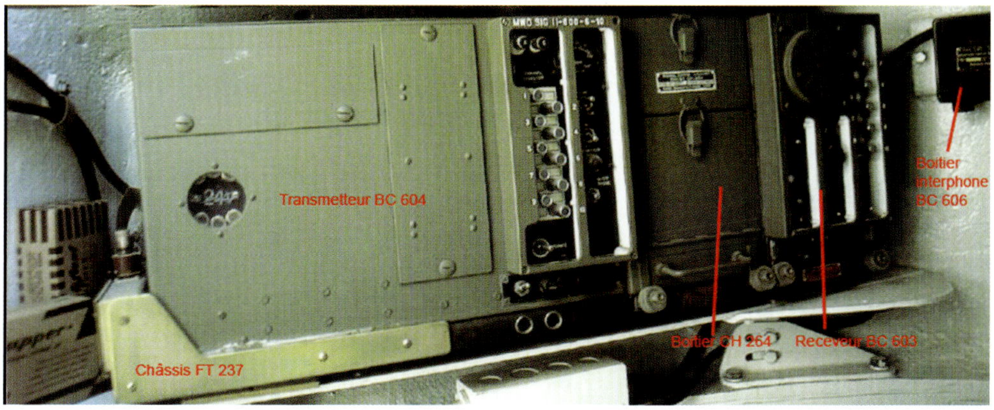

Ci-dessus, à gauche. Un SCR 528 monté sur son châssis FT 237.

Ci-dessus, à droite. Le boîtier interphone BC 606.

cé à l'arrière du char *(côté droit, photo ci-contre)*. Ce dispositif permet à l'infanterie d'accompagnement de communiquer avec le chef de char en tourelle.

L'antenne radio prend place sur la tourelle, à l'extérieur du char, elle est fixée sur un bas-mât d'antenne à ressort, type AB 15/GR ou AB 41. Cette antenne est composée de trois brins, MS 116, 117, 118.

Fonctionnement et exploitation des réseaux radio

Le char moyen M4 est conçu en tant que char d'accompagnement de l'infanterie, mais dès le début de l'opération *Overlord*, les binômes char-infanterie endurent le manque de moyens de communication entre l'équipage du char et les fantassins. La première parade consiste à fixer sur l'arrière droit du char un container métallique de munitions cal..30 à l'intérieur duquel on place un EE8*, lui-même raccordé par deux câbles sur le boîtier interphone du chef de char.

Cette solution, peu pratique, permet toutefois aux fantassins de prévenir le char d'un changement de leur position, d'une cible non localisée, ou d'un obstacle sur l'axe de progression.

Ce n'est qu'à la fin de 1944 qu'est mise en service la *« External Phonebox BC 1632 »*, boîtier blindé contenant un combiné avec pédale d'appel, les divers raccordements, une lampe témoin d'appel de couleur rouge fixée sous le boîtier extérieur et une seconde lampe sur le boîtier radio du chef de char.

Le système BC 1632 a d'abord été testé par les Marines dans le Pacifique, en juillet 1944.

L'exploitation des réseaux radio militaires obéit à des procédures clairement définies qui comportent entre autres…

A. L'attribution de la fréquence de trafic et des indicatifs

La fréquence de trafic est attribuée dans une gamme exploitable par le moyen radio concerné, elle est la fréquence dite « F1 » et permet à tous les postes d'une unité de passer les messages. En général une fréquence « F2 », dite de dégagement, est prévue en cas de difficultés de communication, de brouillage par l'ennemi, d'une demande d'EVASAN*, ou d'une intervention suite à un ennui technique. Sur un réseau d'exploitation de régiment ou bataillon, il y a en principe :

une fréquence de commandement, réservée à l'état-major et commandants d'unités ;

une fréquence de manœuvre exploitée par les véhicules du régiment ;

une fréquence logistique sur laquelle sont traitées les manipulations de carburants, munitions, ravitaillements d'ordinaire *, dépannages et évacuations.

Les indicatifs radio sont attribués pour tous les véhicules équipés d'un moyen de communication. Ils sont basés sur l'alphabet phonétique utilisé par l'ensemble des unités participant au combat. De la lettre A – Alpha – à la lettre Z – Zoulou – ces indicatifs peuvent être à deux lettres, *Mike Écho* pour ME, ou bien à une lettre et un chiffre comme *D* (Delta) *5*. Dans les régiments blindés, il est courant d'utiliser comme indicatif la couleur de l'escadron suivie d'un chiffre..

Ainsi, le premier escadron ayant la couleur bleue, le CNE commandant est *bleu 1* (on dit « bleu unité ») ; le chef du 1er peloton est *bleu 10,* son adjoint et chef du premier groupe : *bleu 11* et le char subordonné le *12*, le chef du 2e groupe est *bleu 13. Bleu 14* est son subordonné.

Certains régiments utilisent le numéro de combat inscrit sur la tourelle pour leur procédure radio.

Ci-dessous, à gauche. Le poste émetteur-récepteur WS M19 équipant les Sherman britanniques.

Ci-dessous, à droite. Le poste émetteur WS M17.

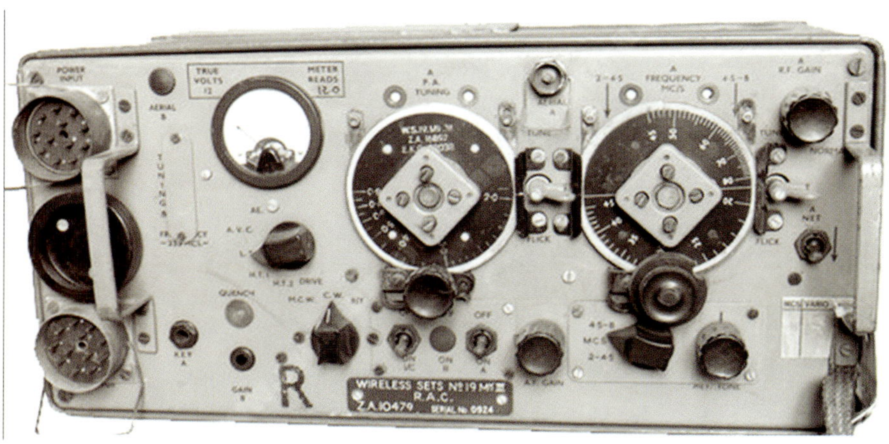

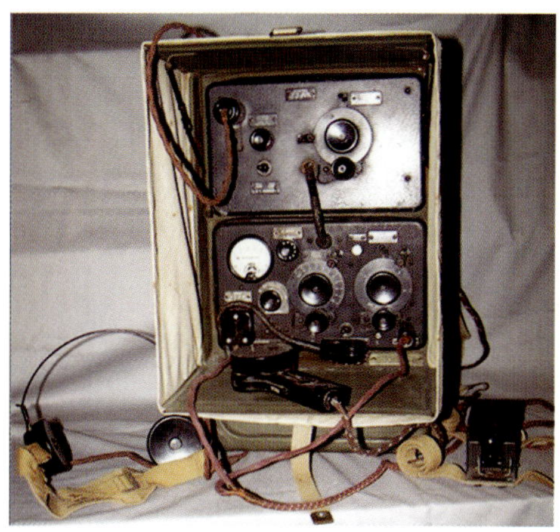

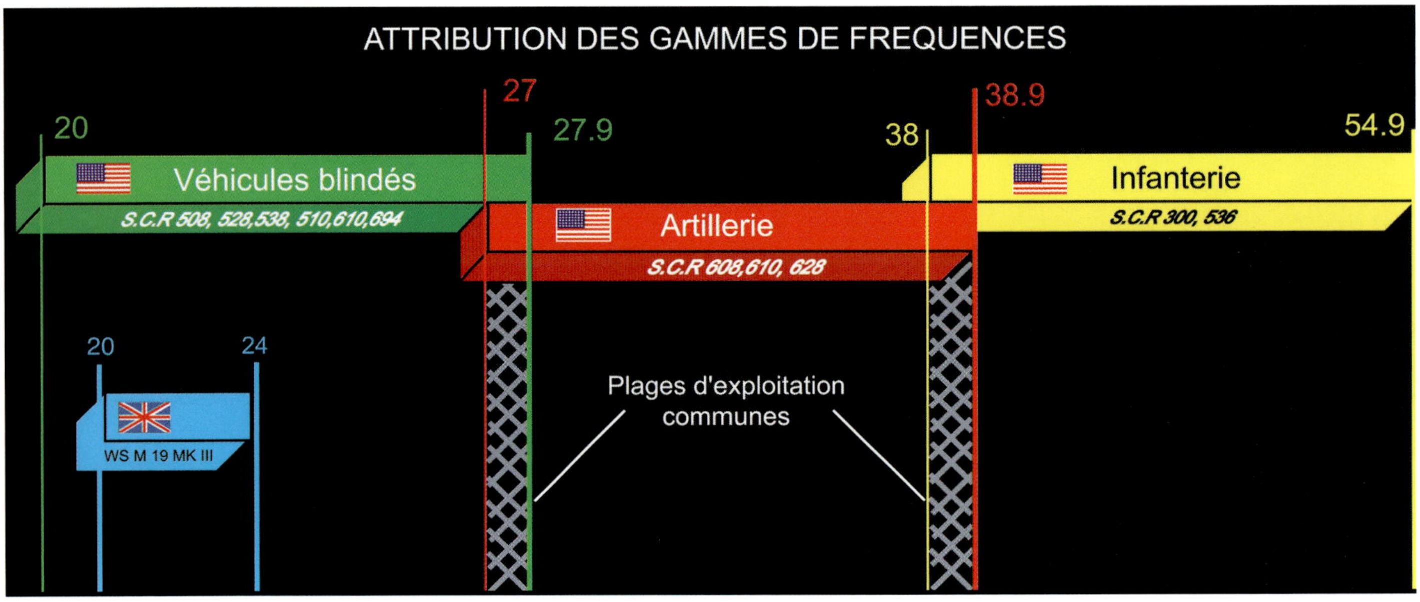

Schéma d'attribution des fréquences radios pour les différentes Armes du Corps de bataille.

L'exploitation du réseau interphone obéit aux mêmes règles mais, dans la pratique, il est courant que la fonction ou le nom soit utilisée dans les communications

B. L'ouverture du réseau radio par l'autorité compétente, qui fixe les règles d'utilisation des réseaux.

C. La prise de contact et sa confirmation

La station qui appelle annonce l'indicatif de l'appelé suivi de son indicatif, puis vient le message qui se termine par la formule « *Parlez* » ou encore « *A vous* ».

D. Le silence radio.

Cette procédure s'applique dans le cas où la progression de l'unité doit se faire le plus discrètement possible en fonction de la situation tactique. Elle peut être réclamée en cas de communication faible émanant d'un des exploitants du réseau.

Les moyens radios ont des caractéristiques et des performances différentes en fonction de leur usage. Les plus importantes sont la puissance (exprimée en Watts) délivrée par l'émetteur, la sensibilité du récepteur, la plage de fréquences, le nombre de canaux, le mode d'alimentation (fixe, véhicules, batteries). Ce sont ces paramètres qui vont permettre d'établir les communications à plus ou moins grande distance, mais aussi permettre à des postes de modèle différents de communiquer entre eux, à condition que leurs plages de fréquences se chevauchent à un certain seuil.

L'équipage du Sherman et la totalité du lot de bord. *(US Signal Corps)*

Dans le cas des modèles SCR 508-538, le poste fonctionne en modulation de fréquence, sur une plage allant de 20 à 27.9 mégacycles, il comprend 80 canaux séparés en 100 kilocycles numérotés de 0 à 79. Sa puissance d'antenne est de 30 watts et il possède un préréglage pour dix fréquences, commandées par bouton-poussoir.

L'ensemble 508 pèse 101 kg et a une portée de 16 kilomètres. Toujours en mode 508, la présence de deux récepteurs permet de « trafiquer » sur deux réseaux différents avec le même émetteur.

Dans la pratique, les gammes de fréquences sont attribuées comme suit :

Divisions blindées : de 20 à 27.9 mégacycles pour les postes SCR 508, 528, 538 et 694 sur 80 fréquences, dont 10 préréglées.

Régiments d'artillerie : de 27 à 38.9 mégacycles pour les postes SCR 608 – 628 sur 120 fréquences, dont 10 préréglées.

Divisions d'infanterie : de 38 à 54.9 mégacycles pour les postes de type ANVRC ou ANPRC SCR 300 et 635.

Le modèle SCR 610 a une – faible – puissance de deux Watts en fréquence modulée et une portée de 8 km en conditions favorables. Son poids est de 84 kg. Sa gamme de fréquence s'étale de 27 à 38.9 mégacycles séparés en 100 kilocycles numérotés de 0 à 119.

Le SCR 510 : gamme de fréquence de 20 à 28 MHz FM, puissance 1 W pour des véhicules équipés de batteries, 6 Volts ou 12 Volts. Portée 8 km.

Les postes britanniques WS M19

Ces postes ont une puissance comprise entre 2 et 9 Watts et deux gammes de travail. En mode « A », la gamme s'étale de 2 à 9 mégacycles ; en mode « B », la gamme va de 22 à 24 mégacycles. Les portées sont A : 25 km, B : 1,2 km.

Les moyens de communication autres que radio consistent en…

Un jeu de trois fanions de couleur rouge jaune et vert. Ces fanions servent à signaler un incident, un tir ou à exprimer les signaux tactiques lors des déplacements d'une unité en mode silence radio. Dans le cas où le réseau radio est inexploitable (brouillage ou silence radio), les fanions sont utilisés. Ces fanions sont rangés dans un étui *ad hoc*, sur le bordage droit, à portée de main du tireur.

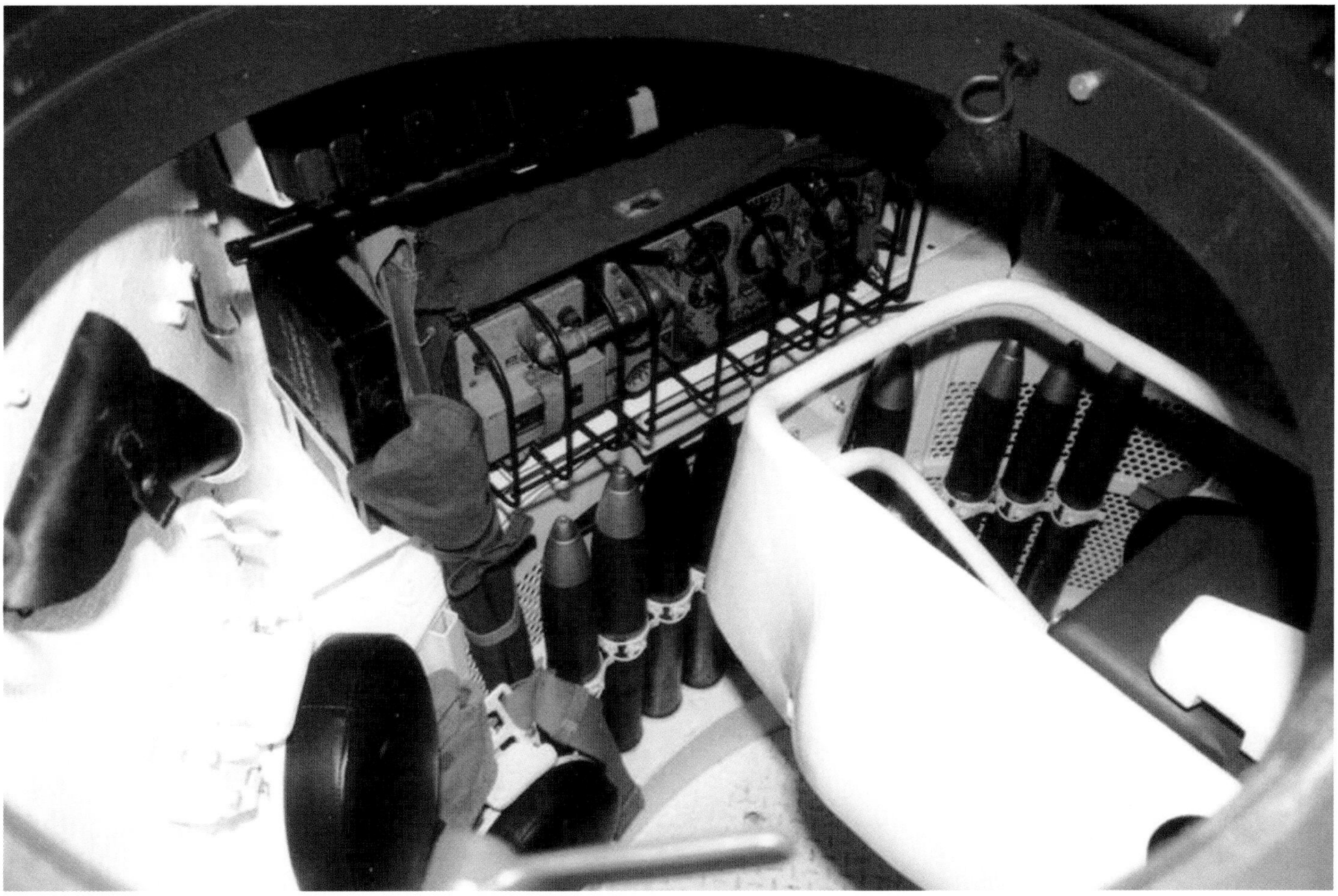

Les panneaux air/sol.

Ils sont également au nombre de trois : rouge, vert, et blanc. Ils sont destinés en priorité à la reconnaissance aérienne. Selon le schéma tactique employé, un panneau de couleur est fixé sur le char et permet à l'aviation de distinguer l'engin blindé des chars ennemis. Ces panneaux sont rangés dans un étui à proximité des postes radio.

Les fusées de signalisation de couleurs différentes dont l'usage et la codification sont définis à l'avance.

Le blindé dispose aussi d'épiscopes de rechange, niveaux M1 et M9, de jumelles etc. Des organes de visée et d'observation, de la lunette du tireur, des organes extérieurs de visée, jumelles et les différents rechanges sont embarqués.

À l'intérieur de Sherman, sont aussi entreposés divers matériels, les pièces d'entretien, le nécessaire « vie équipage » composé des rations, de l'eau potable, des couvertures etc.

Chaque membre d'équipage emporte quelques effets et ustensiles nécessaires à la vie quotidienne à bord du char.

Tous ces matériels sont chargés à bord et diffèrent selon le type de mission fixé. Les équipages de char emportent donc le strict nécessaire, la place dans le char étant comptée. Ces affaires tiennent donc soit dans une musette à compartiment soit dans un sac de grande capacité, le *"All purpose bag"*.

La composition est en principe la suivante : affaires de toilette, sac de couchage, demi-toile de tente, quart, gamelles et couverts, ainsi que de quelques équipements plus personnels tels que cigarettes, briquets, parfois appareil photo. Les sacs sont accrochés à l'extérieur, à des endroits où ils ne gênent pas la rotation de la tourelle, le maniement de la mitrailleuse de 12,7 mm, ou l'ouverture totale des écoutilles. En plus de ces sacs, les équipages embarquent des rations de combat qui sont stockées à l'intérieur du char, dans un caisson situé sur l'arrière du bordage droit. Ce caisson est repéré par le marquage « *Combat rations* » selon le modèle de M4. Les dotations et conditionnements peuvent être les suivantes :

- Ration de type K. Deux jours de ration pour cinq hommes, soit 30 boîtes.
- Ration de type C. Deux jours de ration pour cinq hommes, soit 60 boîtes.
- Ration de type D. Un jour de ration pour cinq hommes, soit deux boîtes.

Les rations de type « C » sont particulières en ce sens qu'elles sont conditionnées en ½ ration journalière, dans un emballage semi-rigide plus petit dont on sépare le couvercle à l'aide d'une clé à tourner dans laquelle on introduit la languette métallique, comme celles qui servaient à ouvrir les boîtes de conserve ou les emballages de munitions.

Dans le lot de bord du M4 il y a un réchaud à essence qui permet à l'équipage de chauffer certains plats composant les rations de combat *(voir photos en annexe)*. Le couvercle de ce réchaud fait office de plat et peut contenir la ration pour les cinq membres d'équipage. La boîte de ration de type D1 contient donc un conditionnement marqué « *Dinner* » et un autre marqué « *Supper* » qui sont les plats de résistance. À ces plats il faut ajouter toute une ribambelle de sachets contenant, sel, poivre, sucre, café boisson et soupe en poudre ; chocolat, biscuits, cigarettes, papier hygiénique et allumettes font partie de la boîte de ration, tout comme les trois préservatifs.

Le poste radio *Wireless Set Number 19* et sa grille de protection à l'intérieur de la tourelle, d'un char Sherman. Il s'agit d'une tourelle armée du QF 17 pounder britannique. *(Collection particulière)*

Parmi ces fusées, certaines sont du type éclairant.

Normandie, juillet 1944. L'équipage de ce M4A2 du *29th Reconnaissance Regiment (The South Alberta Regiment)* canadien prend quelques instants de repos avant de repartir vers le front normand en juillet 1944. *(Canadian Military Archives)*

Cherbourg, juin 1944. Un M4A3E2 Jumbo, un char de dépannage M32 B1 ; deux M4 avec canons de 75 et, à l'arrière-plan, deux M4 « 105 mm », achèvent leur conditionnement avant d'être convoyés vers les unités de l'avant. *(NARA)*

Par la suite, ces conditionnements ont évolué en particulier lorsque l'armée française s'est dotée de ses propres rations de combat. Si les dimensions des boîtes sont restées proches de celles des rations américaines, le contenu a radicalement changé. Ainsi, on trouve deux types de rations, la boîte « E » pour européen, et la boîte « M » pour musulman. Cette dernière ne contient pas de porc, pas de cognac (ou ce qui y ressemblait), le café y est remplacé par du thé, et il y a beaucoup plus de sucre.

Aménagements extérieurs de la tourelle

Les tourelles du Sherman, bien qu'étant équipées de canons, affûts et masques différents, ont des points et des équipements communs.

Sur les tourelles équipées d'une seule écoutille d'accès, le radio-chargeur utilise un épiscope pivotant et, en avant de cet épiscope, on peut apercevoir le tube du lance-fumigènes, dans le cas où le modèle en possède. Vers le centre de la tourelle, se trouvent le projecteur de recherche et la bouche d'extraction du ventilateur.

Vers l'avant de la tourelle, avant le masque de canon, il y a un anneau de levage, tandis que, sur la droite, on trouve l'épiscope (fixe) du tireur et les organes extérieurs de visée pour le chef de char. Le masque de canon est lui aussi équipé de deux anneaux servant à la dépose de l'artillerie. Toujours sur la partie supérieure de la tourelle, on trouve le support de mitrailleuse AA et son système de verrouillage du canon. Ce système est rabattable.

Vers l'arrière gauche de la tourelle, on peut voir la fixation du bas-mât d'antenne radio et sa protection. Complètement vers l'arrière de la tourelle, prennent place la bâche, maintenue par des sangles, les supports de canon de rechange de la mitrailleuse AA, un support additionnel pour mitrailleuse antiaérienne.

Sur les flancs de tourelle, on trouve divers crochets de fixation, un blindage additionnel, la tape d'évacuation des douilles, les deux anneaux de levage. Du côté gauche, il peut y avoir un support pour patins de chenille de rechange (non réglementaire)

Parage du châssis

Les outillages et rechanges de première urgence sont répartis sur, et dans, le châssis du Sherman. À l'extérieur, en partant de l'arrière, on trouve sur tous les modèles de M4 une clé de tension de chenille de dimensions imposantes. Cet outil, utilisé lors des opérations sur les bogies ou la chenille (échange de patins ou réparation suite à une rupture), est fixé sur le panneau vertical au-dessus des échappements. Dans certains cas, elle peut se trouver sur la partie extrême de la plage arrière. C'est également à cet emplacement que l'on peut trouver la masse du lot de pionnier et, pour les modèles M4 et M4A1, la manivelle. Sur la partie arrière droite, la pelle, la hache, la pioche et son manche, la barre à mine prennent place. Sur la partie gauche, le câble de remorquage court jusque vers l'avant où il vient se prendre dans la manille gauche. Certains M4 (M4 105 notamment) ont les hampes d'écouvillon* fixées dans un rack sur ce côté. Sur d'autres modèles, ces hampes sont montées sur le panneau arrière en place de la clé de tension de chenilles.

Toujours sur l'arrière du char, et selon les modèles on peut trouver, fixés sur le garde-boue, des patins de chenille de rechange. Sur les modèles *« Late »*, du côté arrière droit, on observe le boîtier de téléphone extérieur. Certains chars, en principe les M4A3 et M4A1 *« Late »*, sont équipés d'un support pliant et rabattable sur la plage arrière. Ce support peut contenir des jerricans additionnels ou bien la bâche et le filet de camouflage. Sous la partie horizontale de ce support, viennent se fixer les hampes d'écouvillon. Ce support est référencé *« Blanket Rack »*.

Les patins de rechange peuvent être fixés du côté droit de la tourelle ou, sur les modèles HVSS, sur les

Sur les engins blindés britanniques, un grand coffre est souvent fixé sur le panneau arrière. Dans certains cas, ce même coffre peut prendre place sur le glacis avant. Les chars anglais sont souvent équipés de coffres additionnels, sur la nuque de tourelle, ou, encore, sur les garde-boue avant et/ou à l'arrière du char.

L'équipage de ce M4 A2 76 M1 A1 russe pose devant son blindé lors d'une des offensives de la fin de l'année 1944. Remarquez le pare-brise de conduite du pilote mis en place. *(Collection particulière)*

côtés droit et gauche du châssis, juste au-dessus des élargisseurs dus aux chenilles T80. Dans ce cas, les galets de roulement de rechange prennent place sur ces mêmes côtés, ainsi que les coffres contenant les « *First Aid Kit* ». Certains modèles sont dotés de deux couronnes de rechange pour barbotin fixées sur les côtés vers l'arrière du char. C'est également vers l'arrière du char que se trouvent les filtres à air dans le cas du M4, M4A1, et M4 Hybride. Pour tous les M4, il y a, tout à fait à l'arrière, un crochet de remorquage et deux manilles, le déflecteur d'échappements, les portes de visite du moteur.

À l'avant du char, sur le blindage de transmission, on trouve également deux manilles de remorquage. Le lot de bord* du char comporte donc : deux manilles de rechange, un crochet de remorquage supplémentaire, un phare de route de rechange. Sur le glacis avant, et selon les modèles, il y a un ou deux galets de roulement de rechange, la chaise de route du canon, des patins de chenille de rechange. Ces derniers sont très souvent utilisés comme protection supplémentaire et il arrive que tout le glacis soit recouvert d'éléments de chenille. On trouve, parfois, ce type de protection autour de la tourelle. Parmi les matériels embarqués en parage, il ne faut pas oublier les outillages nécessaires à l'entretien du char qui contenus dans des sacoches à compartiments ou bien des sacs en toile renforcée contenant entre autres les « grenouilles » nécessaires aux opérations sur la chenille. Les lots d'équipement d'un char comprennent aussi des torches munies de trois filtres de couleur vert, bleu et rouge (type TL 122), une baladeuse pour les réparations de nuit, quelques pièces de rechange pour la génération électrique auxiliaire, de l'huile pour les complètements moteur ou l'entretien de filtres à air, une pompe à graisse avec recharges de graisse. Une vache à eau* et un bec verseur pour jerrican font partie de l'équipement standard. Pilote et copilote embarquent également leurs épiscopes de rechange et leur armement respectif ainsi que leurs munitions, les accessoires radio qui leur sont dévolus. Les rations et les couvertures sont embarquées en collectif. L'équipement du M4 prévoit aussi un réchaud, une lampe à deux optiques avec support magnétique.

La vie à bord et le combat en 1944

Nous avons abordé le nécessaire embarqué, l'aménagement des divers postes d'équipage et, dans un autre chapitre, quelques techniques de débarquement ou de combat dans le bocage normand ont été sommairement traitées. Le combat chars est beaucoup plus complexe que cela, et ne peut se résumer en quelques analyses de situations, pas plus qu'il ne peut entièrement se replier derrière des schémas tactiques ou les prescriptions d'un « *Field Manual* » même si ce dernier est d'une redoutable précision.

Nous avons vu que les équipages de char sont formés, préparés entraînés à l'aide de documentations extrêmement rigoureuses, d'instructeurs chevronnés, et de programmes et séances que l'on qualifierait de nos jours d'« intenses » au bas mot. Tout cet attirail pédagogique, tout ce cumul de moyens didactiques

1 Défilement d'observation

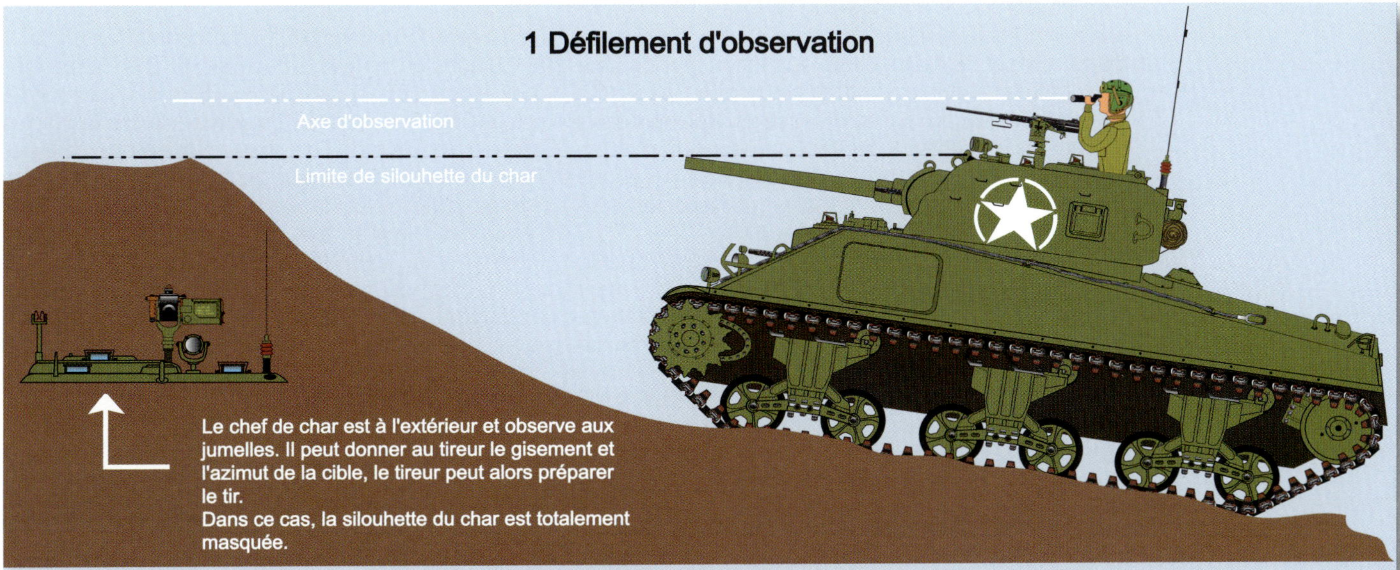

Le chef de char est à l'extérieur et observe aux jumelles. Il peut donner au tireur le gisement et l'azimut de la cible, le tireur peut alors préparer le tir.
Dans ce cas, la silouhette du char est totalement masquée.

2 Défilement de tourelle

En jaune la partie visible du char

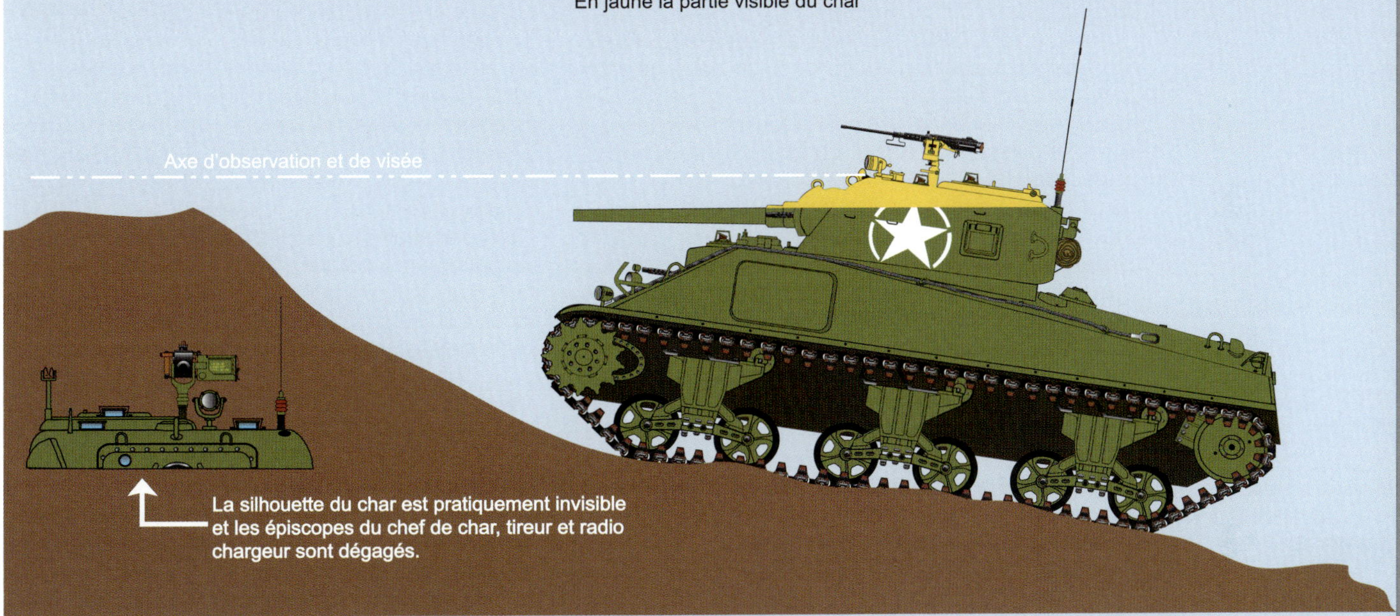

La silhouette du char est pratiquement invisible et les épiscopes du chef de char, tireur et radio chargeur sont dégagés.

3 Défilement de tir

En jaune la partie visible du char

La silhouette du char est peu visible, le tireur peut pointer, les armes peuvent tirer. NB: Après le tir, le char recule, change de place et revient en position "observation".

n'a à cette époque qu'un seul et unique but : préparer des hommes au combat, sans leur cacher que l'issue de ce combat peut être fatale dans un camp comme dans l'autre. Toutes les dispositions qui sont ou seront donc prises sont tributaires d'un paramètre incontournable, l'équipage qui « habite » le char, doit être lui-même « habité » par l'esprit d'équipe. S'il n'y a pas cette « communion » – le mot n'est pas trop fort –, la bataille est perdue et pas par l'adversaire.

J'ai eu la chance au cours de ma carrière de travailler avec des anciens ayant participé à ces batailles de la libération en France. Des hommes qui, à l'époque, étaient servants dans un Sherman, ceux-là mêmes qui avaient libéré Strasbourg, ou débarqué en Provence. De plus, des membres de ma famille ont eux aussi choisi de prendre les armes à cette époque mouvementée et leurs souvenirs, leurs récits, les lettres qu'ils ont laissées sont aujourd'hui une aide précieuse comme autant de témoignages irremplaçables. Ces témoignages, totalement dénués de rancœur, mettent toujours en avant la fougue et le désir de vaincre, mais aussi ce mélange de courage et d'insouciance qui est un des traits dominants de la jeunesse. Alors, avoir vingt ans dans un Sherman en 1944, c'est comment ?

Cette « vie à bord » du char est identique, quelle que soit la nationalité ou les origines de l'équipage devient ce ciment qui lie les différents membres de l'équipage. Cette vie, ils l'ont découverte, apprise, et s'y sont habitués. Pendant des mois, ils se sont préparés ensemble au sein d'une compagnie, d'un escadron, d'un régiment ou d'un bataillon. Ils ont appris à débarquer et un jour ils ont embarqué, vers les côtes italiennes ou françaises. Pour certains d'entre eux, l'aventure a pris fin avant de toucher la plage, vaincue par une mine, un obus, un chavirage. D'autres ont franchi les premiers obstacles antichars, foncé sur les nids de mitrailleuses ou les PaK et puis quelques-uns ont péri, carbonisés dans leur char transpercé par l'obus d'un Tigre ou d'un Jagpanther. Certains ont extrait leur camarade de ce brasier qu'est devenu le char, alors que d'autres tirent jusqu'à épuisement des munitions. Pour ceux qui ont survécu à la bataille du jour, vient le moment où il faut panser les blessures physiques et morales, s'occuper du char, lui donner à boire, compléter les munitions, faire des vérifications, Là encore, ces gestes, devenus automatismes, renforcent les liens de l'équipage. On finit ce qu'il y a à faire sans oublier ce petit geste qui peut vous sauver : armes prêtes donc propres, matériel radio avec tous les accessoires en état, lots d'outillages en place et bien arrimés. Vient le temps du « débriefing », bien grand mot pour parler de la situation, on apprend que l'équipage d'à côté a été touché par un Panzerfaust, un autre a essuyé un obus de 88, celui-ci a roulé sur une mine et, résultat, barbotin et premier bogie détruits.

Équipé de *Duckbills* et la plage arrière bien chargée, ce Sherman progresse dans une forêt enneigée au cours de l'offensive des Ardennes en décembre 1944 ou janvier 1945. *(Collection particulière)*

Séquence de combat...

Après, ce sont les ordres pour la poursuite des combats, le lendemain, mais parfois la nuit même. On se déplace. Tant pis, on dormira moins – ou pas du tout. Seulement, après tout cela, l'équipage peut penser à lui-même, se retrouver autrement que dans le bruit de la radio, le fracas du moteur et des chenilles, les secousses et les coups dus aux brusques mouvements du char qui n'est pas toujours sur la route. Le pilote est en position basse et son champ de vision dans l'épiscope est réduit. Les ordres se suivent parfois rapidement : *« en avant, à droite vite, fonce, doucement à gauche stop ! »* Il rétrograde, il tire à deux mains sur un levier de direction pour « serrer » le virage, un monticule rétrograde ! *« Accélère ! »*

Tout s'enchaîne. Le copilote, une main sur l'épiscope et l'autre sur la poignée de la mitrailleuse, reste tant bien que mal sur son siège, les genoux se cognent sur le support de la boîte de munitions, il met en place une nouvelle bande de cartouches puis vide le sac à douilles par son volet ouvert. Son genou vient de heurter le canon de rechange de la mitrailleuse. *« Saloperie de canon ! »* On verra plus tard. En tourelle, ce n'est pas mieux. Côté chargeur, il faut mettre un fumigène en attente dans le lance-fumigènes, approvisionner la coaxiale et l'armer. Un coup d'œil dans le sac à douilles du 75. *« Ok ! Y a encore de la place. »* Il ouvre le *Pistol port* pour jeter un coup d'œil à gauche, puis il regarde vers l'avant par son épiscope. Une séquence de tir s'enclenche, les ordres fusent, rapides, secs, précis.

De sa réaction peut dépendre la vie des autres.

Obus perforant ! Il ouvre la culasse et ramène le levier sous le canon. Un demi-tour dans son espace réduit et l'obus est tiré du râtelier d'urgence, il introduit l'ogive dans la chambre de tir puis, d'un coup sec pousse l'obus dans le tube. La douille efface les verrous de culasse, les extracteurs de douille se mettent en place, le coin de culasse se referme dans un claquement sec. Il annonce *« Chargé ! »*.

Côté tireur, mieux vaut ne pas avoir le mal de mer ! Le tireur est celui qui a la position la plus basse dans la tourelle et de ce fait, il ne possède aucune ouverture sur l'extérieur, contrairement à tous les autres membres de l'équipage. Il voit à travers son épiscope ou bien la lunette de visée. Lorsque le char est en déplacement, et selon le profil du terrain, il voit une fois les arbres, une fois la flaque de boue. Il est assis, coincé entre le répétiteur d'azimut, les volants de pointage, la commande hydraulique et à gauche, la plaque de protection du canon. À ses pieds, les pédales de tir canon et mitrailleuse coaxiale, des boîtes de munitions, et un caisson à obus. Sous son siège des grenades à main. Pour lui aussi, les ordres fusent

Position délicate pour ce char et le pilote a fort à faire.
Au premier plan, caisses et conteneur d'obus de 105.
(Collection particulière)

de la même façon. « *Tourelle à 10 heures, 900 mètres, cible blindée* ». En clair, tourelle légèrement à gauche, distance 900 mètres, un char ennemi. Le pilote a ralenti, puis s'arrête.

Le tireur a l'œil rivé à sa lunette de tir.

Sur le réticule, il affiche la distance de tir en tenant compte de la munition annoncée (perforant donc vitesse initiale différente d'un explosif ou fumigène). Il annonce « *Prêt !* » et dégage le verrou de la pédale de mise à feu. « *Feu !* » Il appuie sur la pédale. Percussion, le coup part, le bruit est assourdissant. Le canon recule brutalement sur son berceau, ralenti par le frein de tir. Les ventilateurs évacuent la fumée du départ de coup vers l'extérieur, la douille vide est éjectée et tombe dans le sac à douilles. Le canon revient en batterie, freiné par le récupérateur. Le chef de char se met buste à l'extérieur, observe aux jumelles, annonce « *Char détruit* » puis, « *En arrière à gauche. Stop ! En avant doucement* ».

Le chef de char, en dehors des séquences de tir, suit les ordres de progression de l'escadron ou du groupe à la radio, guide le pilote, s'occupe des liaisons radio, fait le guet antiaérien (remplacé parfois par un fantassin sur la tourelle), veille à la place du char au sein du peloton, suit et anticipe les besoins en munitions et carburant.

La promiscuité, le bruit, les conditions de température sont autant de contraintes que les membres d'un équipage subissent tout au long des combats et, ces situations les mettent sous tension. Lorsque les déplacements se font en zone hors combat (cela peut arriver), l'ambiance est plus détendue. Pilote et copilote sont « tête dehors », le chef de char et le tireur peuvent s'asseoir jambes pendantes dans l'écoutille, parfois, le radio-chargeur prend la place du tireur à l'extérieur.

Dans ce cas, la mitrailleuse antiaérienne est verrouillée en position route, voire bâchée. Au cours des haltes de ravitaillement, les équipages peuvent bénéficier de quelques instants de répit, mis à profit pour faire une rapide toilette – quand il y a de l'eau –, manger ou s'occuper de leur paquetage réduit. Ces rares, mais indispensables moments de répit leur permettent de discuter, non seulement entre eux, mais avec les autres équipages. Ils peuvent même, petit plaisir apprécié, partager leurs rations de combat qui parfois sont « améliorées ».

Après le combat, la vie et ses aléas

Ce sont ces moments simples, ajoutés aux séquences de combat qui forgent l'esprit d'équipe dont nous parlions plus haut. On partage plus qu'une ration alimentaire, on réconforte un blessé, on met « en boîte », le pilote qui a raté une vitesse, on prête une paire de chaussettes à celui dont la musette a été éventrée lors du dernier passage en sous-bois.

À ces conditions de combat, s'ajoutent tout un tas d'aléas, d'imprévus, voire d'impondérables que les équipages doivent gérer le plus rapidement possible et, pour faire face à ces situations, ils ont une arme presque imparable qui s'appelle l'initiative. Parfois, dans l'armée française on appelle ça le « système-D », ou encore « la Débrouille » et parfois « la Démerde ».

Profondément ancrée dans le patrimoine génétique du soldat français – encore de nos jours heureusement –, cette réaction a permis aux tankistes français de se sortir de pas mal de situations parfois embarrassantes.

Trop chaud…

Parmi ces situations qui génèrent des contretemps, il y a, bien entendu, les conditions climatiques. Par exemple, nous avons vu que lors de l'opération *Overlord*, l'état de la mer a causé de gros soucis aux troupes du débarquement. Les chavirages des barges de débarquement ont entraîné la disparition d'hommes ou de matériels qu'il a fallu remplacer dans l'urgence, ce qui a provoqué des retards conséquents et des pertes supplémentaires. Lors de l'opération *Dragoon*, ce sont, au contraire, les fortes chaleurs qui ont causé des désagréments.

Les chars, quels qu'ils soient, sont des engins mécaniques, et, comme toute mécanique, ils sont faillibles. La chaleur ambiante ajoutée à la chaleur dégagée dans un compartiment moteur peut très vite monter, dépasser la température normale de fonctionnement, provoquer surchauffe, rupture de tuyauterie, dommage au radiateur… voire détérioration du moteur.

Le pilote doit, en permanence, surveiller ses températures, pressions et autres bruits anormaux. Un effet néfaste de la grosse chaleur sur les moteurs était très connu à ce moment-là, il s'agit du « *vaporlock* ».

Cette expression d'outre-Atlantique désigne le passage de l'état liquide à l'état gazeux de l'essence, et ce dans les tuyauteries avant le carburateur. L'astuce consistait à « emmailloter » les dites tuyauteries dans des morceaux de chiffon humidifiés pour faire chuter la température. Mais, quand il y a « *vaporlock* », le véhicule s'immobilise et devient inapte au combat mais pire ! Il est une cible statique.

Trop froid…

Mais si cela peut mal se passer quand il fait trop chaud, il faut savoir que ce n'est pas mieux quand il fait très froid. Dans ce domaine, l'hiver 1944-1945 n'a pas épargné les combattants pas plus que leurs matériels. Contrainte numéro un pour les engins, la mise en antigel des circuits de refroidissement qui est une opération longue au vu de la contenance des circuits. De plus, elle se fait toujours dans des conditions difficiles, pas de garages chauffés, pas de fosse de vidange, pas de ponts non plus…

Avec des températures en dessous de zéro, les moteurs ont du mal à chauffer, il faut parfois occulter une partie des radiateurs. Après un arrêt prolongé, les huiles peuvent figer même si les degrés de viscosité sont adaptés. Mais le froid a aussi des effets très ravageurs chez les soldats.

Les vêtements de combat ne sont pas toujours bien conçus (à l'époque) pour des températures glaciales. De plus, un char est une boîte à courants d'air ou l'air froid circule vite, et abaisse encore un peu plus la température.

Les tankistes des Ardennes, d'Alsace ou de Lorraine ont beaucoup donné dans le domaine des orteils gelés. Là encore, le « système-D » des équipages pallie la déficience des équipements. Ces hommes ont su faire un abri avec la bâche du véhicule. Un filet de camouflage peut devenir un matelas isolant. On peut réchauffer ses mains derrière les échappements. Les équipages des chars de l'ETO savent protéger leurs effets en les arrimant sur la plage arrière et le casque lourd peut très bien servir de casserole pour chauffer de l'eau.

À tous ces ennuis, les membres de l'équipage sont de surcroît confrontés aux difficultés provoquées par le char lui-même. Dans la neige, les trains de roulement ont tendance à « bourrer » et parfois on déche-

Sherman M4A1 sur le front du Pacifique, probablement fin 1942, ou début 1943, comme semblent l'indiquer les uniformes et le casque tropical porté par l'homme, derrière la tourelle, à gauche. *(Collecton particulière)*

Italie 1944. Un Sherman M4, pitoyablement camouflé dans un champ de coquelicots.
(G. Silk, collection. particulière)

Pacifique 1944. Évacuation d'un membre d'équipage blessé d'un Sherman M4 endommagé du Marines Corps.
(NARA)

nille. Les chenilles peuvent patiner, les trous sont masqués et lorsque le char y tombe, il y reste.

Là, il faut deux ou trois chars pour sortir celui dans le trou, quand ce n'est pas le moyen de dépannage lourd qui est nécessaire et mettre en œuvre des treuils par ces basses températures n'est chose aisée… L'acier glacé se manipule difficilement. Les techniciens ont froid, et ne peuvent pas tout faire avec des gants, les opérations de treuillage deviennent plus laborieuses, plus longues, se prolongeant parfois la nuit.

S'il ne fait pas trop chaud ni trop froid, la pluie peut s'inviter et, là encore, les équipages sont mis à contribution. La boue est tout autant gênante que le froid. Le char s'enlise et parfois se couche sur le côté ou bien, il glisse et tombe dans une flaque d'eau.

L'équipage est alors confronté au problème de l'humidité. Il faut aller dans la flaque d'eau pour accrocher les manilles de remorquage, on en ressort trempé et pas question d'étendre le linge, la progression doit continuer. Autant de situations qui contribuent à resserrer les liens entre les membres d'un équipage.

Ces tankistes de vingt ans en 1944, n'ont-ils vécu que des déboires, que des malheurs, des pertes ou des blessures? Beaucoup en tout cas, mais… Quand même quelques satisfactions. Ils sont devenus des camarades, parfois même, Frères d'Armes, ils ont traversé des localités « libérées » et c'est là, que la récompense les attend.

C'est là que les gens du bourg ou de la ville les reçoivent avec les – petits – moyens de l'époque, une fleur, un sourire, le baiser d'une jolie fille, un verre de vin assis sur l'aile du char, la voilà leur récompense. Après tout, ils l'ont bien méritée. Alors eux aussi, sourient.

7 LES ÉVOLUTIONS DU SHERMAN

Le Sherman est un engin blindé qui a sans cesse évolué au cours de sa période de service, soit qu'il fut modifié par un pays ayant bénéficié de la loi Prêt-bail (comme le Royaume Uni), soit qu'il ait subi des modifications de la part des divers constructeurs, ou encore à la demande de l'US Army. Ces modifications et améliorations (dénommées aussi *Upgrade.*) ne sont pas à confondre avec les expérimentations, qui furent au moins aussi nombreuses sinon plus. Toutes ces évolutions ont contribué à l'amélioration des performances du char, dans divers domaines tels que : la motorisation, les trains de roulement, la tourelle, la puissance de feu et les munitions, l'optique et la conduite du tir. Certaines données sont invariantes du début à la fin de production, comme la garde au sol ou encore le diamètre du puits de tourelle fixé à 1,75 m.

Les Sherman britanniques

Les Anglais ont codifié leurs Sherman de façon différente selon la correspondance suivante : les chars avec un canon de 76 mm recevaient le suffixe « A ». Ceux avec un obusier de 105 mm, « B », ceux avec le canon 17 Pounder, « C ». Les Sherman avec suspension HVSS étaient codifiés avec la lettre « Y ». Ce qui nous donne :

M4	Sherman I
M4 105	Sherman I B
M4 105 HVSS	Sherman I BY
M4 A1	Sherman II
M4 A1 76 W HVSS	Sherman II AY
M4 A1 76 W	Sherman II A
M4 A1 Firefly	Sherman II C
M4 A2	Sherman III
M4 A2 76 W	Sherman III A
M4 A2 76 W HVSS	Sherman III AY
M4 A3	Sherman IV
M4 A3 76 W	Sherman IV A
M4 A3 76 W HVSS	Sherman IV AY
M4 A3 105	Sherman IV B
M4 A3 105 HVSS	Sherman IV BY
M4 A3 75 W	Sherman IV A
M4 A4	Sherman V
M4 A4 Firefly	Sherman V C
M4 A6	Sherman VI

À l'automne 1944, les Sherman – le char au premier plan est un A1, celui du second plan un M4 – de la *3rd Army* du général Patton progressent dans l'est de la France. *(Signal Corps, NARA)*

Ce Sherman M4 A1 traverse les plaines asséchées et poussiéreuses de la Tunisie au début de 1943. *(Signal Corps, NARA)*

Le M4

Char issu du prototype T6 lancé en 1941. Équipé de la gyrostabilisation et d'une génération électrique auxiliaire, sa caisse est formée de plaques de blindage soudées; le blindage de transmission est en trois parties. Glacis avant à 57°.

M4 E6. Modèle équipé du canon de 76 M1

M4 76 W. Ce modèle, armé du canon M1A1 de 75 mm ou M1A2 de 76 mm est gratifié de la lettre W pour Wet, (signifiant humide) car la réputation Zippo dont nous avons parlé avant est totalement justifiée.

En effet, les premiers modèles souffrent d'un blindage acceptable sur l'avant mais beaucoup trop léger sur les flancs d'où l'ajout de renforts latéraux soudés et la modification du stockage des munitions. Pour éviter l'incendie, les compartiments de stockage de munitions adoptent la technologie dans laquelle les casiers à obus sont protégés par une double enveloppe contenant 140 litres d'eau, additionnée de méthanol ou glycol comme antigel et d'un produit anticorrosif. D'où, l'appellation de « Wet ».

Le glacis avant est à 47°.

M4 105. Cette version armée d'un obusier de 105 mm est construite à 800 exemplaires dont un certain nombre a équipé des unités françaises (poids 31 500 kg). Le canon 105 M4 est posé sur l'affût M52.et est approvisionné à 66 obus, les commandes de tourelle sont manuelles en site, en gisement* (seules les versions « *Late* » reçoivent la commande hydraulique en gisement). La 12.7 AA est dotée de 600 cartouches et les deux mitrailleuses de cal..30 sont à 4 000 coups le lance-fumigènes est à 12 coups. Cette série n'a pas de panier de tourelle; il est remplacé par un plancher partiel suspendu. Les munitions sont sans stockage humide, mais les casiers sont blindés. Glacis avant à 47°. Les versions obusier de 105 peuvent tirer une remorque de transport de munitions de type M10 contenant 44 obus de 105.

M4 105 HVSS. Voici notre M4 équipé d'une suspension HVSS: *Horizontal Volute Spring System.* Cette suspension inclut les chenilles T80 ou T84, à connecteurs et dent guide au centre.

Les premiers exemplaires de M4 sont équipés de suspensions VVSS: *Vertical Volutes Spring Suspension.* Une tranche de 841 exemplaires est mise en service. Ce modèle est équipé d'un lance fumigène M3 fixé en tourelle et approvisionné à 12 coups. Le glacis avant est à 47°.

Comme il est précisé dans l'introduction, on trouve des suspensions VVSS sur des M4A2 mais aussi des suspensions HVSS. Dans le même ordre d'idée, certains M4 A3 sont W (*Wet*), d'autres non.

Le M4A1

M4A1. C'est une caisse en éléments coulés. 6 281 exemplaires sont construits de février 1942 à décembre 1943 aux usines Lima Locomotive Works, Pressed Steel Car Co et Pacific Car and Foundry Co. Sur les premières séries de M4A1, un jumelage de M1919 A4 de calibre 30-06 est installé sur le glacis avant. Ces mitrailleuses sont actionnées par le pilote. Elles ont un débattement en site de +8° à -6°. Ce dispositif est supprimé le 3 mars 1942. Une série de ces M4A1 est équipée de trois mitrailleuses en caibre.30.

En été 1942, de nouveau bogies sont montés, avec des ressorts de 20 cm de diamètre, soit 2,5 cm de plus que les précédents. Décembre 1943, voit la mise en place d'une petite écoutille ovale au poste de radio-chargeur. Les premiers canons du M4A1 sont des 75 M2; plus courts que le M3 ils nécessitent le double de contrepoids en bout de tube pour être compatible avec la gyrostabilisation.

Une colonne de Sherman de la *4th AD* – le second est un M4 105 mm – progresse dans Coutances durant l'été 1944.
(NARA)

Ce Sherman M4 76 W, est entièrement recouvert de sacs de sable et de filets de camouflage. La photographie a probablement été prise durant l'hiver 1944-1945 dans l'est de la France.
(NARA)

Le glacis avant peut varier en inclinaison de 33 à 55°.

M4 A1 E4, version canon de 76 M1, M4 A1 76 W HVSS

3 426 exemplaires sortent d'usine entre janvier 1944 et juillet 1945 (poids 32 000 kg, longueur 6,20 m, largeur 2,67, pression unitaire 1,002 kg/cm²). Il est donc équipé du canon 76 M1 A1, M1 A1C ou M1 A2. Ce tube peut tirer les munitions du type HVAP (HV pour *High velocity*, grande vitesse initiale) à 792 m/sec. C'est l'affût M62 qui supporte la pièce d'artillerie. Le char emporte 71 obus dont 6 au râtelier de première urgence. La mitrailleuse 12,7 AA est dotée de 600 coups, tandis que les deux mitrailleuses de cal..30 sont approvisionnées à 6 250 cartouches. Le lance-fumigènes est doté de 12 pots. La vitesse atteint 39 km/h et il dispose d'une autonomie de 190 km. Deux casiers, répartis de chaque côté de l'arbre de transmission, contenant respectivement 30 et 35 coups contiennent 131 litres de mélange et, les 6 coups de première urgence en tourelle sont protégés par une enveloppe contenant 8 litres de mélange. Sur les versions W, le blindage additionnel latéral est supprimé. Par ailleurs, dans le but d'utiliser tout l'espace disponible, le panier de tourelle est aménagé pour accéder aux munitions en fond de caisse. Sur les séries W, le volet radio-chargeur est agrandi, muni de ressorts de rappel et d'un épiscope pivotant.

Le canon M1 A1 a été allongé de 33 cm ce qui permet de déplacer le frein de tir vers l'avant, donnant un meilleur équilibrage de la pièce. Les M1 A1C pouvaient recevoir un frein de bouche et tous les M1 A2 étaient équipés de frein de bouche. Ces chars sont équipés de la chenille T80 ou T84. Les chenilles et la nouvelle suspension augmentent le poids de 2 350 kg, mais le gain en termes de pression unitaire est important. L'autre avantage des suspensions HVSS, est de faciliter la maintenance et l'entretien puisqu'il n'est plus nécessaire de déposer les bogies pour intervenir sur les galets de roulement. Le glacis varie entre 33° et 55°.

M4A1 E8, version équipée de la suspension HVSS et chenilles T80

Le M4A2

M4 A2. Il est construit à 8 053 exemplaires sortis entre avril 1942 et mai 1944. La caisse est assemblée par soudure. La motorisation est constituée d'un diesel General Motors de 13,7 litres de cylin-

M4 - 75 EARLY

M4 75 Early du 756° Tank Battalion, B Compagny, First Platoon. France, Sept. 1944. Char du Sergeant James Haspel. Outre le nom du char "Blondie", les marquages sont les Etats d'origine des membres d'équipage : WVA= West Virginia, Tex= Texas, LO= Louisiana, IWO= Iowa ILL= Illinois. Pas d'étoile "alliés", mais deux bandes blanc et noir sur la tourelle pour briser la silhouette du char.

M4 - 105 HOWITZER

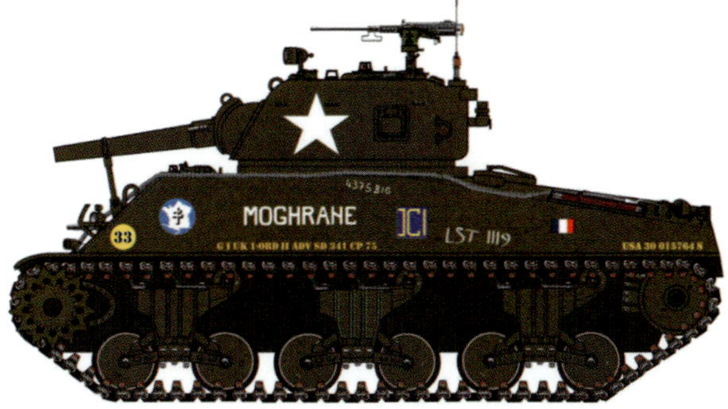

M4 obusier de 105 du 2/12 RCA, ce char a débarqué en Normandie le 2 Août 1944 à partir du LST 1119. Les marquages sur les bordages nous disent: GIUK= Green Island United Kingdom (lieu de débarquement). ORD II= Ordnance department 2 (Organisme emetteur). ADV= Advance (désigne une base avancée). SD= Store depot (Dépot de stockage 341). CP= Command Post (Poste de dispatching 375).

M4 - 105 HVSS ET AMMO TRAILER M10

M4 105 Howitzer HVSS. Comme souvent dans les unités américaines, cet obusier tracte une remorque "M 10 Ammunition Trailer" qui pouvait transporter 54 coups de calibre 105. Ces munitions étaient conditionnées en containers légers de trois obus et les fusées d'ogives étaient conditionnées séparément dans le caisson fixé sur le timon. Ces remorques pouvaient également transporter 120 coups de calibre 75, 18 coups de calibre 155, ou encore 8 obus pour obusier de 240.

M4 A1 75

2° Cuirs. Escadron d'Etat-Major, char du Colonel Durosoy. Immatriculation 464 530. Ces marquages sont ceux de 1946, ceux de 1944 comportaient le numéro MF, l'étoile "Alliés", et parfois le "Registration Number" d'origine, à ne pas confondre avec le numéro de châssis.

M4 HYBRIDE

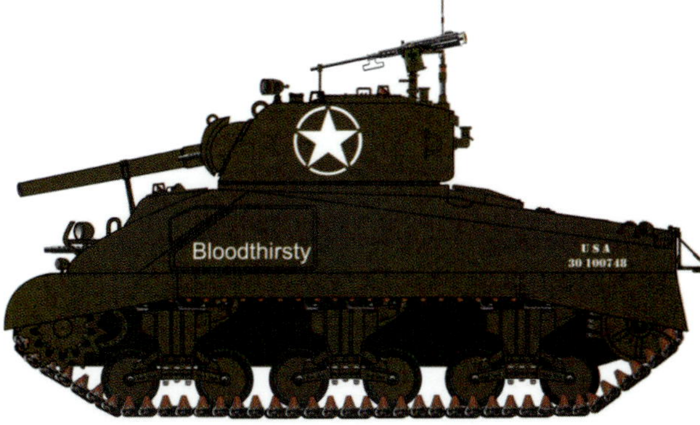

M4 Hybride et canon de 75 sur affut M34 A1. Char du 44° Tank Battalion, il a pris part à la bataille de Manille (Philippines). A noter, l'absence de pistol port, donc tourelle fabriquée entre Janvier et Juin 1943. Il est équipé de "jupes" de protection latérales, qui limitent les projection de boue ou sable.

M4 A2 75

M4 A2 canon de 75 sur affut M34 A1. Glacis à 57° et motorisation "Twin Grey Marine". Panneau arrière incliné et les écopes d'air sont obturées. Tourelle à un seul volet de type "split hatch".
Char du 5° RCA - 4° Escadron.

M4 A2 76

M4 A2 canon de 76. Char de l'Armée Rouge avec slogan patriotique sur les bordages. NB. les données techniques américaines sont toujours en place.
Canon M1 A1C sur affût M 62.

M4 A3 75 WET

M4 A3 canon de 75 et stockage "wet" type "late". Glacis à 47° et moteur Ford V8. Canon de 75 M3 sur affût M 34 A1. 104 obus dont 4 en première urgence. Char du 12° Cuirs, 3° escadron, équipé du "blanket rack" à l'arrière.N° de châssis 49709 (fabriqué en Mai 1944), immatriculation française: 96 012
Char détruit à Phalsbourg en Novembre 1944.

M4 A3 E8

M4 A3 E8 "Easy eight" type "late" Allemagne 1945. Char du colonel Creighton Abrams commandant le 44° Tank Batallion. Blindage rapporté sur le glacis avant, les bordages et la tourelle. M2HB en position "travel". Cal .30 A4 installée devant le volet "tank commander" Le colonel Creighton commandera les U.S Forces au Vietnam puis sera chef d'Etat-Major de l'U.S Army.

M4 A3 E2

*M4 A3 E 2 "**Jumbo**", char de la 4° DB U.S, 37°Tank Battalion Company "C", 6° véhicle. Moteur Ford V8, canon de 75 M3 sur affût T 110. Ce char a aussi été équipé en canon de 76. Les A3 E2 n'avaient pas de phares. Bataille de Belgique, 1° char à Bastogne. Chenilles type T 48 équipées de "duckbills" type 2.*

M4 A4

M4 A4 du 2° Cuirs, 3° escadron. Glacis à 57° et châssis allongé (2 dents guide entre chaque boggie). Motorisation Chrysler Multibank 30 cylindres. Protubérance du radiateur visible sur la plage arrière. Canon de 75 M1 sur affût M 34. 96 obus dont 18 en première urgence. N.B. beaucoup de chars du 2° Cuirs n'avaient pas le blindage additionnel de bordages.

drée: le GM 6-71 (en fait un jumelage de deux moteurs de bus Greyhound). Les chars sont produits par la Fisher Tank Division à Grand Blanc, Pullman Standard Car, American Locomotive Co., Baldwin Locomotive Works, Federal Machine and Welder Co.

Le A2 accuse 31 800 kg sur la balance pour une longueur de 5,92 m et une largeur de 2,62 m et une pression unitaire de 1,001 kg/cm^2 ! Cette version est armée du canon 75 M3 monté sur un affût M34 A1 et lunette de visée M55, M38. 97 obus sont répartis dans le char, dont huit au râtelier de première urgence.

La mitrailleuse .50 AA (pour antiaérien) dispose de 300 coups tandis que les deux mitrailleuses de cal..30 (coaxiale et copilote) reçoivent 4750 cartouches. Avec son moteur GM il atteint 48 km/h sur route. Dans la tourelle, l'affût M34 A1, par rapport au M34, comprend une lunette de visée alors que l'autre possède seulement un épiscope, conservé d'ailleurs avec la version M34 A1. Avec cet affût de canon, est monté un nouveau masque qui protège la lunette et la.30 coaxiale. Sur la version M34, la protection de mitrailleuse coaxiale est séparée. Sur le A2, l'introduction du nouveau glacis avant à 47° a permis d'agrandir les écoutilles pilote et copilote. Par la suite, la protection de transmission finale passe à une seule pièce. Le glacis avant est incliné à 57°.

M4A2 76 W est armé du canon M1 A1, M1 A1C ou M1 A2, 2594 exemplaires sont assemblés à Grand Blanc et 21 par Pressed Steel Cars entre mai 1944 et mai 1945. Armement identique à celui du M4A3 76 W. L'avant est incliné à 47°.

M4 A2 E8, Modèle doté de la suspension HVSS et chenilles T80 *(voir appendice en fin de chapitre).*

Le M4A3

Voici notre Sherman équipé avec le moteur V8 Ford GAA-III à refroidissement liquide, 1690 exemplaires sont équipés de juin 1942 à septembre 1943. Ils ont été construits par Ford uniquement. Caisse à plaques de blindage soudées. De plus, la partie avant de la caisse est entièrement redessinée, l'inclinaison de la plaque de blindage passant de 57° à 47° et son épaisseur de 51 à 64 mm. À cette occasion, les fentes de vision directe du pilote et du copilote sont remplacées par des épiscopes pivotants en gisement. La coque de transmission est d'un seul tenant. Équipé de chenilles T48 ou T51, il a une pression unitaire de 0,959 kg. Tourelle et armement identiques au modèle A2. On note l'apparition du tube lance-fumigènes de 50,8 mm, incliné à 35° et approvisionné à 12 pots.

Tous les A3 sont équipés de bogies renforcés avec rouleau porteur sur l'arrière du bogie. Il atteint 42 km/h sur route et son autonomie est de 210 km, ce qui le place en tête de toutes les versions du Sherman. Le grand changement intervenu sur ce

Ce Sherman M4 A1 75, au premier plan, comme le M3 à l'arrière-plan, ont été probablement capturés en Tunisie par les Allemands Ils subissent ici une série d'évaluations aux mains des tankistes allemands. *(NARA)*

Ce Sherman M4 A3 appartient à la *9th Armored Division* en Allemagne au mois d'avril 1945. *(NARA)*

Un M4A3 E8 s'extrait d'un délicat passage à gué. Une mitrailleuse Browning 1919 en calibre.30 est installée devant l'écoutille du chef de char. Ce Sherman appartient à la *11th US Armored Division* et traverse la rivière Muhel à proximité de Neufelden en Autriche. À l'arrière-plan, un *Jumbo* et un autre M4A3 76 VVSS vont bientôt, eux aussi, franchir la coupure. *(NARA)*

modèle est l'installation du moteur Ford permettant de diminuer notablement la hauteur de l'arbre de transmission, qui n'a pratiquement plus d'inclinaison. Sur le M4A3, une radio supplémentaire peut être montée au poste copilote. Les sièges du pilote et du copilote sont équipés de larges harnais de sécurité mais, en période de combat, ces derniers ne sont pas utilisés.

M4A3 75 W ou M4 A3W

Un blindage renforcé, un stockage « *Wet* » et un canon de 75 équipent les 3071 exemplaires construits, de février 1944 à mars 1945, par Fisher Tank Arsenal. Équipé du Ford V8 essence, il est le premier modèle à être équipé de suspension HVSS et de chenilles T84 E1. Le char emporte 100 obus disposés dans 10 casiers en fond de caisse et protégés par 140 litres de mélange; Le râtelier de première urgence de quatre coups en tourelle est protégé par 3,8 litres de mélange. Cette série est équipée d'une écoutille de chef de char à deux volets et d'une écoutille ovale pour le radio chargeur. Le canon est monté sur un affût M34 A1. La mitrailleuse en calibre.50 est dotée de 315 cartouches, les deux mitrailleuses en calibre.30 sont approvisionnées à 4750 cartouches, 12 pots lance-fumigènes complètent l'armement. Le glacis avant est incliné à 47°.

Contrairement au stockage « *Dry* », il n'y a pas de rack obus sur les bordages, d'où la suppression des blindages additionnels latéraux. En mode « *Wet* », dans le cas du M4A3, les obus de 75 sont disposés verticalement dans des racks de 10 munitions sous le plancher de tourelle. Le rack de première urgence, contenant quatre coups, est situé sur le plancher de tourelle, sous le canon. Ce rack est monté dans l'axe du canon; il permet au chargeur de dégager la munition en la sortant vers l'arrière du panier de tourelle.

Du côté radio chargeur, le plancher de tourelle est articulé sur des charnières. Ce dispositif permet au chargeur de sortir les munitions au fur et à mesure des besoins, et, il est parfois nécessaire de tourner la tourelle pour accéder aux obus dans les racks de droite.

Dans le cas du M4A3 76 W, les racks à obus sont aussi disposés sous le plancher de tourelle, répartis dans 13 racks de cinq obus. À cause de la longueur des projectiles, ces racks sont montés en diagonale. Chaque logement comprend trois orifices de remplissage pour le liquide retardateur. Un rack de six obus de première urgence est disposé transversalement sous le canon, ce rack est lui aussi « *Wet* » et comporte un orifice de remplissage.

M4A3 76 W

Version armée du canon M1 A1 ou M1 A2 de 76 mm et d'une lunette de visée de type M70F, M38 A2, M71D, ou M47 A2. 525 exemplaires sont assemblés à Grand Blanc et 1400 au Detroit Tank Arsenal (poids 32320 kg, longueur 6,30 m largeur 2,67). Il peut parcourir 161 km à 42 km/h. Le canon, installé sur un affût M62, est approvisionné à 72 coups, dont six en première urgence.

La mitrailleuse calibre.50 est approvisionnée à 600 cartouches, les deux mitrailleuses de.30 sont approvisionnées, pour leur part, à 6250 cartouches, 12 pots fumigènes complètent l'armement. Sur cette série, le panier de tourelle est complètement supprimé, les sièges équipage sont accrochés sur l'anneau de tourelle ou sur les montants latéraux. Le glacis avant est incliné à 47°.

Le M4 A3 E4 est une version équipée du canon 76 M1.

M4A3 E8

Ou **M4 A3 76 W HVSS,** surnommé « *Easy Eight* », 4542 exemplaires sortent des usines entre

M4 A5 GRIZZLY

M 4 A 5 "Grizzly". Production du Canada. Les équipements et la disposition sont inspirés du modèle britannique. Typique, le grand coffre de nuque. Canon de 75 et motorisation Radial 9 cylindres continental. Châssis "turtle back". Lot de bord et emplacement différents des M4 A1 version U.S.

M4 A4 FIREFLY

M4 A 4 Firefly équipé du fameux 17 pounder anglais. Ce char n'avait pas de mitrailleuse de capot l'emplacement du co-pilote était remplacé par un casier à munitions supplémentaire. La nuque de tourelle a été allongée pour y loger la radio un coffre de nuque complète l'équipement.

TD M 10 WOLVERINE

TD M10 "Mid production" du Régiment Blindé de Fusiliers Marins 3° escadron, 3° peloton. Tank destroyer équipé du canon de 76 tirant les munitions HVAP, High Velocity Armor Piercing. Il est motorisé par le "Twin Grey Marine", et les modèles TD M10 A1 seront motorisés par le Ford V8 GAA.
Les A1 sont dotés de panneaux de couverture tourelle.

TD M36 B2

R.B.C.E.O. Régiment Blindé Colonial d'Extrême Orient. Epoque Indochine. Ces chasseurs de char ont été mis en place au Tonkin, le commandement du C.E.F.E.O craignait que la Chine fournisse des chars à la nouvelle armée vietnamienne.

M32 B3 TRV

M 32 B 3 Tank Recovery Vehicle T.R.V. de l'US Marines Corp. modèle basé sur le châssis M4 A3 HVSS. Guerre de Corée

M74 ARV

M 74 Armored Recovery Vehicle. Char de dépannage basé sur le châssis M4 A3 en service dans beaucoup d'armées européennes à partir de 1950. Recovery du 2° RC - ECS / P.D.R.E.

Le M4 A2 « Colorado » est un des cinq Sherman du *3rd Platoon* de la *C Company* du *2nd Marine Tank Battalion* débarqué à Tarawa, le 20 novembre 1943. *(USMC)*

mars 1944 et avril 1945. La lettre E concerne les modifications du train de roulement, de la suspension horizontale et la largeur des chenilles augmentée de façon à diminuer la pression unitaire (chenilles T66, T80 ou T84). Le surnom d'*Easy Eight* (huit facile) tient au fait que sa maniabilité a été fortement améliorée et explique les lettres E8. Le glacis avant est incliné à 47°. Le canon de 76 M1 A2 de ce modèle est équipé du frein de bouche du Panther allemand !

M4A3 105.

Il est armé d'un obusier de 105 mm de type M4. Il est construit à 500 exemplaires par Detroit Tank Arsenal. L'armement test identique à celui du M4 105 (poids 31 730 kg). La série est équipée du tourelleau du chef de char type *Revolving* pour les modèles « *Late* ». Les dernières séries sont équipées d'un moteur hydraulique de tourelle (gisement). Le glacis avant est incliné à 47°.

M4A3 105 HVSS, c'est un M4A3 équipé d'une suspension HVSS, 2539 exemplaires sont construits par Detroit Tank Arsenal. Glacis avant incliné à 47°.

M4A3 E2 Assault Tank

Ce char classé en catégorie chars d'assaut est surnommé *Jumbo*. Ici, la lettre E concerne le blindage nouveau modèle. Le blindage frontal du A3 E2 est supérieur à celui des Tigre et Panther et ce modèle a participé aux combats de Normandie à partir d'août 44.

Son poids est de 38000 kg, sa longueur de 6,27 m, sa largeur de 2,93 m ce qui fait de lui le char le plus large de la famille. Armé du canon de 75 M3 monté sur affût T110, il embarque 104 coups dont quatre en première urgence. La lunette de visée est du type M71G ou M38 A2, un modèle similaire à la lunette M 38, mais équipée d'un dispositif d'éclairage pour la vision nocturne. La mitrailleuse AA est dotée de 310 coups et les deux mitrailleuses de cal..30 ont une dotation de 4750 cartouches. L'armement est complété par un lance-fumigènes approvisionné à 12 coups. Il est équipé de chenilles T51 avec extensions de connecteurs. Il parcourt 161 kilomètres à 35 km/h. Son rayon de virage passe à 22,5 mètres. Le *Jumbo* a un avant surblindé sans dispositif d'éclairage et une nouvelle coque transmission. Les rapports de réducteurs ont été revus pour compenser l'augmentation de poids. Quelques *Jumbo* de type « *Late* » ont été équipés en canon de 76. Glacis avant incliné à 47°.

À l'origine, l'idée d'un M4 « lourd » vient des Britanniques ; elle est suggérée par les membres de la *British Tank Mission* au début de 1942. Fin 1943, l'*US Ordnance Dept.* demande à General Motor Proving Ground d'effectuer des tests de charge à 82000 *pounds* (41000 kg) avec un M4A3.

Un char lesté est testé pendant 500 miles et les résultats sont jugés satisfaisants. Courant mars 1944, les plans sont faits et l'*Ordnance Technical Commitee* désigne ce modèle en tant M4A3 E2. Il est également décidé d'en produire 250 seulement, plus quatre exemplaires pour les tests complémentaires. Les 250 modèles sont réservés à l'envoi dans les unités opérant sur l'ETO. Ces E2 sont livrés fin mai 1944. Pour la construction des E2, Fisher Body et ses sous-traitants utilisent le châssis du A3 75 W. Les blindages additionnels sont soudés sur le glacis avant et l'emplacement de la mitrailleuse du copilote est préservé. Avec cette modification, le blindage du glacis avant passe à 12 cm.

Les renforts du blindage des bordages sont montés en deux parties avec une soudure en partie centrale. Le nez du blindage de transmission est d'un nouveau modèle (il pèse 1200 kg de plus) et offre plus de protection pour le pilote et le copilote, il en va de même pour la partie avant du plancher de caisse. Le blindage de la plaque moteur est en deux parties, une partie grilles de ventilation et une partie arrière où prennent place la masse et la clé de tension de chenilles. Les E2 sont équipés des extensions pour le montage des jupes pare sable (7,5 cm de chaque côté), mais, les équipages ont toujours rechigné à monter ces appendices, ils étaient trop vite détruits ou endommagés. D'autre part, cela obligeait à monter des pare-sable de dimensions réduites dans le cas de l'utilisation des *Duckbills*.

Pressed Steel Cars est le sous-traitant pour la tourelle. Le canon de 75 est installé dans une tourelle de 76. Sur l'avant, les côtés et l'arrière, le blindage de tourelle est de 15 cm.

Deux plaques de deux centimètres d'épaisseur sont soudées sur le toit de tourelle pour augmenter la protection. Cette tourelle ne comporte pas de « *Pistol port* ». La décision est prise d'installer le canon 75 M3 sur le berceau M62 du canon de 76. Une épaisseur supplémentaire de 12 cm est soudée sur le masque original et ce nouveau dispositif protège l'avant de tourelle à 70 %. Ce montage canon-berceau-masque prend la désignation de T110.

M4 A3 E9, Version en suspension VVSS avec élargisseurs de voie sur tous les éléments du train de roulement, permettant de monter les *Duckbills* des deux côtés de la chenille.

Le M4 A4

M4 A4. Il est produit par Detroit Tank Arsenal – émanation du groupe Chrysler – et motorisé avec un moteur Chrysler AC-57 Multibanks de 30 cylindres développant 470 chevaux ; le compartiment moteur est allongé pour le recevoir.

La caisse est assemblée par soudure. À noter que, la version A4 à cause de l'allongement de la caisse a bénéficié de modifications du train de roulement telles que : espacement des bogies et modification du système de tension des chenilles (allongement des chenilles). Les Américains, peu confiants dans la fiabilité de cette motorisation – pourtant installée sur les M3 –, le destinent uniquement à l'envoi aux termes du Prêt-bail.

Plus tard, au début des années cinquante, l'armée française a motorisé ses Sherman M4A4 avec le R975 en remplacement des Multibanks ; ces blindés sont alors référencés M4A4 T. Cette modification s'applique sur les chaînes de l'ERGM de Rueil. Le poids de cette version en ordre de marche est de 31 600 kg ; sa longueur est 6,05 m, sa largeur de 2,62 m et sa pression unitaire atteint 0,927 kg/cm^2. Il est équipé du canon 75 M3 sur affût M34 avec lunette de visée M38, approvisionné à 97 coups, dont huit au râtelier de première urgence.

Les trois mitrailleuses ont la même dotation que celle du A2. Il atteint 40 km/h en vitesse de pointe, peut franchir des gués de 1, 07 m (7 cm de plus

Ce M4A1 76 W est équipé d'une plaque de blindage supplémentaire sur son glacis. Il appartient à la *3rd Armored Division*. La photo est prise dans les environs de Korbach le 30 mars 1945. *(NARA)*

Ce M4A1 76 W et ce M4A3 E2 *Jumbo* (à droite) font partie de la *3rd Armored Division*. Ils prennent probablement part à la bataille de la forêt de Hürtgen. *(NARA)*

que les autres), mais, par contre, ne possède qu'un rayon de virage de 21 m (contre 19 pour les autres) et son rayon d'action est de 160 km. Sur cette version, l'espacement entre les bogies est porté à 162 cm (145 pour les autres Sherman). Il y a un petit décrochage en fond de caisse permettant à la ventilation moteur de rentrer dans le compartiment, tandis que la plage arrière comporte une protubérance pour loger le remplissage du radiateur.

Le glacis avant a été simplifié par l'adoption d'un modèle à cinq plaques soudées, contre sept précédemment. Tous les M4A4 ont été assemblés avec le blindage de transmission en trois parties. Le glacis avant est incliné à 57°.

M4 A4 T. Version française motorisée avec le moteur Continental en étoile.

Sur cette version, la plage arrière est remplacée par celle d'origine (M4), le trou de manivelle devient une ouverture rectangulaire aménagée dans le blindage arrière. On procède, de plus, à l'adjonction de supports et de garde-boue arrière, la sirène est dotée d'un capot de protection, la tourelle est équipée du tourelleau à épiscopes type « *Revolving hatch* » à la place du volet « *Split hatch* ».

Le glacis avant est incliné à 57°.

Ce M4 Sherman est un char de commandement. Il est reconnaissable à l'antenne supplémentaire disposée sur le côté droit de la coque. *(NARA)*

Le M4 A5

M4 A5 est la désignation réservée pour les chars version canadienne « *Grizzly* ».

Le RAM 1 est un char construit par le Canada sur base d'un M3 américain. Il est armé d'un canon britannique, le QF 2-Pounder, calibre de 40 mm. Deux mitrailleuses de cal. 0.30 sont montées de part et d'autre du canon, une troisième pouvait être fixée sur la tourelle pour une utilisation antiaérienne.

Le RAM 2 est équipé du canon britannique QF 6-Pounder 7cwt d'un calibre de 57 mm. Il embarque 92 obus. Le châssis subit quelques modifications par rapport au RAM 1, le moteur est un Continental R 975 EC2. Les dérivés les plus connus sont : le Kangaroo, le lance-flammes, la version commandement avec six hommes d'équipage et un faux canon. Ce dernier est fabriqué à 84 exemplaires. La firme Montréal Locomotive Work a construit 2993 exemplaires des RAM 1 et 2 entre 1943 et 1944.

Le char « Grizzly » est un char assemblé sur base d'un M4A1 américain. Il est produit à 188 exemplaires en 1943 et est armé d'un canon de

Un des tout premiers M4A4 Sherman produits. *(NARA)*

75 mm. Sa production est interrompue, les Américains pouvant largement fournir toutes les commandes.

Le M4 A6

Le moteur diesel Caterpillar RD-1820 équipe ce châssis bénéficiant d'un glacis frontal coulé. Le reste de la caisse est réalisé par soudure de plaques blindées.

La production est annulée après 75 exemplaires suite à des difficultés rencontrées avec le moteur; mais aussi pour limiter le nombre de moteurs en service et les sources d'approvisionnements en carburants. L'armée américaine privilégie toujours l'emploi d'un seul carburant. Il faut pourtant savoir que ce modèle est équipé par Caterpillar d'un véritable moteur multicarburants. Dimensions, tourelle et armements sont similaires à la version A4, à part le canon de 75 M3 qui est monté sur un berceau M34 A1. Tous les A6 sont équipés du blindage transmission une seule pièce. Le blindage de la tourelle ayant été augmenté, celle-ci ne comporte plus de surblindage. Le glacis avant est incliné de 33° à 55°.

Le M4 A6 est mis en service dans une seule unité américaine, le *777th Tank Battalion* en 1943, une unité d'instruction. Lorsque ce Battalion est engagé sur l'ETO, il est équipé de M4A3.

Une parenthèse qui vaut le détour !

En effet, les données ci-après perturbent quelque peu les chiffres officiels de la production totale. Les A2 HVSS et A2 « grands volets d'écoutille » ont été produits en grande partie pour le *Lend lease*, selon les données suivantes: Fisher Tank Arsenal aurait construit 1000 M4A2 75 à grand volet d'écoutille entre novembre 1943 et mai 1944, et, sachant que le HVSS coûte 2000 dollars de plus que le VVSS, cette même firme construit 1594 M4A2 VVSS et 1300 M4A2 76 HVSS entre mai 1944 et mai 1945.

Pressed Steel Cars a fabriqué 21 M4A2 76 HVSS entre avril et mai 1945.

Les Soviétiques ont été les premiers à percevoir les M4A2 76, ils en ont acquis 2073 dont 460 M4A2 76 HHVSS. Au second trimestre 1945, les Britanniques en reçoivent... cinq. En septembre 1945, un rapport indique qu'il y a 704 M4A6 76 HVSS dans les dépôts des États-Unis dont 133 ont été réservés pour des conversions ou des tests.

Le Canada a acheté 300 M4A2 76 HVSS en 1946. Ces chars sont restés au Canada et ont été utilisés dans les écoles de pilotage.

Au début de 1945, ce M4A3, appartenant à la *12th Armored Division* approche de la ville de Schneeberg en Allemagne. Il est doté d'une tourelle T23 D 82081; le canon est un 76 M1 A1 C avec manchon d'attente pour fixation du frein de bouche. *(NARA)*

Un Sherman M4 A5 « Grizzly » canadien en bien fâcheuse posture. La photo est prise en Italie, durant le mois de juillet 1944. *(ARC)*

Sherman ARV Mk I du *HQ Squadron* du *3rd County of London Yeomanry* de la *4th Armoured Brigade* britannique photographié, certainement, quelques heures après le débarquement de Normandie comme semble l'indiquer son équipement *Warterproofing*. *(Tank Museum)*

Sans faire preuve de beaucoup d'imagination, nous pouvons affirmer que le M4 a été « cuisiné à toutes les sauces » ou encore qu'il se « conjugue à tous les temps ».

Mais, c'est encore mieux que ça.

Ce châssis a servi de base à une kyrielle de descendants, dont certains méritent vraiment leur place dans nos différents musées tant l'imagination de leurs concepteurs était grande, parfois à la limite de la drôlerie. Le seul risque encouru en abordant ce chapitre est d'en oublier, soit par méconnaissance, soit par inadvertance. Dans le chapitre précédent, nous avons cité les versions dépannage, qui sont la suite logique à toute famille d'engins blindés, chacun sachant que la mécanique et les équipages sont faillibles, il faudra l'intervention de ces engins de remorquage.

M31, M31 B1, et M31 B2 TRV

Bien que n'étant pas issus du M4, ces engins de dépannage ont été utilisés pour tracter et intervenir sur le Sherman dans les armées américaine, britannique et française.

Véhicules de dépannage basé sur le châssis du char M3A3, le M31 est un *Tank Recovery Vehicle*. Il a été construit par Baldwin Locomotive Works à 296 exemplaires à partir d'octobre 1942.

Un équipage de six hommes met en œuvre les équipements spéciaux et son armement est constitué de deux mitrailleuses de cal. .30 1919 MG. Il est propulsé par le moteur General Motors Twin 6046. Le char est doté de deux faux canons, un de 37 mm sur ce qui était la tourelle – devenu support rotatif de la grue flèche – et un faux canon de 75 mm monté sur une porte du côté droit.

La flèche peut lever 4500 kg sans les jambes de flèche, 5600 kg avec les jambes fixées sur le support avant (glacis) et 14000 kg avec les jambes déployées sur le sol. Un treuil d'une puissance de 17 tonnes en traction directe complète l'équipement du véhicule.

M31 B1

Le châssis est celui du M3. Il est mis en service à partir de décembre 1942. Construit à 506 exemplaires, il est motorisé avec le Wright Continental neuf cylindres en étoile.

Contrairement aux TRV à motorisation diesel, la prise de mouvement pour les équipements spécifiques se fait par l'intermédiaire de la transmission et se situe à l'arrière gauche du véhicule. Le M31 a été mis en service après le M31 B1.

M31 B2

Ce char était basé sur le châssis du char M3A5 avec des équipements similaires au B1.

M32 TRV (Tank recovery vehicle)

Char de dépannage équipé d'une flèche en forme de A (*A Frame*) et d'un treuil d'une puissance de 28 tonnes en traction directe. Le câble pouvait passer soit à travers le guide câble du glacis avant, soit par l'ouverture de casemate (utilisation en grue avec la flèche déployée).

La flèche est manœuvrée par l'intermédiaire d'un câble venant s'enrouler autour d'un moyeu solidaire du barbotin droit. Sa tourelle est remplacée par une casemate armée d'un mortier de 81 mm tirant des obus fumigènes.

Une mitrailleuse cal. .50 complète l'armement de casemate tandis qu'une mitrailleuse cal. .30 prend place dans le « nez de cochon ». Le M32 a été construit à 163 exemplaires.

M32 B 1

Basé sur un châssis M4A1 et construit à 1055 exemplaires.

Les Sherman de dépannage, *Dozer* et « spéciaux ».
1. M31 ARV sur châssis M3.
2. M32 ARV à Bône 1943 *(photo Alain Toméi)*.
3. M 74 *Tank Recovery Vehicle* (post 2e GM).
4. BARV *(Beach Armored Recovery Vehicle)* britannique.
5. ARV Mk I, véhicule de dépannage sur châssis M4 (britannique).
6. ARV Mk 2, britannique.
7. *Tank Dozer*, châssis M4 105.
8. Kangarro canadien.
9. Sherman « Tulip » équipé de deux lance-roquettes, britannique.
10. Sherman *Observation Post Command* avec faux canon (britannique).
11. *Demolition Tank* sur châssis HVSS.
12. Sherman CD.

Un Sherman M4... et une moto sont remorqués par pas moins de deux chars de dépannage M31 sur châssis de char M3. *(NARA)*

M32 A 1 B 1

Idem B1, mais avec train de roulement HVSS.

M32 B 2

Basé sur un châssis M4A2, construit à 26 exemplaires.

M32 B 3

Basé sur un châssis M4A3, construit à 318 exemplaires.

M32 B 4

Basé sur le châssis M4A4, construit à un seul exemplaire, non validé pour la production.

T 14 E1

M32 B3 HVSS construit pour les Marines, 80 exemplaires sont produits.

M74 ARV

En ce qui concerne les chars de dépannage de la famille M4, les *Recovery* ont survécu au M4 toutes versions. Après les M32, une version intermédiaire, le M34 fut mise en service à peu d'exemplaires. La plus connue d'entre elles est sans aucun doute le *Medium Tank Recovery* M74.

Il est développé sur la base du M4 A3 *« Easy Eight »* mais les équipements de levage et treuillage sont revus à la hausse.

Le treuil principal passe à 40 tonnes en traction directe ce qui pourtant peut s'avérer un peu juste dans certaines situations. La flèche servant de grue une fois déployée est redimensionnée, une lame d'ancrage vient compléter le dispositif.

Un poste de découpe oxyacétylénique peut être embarqué, les triangles de remorquage sont doublés et des lots spécialisés trouvent leur place dans de nombreux coffres.

Il est propulsé par le V8 Ford dont le refroidissement a été revu notamment par l'augmentation de la contenance du circuit de refroidissement. Les volets moteurs de plage arrière sont articulés chacun en deux parties et pivotent sur des barres de torsion. Côté casemate, le mortier a disparu, la radio est de la famille SCR 508/528 et l'inusable cal. .50 est toujours sur son affût de casemate, de même que la cal. .30 dans son « nez de cochon ». L'armement est complété par un lance-roquettes AT M20 (ou M20 A1) de calibre 3,5 pouces (soit 89 mm). Construit entre 1954 et 1955 par la firme Bowen-Mc Laughlin-York, une petite série est réalisée fin 1958, par l'arsenal de Rock Island (60 exemplaires). L'armée française a perçu des M74 à partir de 1960. Ce « papy » de la remorque assurera l'évacuation des engins blindés jusqu'à l'apparition du char M48 pour lequel les Américains vont mettre en service le *Heavy Recovery Tank* M88, qui rompt totalement avec le concept M4.

Il est bon de souligner que ce M88 est toujours en service dans l'armée américaine, c'est encore lui qui assure la maintenance et les remorquages du M1 Abrams et on peut voir que les concepteurs américains sont restés fidèles à leur flèche (*Boom*) dont le principe d'utilisation est rigoureusement le même que celui du M32 B3 ; à l'exception de la version M88 A2 sur laquelle tout l'équipement est hydraulique.

Quand on connaît le savoir-faire des Américains en matière d'automatisme et d'hydraulique, on se dit que cette flèche doit être, pour le moins, fiable et efficace. Pour en revenir au M74, il est en service dans les unités françaises jusqu'à la fin des années soixante-dix. Il aura donc remorqué en France des M24 Chaffee, des M47 Patton et des AMX 30 tout court, pour ne citer que ceux-là.

Sherman ARV MK I

Version britannique du char de dépannage (*Armoured Recovery Vehicle*), il est équipé d'un treuil et d'une flèche de type A, à déploiement mécanique. Ses équipements comprennent un lot d'ancrage (type Holmes), un triangle de remorquage en deux parties (fixé sur le bordage extérieur gauche), des câbles et poulies diverses et tous les outillages nécessaires à la dépose de moteur ou boîte de vitesses. Un ensemble de soudure oxyacétylénique est fixé du côté arrière droit, dans le logement du puits de tourelle. Un étau est monté sur le carter de différentiel, côté gauche et il est mobile sur un secteur horizontal. La plage arrière est occupée par deux grands coffres à matériel et les poulies de mouflage*.

Sherman ARV MK II

Cette version plus élaborée du MK I est développée sur une base M4A4. La flèche en A est transportée en plusieurs pièces, les jambes sont fixées sur les bordages droit et gauche. Le véhicule est équipé d'un faux canon et une casemate a été montée sur le puits de tourelle. À l'arrière, se trouvent une chèvre de levage et un dispositif d'ancrage à commande hydraulique.

Le Sherman BARV

Celui-là, aussi, est dû à l'imagination de P. Hobbart... Et il est franchement surprenant...

BARV signifie *Beach Armoured Rescue Vehicle*. La signification est claire, ce véhicule blindé de récupération opère sur les plages. De par son apparence, on en déduit qu'il peut franchir des gués ou des coupures humides relativement profondes, les sorties d'échappement ayant été remontées suffisamment haut à l'intérieur de la protection étanche autour du châssis. Cet engin, dépourvu d'armement de défense rapprochée, est aussi doté d'un équipement spartiate. Pas de triangle de remorquage, pas de treuil, simplement des câbles de grande longueur et quelques poulies. L'avant comporte un dispositif de « poussage » composé de poutres de bois fixées sur une armature métallique destinée à pousser les véhicules en difficulté. C'est avant tout un véhicule de sauvetage/récupération

Normandie juillet 1944. Un Sherman ARV détourellé remorque un Sherman I d'une unité britannique. *(IWM)*

pouvant opérer dans une profondeur de 2,9 m. Il est construit à 52 exemplaires pour le débarquement de Normandie. Plus tard, un BARV a été réalisé à partir d'un châssis de char Centurion et utilisé pendant la guerre des Malouines. Les Pays-Bas sont équipés, aujourd'hui, d'une version BARV développée sur un châssis de Léopard 1.

Après les « dépanneurs » voici un aperçu des variantes que l'on pouvait rencontrer. Certains de ces engins ne sont pas entrés en grande production, abandonnés après quelques tests ou essais infructueux.

M4 Dozer

Ce M4 est équipé d'une lame de bulldozer, avec ou sans tourelle, pour le corps du Génie. Cette lame, bien que manœuvrée hydrauliquement sert uniquement au déblaiement d'obstacles éventuels, abattis, obstacles antichar ou autres.

Elle n'est pas prévue en utilisation nivellement, mais peut remblayer, faire des talus ou creuser pour installer un char en point fixe. Quelques versions *Dozer* sont équipées du système hydraulique des *Bulls* Caterpillar D8, notamment pour le débarquement en Italie, en 1943. Ce montage ayant donné entière satisfaction, une lame dozer M1 a été dessinée et mise en production à partir de 1944.

Un deuxième modèle de lame, le M1A1, est créé pour être monté sur les versions HVSS. Cette lame, fixée de part et d'autre sur le bogie central, est actionnée par l'hydraulique de tourelle. Une petite série de M4 est livrée avec un montage « permanent » de la lame dozer. Ces engins destinés au génie sont des chars sans tourelle.

Sherman OP Command

Cette version du Sherman utilisée en PC (OP : *Observation Post*) est due aux Britanniques. Sur ces modèles, le nombre de moyens radios peut être porté à trois. Il est facilement identifiable par le nombre des antennes montées sur la superstructure.

Ces chars sont destinés, entre autres, aux officiers « opération », observateurs d'artillerie et aux officiers supérieurs des divisions blindées. Ils sont équipés d'un poste WS M19 en tourelle et d'un poste WS M18 sur le bordage, à côté du copilote ou parfois en tourelle.

Le canon est factice. L'intérieur de ces blindés britanniques est aménagé différemment du fait de leur spécificité d'emploi et de la modification principale : la suppression du canon, remplacé par un modèle factice (en bois), ce qui permet de libérer un maximum d'espace en tourelle. Tout cet espace est réservé aux équipements et notamment aux cartes ou tables de tir ; la tourelle utilisée, celle du Firefly est facilement reconnaissable à l'évidement du caisson radio.

L'armement antiaérien est conservé (MG cal. .50) ainsi que les deux MG cal. .30 (en coaxial et celle manœuvrée par le copilote), d'où la présence en tourelle des munitions en caissettes métalliques. L'équipement est complété par les habituels rechanges pour épiscopes, rations de combat, lampes diverses, fanions, trousse de première urgence, rechanges radio, extincteurs, munitions, fumigènes, grenades et armes individuelles. Les versions *OP Command* sont équipées de marchepieds additionnels sur le glacis avant, char d'autorité oblige !

Ci-contre.
Le Sherman ARV Mk II est parfaitement aménagé. Contrairement au M32, son équivalent américain, le dépanneur britannique n'est armé que d'une mitrailleuse de caisse. Le canon est factice. *(Tank Museum)*

Page précédente, en bas.
Un Sherman et sa lame de bulldozer M1 sur une route de Normandie. Comme on ne distingue pas les butées de volets moteur, que le glacis est à 57° avec des volets de type « Small », il s'agit probablement d'un M4 A2, voire d'un M4. *(NARA)*

Ci-dessous.
14 août 1944, le Major General Roberts, à droite, et le brigadier Harvey, commandant de la *29th Armoured Brigade* (*11th Armoured Division*), devant le char de ce dernier. *(IWM B9184)*

1

2

3

4

1. M34 Sherman équipé du dispositif « Fascine ».
2. M4 Sherman *Twaby Ark*.
3. M4 Sherman *Octopus*.
4. *Mobile Assault Bridge*.

M4 Fascine

Ce modèle n'est pas vraiment bien connu. Il est presque précurseur en matière d'aide au franchissement. En effet, les Anglais, avaient déjà mis au point un système sur base de char Churchill, qui permettait le franchissement de coupures du style fossé très large ou similaire.

Le principe est assez simple, un engin chenillé muni d'une travure en superstructure vient se poser au fond de la coupure et les chars peuvent franchir en passant sur la travure.

En prévision de l'opération *Overlord*, les Américains ont voulu améliorer le principe en reprenant l'idée d'un engin poseur de pont autrement dit un *« bridge layer* »*. De leur côté, les Britanniques s'activent et mettent au point le système *« Fascine »*.

Il s'agit de doter un Sherman de moyens légers et rapides de franchissement, en l'occurrence des armatures métalliques sur un char sans tourelle. Au nombre de deux, ces armatures sont déposées l'une après l'autre dans la coupure, recouvertes au besoin de planches ou troncs d'arbre permettant le franchissement par des engins blindés n'excédant pas 40 tonnes.

Les fascines étaient « ripées » par l'intermédiaire de rampes métalliques disposées vers l'avant du char. Une version améliorée, utilisait l'hydraulique et la crémaillère de tourelle, sur laquelle est fixé – en lieu et place de la tourelle –, un berceau permettant de déposer une fascine, puis, par rotation de 180°, de déposer la seconde.

M4 Mobile *Assault Bridge*

Char poseur de ponts à deux rampes muni d'une flèche de déploiement. Ce modèle est assez rare. Le MAB, comme la plupart des poseurs de pont, a surtout été utilisé en Sicile et en Italie.

Ci-contre. Ce schéma en coupe de la haie du bocage normand illustre parfaitement les difficultés rencontrées par les blindés pour évoluer dans cet environnement *(Dessin de l'auteur)*

Ci-dessus. Un char Churchill britannique franchit une coupure à l'aide du soutien d'un Sherman *Octopus*. *(NARA)*

Sherman *Badger*

C'est un M4A2 HVSS équipé d'une travure à un élément. Il est développé au Canada en 1945.

Sherman *Twaby Ark*

Cette version de franchissement de coupures est conçue sur le modèle anglais « Churchill Ark ». Il est surtout utilisé pour la formation et l'entraînement des équipages.

Sherman *Octopus*

Ce char est similaire au précédent, mais possède des travures plus longues.

Sherman *Plymouth*

Le *Plymouth* est un poseur de pont utilisant les structures « Bailey » du génie américain.

Ces structures sont en fait des ponts modulaires à mise en œuvre rapide, transportées sur le M4.

Ci-dessous. Le M4 Sherman *Twaby Ark*, possède des travées moins longues que celle de l'*Octopus*. Elles sont ici repliées. *(NARA)*

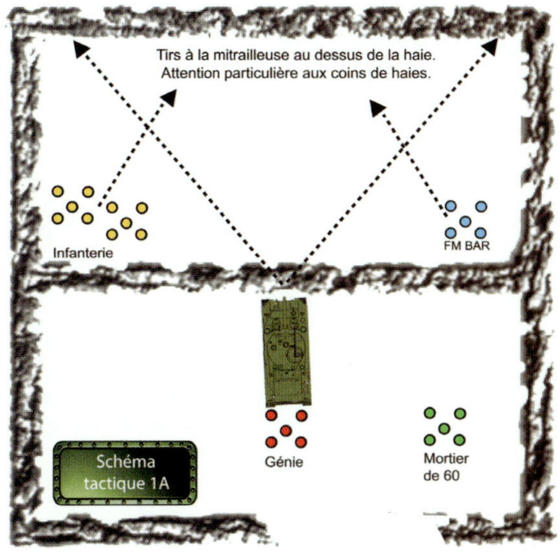

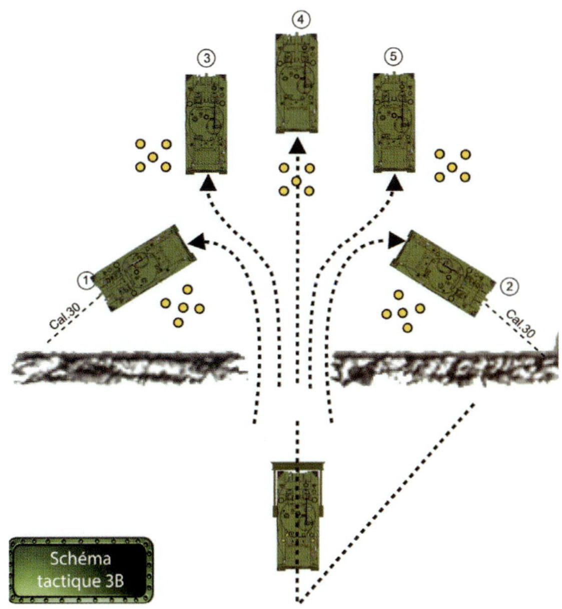

Les différents schémas tactiques pour traverser les haies du bocage normand. *(Dessins de l'auteur)*

LE CHAR DU BOCAGE

Le M4 *Cullin Hedgerow Cutter*

Ci-dessus.
À la fin du mois de juillet 1944, un *Tank Destroyer* M10 (à gauche) du *702nd Tank Destroyer Battalion*, toujours équipé d'une partie de son *Fording Kit*, est dépassé par un M4 du *743rd Tank Bn* équipé d'un taille-haies Cullin Type 2. La photo est prise près de Lonlay l'Abbaye, en Normandie. *(NARA)*

Un « spécial Normandie, une AOC en quelque sorte.

C'est un char M4 équipé d'un dispositif à l'avant pour traverser les haies du bocage normand. Cette version est aussi baptisée « Taille haies », ou *Prong*. La plus grande partie des dispositifs est fabriquée à partir des obstacles antichars que les Allemands ont disposés sur les plages de Normandie. Une version nommée *Hedge buster* consiste en un poussoir assemblé à partir de profilés. Ceci explique que le dispositif Cullin pouvait prendre des formes et des compositions différentes. On distingue deux modèles parmi les plus répandus.

Ce dispositif est mis en place en juillet 1944, soit un peu plus d'un mois après le débarquement. Il est surprenant de voir que les jolies haies du bocage normand sont un obstacle si important pour des engins à chenilles de plus de 30 tonnes, mais, comme chacun sait, la nature est trop souvent « bien faite ».

Cette installation s'est aussi révélée très efficace lors des combats dans le Pacifique et en Corée. Il est installé sur les Sherman « canon » ainsi que sur les *Tanks Destroyers*.

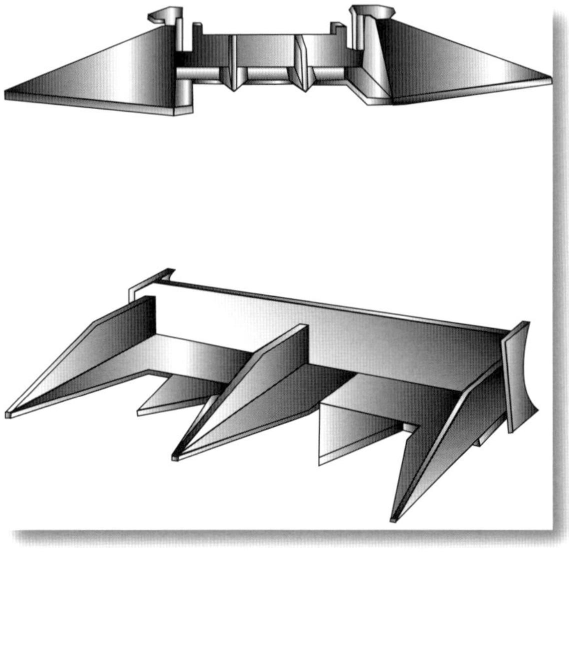

Les dispositifs Cullin Types 1 et 2, dits réglementaires.

Dans tous les cas, pour la Normandie, le commandement américain a mis à la disposition des unités de blindés un ouvrage intitulé *Combat lessons* avec un chapitre « *Fighting in Normandy* ». C'est dire l'importance de ces haies pour les tankistes du débarquement. Cet ouvrage commence par bien définir les haies en question et leur environnement. Ainsi lisait-on que les axes de pénétration dans le bocage normand sont constitués d'un terrain très légèrement vallonné, composé de champs et de plantations séparés par des haies. Ces champs et plantations, de tailles et agencements différents, ressemblent à un patchwork brouillon – pour les Américains – qu'ils nommaient *Crazy quilt* (*quilt*: édredon).

Les haies, elles-mêmes, sont faites d'un talus de terre d'environ deux mètres de hauteur pour un mètre soixante de large; le sommet est planté en rang serré d'arbustes résistants, les pentes du talus sont, elles, parsemées de végétation touffue et épineuse. À la base de ce talus, de part et d'autre, coule un petit ruisseau de trente centimètres de large pour cinquante de profondeur; il draine les eaux d'écoulement jusqu'à un collecteur situé en bout de champ.

Outre le fait que ces haies sont un obstacle qui freine la progression – voire la stoppe –, elles sont un endroit idéal pour une embuscade ou une préparation d'attaque... D'autant que les petites routes de campagne longent souvent ces haies. Situation délicate, donc, pour les troupes à pied progressant avec les chars. Autre inconvénient et non des moindres: d'un champ à l'autre, la visibilité est nulle, sauf dans le cas où un village est proche, auquel cas le clocher ou le château d'eau sont visibles.

Les Allemands ont un avantage énorme en Normandie, depuis 1940, ils ont étudié et organisé tout leur système de défense côtière, ils sont devenus maîtres dans l'art d'utiliser ce terrain à leur avantage.

Caen, Falaise, Villers-Bocage et bien d'autres sont autant d'exemples de l'âpreté des combats. Dans un mémo, le général commandant le *XIXth US Corps*. écrit:

« *Les Allemands ont organisé leur défense autour du canon de 88 à double vocation* (Flak et Pak), *les Tigre et leur canon de 88, le Panther et son 75 avec obus à haute vélocité.*

Toutes ces armes vous tiennent sous leur feu tendu à une distance de 1800 mètres. Toutes ces pièces sont solidement enterrées, et même leurs chars sont parfois encaissés, gardant seulement la mobilité de la tourelle.

Ajoutons à cela le travail des snipers allemands qui, n'hésitaient pas à rester quatre ou cinq jours à leur poste après qu'une position soit tombée, pour se manifester à nouveau par des tirs mortels, des jets de grenades incendiaires ou des engins blindés soigneusement piégés. »

À partir de là, pour les Alliés, les haies du bocage normand deviennent une véritable plaie ouverte. Il est capital pour eux d'utiliser le binôme « char-infanterie » pour venir à bout de la résistance et des haies. Les attaques se déroulent selon un scénario bien rodé : 15 minutes de préparation artillerie, puis les blindés (six) ouvrent la route, en neutralisant les canons antichars. Six autres blindés appuient une compagnie d'infanterie, les six derniers blindés restent en couverture.

Les chars d'accompagnement infanterie « arrosent » les haies tout au long du déplacement. Ce binôme progresse de haie en haie, donc, à vitesse réduite. Dans certains cas, des *Tanks dozer* sont mis à contribution pour ouvrir une brèche dans la haie, permettant ainsi de traiter les deux côtés simultanément. Dans d'autres cas, des unités du génie traitaient les objectifs.

Le montage des dispositifs Cullin à l'avant des blindés, quels que soient les matériaux utilisés, a pour but de prendre les arbustes au niveau des racines (le plus bas possible), ce qui permet de soulever ces derniers et de les arracher. En franchissant la haie sans le dispositif, le char perd de la puissance (la pente), le nez vient buter sur les arbustes et la végétation qui peuvent le retenir. Il est fréquent en Normandie que le binôme « char-infanterie » soit épaulé par des éléments du génie maniant les explosifs.

Le dispositif est pensé par le sergent Curtis G. Cullin qui, en fait, reprend l'idée d'un certain Billy Roberts, qui voulait mettre de grosses dents de scie devant le char. La première solution envisagée pour éliminer le problème du bocage normand est baptisée *Salad fork* (fourchette à salade). Il se compose de deux grosses barres métalliques soudées à l'avant du char, comme deux cornes. Le char plante ces deux barres dans le talus de la haie, puis se retire, laissant deux trous que l'on remplit d'explosif, de façon à créer une ouverture dans la haie.

À l'usage, cette solution ne se révèle pas la meilleure, les barres métalliques cassent souvent dans le talus. Elles sont donc tout d'abord remplacées par une lame à grosse denture baptisée *« Green dozer »* qui, elle non plus, ne donne pas entière satisfaction.

Le dispositif du sergent Cullin est finalement adopté car en soulevant la terre et la végétation de la haie avec les dents du dispositif, le char augmente sa protection lorsqu'il est en haut du talus, endroit et moment où il est le plus vulnérable.

Le sergent Cullin en juillet 1944 en Normandie. *(NARA)*

Pour un rendement maximum du dispositif, les chars abordent la haie en troisième à une vitesse de 15 miles/h.

Le *Cullin Hedgerow Device* est parfois appelé *« Rube Goldbergs »* et les chars qui en ont équipé prennent le surnom de *« Rhino »* en référence aux défenses du rhinocéros.

Les Américains ont fabriqué et monté environ cinq cents dispositifs Cullin sur leurs blindés, principalement sur les M4, M5 et TD M10 de la *2nd Armored Division*. Les Anglais, de leur côté, en auraient produit près de mille, dont 600 en Angleterre. Le général Bradley a tout mis en œuvre pour qu'un maximum de chars soit équipé en prévision de l'opération *Cobra*[1].

1. Fabrication sur le front d'un dispositif Cullin Type 1.
2. Dispositif *« Prong »* monté sur un M4A1.
3. Montage d'un dispositif de type *« Rhino »*.
4. Variante du dispositif « Cullin 2 ».

1. L'opération *Cobra* est le nom de code de l'offensive américaine menée en juillet 1944 dans le Cotentin, afin d'ouvrir la route de la Bretagne et enfoncer les lignes de résistance allemandes encore très actives dans ce secteur.

1

2

3

4

LES DÉMINEURS

En ce qui concerne les M4 démineurs, nous remarquons qu'il y a pléthore. Il faut simplement se souvenir que les Allemands avaient abondamment miné toutes les plages du littoral atlantique et leurs accès immédiats, mais aussi les sites potentiels de débarquement en Sicile et en Italie. Les Américains ont commencé à développer des systèmes anti-mines sur les chars M3. Les Britanniques ont, de leur côté, mis en œuvre des

1

2

3

4

5

6

7

8

9

10

11

En 1943, lors de tests menés avec d'autres Sherman démineurs de type « Scorpion », en Sicile et en Italie, l'armée américaine utilise le dispositif anti-mines T1 E3 « Aunt Jemima » fixé à un M4 A1 Sherman. « Tante Jemima » est une célèbre marque de pancakes industriels dont le personnage publicitaire est ici reproduit sur la caisse du char. *(NARA)*

engins démineurs sur base de M4 mais aussi sur châssis de Churchill ou Valentine *(Crab 1* et *Crab 2*). Il existe trois types principaux de char démineur, le modèle qui fait exploser les mines par des rouleaux disposés devant le char ou des fléaux rotatifs, le type utilisant des systèmes qui déterrent les mines ou engins explosifs, et le modèle qui frappe les mines pour les faire exploser.

Il faut également savoir que – en tout cas pour l'époque considérée – la pose de mines, ou de champ de mines, obéit à des règles très précises. Concernant le champ de mines par exemple, un plan de pose est établi, avec les cheminements, les divers balisages et les séquences de déminage. Pour ce qui est des mines anti-véhicules, leur pose sur des itinéraires (bien repérés) a pour but d'immobiliser le blindé ce qui facilite ensuite le travail des pièces antichars.

Les démineurs à rouleaux

Mine Exploder T1E1 _Earthworm_

Char anti-mines munis de disques blindés, exemplaire rare. *Earthworm* signifie ver de terre. C'est un ensemble de disques blindés assemblé en tricycle, chaque train comporte 6 disques. Ce dispositif, est mis en œuvre par un *Recovery* M32 qui le pousse, le porte disque étant suspendu et manœuvré par la flèche du *Recovery*. Cet ensemble est développé en 1943 et pèse 18 tonnes.

Mine Exploder T1 E2

C'est le T1 E1 réduit à deux unités de sept disques. Étudié en 1943, il est resté dans le domaine expérimental.

Mine Exploder T1 E3 (M1) « Aunt Jemima »

Char anti-mines munis de deux unités de cinq disques blindés de 3,30 m de diamètre. Les disques sont entraînés par une chaîne qui prend son mouvement sur les barbotins spécialement équipés pour. Construit à 75 exemplaires, il est utilisé en Italie et en Normandie. Il est parfois, à cause de son poids, poussé par un autre char.

Aunt Jemima signifie tante Jémime.

Mine Exploder T1 E4

Char anti-mines développé en 1944, muni de 16 disques à l'avant. Les disques sont montés sur une flèche renforcée, articulée sur la caisse du char.

Mine Exploder T1 E5

Char anti-mines basé sur le T1 E3 et développé à partir de juillet 1944. Il est équipé de deux unités de six disques blindés montés sur un support central à la place d'une flèche. Le mouvement est fourni par les barbotins ; chaque unité de disques est pilotée par un barbotin. Modèle resté au stade expérimental.

Mine Exploder T1 E6

Char anti-mines semblable au T1 E3 mais avec des disques dentelés. Il est resté à l'état de prototype.

Mine Exploder T2 E1

Char anti-mines développé pour le corps des Marines sur une base de *Tank Recovery Vehicle* M32 utilisant une perche. Le prototype non satisfaisant est abandonné en octobre 1943.

Mine Exploder T9

Char anti-mines munis de six rouleaux. Difficile à diriger.

Mine Exploder T9 E1

Char anti-mines plus léger que le T9, mais peu efficace car certaines mines n'explosaient pas.

Les démineurs à fléau

Mine Exploder T2 _Flail_

Désignation américaine du char britannique *Crab I* qui est doté de deux bras métalliques situés à l'avant du char et reliés par un cylindre. Autour de ce cylindre, de longues chaînes sont fixées et frappent le sol lorsque le tambour est mis en rotation.

Au contact d'une mine antipersonnel ou antichar, les chaînes en déclenchent le dispositif. L'explosion ne détruit aucun élément du char Sherman qui peut poursuivre sa progression à l'intérieur du champ de mines. Quelques exemplaires ont été utilisés par l'armée américaine en 1944-1945 dans le nord-ouest de l'Europe.

Mine Exploder T3

Conçu fin 1942, ce char anti-mines est basé sur la technique du « *Scorpion* » britannique. Le dispositif se composait du tambour ajouré et des chaînes montés sur des bras de conception américaine. Le mouvement est transmis par un groupe moteur fixé sur le côté droit du char. Les chaînes ont un mouvement en

Page précédente.
1. Démineur construit par l'USMC sur la base d'un *Dozer* M1.
2. *Mine Exploder* T1 E1.
3. *Mine Exploder* T1 E4.
4. *Mine Exploder* T1 E3.
5. *Mine Exploder* T1 E5.
6. *Mine Exploder* T1 E6.
7. *Mine Exploder* T 4.
8. *Mine Exploder* T2 *Flail.*
9. *Mine Exploder* T3 E2.
10. *Mine Exploder* T3 E1.
11. *Mine Exploder* T4.

spirale. À l'avant du char, est monté un bouclier pour protéger des chutes de pierres ou de débris divers. 41 T3 ont été produits par Pressed Steel Car Company. La production de cette version est arrêtée fin 1943.

***Mine Exploder* T3 E1**

Char anti-mines T3 muni de plus longs bras et un rotor à chaînes dont le tambour est rempli de sable. Sur cette version, le moteur d'entraînement du fléau a été supprimé, c'est le moteur du char qui assure cette fonction. L'ensemble allégé ne pèse plus que 2500 kg et la vitesse de rotation du fléau est passée de 75 t/m sur le T3 à 178 t/m sur le E1.

***Mine Exploder* T3 E2**

Char anti-mines basé sur le T3 E1 mais avec un rouleau blindé à la place du rotor à chaînes.

***Mine Exploder* T4**

Dénomination américaine du char anti-mines britannique *Crab II*. Seulement quelques exemplaires ont été testés par l'armée américaine.

Les démineurs à extraction

***Mine Excavator* T4**

Développé fin 1942. On ne fait plus exploser les mines par pression, on les déterre. Sur ce modèle on a simplement modifié une lame de *Tank dozer* en l'équipant de « fourches » en partie basse du char. Cette lame est montée fixe à l'avant du M4. Le modèle est abandonné après plusieurs essais infructueux.

***Mine Excavator* T5**

Conçu sur la base du T4 dont on a essayé d'augmenter la fiabilité en remplaçant les « fourches » par des bêches en forme de V. Une version ultérieure a pris la dénomination de T5 E1.

***Mine Excavator* T5 E2**

Dispositif conçu à partir du T5 E1. Équipé de l'hydraulique du *Tank dozer* pour contrôler la profondeur de fouille.

***Mine Excavator* T5 E3**

Sur ce modèle l'angle et la forme de la lame ont été modifiés afin de déterrer les mines et les évacuer sur les côtés; la lame est incurvée à sa partie supérieure pour éviter que les mines ne retombent entre la lame et le char. Cent engins ont été construits à Plante-Choate et expédiés sur le front du Pacifique.

***Mine Excavator* T6**

Modèle basé sur le T5 dont la forme des bêches est modifiée. Suivi des modèles T6 E1 et T6 E2. Procédé abandonné pour défaut de contrôle de la profondeur de fouille.

***Mine Exploder* T7**

Ce char anti-mines est développé fin 1943. Il est doté d'un châssis muni de petits rouleaux composés chacun de deux disques. Abandonné car jugé insatisfaisant.

***Mine Exploder* T8**

Char anti-mines dotés de piqueurs en acier montés sur châssis pivotant. Ces piqueurs martèlent le sol à l'avant du char, un peu comme un pic-vert. Ce char

1. *Mine Exploder* T5 E3.
2. *Mine Excavator* T5 E2.
3. *Mine Exploder* T7.
4. *Mine Exploder* T9 E1.
5. *Mine Exploder* T 10.
6. *Mine Exploder* T8.
7. *Mine Exploder* T 11.
8. *Mine Exploder* T 12.
9. *Mine Resistant Vehicle* T15 E1.
10. *Final Flail*.
11. *Galloping Ghost*.

Un Sherman *Crab Mk II* du *1st Lothian and Border Horse*, un régiment de la *79th Armoured Division*. À l'arrière, les feux de guidage et le système de pose des jalons pour indiquer les limites du chemin déminé. *(Tank Museum)*

est difficilement manœuvrable, ce qui lui vaut le surnom de « *Johnny Walker* » (marque de Whisky). Les piqueurs sont actionnés par l'intermédiaire du barbotin gauche sur lequel une couronne dentée est fixée. Un ensemble de pignons « engrène » sur cette roue et actionne un arbre qui met les marteaux en mouvement. Un modèle de T8 à six marteaux a été testé

T9 et T9 E1

Le T9 est équipé d'un rouleau à pointes poussé devant le char par l'intermédiaire d'un gros tube télescopique. Cet ensemble à lui seul pèse 32 tonnes soit le poids du Sherman qui le pousse. Beaucoup trop lourd, il s'enlise facilement. Son successeur, le T9 E1 est doté d'un cylindre similaire mais allégé. Le cylindre télescopique qui actionne le rouleau mesure six mètres et peut être agrandi à huit.

***Mine Exploder Big Foot* T10**

Char anti-mines muni d'une unité (tricycle) montée sous le char, contrôlé à distance par le char suivant. Les bogies sont supprimés, le plancher de caisse est renforcé par une plaque de blindage supplémentaire de 25 mm, les deux roues avant ont un diamètre de 2,4 m, le rouleau arrière mesure 1,82 m. Le T10 se trouve à 1,4 m au-dessus du sol, les rouleaux traitent une largeur de 3,8 m, l'ensemble pèse plus de 58 tonnes, la vitesse de déminage est de 3 km/h, la vitesse de déplacement 10 km/h maxi. Difficile à contrôler, il est finalement abandonné.

***Mine Exploder* T11**

Char anti-mines armé de six mortiers montés à l'avant. Ces mortiers sont articulés sur une commande commune et sont du type « *Spigot* ». Contrairement au mortier classique où la munition est introduite dans le tube de lancement, le tube de lancement dit « *Spigot* » est entouré par la munition. Expérimental.

Mine Exploder T12

Char anti-mines armé de 23 mortiers. Ce modèle pourtant efficace est abandonné en décembre 1944

***Mine Exploder* T14**

Un char M4 standard est doté d'un blindage ventral renforcé, de chenilles également renforcées et de protections latérales blindées. Il fait exploser les mines en passant dessus. Abandonné à la fin de la guerre.

***Mine Resistant vehicle* T15, T15 E1, T15 E2**

Construits à partir de septembre 1944, ces modèles sont des versions améliorées du T 14. La tourelle est enlevée, les blindages additionnels sont augmentés sur les trains de roulement et les chenilles sont blindées. Les galets de bogies sont des disques blindés accouplés et des amortisseurs supplémentaires en caoutchouc sont placés au-dessus des galets. Une plaque de blindage ferme le puits de tourelle et, dans cette plaque, un emplacement fermé est destiné au chef de char. Construit par Chrysler, cette version sans tourelle, ni armement, pèse 36 tonnes. Le T15 E1 est équipé de chenilles à denture extérieure.

***Snake Equipment* for M4**

Char Sherman standard poussant une charge explosive en forme de serpent. Il est utilisé par les fantassins américains notamment lors du débarquement en Normandie.

T59 10.75 inch

Système de lanceur de fusées dont le but est de dégager un passage dans un champ de mines. Le M4 tire une remorque ou est installé le système de lancement qui envoie des missiles de 1,98 m de long pour un poids de 160 kg.

Les démineurs Britanniques

Les démineurs britanniques installés sur les chars Churchill ou Valentine ne sont pas pris en compte. Les versions britanniques de déminage sont en principe de type « *flail* » (fléau), c'est le cas des *Lulu*, *Scorpion*, *Lobster* (homard), *Marquis*, *Pram* et *Crab*. Les versions AMRCR sont du type « *Roller device* » ou rouleau.

1. Le démineur *Lulu* et ses barils blindés.
2. Sur le char démineur Marquis, la tourelle a été remplacée par un caisson blindé contenant la mise en œuvre du dispositif de déminage.
3. Le *Scorpion Mk IV* est équipé de deux moteurs logés dans des structures à l'arrière.
4. Le *PRAM Scorpion*.
5. Le *Crab Mk I*, fléau baissé.
6. Le *Crab Mk II*, fléau baissé, noter à l'arrière les marqueurs de piste et les projecteurs.
7. Le démineur AMRCR Mk 1 en action.
8. Le *Mine Exploder Lobster* a précédé le *Crab*.

Mine Exploder Scorpion* et *Pram Scorpion

Le système *Scorpion* est à l'origine monté sur un char Grant. Il est équipé de deux moteurs Dodge installés à l'arrière du char. Le rôle de ces moteurs est d'entraîner le fléau par l'intermédiaire de barres de transmission fixées sur les côtés du char. Le portique du fléau – important et fixé sur les bordages – rendait la manœuvre du char délicate dans les virages serrés et sur les ponts étroits.

Le *Pram Scorpion* est un système installé sur le char M4, le fléau est mis en rotation par le moteur du char et les bras de fléau sont fixés sur les bogies du centre. Sur le glacis avant, entre les bras du fléau, deux groupes de deux rouleaux blindés sont fixés et poussés par le char lors du déminage.

Mine Exploder Marquis

Le système du *Scorpion* est monté sur un char M4 dont la tourelle est remplacée par un caisson blindé abritant le moteur d'entraînement du fléau.

Mine Detector Lulu

Très joli système à rouleaux basé sur la détection. Contrairement aux autres modèles basés sur le poids des rouleaux, celui-ci est équipé de trois barils légers à l'intérieur desquels ont été placées des bobines électriques (c'est le principe du SCR 625 plus connu sous le nom de « poêle à frire »).

Deux rouleaux sont fixés à l'avant dans l'axe des chenilles, un rouleau est fixé à l'arrière entre les chenilles. Lorsqu'il détecte une mine, *Lulu* envoie à l'intérieur du char un signal sonore et lumineux. À ce moment-là, on fait intervenir une équipe de déminage sur le site. Les rouleaux avant et arrière pouvaient être repliés au-dessus de la plage arrière pour les déplacements hors déminage.

Mine Exploder Crab MK I* et *MK II

Le système du *Crab* est dû à Sir Percy Hobart qui met au point une solution beaucoup plus simple puisqu'elle utilise le moteur du M4 comme énergie. Un ensemble d'arbres à cardans et de boîte transfert est monté sur le côté droit du char. Une chaîne réalise l'entraînement et l'ensemble peut être manœuvré par un dispositif hydraulique. Le fléau, équipé de 43 chaînes à une puissance de 285 C. Le *Crab MK II* reprend la base du MK I en corrigeant un défaut majeur de ce dernier. En effet, le *Crab MK I* a un fléau qui se baisse jusqu'à la position horizontale devant le char et, de ce fait, lors du déminage, le fléau ne peut pas atteindre le fond des trous ou les cavités du terrain ou de la piste.

Les versions MK II sont donc équipées d'un dispositif qui permet au fléau de suivre plus précisément le relief du terrain. On a ajouté un contrepoids ajustable sur le bras gauche du fléau de façon à ce que ce dernier puisse suivre le profil de la piste ou de la route à déminer.

Autre amélioration du MK II, les marqueurs de piste : de chaque côté du char, à l'arrière des bras de fléau, sont fixés deux conteneurs plats contenant de la craie en poudre. Au fur et à mesure de la progression, les deux bords de la zone déminée sont clairement marqués, il ne reste plus qu'à circuler entre les deux lignes.

La vitesse de déminage du *Crab MK II* est de 2 km/h. Xes engins ont donné entière satisfaction et, affectés à la *79th Armoured Division* pendant l'opération *Overlord*, ils ont servi jusqu'à la fin de la guerre.

Mine Exploder Lobster

Le *Lobster* (homard), est testé mais n'a pas résisté au succès du *Crab II*. Sur ce modèle, le fléau est constitué par un assemblage de disques ajourés (contrairement au fléau à tambour des *Crab*), sur lesquels viennent se fixer les chaînes. Ceci a pour but d'améliorer la vision vers l'avant lors de l'opération de déminage. Les chaînes sont reliées entre elles par des barres horizontales afin de renforcer l'effet de frappe au sol. Deux vérins, fixés de part et d'autre sur le bogie du centre, actionnent les bras de fléau

Mine roller device AMRCR MK I *(Anti-Mine Reconnaissance Castor Roller)*

Il s'agit d'un démineur à rouleaux. Quatre rouleaux d'acier sont montés sur des bras à l'avant du Sherman – en principe un Sherman V – chaque rouleau est constitué de 18 disques blindés. Quatorze de ces disques ont un diamètre de 49,5 cm pour une épais-

1

2

3

4

seur de 25,4 mm. Les quatre disques restants dits « de séparation » mesurent 66 cm de diamètre pour une épaisseur 12,7 mm.

Les rouleaux de deux fois deux groupes sont montés dans l'axe des chenilles.

CIRD, le canadien

Le *Canadian Indestructible Roller Device* est un démineur équipé de deux rouleaux pleins, poussés devant le char, dans l'axe des chenilles. Ces rouleaux sont équipés de ressort de suspension et sont montés sur un cadre qui comprend lui-même deux ressorts d'absorption en cas d'explosion de mine.

La suspension et les ressorts d'absorption permettent aux rouleaux de se relever et de reculer lors de l'explosion puis de retrouver leur position initiale pour continuer le déminage.

La vitesse de déminage est de 10 km/h, Les rouleaux sont de deux modèles : le modèle 15,5 pouces (diamètre de 63,5 cm pour 487 kg) et celui de 18 pouces (71 cm pour 762 kg).

Le char américain démineur à fléau monté ici sur un M4, basé sur le modèle britannique *Scorpion*, est ici à l'essai dans une zone désertique. (*NARA*)

LES VERSIONS LANCE-FLAMMES

E4 R2-5R1, E4 R3-ER1, (M3-4-3) *Flame Gun*
Le lance-flammes est monté à la place de la mitrailleuse de capot.

E4R4-4R 5-6RC F*lame Gun*
Un lance-flammes en forme de périscope est monté à la place de mitrailleuse de capot. Les réservoirs sont installés à l'intérieur du char et procuraient une plus longue durée d'utilisation.

POA *Flame Thrower*
Char lance-flammes dont l'injecteur est installé dans le tube du canon de 105 mm dont on a supprimé le coin de culasse. Ce dispositif de projection est celui de l'US Navy. Le projecteur est de type Mk1. Le réservoir de napalm est en tourelle.

POA-CWS 75-H1
Char lance-flammes dont l'injecteur est installé dans le tube du canon de 75 mm M3. Le dispositif lance-flammes est le E13-13.

POA-CWS 75-H2
Char lance-flammes dont l'injecteur et le tube additionnel sont installés à la droite du canon de 75, permettant l'utilisation de ce dernier.

E6R1
Dispositif lance-flammes en kit venant s'adapter à la place du périscope du copilote.

E6-R7 *Flame Gun*
Char lance-flammes dont le tube de projection – de petit diamètre – remplace le canon. La réserve de napalm est en tourelle.

M4 *Crocodile*
Char lance-flammes utilisant l'équipement britannique du *Crocodile*. Ces M4 transportent le napalm dans une citerne tractée par le char.

E1 *Anti-personnel tank projector*
Version particulière développée en 1945. Ce dispositif est composé de quatre petits tubes lance-flammes répartis autour de la caisse.
Ces tubes sont mis en œuvre individuellement, ou simultanément, depuis l'intérieur du char. Le but de ce dispositif est de pouvoir stopper une attaque suicide aux abords immédiats du char.

T33 Flamme thrower
Char M4A3 équipé du dispositif lance-flammes E12 R4. Ce char est équipé d'une tourelle spéciale.

1. Sherman lance-flammes POA CWS 75 h.
2. Sherman lance-flammes E12 M4.
3. Sherman lance-flammes E4R2-5R1.
4. Sherman lance-flammes POA CWS H5.
5. Sherman lance-flammes *Crocodile* et sa remorque.
6. Sherman lance-flammes M3 4-3.

1

2

3

4

5

6

Ce M4A1 76 W lance-flammes du *70th Tank Battalion* procède à une série de tests avant de remonter au front. Le lance-flammes E4-5 propulse le liquide enflammé à une distance de 22 mètres. *(Signal Corps, NARA)*

Quelques exemplaires sont utilisés à la fin de la guerre du Pacifique.

Ces dispositifs sont utilisés principalement pendant la guerre du Pacifique.

Les équipages de ces chars ont pour habitude d'« habiller » les flancs du char avec des bardages en bois. Ceci dans le but d'éviter la pose de mines magnétiques par les Japonais. On imagine facilement le résultat d'une explosion avec une réserve de napalm à bord.

Sherman tracteur d'artillerie et transport de munitions

US M30 *Cargo Carrier*

Basé sur un châssis M12, il transporte les munitions pour les obusiers et canons de 155 mm. Il est équipé d'un système de transfert des munitions. Une mitrailleuse de 12,7 mm est montée sur un affût circulaire, fixé à l'arrière du véhicule.

Ce char peut tracter une remorque munitions de type M10 qui transporte 16 obus de 155 mm. Cette remorque est équipée d'un crochet permettant aux artilleurs d'en atteler une seconde ou bien de tracter un canon (par exemple une pièce antichar de 57 mm).

M34 et M32 B1 *Full-Track Prime Mover*

Version *Recovery* équipée du treuil à laquelle on a retiré la grue (flèche). Il est utilisé en tant que tracteur d'artillerie.

Un tracteur M35, sur châssis de TD M10 détourellé tracte un canon de 8 pouces dans le secteur de la *7th Army*. *(Signal Corps/NARA)*

LES SHERMAN AMPHIBIES

Tous ces blindés sur châssis M4 sont équipés de dispositifs de franchissement en vue du débarquement de Normandie.
Les M4 et TD M10 ne nécessitent le montage que d'un seul conduit d'aération, contrairement au M7 qui en a besoin de deux.
(*NARA*)

Sherman *Deep wadding*

Cette version du Sherman est dotée de deux manches à air permettant l'arrivée d'air au moteur et l'élévation de l'échappement, le but étant de permettre au char de franchir des gués profonds ou de débarquer en amont des plages. Spécialement étudiée pour le corps des Marines, elle est étendue à d'autres unités par la suite. Ces améliorations ont prouvé leur efficacité pendant la phase de débarquement en Normandie mais aussi en Italie. Il va de soi que ce dispositif additionnel est temporaire puisqu'il limite la rotation tourelle sur moins de 360° dans les deux sens.

Il doit donc être facilement démontable et récupérable. A contrario, lorsqu'il est à demeure, le débattement du canon vers l'avant est suffisant pour permettre le tir pendant la phase – délicate et dangereuse – d'approche des plages. Ces « appendices » de franchissement sont montés sur les M4A2, les M4A3 et les TD M10 et M10A1, engins blindés équipés du Moteur GM 60-71 ou du Ford V8 GAA.

Un autre système, le *Wading Stacks*, est spécialement étudié pour s'adapter aux grilles et échappements du M4A2, motorisé par le Twin General Motors. Il se compose, pour l'admission, d'une plaque d'appoint, fixée autour des grilles moteur, sur laquelle on adapte un fût de 200 litres charge lourde (fût comprenant les deux cerclages de renfort et de roulage).

L'échappement est enfermé dans un dispositif similaire au *Deep wading* du M3, s'arrêtant à hauteur du blindage supérieur. À partir de là, c'est un second fût de 200 litres qui est adapté. Ce dispositif est très utilisé au cours de la guerre du Pacifique (Iwo Jima, Tarawa)

Précisions concernant ce système

Il s'agit bien là de l'adaptation au châssis Sherman, d'un système étudié, mis au point et standardisé pour l'opération *Overlord*. Ces « kits » sont volumineux, comportent de nombreuses pièces qui demandent beaucoup de travail pour le montage sur les chars. L'installation des manchons proprement dits, demande beaucoup moins de temps. Il faut, par contre, savoir que la préparation des blindés en vue d'un débarquement « *Off Shore* » est une opération très longue qui doit être réalisée minutieusement. Les opérations de préparation des engins appelés à débarquer avec ce système, sont prescrites dans le TM 9-2853, complété par le TM 9-238.

Les deux manchons principaux surélèvent l'admission d'air et l'échappement; pour autant, le char n'est pas encore prêt à passer des gués supérieurs à un mètre. L'eau peut toujours s'infiltrer par les orifices non étanches comme: les tapes de remplissage carburant, eau ou huile, les orifices de ventilation, la mitrailleuse de capot, les écopes d'air des réservoirs, les volets pilote et copilote, la crémaillère de tourelle, les divers passages de câblages électriques.

L'eau peut également s'infiltrer dans les phares, la sirène, les black-out. Il est donc nécessaire de rendre tous ces points étanches, soit à l'aide de ruban adhésif spécial, soit en les enduisant de graisse, soit en passant du produit imperméabilisant. L'ensemble de ces opérations demande beaucoup de travail à l'équipage et le contrôle de la bonne exécution se fait à l'aide d'une impressionnante « *Chek list* ».

T6 *Floating Device*

Ce dispositif permettant au Sherman de se déplacer sur l'eau est baptisé « *The Ritchie Device* ».

L'ensemble se compose de quatre caissons (pontons) en acier, arrimés autour du char, deux caissons latéraux ouverts vers le bas, un caisson avant et un caisson arrière. Sur ce dernier, sont fixés deux gouvernails manœuvrés à la main. Les pontons avant et arrière sont compartimentés et remplis de mousse plastique compacte augmentant la flottaison. D'autre part, ce « remplissage » des caissons permet de continuer à flotter même dans le cas où ils sont percés par des tirs ennemis. Le déplacement est provoqué par le mouvement des chenilles dans les caissons latéraux, les chenilles sont équipées de petits godets genre *Duckbills* au bout des connecteurs. Au cours de la phase d'approche, le char peut utiliser son canon – grâce à la stabilisation gyroscopique –, contrairement au système *Duplex Drive* qui condamne l'usage de la tourelle. À l'approche de la plage, un dispositif pyrotechnique permet de désolidariser les caissons du char. Dans la tactique, les caissons laissés sur la plage servent d'abri de position pour l'infanterie d'accompagnement, solution très appréciée par le général

Page suivante.
1-3. Les principales phases de l'installation des *Deep wadding gear* (RA PD 346685)
4. M4 A1 équipé d'un kit *Deep wadding* un peu plus « artisanal ».
5. Théâtre du Pacifique, le char est équipé du *Deep wadding stacks* (fûts renforcés de 200 l.)
6. Même avec un kit « passage à gué », le trou ne pardonne pas!
7. Rare photo du dispositif T6.
8. Les goussets de fixation arrière du *Floating device*.
9. Les fixations du *Floating device* sur le glacis avant.

1
WAGE RACK
RIGHT SIDE ATTACHING ANGLE (C)
EMERGENCY DOOR (R)
UPPER ATTACHING ANGLE (A)
EXHAUST ADAPTER PAN (P)

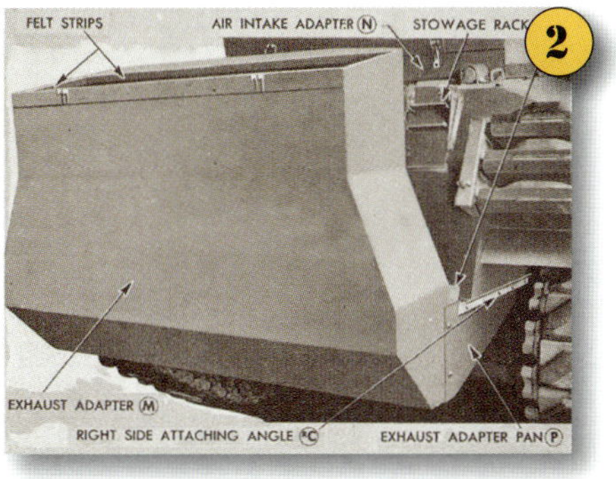
2
FELT STRIPS
AIR INTAKE ADAPTER (N)
STOWAGE RACK
EXHAUST ADAPTER (M)
RIGHT SIDE ATTACHING ANGLE (C)
EXHAUST ADAPTER PAN (P)

3

4

5

6

7

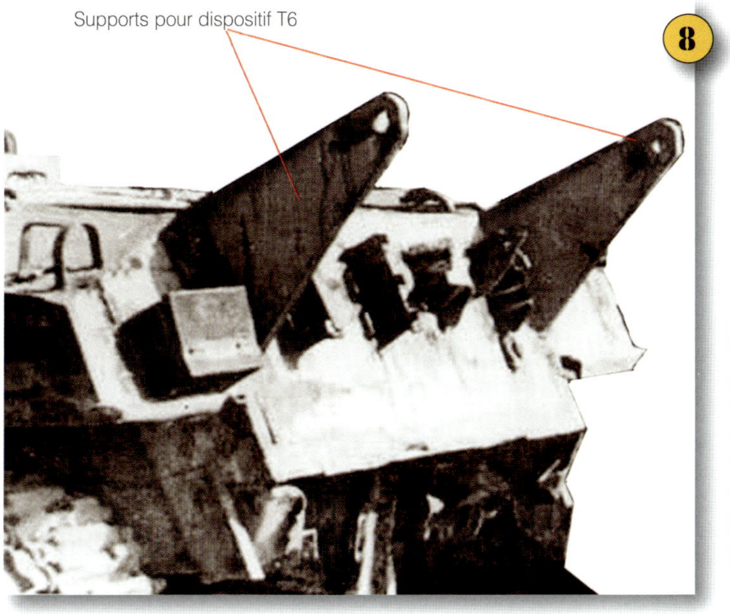
Supports pour dispositif T6
8

Supports avant du *Floating Device*
9

Ce M4A2 a été baptisé « Fire Ball ». Il appartient au *4th Marine Tank Battalion* et se prépare à débarquer à Saïpan. Le dessus de la tourelle est peint en blanc pour faciliter son identification aérienne. (*NARA*)

G. Patton. Ce dispositif est utilisé par les Marines à Okinawa et Iwo Jima. Largués depuis des LST à 18 kilomètres des côtes, ils ont mis cinq heures pour couvrir la distance. À la fin de la guerre, en août 1945, ce dispositif avait été livré à 500 exemplaires pour les Sherman, 250 exemplaires pour les M18 Hellcat (dispositif T7) et M24 Chaffee (dispositif T20). Ce dispositif, présenté au général Patton en avril 1944, n'a pas été retenu pour l'opération *Overlord* car il était top encombrant, prenant à lui seul la place de deux *Duplex Drive*. L'ensemble des quatre caissons pèse quinze tonnes. Un dispositif baptisé T8 est mis au point pour le char M26 Pershing. Sur ce modèle, de plus grandes dimensions, les deux gouvernails sont commandés depuis le poste de pilotage par l'intermédiaire d'un système de câbles et de chaînes. Ce dispositif – vite abandonné – fut, par la suite, baptisé M19.

Cette fois, ce M4A3 baptisé « Calcutta » appartient au *5th Marine Tank Battalion*. (*NARA*)

Concernant le char M4, il y eut également un dispositif de flottaison M12, composé de deux boudins gonflables équipés chacun d'un moteur hors-bord. Cet équipement était bien entendu complété par le dispositif « *Deep wadding trunk* ».

Sherman DD

De son véritable nom *Duplex Drive* – que l'on traduira par « double transmission » – ce char reprend les initiales DD pour Donald Duck. Il est l'une des adaptations – l'idée et la conception originales sont du Hongrois Nicholas Straussler – de l'Anglais Sir Percy Hobbart (*Major General* de l'armée britannique); des inventions que les utilisateurs baptisèrent « *Funnies* ». Cet engin est avant tout très délicat à mettre en œuvre.

Le but de cette adaptation est de rendre le Sherman amphibie, tout simplement.

Réalisation

Dans un premier temps, équiper le char d'un dispositif de flottaison solidaire de la caisse permettant au char de flotter pendant l'approche des plages. Ensuite, ce dispositif doit être escamotable lorsque l'engin est sur terre afin de continuer à se déplacer et utiliser son armement. Le char est donc doté d'une jupe souple entourant le véhicule; la partie inférieure de la jupe est solidaire de la caisse par l'intermédiaire d'un rebord soudé. Cette fixation est étanche et une adduction sur les échappements remonte à l'intérieur de la jupe. Pour franchir la coupure ou approcher d'une plage, on relève la jupe à hauteur de la tourelle. Elle est maintenue en position haute par des tubes gonflables répartis autour de la caisse et déployés par un système pneumatique.

L'armature est composée de 36 tubes gonflables, trois cerclages métalliques épaulés par treize poteaux en métal renforcent l'ensemble. La mise en œuvre du dispositif prend quinze minutes. Les compresseurs – ou réservoirs d'air comprimé – fournissant l'énergie sont placés à l'avant, sur le support de jupe (pour les modèles de dernière génération).

Le haut de la structure est rigidifié par une armature métallique légère. Dans cette configuration, le pilote est aveugle. C'est donc le chef de char qui, debout sur la tourelle (une plateforme a été ajoutée sur ce modèle), guide le pilote par radio. Par la suite, certains postes de pilotage sont équipés d'un périscope en remplacement de l'épiscope pilote. Pendant cette phase amphibie, le reste de l'équipage se tient en dehors du char, sur la tourelle.

La propulsion aquatique est assurée par deux hélices, dont la prise de mouvement se fait sur les poulies de tension par l'intermédiaire d'une boîte transfert; elle est enclenchée par un dispositif hydraulique, le pilote débrayant avant d'enclencher la descente des hélices.

La phase d'abaissement des carters d'hélices sur les pignons de la boîte transfert est commandée depuis le poste de pilotage par un levier se trouvant sur l'intrados du glacis avant, au-dessus du tableau de bord. D'autre part, le pilote a à sa disposition un levier de commande situé à hauteur du levier de vitesses, et, par l'entremise d'un dispositif hydraulique, il dirige le char vers la droite ou la gauche. Le chef de char a à sa disposition un gouvernail avec barres de renvoi commandé comme un safran.

En principe, une pompe de cale équipe les DD, pour évacuer les eaux d'infiltration pendant les traversées. On peut voir sur certains DD, un flasque ajouté

sur la poulie de tension. Cet appendice servait à fixer une couronne de barbotin, le but étant d'améliorer les performances de la chenille dans l'eau. Par la suite, ce dispositif est supprimé. En effet, il s'est avéré à l'usage que terre et les graviers pouvaient provoquer un bourrage de la chenille au niveau de la couronne de barbotin supplémentaire, entraînant un déchenillage.

La couronne de barbotin arrière est donc supprimée, mais le flasque de fixation est resté à demeure. Comme sur les *wadding trunk*, l'échappement du char est canalisé et débouche dans le support de la jupe, permettant aux gaz de combustion de s'échapper au-dessus de l'eau.

Petite particularité, les DD ont été largement utilisés lors de la phase de traversée du Rhin et, pour cette opération, le mécanisme de relevage de la jupe de flottaison est modifié. Cette amélioration consiste à diminuer la hauteur de relevage vers l'avant pour permettre l'utilisation de l'armement pendant la traversée. La partie arrière est levée au maximum, de façon à éviter le remplissage d'eau pendant la phase où le char monte sur la berge en fin de traversée.

L'utilisation des *Duplex Drive* est loin d'être aisée tant dans le pilotage que dans l'approche, ces inconvénients sont connus des concepteurs et les équipages de DD suivent un entraînement particulier sur le lac Fritton (région de Norfolk) en Angleterre. Les Anglais ont construit un caisson d'immersion sur base de châssis M4, et les équipages s'entraînent à la mise en œuvre du DEA, le « *Davis Escape Apparatus* ». C'est un appareil respiratoire permettant d'évacuer le char en cas de submersion accidentelle, il procure sept minutes d'autonomie respiratoire.

Ce dispositif de flottaison reste « délicat » dans l'utilisation. Lors du débarquement de Normandie, les résultats de l'utilisation des DD et des chars *Deep Wadding Trunk* ont été différents suivant les plages.

On ne peut pas aborder le chapitre du *Duplex Drive* sans évoquer le 6 juin 1944. C'est ce jour-là qu'a eu lieu l'utilisation massive de ces chars. Le DD (D-Day pour les alliés) c'est la consécration des DD. Détail d'importance, les LCT chargés de larguer les chars DD sont équipés d'un dispositif spécial (rampes allongées fixées sur la travure de débarquement) qui permet aux chars d'être en flottaison quand les chenilles quittent la rampe.

Sherman Topee

Il s'agit d'une amélioration du Sherman DD. Les équipages ont très tôt signalé la détérioration des jupes de flottaison lors de déplacements « au sec ». En effet, les jupes même correctement repliées sont soumises aux frottements des clôtures, habitations ou des arbres lors des progressions en sous-bois. Pour parer à ces détériorations, les Anglais ont doté la partie supérieure des jupes d'une protection métallique articulée sur des charnières.

Cette protection – efficace – se relève avec la jupe lors des manipulations sans opération préalable nécessaire. Par la suite, les bordages formés par le système Topee ont été utilisés – à titre expérimental seulement – pour y fixer des mitrailleuses commandées électriquement, permettant au char de tirer pendant le déplacement en milieu aquatique. Une autre amélioration est aussi envisagée par les ingénieurs anglais. Il s'agit

Essai de progression en milieu aquatique pour ce Sherman équipé de ses deux hottes métalliques destinées à l'échappement et à l'alimentation en air. Elles sont fixées sur la plage moteur. (*NARA*)

Tout près d'Utah Beach, le 6 juin 1944, un M4A1 *Duplex Drive* de la compagnie A ou B du *70th Tank Battalion*. La bande inférieure de la jupe de flottaison est toujours fixée au char. (*NARA*)

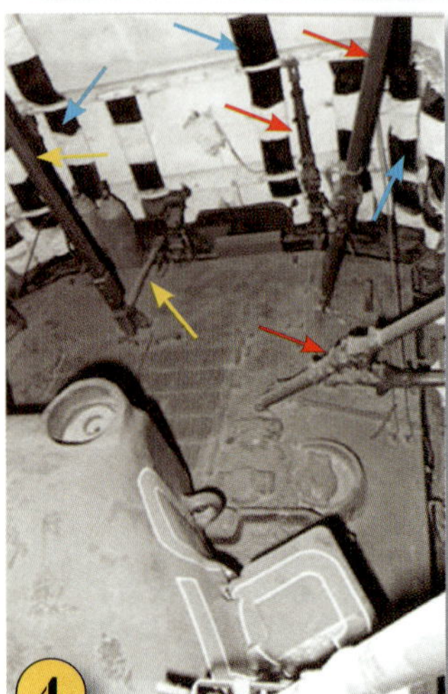

de la protection du char lors d'un déplacement sur une surface aquatique en flammes. Cette éventualité, pouvant être mise en œuvre sans grande préparation, a été prise très au sérieux. La parade consiste en un ensemble moteur-pompe, fixé sur la plage arrière du M4. Cette pompe est reliée en sortie à des conduites fixées sur la périphérie supérieure de la jupe de flottaison, tandis qu'une conduite primaire aspire l'eau dans laquelle le char évolue. Il n'y a plus qu'à pomper et la nappe enflammée est repoussée.

Ci-contre.
1. M4 de type *Duplex Drive* avec jupe de flottaison affalée.
2. Les hélices de propulsion et leurs tringleries de commande
3. Jupe de flottaison relevée et hélices en position propulsion (baissées).
4. Intérieur de la jupe de flottaison relevée. En bleu les tubulures gonflables; en jaune, les tubes métalliques raidisseurs; en rouge l'armature de soutien de la jupe de flottaison.
5. Rampe de débarquement d'un LST. On remarque la mise en place des deux rampes additionnelles qui permettent au DD d'être en flottaison au moment où l'arrière du char quitte les rampes.
6. La mise en œuvre du « *Davis Escape apparatus* ».

LES CHARS DD VUS PAR UN GÉNÉRAL DE BRIGADE AMÉRICAIN

À *Utah Beach*, le *743rd Tank Battalion* a lancé 32 DD, quatre ont coulé avec leur LCT qui a touché une mine; les 28 restants ont pu atteindre la plage 10 minutes après les premières vagues d'Infanterie.

À *Omaha Beach*, la situation se révèle plus délicate. Deux LCT transportant huit chars *Deep Wadding* touchent une mine et coulent. Le vent souffle à 18 nœuds et il y a des creux qui approchent 1,80 m À cause des marées et de la configuration du relief, les conditions se révèlent les plus mauvaises à *Omaha* par rapport aux autres plages du débarquement. La manœuvre tourne au désastre lorsque la décision est prise de larguer les DD du *741st Tank Battalion* à cinq kilomètres! La compagnie « C » perd 16 DD sur 16 pendant les premiers mille mètres, mais la plus grande majorité des équipages a pu être secourue. La compagnie « B » du même *Battalion* largue ses DD plus près et deux atteignent la plage, tandis que trois autres DD sont débarqués directement sur la plage par leur LCT après que le premier ait coulé. Le *743rd Tank Battalion* a pris la décision de débarquer ses chars directement sur la plage à partir des LCT. 32 DD, sept *Deep Wadding* et deux *Tank dozer*, soit 42 tanks, sur 56 ont pu atteindre la plage. Sur les 112 chars prévus sur *Omaha Beach*, 58 ont pu effectivement prendre position. Ces 58 blindés ont été décisifs pour la poursuite des opérations sur « Omaha la sanglante ». À la fin de la journée, il reste seulement trois chars du *741st Tank Battalion*. Dans un bataillon de chars américain, la compagnie « A » est équipée de chars canon *Wading Gear*, les compagnies « B » et « C » sont équipées, pour leur part, de Sherman *Duplex Drive*.

Les bataillons américains ont été transportés comme suit: *741st Tank battalion, B Company*, les chars embarquent par quatre sur les LCT 537, 599, 600, 603. La *C Company* embarque sur les LCT 549, 598, 601 et 602. *743rd Tank battalion B Company*: LCT 535, 586,587 et 589. *C Company*, sur les LCT 588, 590, 591 et 713.

L'*US Army* a, par la suite utilisé avec succès les DD au cours du débarquement de Provence (*756th Tank Battalion* à *Alpha Yellow Beach*, Pampelone) puis, avec les Britanniques lors du franchissement du Rhin.

À *Sword Beach* (Épée), 34 des 40 DD ont été largués à cinq kilomètres de la plage, trois ont été rapidement submergés; sur les 31 restants, huit sont restés sur la grève, après que leurs moteurs aient calé, submergés par le ressac. Suite à cela, la marée montante les a engloutis.

À *Gold Beach*, il est prévu de larguer les DD à cinq kilomètres de la plage, mais les conditions défavorables font que les DD sont largués à 1000 mètres de la plage pour une partie, le reste est directement débarqué sur la plage par les LCT. Sur les 16 prévus, seulement deux DD ont participé à la première vague de débarquement. Les autres ont pu rejoindre en même temps que les démineurs *Flail*, débarqués avant.

À *Juno Beach*, les DD sont mis à l'eau à des distances comprises entre 4000 et 1000 m. Par endroits, la faible hauteur d'eau leur permet d'avancer « à la chenille » vers la plage. Sur cette plage, les DD arrivent après les premières vagues d'Infanterie.

Il est certain que les équipages anglais et canadiens ont eu une meilleure préparation et possèdent une maîtrise bien meilleure de leur Sherman *Duplex Drive* d'où leurs pertes beaucoup moins importantes. Pour les états-majors, le débarquement de chars pour accompagner les premières vagues d'assaut s'est révélé beaucoup plus fiable avec les chars équipés en *Deep Wadding gear*.

Préparation et chronologie du débarquement de Normandie

En dehors des M4 DD et des DUKW 353 (fabriqués par GMC), qui ont leur propre capacité « amphibie », les autres chars et engins sont amenés à terre par des moyens de débarquement du type péniche. Parmi ces derniers, beaucoup ont été pensés pour le débarquement de Normandie. Les principaux sont: les LCVP *(Landing Craft Vehicle & Personnel)*, USA.

Les LCI *(Landing Craft Infantry)*, USA.
Les LCM *(Landing Craft Mechanized)*, USA.
Les LST *(Landing Ship tank)*, USA.
Les LCA *(Landing Craft Assault)*, GB.
Les LCT Mk 4 *(Landing Craft Tank)*, GB.
Les LCT-R *(Landing Craft Tank-Rocket)*, GB.

Ces barges de débarquement ont toutes des utilisations et des capacités différentes. Parmi elles, deux nous intéressent plus particulièrement, puisque destinées au débarquement des matériels lourds.

Quelques heures après le débarquement, la partie inférieure de la hotte d'échappement est encore fixée à la caisse de ce Sherman du *743rd Tank Battalion*. Les autres chars, devant lui, ont conservé la bande de jonction inférieure de la jupe de flottaison des Sherman DD. (*NARA*)

Les LST sont des navires construits en 1941 et utilisés pour la première fois en 1942 lors du débarquement en Afrique du Nord puis en Normandie et en Provence. Ils peuvent transporter 2 100 tonnes de matériels ou 20 chars M4 près des plages. Les LCT Mk IV sont des navires pouvant emporter trois chars M4 ou 136 tonnes de fret. Ces unités servent aussi sous pavillon américain pendant les opérations en Normandie, Corée, Vietnam. Ce sont ces deux types de barges et les DUKW qui transportent hommes et matériels sur les plages du débarquement. Pour ce faire, ils empruntent des axes dits « montants ou descendants » qui, non seulement, permettent un trafic maritime bien agencé, mais, aussi, un timing précis. Ces deux paramètres sont bien évidemment décisifs pour le bon déroulement des opérations de débarquement qui, rappelons-le, se déroulent sous le feu – nourri – de l'ennemi. Ce timing tient compte des besoins en matériel à un instant « T », du nombre d'unités à débarquer, des équipements et structures nécessaires. Voyons, par exemple, le planning de débarquement étudié pour le secteur d'*Omaha Beach*. Cette plage,

Le diagramme général du débarquement des forces d'assaut américaines sur *Omaha Beach*, le 6 juin 1944. (*NARA*)

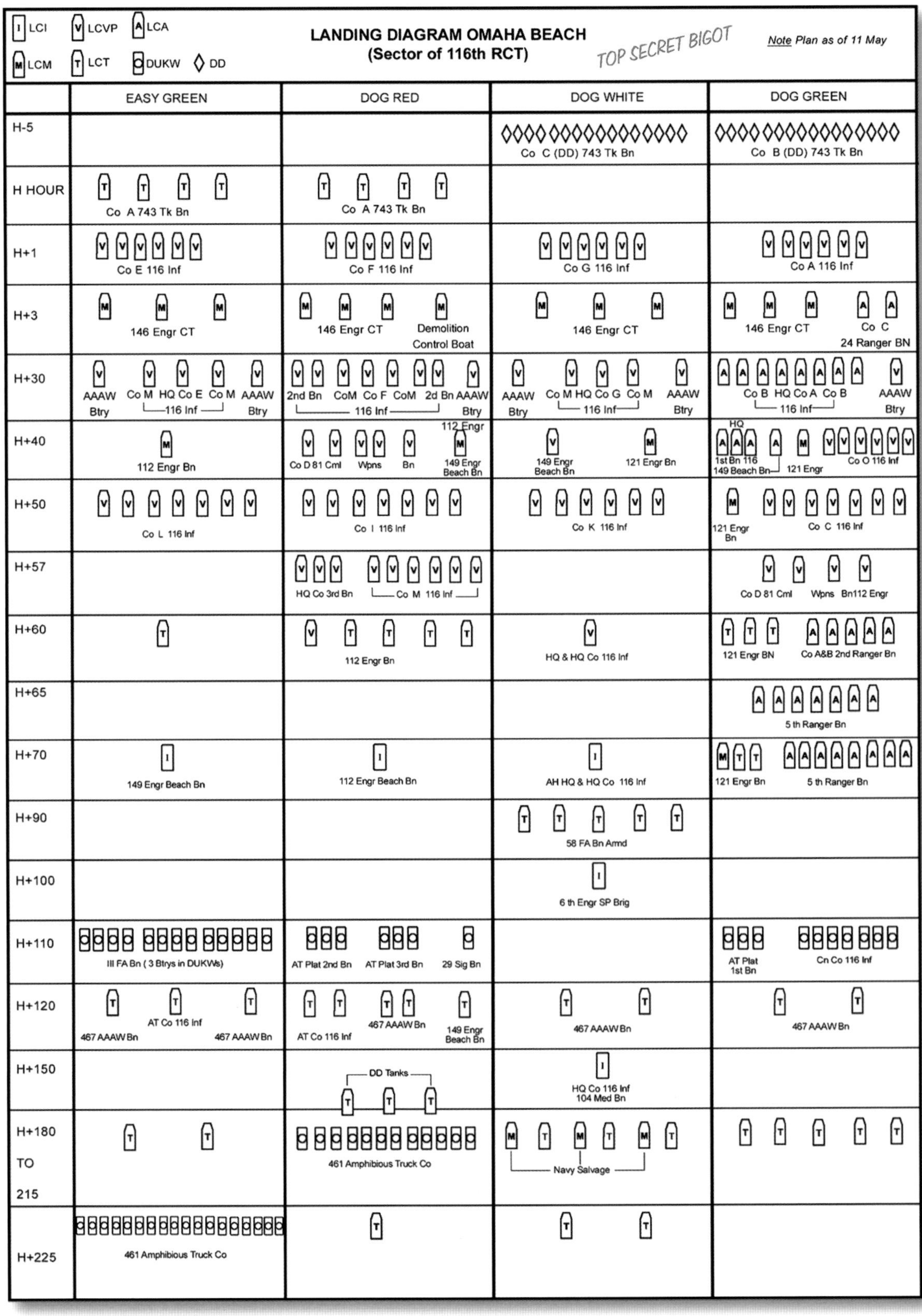

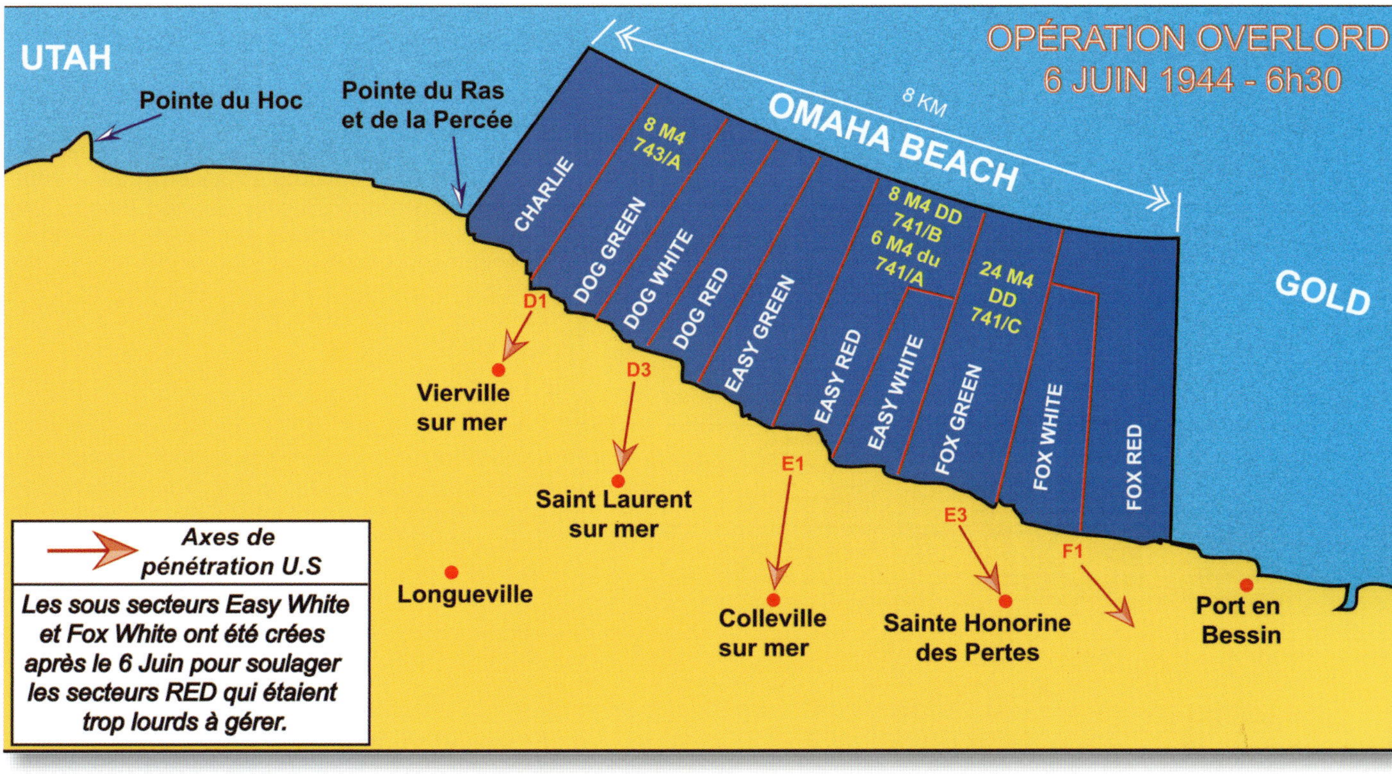

Cette carte détaille les zones de débarquement des Sherman « amphibies » sur la plage d'*Omaha* le 6 juin 1944. (*NARA*)

rendue célèbre par les difficultés et le nombre de vies humaines qu'elle a coûté, est subdivisée en plusieurs sous-secteurs parmi lesquels on trouve, s'étalant de la Pointe du Ras et de la Percée à Port en Bessin (soit environ 8 km)les secteurs *Charlie, Dog Green, Dog White, Dog Red, Easy Green, Easy Red, Fox Green, Fox Red, Easy White, Fox White*

Les documents et cartes afférents à l'opération *Overlord* portent parfois la mention *Bigot*, *Top secret Bigot* ou *Neptune Bigot*. Le nom de code générique du débarquement de Normandie est *Overlord,* il regroupe l'opération navale proprement dite, codée *Neptune. Bigot* est la classification qui vient après *Top Secret*.

En fait, *Bigot* est l'anagramme de l'anglais *to Gib*, expression tamponnée sur les papiers des officiers qui se rendaient à Gibraltar (*To Gibraltar*), pour préparer l'opération *Torch*.

La lecture du document *Landing Diagram Omaha Beach* nous montre que la zone du 116 RCT *(Regimental Combat Team)* se composait des sous-secteurs *Easy Green*, *Dog Red*, *Dog White* et *Dog Green*. La colonne de gauche donne le timing et commence à H-5, pour finir à H + 225; soit quatre heures quinze minutes après le déclenchement du débarquement.

H – 5. Les DD de la compagnie « C » du *743rd Tank battalion* sont lancés sur *Dog White* tandis que les DD de la compagnie « B » du même bataillon se dirigent vers *Dog Green,* soit, en tout, 32 M4 DD.

H 00. Huit LCT débarquent les Sherman de la compagnie « A » du *743rd Tank Battalion* sur *Easy Green* et *Dog Red*.

H + 01. Six LCVP débarquent la compagnie « E » du *116th Infantry Regiment* sur *Easy Green*. Six LCVP débarquent la compagnie « F » du 116e d'infanterie sur *Dog Red*. Six LCVP débarquent la compagnie « G » du 116e d'infanterie sur *Dog White*. Six LCVP débarquent la compagnie « A » du 116e d'infanterie sur *Dog Green*.

H + 03. Trois LCM débarquent des éléments du 146e bataillon du génie sur *Easy Green*. Trois LCM débarquent des éléments du 146e bataillon du génie sur *Dog Red*, un quatrième LCM est *Demolition Control Boat*. Trois LCM débarquent des éléments du 146e bataillon du génie sur *Dog White*. Trois LCM débarquent des éléments du 146e bataillon du génie sur *Dog Green* plus deux LCA qui débarquent la compagnie « C » du *24th Rangers Battalion*.

H + 30. Sur *Easy Green,* deux LCV déposent deux batteries antiaériennes pendant que trois LCVP déposent les compagnies « E » et «HF » avec des éléments HQ du *116th Infantry Regiment*. Sur *Dog Red*, huit LCVP débarquent une batterie antiaérienne, le 2e bataillon, son état-major, et la compagnie « F » du *116th Infantry Regiment*. Sur *Dog White,* deux LCVP déposent deux batteries antiaériennes et trois LCVP déposent la compagnie « F » et l'état-major de la compagnie « G » du 116e d'Infanterie. À *Dog Green,* huit LCA et un LCVP déposent les compagnies A et B, l'état-major de la compagnie « A », une batterie antiaérienne.

H + 40. Un LCM débarque des éléments du 112e bataillon du génie sur *Easy Green*. Quatre LCVP débarquent la compagnie « D » du 81e CMI et un LCM dépose des éléments du 112e bataillon du génie de plage. À *Dog White,* un LCVP dépose les éléments du 149e génie de plage et un LCM dépose des éléments du 121e bataillon du génie.

À *Dog Green*, quatre LCA débarquent le premier bataillon du *116th Infantry Regiment* et les éléments du 149e génie de plage; un LCM dépose des éléments du 121e bataillon du génie et cinq LCVP débarquent la compagnie « D » du 116e d'infanterie.

H + 50. À *Easy Green,* sept LCVP déposent la compagnie « L » du 116e d'infanterie; à *Dog Red,* sept LCVP déposent la compagnie « I » du 116e d'infanterie. Sur *Dog White,* six LCVP déposent la compagnie « K » du 116e d'infanterie. À *Dog Green,* un LCM débarque des éléments du 121e bataillon du génie et sept LCVP déposent la compagnie « C » du *116th Infantry Regiment* .

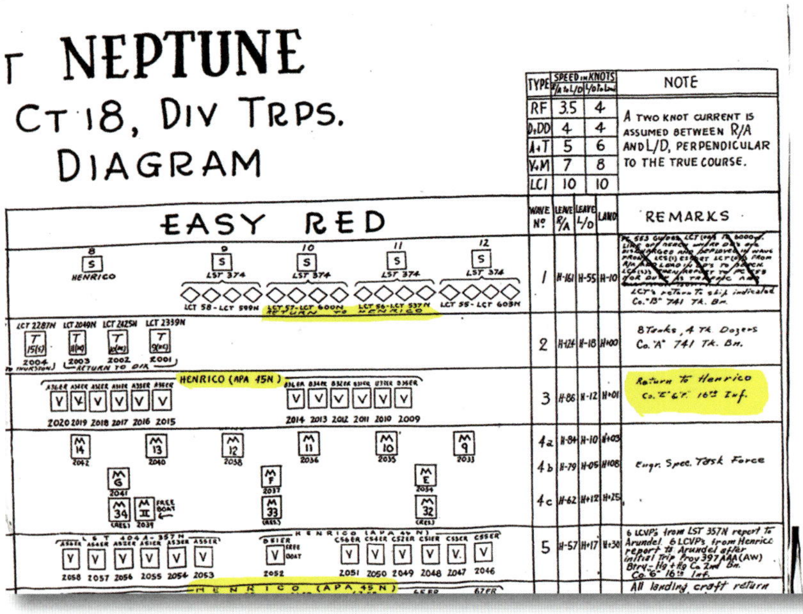

Détail du diagramme du débarquement américain sur le secteur *Easy Red* d'*Omaha Beach*. (*NARA*)

H + 57. À *Dog Red,* neuf LCVP déposent la compagnie de commandement du 3e bataillon et la compagnie « M » du 116e d'infanterie. À *Dog Green,* quatre LCVP débarquent la compagnie « B » du 81e CMI.

H + 60. À *Easy Green,* un LCT dépose du matériel du 112e bataillon du génie. Sur *Dog Red,* un LCVP dépose des éléments du 112e bataillon du génie et quatre LCT débarquent du matériel du 112e bataillon du génie. À *Dog White,* un LCVP débarque la compagnie d'état-major du 116e d'infanterie. À *Dog Green,* trois LCT déposent des engins du 121e bataillon du génie et cinq LCA débarquent les compagnies « A » et « B » du 2e bataillon de Rangers.

H + 65. À *Dog Green*, sept LCA débarquent le 5e bataillon de Rangers.

H + 70. À *Easy Green*, un LCI dépose le 149e bataillon du génie de plage. Sur *Dog Red,* un LCI dépose le 112e bataillon du génie. À *Dog White*, un LCI dépose la compagnie d'état-major du 116e d'infanterie. Sur *Dog Green,* un LCM et deux LCT déposent des éléments du 121e bataillon du génie, huit LCA débarquent des éléments du 5e bataillon de Rangers.

H + 90. À *Dog White*, cinq LCT déposent les engins du 58e bataillon blindé.

H + 100. Sous-secteur *Dog White*, un LCI dépose des éléments du 61e bataillon du génie

H + 110. Treize DUKW déposent trois batteries du *3rd Field Artillery Battalion* à *Easy Green*, sept DUKW déposent des pelotons antichars des 2e et 3e bataillons et des éléments du 29e bataillon de transmissions. À *Dog Green*, dix DUKW, débarquent un peloton antichar et une compagnie de commandement du 116e d'infanterie.

H + 120. Secteur *Easy Green*, trois LCT posent des éléments du 467e bataillon antiaérien et une compagnie antichar du 116e. Secteur *Dog Red*, cinq LCT débarquent des éléments du 467e bataillon antiaérien, une compagnie antichar du 116e et des éléments du 49e bataillon du génie de plage. À *Dog White* et *Dog Green*, quatre LCT déposent des éléments du 467e bataillon antiaérien.

H + 150. Un LCI dépose le 104e bataillon médical sur *Dog White.*

H + 180 à H 215. Deux LCT en attente à *Easy Green.* Secteur de *Dog Red*, trois LCT transportent des M4 DD suivis de douze DUKW du 461e régiment amphibie. À *Dog White*, trois LCM et trois LCT déposent des éléments du *Navy Salvage*. Secteur *Dog Green*, cinq LCT sont en attente.

H + 225. Arrivée à *Easy Green* de dix-huit DUKW du 461e régiment amphibie. Un LCT en attente à *Dog Red* et deux LCT en attente à *Dog White.*

Ce timing est celui en vigueur pour *Omaha Beach*, secteur du 116e RCT. L'autre partie d'*Omaha* fait l'objet d'un timing similaire et il en est de même pour les quatre autres plages du débarquement. On peut donc facilement imaginer le nombre de mouvements engendrés sur la côte normande pendant les premiers jours du débarquement et tout particulièrement au cours des premières heures.

Ce diagramme est un schéma général, les sous-secteurs possèdent chacun leur diagramme détaillé. Sur ce diagramme, on constate que les M4 DD du *741st Tank Battalion* sont partis du LST 374, dépendant lui-même du « navire maître » *USS Henrico*. Les *Duplex Drive* ont été embarqués sur les LCT n° 58, 599N, 57, 600N, 56, 537N, 55 et 603N. Après le débarquement des chars, les LCT retournent au navire *Henrico* pour une nouvelle rotation. Ces chars font partie de la première vague d'assaut.

Le LST 374 quitte *Henrico,* 2 heures 40 avant l'heure H. Les chars quittent leur LCT 55 minutes avant l'heure H pour arriver sur la plage à H – 10 minutes.

Ce diagramme donne également des renseignements tels que la vitesse des embarcations, la force et la direction des courants, etc. À 12 heures 30, le 6 juin, près de 19000 hommes ont débarqué sur *Omaha Beach.*

Page suivante. Le *Duplex Drive*, toute jupe de flottaison relevée, mesure la hauteur impressionnante de quatre mètres. Une échelle est indispensable pour pénétrer dans le char. *(Tank Museum)*

Ci-contre. Les *Duplex Drive*, sont aussi utilisés lors du débarquement de Provence en août 1944. Les eaux plus calmes de la Méditerranée ont été moins dévastatrices pour les Sherman amphibies. *(NARA)*

LES SHERMAN LANCE-FUSÉES

Italie, 1944. Ces Sherman M4 et M4 A1 du *752nd Tank Battalion* sont équipés du lance-fusées M17 avec 20 projectiles de 18 cm. Le char numéroté 34 est peint d'un camouflage de type britannique. *(NARA)*

Sherman Calliope, les lance-fusées.

Voici l'équivalent des « Katiouchas » et autres « orgues de Staline ». Parmi tous les modèles que nous allons voir, très peu ont participé aux combats et seuls quelques modèles sont passés au stade de la production.

T34 *Rocket Launcher.* C'est un Sherman à part entière, caisse et tourelle, auquel les Américains ont rajouté des racks qui contiennent, au total, 60 fusées de 4,5 pouces (soit 114,3 mm). Les racks sont rendus solidaires du canon par une liaison mécanique et la mise à feu des différents racks se fait depuis le poste du chef de char. Au besoin, les deux premiers racks de 12 tubes pouvaient être adaptés sur tous les modèles de M4, excepté les M4A1. Ce dispositif a suffisamment fait ses preuves sur tous les champs de bataille où il a été employé. Développés en petite série à partir de 1943, ces lance-roquettes ont été utilisés en France par la *2nd US Armored* en août 1944.

T34 E1. Comme le T34, mais les deux premiers racks sont à 14 tubes.

T34 E2. C'est la version du précédent, modifiée pour tirer des fusées de 7,2 pouces (182 mm). 60 roquettes sont disponibles. En cas d'urgence, la totalité des racks peut être larguée.

T39. Cette version comprend un caisson muni de portes à l'intérieur duquel prennent place 20 roquettes de 7,2 pouces.

Le pointage en site des racks est à l'arrière de la tourelle. Modèle expérimental.

T40. Mêmes munitions que le T39, mais le système de pointage est sur le côté de la tourelle et le canon est supprimé.

En cas d'urgence, la totalité des racks peut être larguée. Les roquettes peuvent être mises à feu individuellement ou en salve. Ce modèle a été utilisé en 1944-1945 en Europe

T40 *short version.* Version expérimentale équipée de roquettes plus courtes. Le 75 M1 a été retiré et remplacé par un mécanisme de pointage en site. Une ouverture est créée sur le côté pour l'équipe de tourelle.

T72. Variante du T34 équipée de tubes raccourcis. Jamais utilisé.

T73. Similaire au T40, mais équipé seulement de 10 tubes de lancement. Système d'armes monté uniquement sur des M4A1. Jamais utilisé.

T76. M4A1 équipé d'un tube de lancement pour roquettes de 182 mm à la place du canon de 75. Ce char avait une ouverture sur la face supérieure avant de la tourelle pour l'évacuation des gaz et de fumées après le tir. Le système est rechargé par l'intérieur de la tourelle. Expérimental en 1944. Le même système d'armes monté sur M4A3 HVSS est désigné T 76 E1.

T99. Deux racks courts de 22 roquettes de 114,3 mm sont montés de chaque côté de la tourelle, sur les M4 équipés en CN 76. Petite production en 1945. Ce système est testé sur le M26 Pershing.

T105. Tube unique pour roquette de 182 mm monté en place du 75 M1 sur châssis M4A1. Développé à partir du T 76 en août 1945; il n'a pas dépassé le stade des essais.

Les M4 DCA

Tank AA, 20 mm Quad, Scinque. Prototype antiaérien équipé de 4 canons de 20 mm Polsten – le canon Polsten 20 mm est la version polonaise du 20 mm Oerlikon – système d'armes monté sur des M4A1 canadiens Grizzly, il prend le nom de « *Skink* ».

Sherman antiaérien, T 4. Modèle équipé d'un canon de 40 mm à grand débattement de site et de deux mitrailleuses de 12,7 de chaque côté de la casemate.

***Multiple gun motor carriage*, T 52.** Système d'armes installé sur une base M4A2 et développé par la firme Firestone; Il est armé de deux canons de 40 mm Bofors ou d'un canon de 40 mm Bofors et de deux mitrailleuses de 12,7 mm.

Jugé trop lent pour être efficace en DCA, il est abandonné en octobre 1944.

***90 mm gun motor carriage* T53 et T53 E1**

En 1942, un canon de 90 mm antiaérien est monté sur l'arrière d'un châssis M4, et le moteur déplacé au centre. Un prototype a été conçu par la firme Chrysler (Detroit Tank Arsenal) sur une base M4A4. Les deux trains de roulement sont remaniés et, les bogies sont renforcés et suspendus pour pouvoir encaisser les départs de coups du 90 mm.

Les tests s'étant révélés positifs, un accord pour 500 engins est passé avec, toutefois, l'obligation pour Chrysler de déplacer le canon au centre pour remettre le moteur en position arrière. Ainsi équipé, il prend la désignation de T53 E1 et est référencé en double usage : *AA/Anti tank vehicle*.

Testé alors en tant que *Tank destroyer*, il ne s'est pas révélé vraiment supérieur au TD M10 Wolverine. De son côté, l'artillerie antiaérienne annule le projet pour cadence de tir trop lente.

La production est définitivement, et entièrement, annulée en mai 1944.

1

2

3

4

5

6

7

8

Ci-contre.
1. Le Sherman lance-roquettes (*Rocket launcher*) T 34.
2. Le Sherman lance-roquettes T 40.
3. Le Sherman lance-roquettes T 40 *Short.*
4. Le Sherman lance-roquettes T 72.
5. Le Sherman lance-roquettes T 75.
6. Le Sherman antiaérien T 42.
6. Le Sherman antiaérien T53 E1.
6. Le Sherman antiaérien « *Skink* ».

Ci-contre.
Détail sur le montage de la rampe modèle T34 Calliope, au moment où l'équipage recharge les tubes.
(NARA)

Ci-contre.
Un M4A3 75 W équipé de sa rampe T-34 Calliope procède au tir de ses fusées.
(NARA)

LE SHERMAN FIREFLY

Ce Firefly Ic Hybrid appartient probablement au *5th Battalion Royal Tank Regiment* de la *7th Armoured Division* britannique, le 31 juillet 1944, au carrefour de Canteloup. *(IWM)*

Voici un autre des « funnies » de Sir Percy Hobbart.

Nous sommes au début du conflit en Europe et tous les Alliés sont conscients de la faiblesse du canon de 75 monté sur le Sherman. Les Anglais ont dans leurs bagages un canon qui lui est supérieur… et la munition qui va avec. Il s'agit du *QF17 Pounder gun* (76,2 mm). QF pour *Quick Firing*. Dans la terminologie anglaise, cette variante du char prendra l'appellation de Sherman II C. ce nouveau M4 est plus connu sous le nom de Firefly) (luciole). Les Firefly sont équipés du grand coffre supplémentaire, la chaise de route du canon est située du côté gauche de la plage arrière ; c'est également sur les côtés, à l'arrière droit et gauche, que l'on peut trouver un extincteur portatif (2 kg). Sur les portes du compartiment moteur, prend place le générateur de fumée ainsi que deux supports pour crochet de remorquage.

Les Firefly n'ont plus de mitrailleuse de capot, le poste copilote ayant été supprimé et remplacé par un stockage de munitions canon (les obus du 17 Pounder sont plus volumineux que ceux du canon de 75). Les Firefly sont également équipés de deux mains de remorquage supplémentaires à l'arrière permettant de tracter une remorque même avec la pose du système « *Wading Gear* ». Le Firefly est le char qui a détruit le char Tigre du fameux Michael Wittmann lors de la bataille de Villlers-Bocage en Normandie.

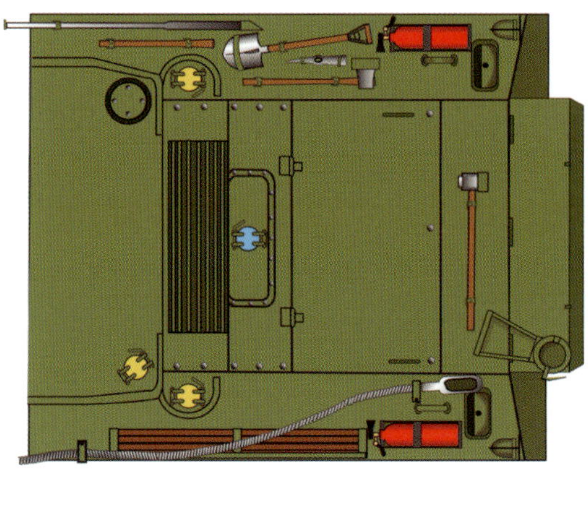

Ci-contre. La plage arrière du Firefly avec les deux extincteurs supplémentaires et la chaise de route du QF-17 pounder. Le lot de pionnier est fixé sur le bordage droit, comme sur les M4 américains, alors que, sur le bordage gauche, prend place le kit de nettoyage canon (rampes), à l'image des M 105 Howitzer. Sur le glacis arrière, un grand coffre supplémentaire est fixé.

Villers-Bocage

Michael Wittmann est né le 22 avril 1914 dans le Haut-Palatinat. Lorsque la guerre éclate, il prend part aux campagnes de Pologne, de France et de Grèce, il commande alors un StuG III.

Wittmann sert ensuite sur le front de l'Est sur un Panzer III, avant de devenir chef de peloton sur Tigre pendant la bataille de Koursk en 1943. Le 14 janvier 1944, le *SS-Hauptsturmführer* Wittmann, reçoit la Croix de chevalier de la Croix de Fer. Après le déclenchement d'*Overlord*, le bataillon de Wittmann arrive en Normandie le 12 juin et reçoit l'ordre de colmater la brèche sur le flanc gauche du dispositif allemand. La 2e compagnie de Wittmann se place sur la cote 213 devant Villers-Bocage. Son effectif se compose de cinq chars dont deux sont endommagés, il décide alors de charger seul, ordonnant aux autres blindés de tenir la position. Un tir ennemi détruit un train de roulement. Wittmann et son équipage évacuent le char et parviennent à rejoindre le peloton sur la cote 213 à pied. Le 8 août 1944, au cours de l'opération *Totalize*, Wittmann participe à une contre-attaque, il est à la tête d'un groupe de blindés de la *schwere SS-Panzer Abteilung 101* et tombe dans une embuscade au cours de laquelle son Tigre est détruit par un des chars du *B Squadron* du *1st Northamptonshire Yeomanry.*

La charge creuse perforant le char déclenche un incendie qui se propage rapidement, les munitions explosent et la tourelle est soufflée. Wittmann et son

Ci-dessus, de haut en bas. Le grand frein de bouche du CF 17 pounder avec l'orifice de progressivité et l'orifice de limitation de recul.

Le module d'obturation du « *Ball mount* » masque l'orifice de la mitrailleuse calibre.30 puisque le poste du copilote est remplacé par un casier à obus supplémentaire.

Les deux méthodes de camouflage du long canon du Firefly.

équipage sont tués, le Tigre portait le numéro 007. L'identification des corps est difficile et Michael Wittmann est reconnu grâce à une dent en or et aux lambeaux de son blouson de cuir.

La chaleur dégagée par l'incendie a fait fondre les plaques d'identification. Les cinq membres d'équipage sont inhumés près de l'épave dans une tombe commune. Leurs restes sont mis à jour en 1983 par des ouvriers qui travaillaient à la construction d'une route. Ils sont inhumés une seconde fois au cimetière militaire allemand de la Cambe. Au moment de sa mort, Michael Wittmann était crédité de 138 chars et 132 canons antichars détruits. Le record absolu en la matière, est détenu par le *Hauptsturmführer* Max Wünsche avec 219 chars alliés détruits pendant la bataille de Normandie.

Un des tout premiers Sherman Firefly converti sur un châssis de Sherman V, le masque M34 A1 est à peine modifié : six grosses vis de fixation, disparition des petites joues blindées à la base du canon. *(Tank Museum)*

décembre 1944, ce Firefly Vc du *3rd Royal Tank Regiment* de la *11th Armoured Division* monte la garde sur la Meuse à Namur. *(NARA)*

L'ARTILLERIE SUR CHÂSSIS M4

Motor Carriage M7 Priest canon automoteur

Priest est le nom anglais donné à cette variante du M4, *Priest* signifie prêtre. Les Anglais ont pour coutume de donner des noms religieux à leurs canons, ainsi on trouve le *Bishop* (Évêque), le *Sexton* (le sacristain) et l'*Abbot* (abbé).

Le premier M7, accepté en février 1942 par l'armée américaine, est dérivé du châssis du M3 « Lee » et se nomme au départ T32. Le M7 est construit à 3 490 exemplaires et demeure un réel succès pour l'armée américaine. Il est armé de l'obusier M2 A1 et emporte 44 coups. Après une première modification, le M7 pourra embarquer 69 obus de 105 mm.

M7 B1

Cette version est basée sur le châssis du M4 A3. Elle est normalisée en septembre 1943 et ne devient devenue version officielle qu'en janvier 1945.

M7 B2

Les premiers modèles souffrent d'une élévation limitée du tube et le M7B2 est l'objet de modifications importantes, dues au fait qu'il est utilisé sur un théâtre d'opérations, particulier. Pendant le conflit en Corée, l'élévation est augmentée jusqu'à 65°. Le bâti de la mitrailleuse est également amélioré afin de permettre le tir sur 360°.

Ces améliorations sont les réponses au terrain vallonné, fréquent pendant le conflit coréen. Les Coréens du Nord déploient leurs pièces d'artillerie sur les sommets des collines au nord de Séoul.

M12/M30, le binôme artilleur

Canon automoteur sur base de châssis M3 Lee puis M4. Le moteur est déplacé vers le centre et le char est équipé du canon de 155 français de la Première Guerre mondiale.

Produits à 100 exemplaires par Baldwin Locomotive Works entre 1942 et 1943, ces canons automoteurs sont accompagnés de chars M30, des M12 dont on a ôté le canon de 155. Ce gain de place permet d'embarquer 40 obus de 155 et les deux servants qui ne peuvent prendre place dans le M12. Il y a un M30 pour un M12.

M35 *Prime mover*

L'armée américaine a ressenti la nécessité d'un nouveau tracteur d'artillerie pour le canon de 120 mm et l'obusier de 240 mm avant que le *High speed tractor* M6 soit disponible et le M35 est la réponse à ce besoin. Quelques TD M10 sont détourellés pour devenir des M35 *Prime Mover*.

M40

Basé sur le châssis du M4A3 à suspension HVSS. La caisse est allongée pour fournir un compartiment de combat suffisant pour accueillir l'obusier de 155 mm. Le char est divisé en trois parties, le poste de pilotage à l'avant qui est muni de deux coupoles de vision sur le toit et d'une trappe trou d'homme ; le compartiment

L'équipage de ce M7 – canon de 105 mm – du *69th Armored Field Artillery Battalion* prend un peu de repos dans le secteur d'Anzio, en février 1944, au moment où les troupes du *6th US Corps* prennent leurs positions défensives. *(NARA)*

moteur au centre et le compartiment de combat à l'arrière qui occupe la moitié de la longueur du char. L'équipage du M40 est composé de huit hommes dont le pilote et le copilote qui prennent place dans le poste avant. Le reste est réparti entre le poste de combat et un transport de munitions. L'armement du M40 consiste en un obusier de 155 mm M1A1 ou M2 sur affût M13 installé dans le compartiment arrière. Cette pièce d'artillerie a une portée maximale de 23 km. Le M40 embarque 20 projectiles de 155 mm. Une large porte à rabattement arrière avec une rampe de chargement permet l'accès de la pièce aux six servants qui peuvent opérer à l'aise. Le chargement des munitions est, de plus, facilité.

Comme le M12, cet obusier automoteur est doté d'une large bêche à l'arrière qui, enfoncée dans le sol, empêche le char de bondir en arrière lors du recul provoqué par le départ du coup. Un total de 418 M40 est fabriqué en 1945 par Pressed Steel Car Co. Vingt-quatre sont plus tard convertis en M43.

Les M40 remplacèrent peu à peu les M12 et leurs vieux canons de 155.

M43

Le M43 est basé sur le châssis du M4A3 à suspension HVSS. La caisse est allongée pour fournir un compartiment de combat assez spacieux pour accueillir l'obusier de 8 pouces. L'équipage est de huit artilleurs. L'armement du M43 consiste en un obusier de 203,2 mm M1. Le M43 est doté, lui aussi d'une large bêche à l'arrière. Au total, 48 M43 sont fabriqués en 1945 par Pressed Steel Car Co ; 24 sont des M40 convertis.

1. Le 105 mm *Howitzer Motor Carriage* M7. Cet obusier est monté sur un châssis de type « *Early* »
2. *Howitzer Motor Carriage* M12.
3. *Gun Motor Carriage* M10.
4. *155 Gun Motor Carriage* TB3.
5. *US M30 Ammunition Cargo.*
6. M4 A2 HVSS transformé en transport de munitions par les Russes. On remarque les deux imposants crochets en remplacement des manilles et l'adaptation du « *Revolving hatch* ».

Le *Tank destroyer* M10 « Wolwerine », tourelle orientée vers l'arrière. *(NARA)*

LES TANK DESTROYERS

Le TD M10

La nécessité de posséder un chasseur de char s'est vite imposée chez les Alliés. Il fallait faire face au Tigre, mais aussi au Jagdpanther. Le châssis du M4 étant au point et éprouvé, la décision est prise de s'en servir comme de base pour le futur M10 « Wolverine ». Le *Tank destroyer* M10 est né. Bien qu'issu du prototype T 35, il ne faut pas le confondre avec le *Tank dozer* TD M4 même si leur appellation commence par les mêmes lettres. Si l'un est un « destructeur de chars », l'autre est une version « génie » pourvu d'une lame de déblaiement d'obstacles à l'avant. Les « chasseurs de char » sont regroupés en unités constituées, contrairement aux Firefly qui sont affectés dans des unités de char moyen à raison d'un ou deux par escadron.

L'armée américaine déploie donc ses chasseurs de chars dans des *Tank Destroyers Battalions*, l'armée britannique dans des *Anti Tank Regiments* et l'armée française dans les *Régiments de chasseurs de chars*. Ces derniers sont des RCA (régiments de chasseurs d'Afrique) car la plus grande partie d'entre eux est constituée et formée en Afrique du Nord. On y trouve également des régiments comme le RBFM (régiment blindé de fusiliers marins), le RCCC (régiment colonial de chasseurs de chars), mais également un régiment de dragons, le 2e, le vieux « Condé dragons ». Les unités françaises sont équipées de TD M10 et plus rarement de M10 A1. En principe, 42 *Tank Destroyers* équipent un régiment, ils sont répartis dans trois escadrons comprenant eux-mêmes trois pelotons de quatre chars. Ce n'est que bien plus tard, en Indochine, que les TD M36 font leur apparition (en unités constituées) entre autres au RBCEO (régiment blindé colonial d'Extrême-Orient).

l'Insigne des *Tank Destroyers Battalions*. *(dessins de l'auteur)*

Pour l'armée américaine, les unités de *Tank Destroyers* sont regroupées au sein de bataillons dont la numérotation commence par 600, 700 et 800. Tous ces bataillons ont un insigne commun représentant une panthère noire croquant un char.

Le TD M10, basé sur un châssis A2, est équipé d'une tourelle ouverte, facilement reconnaissable à son arrière de forme biseautée (en fait le contrepoids). Ce contrepoids pèse tout de même 1 134 kg et il est en partie évidé pour servir de coffre de rangement. Un canon de 76,2 mm modèle M7 – complété par la lunette de visée de type M51 et ses munitions d'un nouveau type – est installé dans la tourelle. L'armement de bord est complété par une mitrailleuse cal. .50 montée à l'arrière de la tourelle. Le char embarque 54 obus de 76,2 mm ; ces munitions ont une vitesse initiale de 892 m/s, ce qui est encore insuffisant pour les blindages des Tigre et des Jagdpanther. La tourelle se manœuvre mécaniquement en site et en gisement. Les modèles A1 « *Late* » sont équipés d'un toit partiel de tourelle, toit à panneaux articulés réalisés en blindage léger, comportant des ouvertures latérales. La mitrailleuse de capot a disparu et les écoutilles pilote et copilote sont de forme rectangulaire, dotées d'un nouveau système de manœuvre. Le blindage latéral a été incliné pour favoriser le « ripage » des munitions au moment de l'impact, comme pour la tourelle.

Pour la propulsion, les TD M10 sont

1. Tourelle TD M10 « Early ». Sur l'arrière de la tourelle les *Tracks grousers* servent de contrepoids.

2. Tourelle du TD M10 « Mid ». Modification du contrepoids qui est en deux parties.

3. Tourelle du TD M10 « Late ». Le contrepoids est moulé, cette fois, d'une seule pièce.

4. Tourelle TD M10 Achille. La version anglaise est équipée du canon de 17 pounder.

5. Tourelle TD M10 A1. Des panneaux de blindages légers sont présents sur la tourelle. Celle-ci est motorisée par le V8 Ford. Les autres tourelles sont entraînées par le « *Grey Marine* » du M4 A2.

6. La tourelle du TD M36 B2. Ces chasseurs de chars sont équipés du canon de 90 mm et sont propulsés par le moteur V8 Ford.

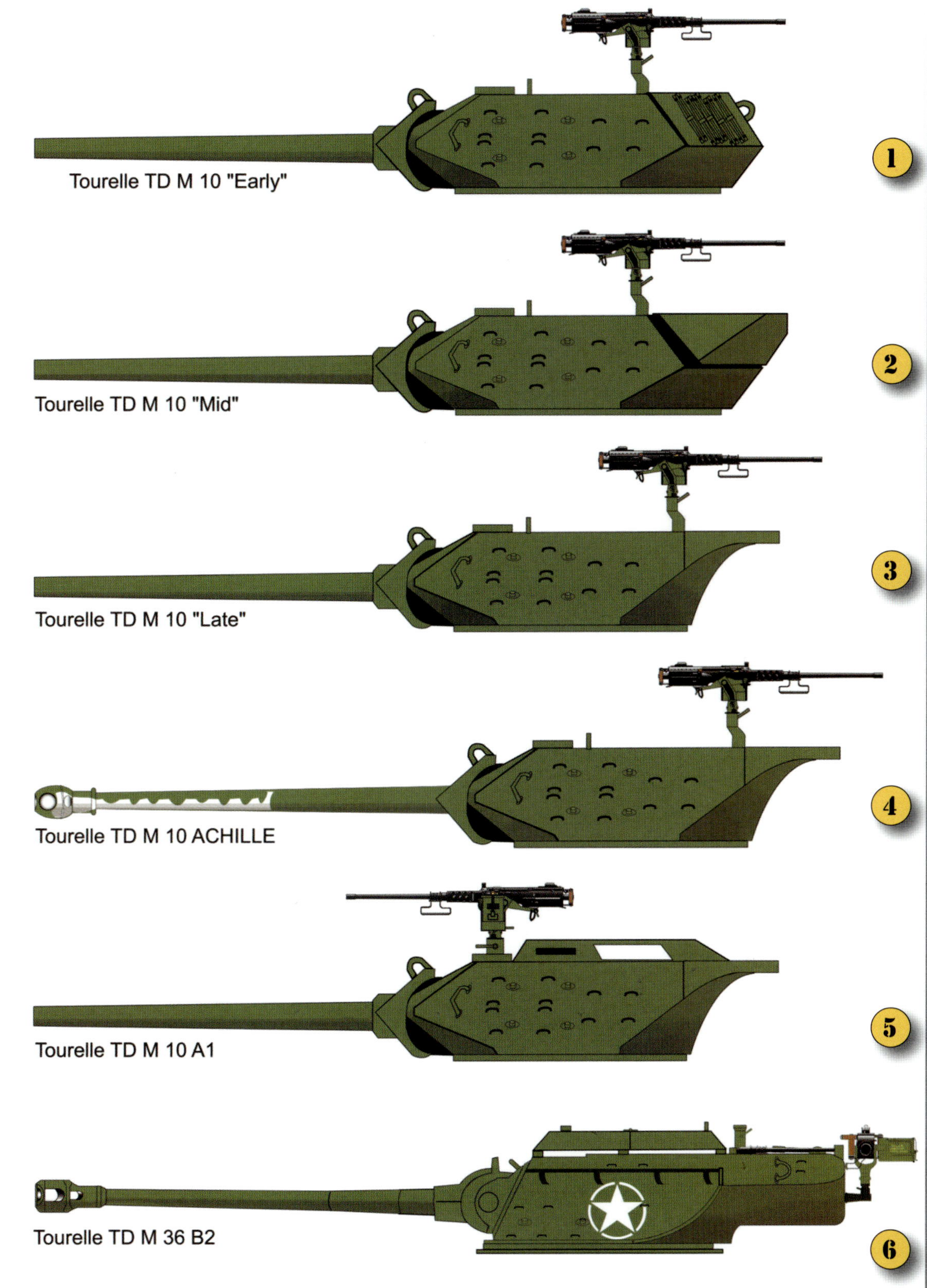

équipés du General Motors 6-71 (deux fois 6 cylindres jumelés), les réservoirs de carburant ont une capacité totale de 625 litres pour une autonomie de 320 kilomètres. La suspension est du type VVSS

Le blindage des *Tanks destroyers* est aminci par rapport aux Sherman, ceci pour augmenter la mobilité, facteur déterminant en matière de combat de chars. Le TD est donc classé en tonnage 28. Les côtés inclinés du blindage sont toutefois équipés d'emplacements filetés permettant de fixer un blindage additionnel, des supports pour patins de rechange, des porte-jerricans, ou des hampes d'écouvillon. Le lot de pionnier et la clé de tension de chenilles sont disposés sur le panneau arrière.

Le contrepoids de tourelle, rendu indispensable par le montage du nouveau canon, est en deux parties sur les modèles « *Mid* », avant de devenir d'une seule pièce sur les modèles « *Late* ».

Les mécaniciens et les armuriers d'un *Tank Destroyer Battalion* américain remplacent le canon de 76 mm d'un TD M10. *(NARA)*

Dans ce cas, le contrepoids sert de « coffre » de stockage. Les munitions (54 au total) sont réparties dans la tourelle, cinq obus prennent place dans la nuque. Ces obus sont montés dans deux racks, un de trois à droite, le rack de gauche étant, quant à lui, surmonté de la Thompson M1 et de son support pour 20 chargeurs de 30 cartouches (rack et support sont identiques à ceux du M4 toutes versions).

Le reste des munitions du canon est réparti sur les bordages droit et gauche, les obus sont en « cocon », retenus par une sangle sur les racks. L'équipage du TD M10 est doté de carabines (cinq) USM1 cal. .30, approvisionnées à 450 cartouches. La mitrailleuse BMG M2 HB est approvisionnée, quant à elle, à 1 000 coups. Le char embarque également 12 grenades à main et quatre pots fumigènes. La radio est du type SCR 610. Le M10 « *Late* » tire une munition qui a une vitesse initiale de 900 m/s.

TD M10 A1

Il est identique au M10, mais sur un châssis A3. Les TD M10 et M10 A1 peuvent être équipés des systèmes « *Deep wadding* » ou « *wadding stacks* », réduit à une seule cheminée pour l'échappement. Le contrepoids de tourelle n'autorise pas le montage de la cheminée « admission ». Les modèles A1 sont propulsés par le V8 Ford GAA. Le train de roulement est toujours du type VVSS, mais équipé de bogies renforcés.

TD M10 Achille

Il s'agit de la version britannique du Wolverine. La différence principale réside dans le remplacement du canon M7 par le fameux 17 Pounder britannique. Ce canon, déjà installé sur les versions M4 Firefly, est certainement le meilleur de l'époque, en tout cas, le seul qui puisse rivaliser avec les 88 allemands montés sur les chars Tigre jusqu'à la mise en œuvre du canon de 90 mm américain.

Le TD M10 « Achilles », la version britannique du TD M10 américain est armé du célèbre canon de 17 pounder. *(IWM)*

TD M10 *Sonic*

Variante du TD M10 sur laquelle le canon a été démonté et remplacé par un faux canon (comme sur les *OP Command* ou Firefly). L'espace libéré permet l'installation d'un dispositif composé de puissants haut-parleurs, montés sur un rack qui se replie dans le puits de tourelle pendant les déplacements.

Le but est de produire de « faux bruits » de véhicules blindés de façon à induire l'ennemi en erreur quant au type et nombre de véhicules en déplacement. Ce dispositif est utilisé en France et en Italie. 24 TD M10 ont été équipés en « *Sonic* »

l'intermédiaire de plaques de blindage léger. Le M36 B1 est monté sur le châssis M4A3 W. Il est construit à 187 exemplaires par Fisher Tank Division entre octobre et décembre 1944. Ce modèle est équipé d'une mitrailleuse de capot approvisionnée à 1 000 coups, tout comme la HB M2.

Le M36 B2 est produit à 672 exemplaires par American Locomotive Corporation et à 52 exemplaires par Montréal Locomotive, entre avril et mai 1945. Il est motorisé avec le GM 6 071. Tous les TD M36 sont équipés du poste radio SCR 610.

À partir de l'offensive des Ardennes, les HB M2 ont été déplacées sur le côté gauche, à l'avant de la tourelle, sur l'emplacement précédent on montait une mitrailleuse cal. .30.

Ci-contre.
L'intérieur de la tourelle du TD M 10.
(NARA)

Ci-dessous.
Le TD M 36 Jackson.
(NARA)

En bas.
Un TD M 36 Jackson du *703rd Tank Destroyer Battalion* de la *3rd Armored Division* progresse dans la forêt ardennaise.
(NARA)

TD M36

Ce blindé est issu du prototype « *T 71 Gun Motor Carriage* ». *Le Tank destroyer* est basé sur le châssis M10 A1 et est équipé d'un canon de 90 mm M3 monté sur un affût M4. Le coffre de nuque est plus conséquent et sert, entre autres, à stocker des munitions (11 coups de 90 mm) sachant que le M36 en embarque 47 au total. Le M36 « Jackson », est construit à 1 413 exemplaires et son moteur est le V8 Ford GAA. Le M36 tire une munition à vitesse initiale de 1 170 m/s. Sur le théâtre européen, la munition la plus rapide est celle du canon de 75 mm du Panther, elle vole à 1 200 m/s.

TD M36 B1 et B2

Modèles de conception rapide, n'ayant pas apporté d'améliorations significatives. Sur le modèle B2, la tourelle peut se fermer sur le dessus, par

M4 D'EXPÉRIMENTATION, PROTOTYPES

1. Le M4 A3 E1.
2. Le Tank T23.
3. Le Sherman « *Sledge* ». Projet d'expérimentation pour remorquer un train de luges blindées avec un fantassin dans chaque luge pour pouvoir donner l'assaut.
4. Sherman essai ballast.

Tests, essais, expérimentations, le Sherman en a connu plusieurs, de toutes sortes, et il est même à l'origine de ce que seront les chars américains après la fin du conflit. Nous pourrions même dire « *ils ont tout osé* », ces Américains et ce dans tous les domaines d'application des engins blindés. En voici quelques-unes.

Chrysler A 65

Voici un énorme V 12 que la firme Chrysler a développé à son propre compte. Ce moteur essence de 1568 pouces^3, soit 25,695 cm^3, peut délivrer 650 CV. De nos jours, nous dirions qu'un tel moteur a un rendement catastrophique, mais, en 1944, c'est une puissance importante. Ce moteur à refroidissement par eau a été testé sur un M4 A4 dont il a fallu une fois encore rallonger la caisse de 9 pouces et demi, soit presque 23 centimètres. Le poids du char s'est vu augmenter d'autant, mais la mobilité, les accélérations et les capacités de franchissement ont été démultipliées. Après un « *Run test* » de 650 kilomètres, le moteur a été démonté et examiné ; il s'est avéré en parfait état. L'*Ordnance* a demandé à d'autres motoristes de continuer les études sur des moteurs de même puissance et capacités, le moteur Chrysler n'a pas été retenu.

General Motors Corporation V8-184 diesel

Contrairement au V8 GAA, la firme GMC a étudié ce moteur en tant que moteur de char. Basé sur un diesel marine, l'imposant moteur de 1470 pouces^3, soit 24,089 cm^3, délivre une puissance de 600 CV, un taux de compression de 16,8/1. Une version est testée sur un châssis M4A3, baptisé M4Y, puis, quand l'*Ordnance* assure les tests, il prend la dénomination de M4A2 E1. Pour loger « la bête », un allongement de la caisse est nécessaire et ce sont 11 pouces (28 cm) qui sont ajoutés vers l'arrière. La garde au sol est, elle aussi, revue à la baisse puisqu'il faut réaliser une excroissance dans le plancher du compartiment moteur, pour accueillir le V8. Ce moteur est testé sur près de 3000 miles et ne révèle aucune défectuosité ou détérioration majeures.

High speed reverse transmission

Cette modification de la transmission du Sherman a pour but d'augmenter la vitesse du char en marche arrière avec un rapport de 5.65/1 – soit le rapport de la Première – et une vitesse maximum de 5 km/h. Avantage de cette configuration, le char peut, au besoin, grimper une forte pente en marche arrière. La première modification effectuée consiste à augmenter le rapport de boîte, ce qui diminue d'autant les capacités de franchissement de pentes. Il est donc décidé de monter une boîte auxiliaire équipée d'un train planétaire à l'entrée de la boîte de vitesses existante. Ce montage permet d'utiliser les cinq vitesses du Sherman en marche arrière. C'est le système de l'inverseur, qui envoyait 25 CV supplémentaires vers les barbotins. Ce montage nécessite un arbre de transmission plus court, donc moins de vibrations et une durée de vie des cardans allongée. Testé pendant un an, le système donne entière satisfaction, on pourrait même parler de plébiscite. Mais alors, pourquoi n'a-t-il jamais vu le jour sur un Sherman ? Tout simplement parce que la guerre a pris fin et que la production a été arrêtée.

Les transmissions Spicer 95, General Motors 3030B Torqmatic, et 900T

Ces trois modèles de transmission sont testés sur Sherman, alors qu'ils sont prévus dans des pro-

grammes d'études de chars moyens. Le T 20 reçoit la transmission Spicer 95, basée sur un convertisseur de couple hydraulique accouplé à une transmission Hydramatic. Elle est testée à la fin de la guerre. Le T 23 est doté de la transmission électrique 3030B, puis de la 900T, qui équipait déjà les « Hellcat ». À la mi-1944, deux M4A3 sont modifiés – M4A3 E3 – et sont envoyés à Aberdeen Proving Ground pour être confrontés aux M4A1 E3 et M4A3 E1 en cours de tests avec la transmission Spicer 95. La fin de la guerre, mais surtout l'arrivée de la transmission « Cross Drive » sonnent le glas de ces transmissions qui, de toute façon, rencontrent des problèmes de fuites d'huile ou d'échauffement.

Les transmissions du type *Cross Drive*

Ce type de transmission est étudié dès 1943. Il regroupe en un seul carter les fonctions de boîte de vitesses, d'embrayage, de direction et parfois de freins. Conçu à l'origine pour le Sherman, il est prévu comme la transmission devant équiper tous les modèles de chars après-guerre.

La transmission Cross Drive EX 100 est testée avec un M4A3 sur lequel il faut découper une large ouverture sur le dessus du blindage de transmission. Cette ouverture, munie d'une plaque de fermeture blindée est baptisée « trou d'homme » par les techniciens. Cette transmission fonctionne sur le principe du convertisseur de couple (hydraulique), associé à un freinage et une direction électriques. L'ensemble est plus compact que la BV et le différentiel d'origine du M4. La mise au point de cette transmission prend plus de temps que prévu, raison pour laquelle elle n'est pas mise en service sur le Sherman.

La barre de torsion

Dès 1943, l'*Ordnance* préconise la fabrication de trains de roulement à barres de torsion et chenilles larges, comme les trains de roulement en service sur certains blindés allemands et russes. Deux M4A2 E4 ont servi aux tests, équipés des chenilles 24 pouces de large des modèles T20 E3. L'avantage de ces trains de roulement est qu'ils dispensent une pression unitaire très basse.

Leaf Spring

Comme son nom l'indique, c'est un ressort à lames. Il y en a six de chaque côté, montés sur les bogies. Les résultats sont décevants, le montage est abandonné.

La suspension *Centipete*

Suspension de type half-track adapté sur le M4. Dépassée et trop faible, elle est rapidement abandonnée.

L'Odographe

C'est un combiné de cartographie et navigation qui fonctionne à l'aide d'un compas magnétique couplé au tachymètre du véhicule. Ce système, satisfaisant sur un véhicule de type Jeep, est beaucoup moins performant sur un char ou la masse métallique est beaucoup plus importante. Le combat en zone désertique n'étant plus à l'ordre du jour, le programme est stoppé. Il sert toutefois de base à de futurs développements.

La climatisation du compartiment de combat

Ce projet voit le jour et est testé sur un M4A1 qui prend la dénomination de M4A1 E2. Tout l'intérieur du compartiment de combat est doublé d'un « *liner* » isolant et équipé d'un rafraîchisseur à évaporation. Comme pour l'odographe, la fin des combats en zone désertique met fin au projet.

Système de conduite infrarouge

La conduite de nuit en infrarouge est testée en 1942 et se compose d'un ensemble de phares infrarouges invisibles à l'œil nu. Un détecteur de lumière infrarouge est monté à la place du périscope du pilote. Le principe fonctionne mais n'est pas jugé suffisant

5. Le M4 A2 T.
6. Le M4 A3 E5.
7. Le M A2 HVSS.
8 Le M4 A2 E4.

pour permettre un pilotage à vitesse normale. Ce n'est qu'une décennie plus tard que des systèmes performants font leur apparition.

M4 E1 (I)

Il s'agit en fait d'un M4A1 équipé d'u canon de 76 mm T1 dans la tourelle standard (M4). Testé en juillet-août 1942, la tourelle est trop exiguë – malgré la modification de nuque – pour le lien élastique et la culasse du 76. Plus tard, on lui substitue la T23. La désignation M4 E1 n'est pas officielle, donc incorrecte.

M4 E1 (II)

C'est un M4A4 équipé d'un diesel Caterpillar RD-1820, en vue de la production du char M4A6.

M4 E2

C'est encore un M4A4 équipé de chenilles T80 et d'une suspension HVSS de première génération. Il est testé en 1943 dans le but d'améliorer la suspension horizontale.

M4 E3

Toujours un M4 A4 équipé du V12 Chrysler A 65 cité plus haut.

M4 E4

Châssis M4 équipé de chenilles T80 pour tester une nouvelle suspension à barres de torsion.

M4 E5

Début 1943, un char M4 est équipé de l'obusier de 105 pour tests.

M4 E6

En 1943, c'est un M4 hybride équipé de la tourelle T23 avec un canon M1A1 et le *wet stowage*.

M4 E7

Châssis de M4A1 équipé d'un moteur Ford GAA pour tester la possibilité du remplacement du Continental R-975. Le modèle n'est pas retenu.

M4 E8

Il s'agit d'un M4A3 de première génération utilisé pour tester une suspension HVSS et un canon de 76 mm. C'est le dernier modèle monté dans les T23.

M4 E9

C'est un M4A4 à suspension élargie et connecteurs allongés (type *Duckbills*). La modification concerne l'élargissement des trains de roulement pour pouvoir monter les *Duckbills* de part et d'autre de la chenille. Les élargisseurs se montent sur les poulies de tension. Les supports de bogies et les barbotins sont montés sur un flasque spécial.

M4A1 E1

Châssis M4 équipé d'une isolation en feuille d'aluminium et d'un système d'air conditionné pour évaluer les possibilités de combat en milieu désertique.

M4A1 E2

Char équipé d'un enregistreur de parcours (type navigateur polaire) et d'un système de vision nocturne infrarouge pour évaluer les techniques de combat nocturne.

M4A1 E5

Char équipé d'un moteur Continental « boosté », et de réservoirs de carburant agrandis.

M4A1 E8

Prototype au début de 1944 pour la production du M4A1 76 W, suspension HVSS et tourelleau incorporant le support de mitrailleuse 12,7 mm. Cette configuration sera reprise sur le M60.

M4A1 E9

Char comportant les mêmes modifications que le M4 E9.

M4A2 E4

Char comportant les mêmes modifications que le M4 E4. Les bogies du train de roulement sont remplacés par six doubles galets et des chenilles de 58 cm de largeur.

M4A2 E9

Char avec les mêmes modifications que le M4 E9.

M4A3 E1

Char comportant la même transmission que le M4A1 E3. Il sert à tester une tourelle équipée d'un système de chargement automatique pour canon de

9. TD T35, projet inabouti.
10. T 53, char antiaérien avec un canon de 90 mm.
11. T53 E1 et son canon AA de 90 mm sur châssis M4.
12. M4 A3 E9 à suspension élargie.

76 mm. La tourelle est prévue pour deux membres d'équipage, un chef de char et un tireur.

M4A3 E2

Prototype de la version char d'assaut du Sherman.

M4A3 E5

Prototype équipé d'un canon de 105 et du tourelleau T 121.

M4A3 E3

Prototype qui a servi à tester le glacis-avant incliné à 47°.

M4A3 E8

Prototype pour la production du M4A3 76 W HVSS.

M4A3 E9

M4A3 équipe de la suspension M4 E9 et de *Duck-bills* de 23 cm.

M4A4 E1

Prototype pour l'équipement en obusier de 105 M2 A1. La mitrailleuse de 12,7 mm AA est remplacée par une BMG au cal. .30 et la mitrailleuse coaxiale est supprimée.

M4A4 E

Test du premier type de suspension HVSS.

M4A4 E

Modèle équipé d'une nouvelle suspension Allis Chalmer et de chenilles plus larges.

M4 *Doozit*

M4 équipé d'une lame *Dozer* M1 muni d'une plate-forme en bois prévue pour supporter des charges explosives destinées à démolir des murs ou des obstacles. Le char reçoit aussi un lance-roquettes T40. Cet engin n'a jamais été utilisé au combat.

M4 *Assault sledges*

Projet d'expérimentation pour remorquer un train de luges blindées avec un fantassin dans chaque habitacle pour pouvoir donner l'assaut. Le dispositif s'est révélé inutilisable au combat.

Le T14 Super Sherman

C'est un prototype de char moyen-lourd développé avec les Britanniques. Son poids est de 41 tonnes et il est motorisé avec un V8 Ford GAA de 520 CV, soit un peu plus de 12 CV/t. Une vitesse maximum de 28 km/h est atteinte. Le train de roulement est celui du M4 HVSS, les plaques de protection du train de roulement – on ne dit pas encore pare sable – sont en blindage d'un pouce d'épaisseur. La tourelle est une extrapolation de la T26 et le montage de la mitrailleuse de capot est entièrement revu. Le canon est un 75 mm M3 approvisionné à 50 coups. Ce char n'est retenu ni par les Britanniques, ni par les Américains.

Le M4 « Chrysler »

Prototype en un seul exemplaire réalisé par la firme Chrysler, équipé du moteur radial Continental. Il est doté de la tourelle T26 avec un canon de 90 mm à frein de bouche. La tourelle du M26 Pershing est en route.

T23 E

Prototype ayant servi à l'élaboration du M26 Pershing. Un T23 procède aux premiers essais.

T35

Châssis M4A2 équipé de la tourelle et du canon du char M7. C'est un projet de *Tank destroyer*.

T53 E1 GMC

Canon de 90 mm AA monté sur un châssis M4 pour être utilisé comme chasseur de chars. Il est abandonné au profit du TD M36.

T52 E1

Châssis M4A3 doté d'une nouvelle tourelle et d'un armement similaire à celui du T42.

T53

M4A2 équipé du canon de 90 mm AA monté à l'arrière du char. C'est un projet de *Tank destroyer*.

T71 E1

Chasseur de char sur base de châssis M10 ayant servi à l'étude du TD M36.

T83

Prototype du M40.

T89

Prototype du M4 A3 avec un canon de 203, équipé d'un train de roulement HVSS.

13. Sherman M4A4 E avec les suspensions Allis Chalmer.
14. Sherman *Centipete*. à suspension du type half-track.
15. Le T 14 *Super Sherman*.
16. Unique prototype du Sherman CN 90 Chrysler.

SHERMAN SPÉCIAUX BRITANNIQUES

Les chars qui suivent sont aussi visibles page 109, sur la planche « Spéciaux ».

Sherman Kangaroo

Le Sherman est converti en transport de troupes blindé. Celui-ci est une spécialité canadienne.

Le puits de tourelle sert au transport de troupes proprement dit et les superstructures sont aménagées pour permettre un embarquement plus facile par l'arrière ou les côtés du char.

La mitrailleuse du copilote est conservée mais déplacée à gauche, dans un mini tourelleau. Des coffres sont ajoutés.

Le pilote, logiquement, passe à droite du char et manœuvre derrière un volet rabattable possédant une fente de vision. Le châssis du M7 Priest a été lui aussi converti en version Kangaroo.

Sherman CDL

Canal Defence Light Vehicle. Char d'observation chargé de la localisation d'objectifs par projecteurs (CDL). Les lampes sont montées derrière une meurtrière dans une tourelle super-blindée.

Sherman Demolition Tank, T31

M4A3 HVSS avec un obusier de 105 et deux missiles de 7,2 pouces montés en tourelle (à l'intérieur).

Testé en 1945, jamais utilisé, il ne doit pas être pas confondu avec le « *Rocket* ».

Sherman Rocket

Modèle Firefly équipé de deux rampes de lancement de part et d'autre de la tourelle. Il peut tirer deux missiles sol-sol RP3 de trois pouces ; il est également appelé Sherman *Tulip*. Cette réalisation britannique est surtout utilisée pendant la bataille du Rhin en 1945.

Parenthèse sur les chars M6 et M7

Le char M6 A2 est un char lourd que les États Unis construisent en 1941.

Armement. Un canon de 76,2 mm, un canon coaxial de 37 mm, une mitrailleuse M2 HB, une mitrailleuse BMG en calibre .30

Motorisation.

Wright G200, 9 cylindres en étoile refroidissement par air développant 800 CV. Nous retrouvons là l'ancêtre du D200 Caterpillar qui équipera les M4A6.

L'équipage compte six hommes.

Le poids est de 50 tonnes.

Ce char a été construit à 40 exemplaires et est équipé d'une transmission électrique de marque General Electric.

Le char M7 est un engin de la classe *Light-Medium Tank*, construi, lui aussi, en 1941.

Armement principal. Un canon de 75 mm et deux mitrailleuses de calibre .30.

Motorisation Wright R975, 9 cylindres en étoile et 340 CV. C'est le moteur des Sherman M4 et M4A1. Prévu pour être le successeur du M5 (similitude des trains de roulement), il n'a pas dépassé les sept exemplaires malgré son évolution en char moyen.

Été 1944, pendant l'offensive sur Caen, ce Sherman III ARV I (*Armoured Recovery Vehicle*) accompagne les unités canadiennes. Ce blindé est une conversion du Sherman III (M4 A2). Mis en œuvre par le REME, ce blindé appartient à la *79th Armoured Division (Archives royales du Canada)*

Les M4 en situation de combat.

Qui dit combat, dit leurre, et le Sherman n'a pas échappé à la règle. C'est en Angleterre que le Sherman gonflable, en anglais « *inflaty M4* » voit le jour. Une silhouette très approchante est facilement manipulée par deux hommes, des morceaux de filet de camouflage et quelques marquages sommaires finissaient de donner le change. Ces leurres sont largement utilisés au cours de l'opération *Fortitude*.

Un des faux Sherman en toile et bois de l'opération *Fortitude*. *(NARA)*

« Fortitude »

« Courage, fermeté, force d'âme ». Nom donné à l'opération dont le but est de leurrer le haut-commandement allemand.

Certainement l'« Intox » de plus grande envergure jamais réalisée. Cette opération, dont personne n'a jamais trop parlé – pendant des décennies – a coûté la vie à des centaines de civils de Calais et sa région. Civils sacrifiés sous les bombardements anglo-américains. Les Alliés ont mis tout en œuvre pour accréditer la thèse d'un débarquement dans le Pas-de-Calais. Triste épisode d'une vaste opération militaire mais, en 1943, les dommages ne sont pas encore collatéraux, ils sont le tribut à la victoire.

Le nom de code de l'opération d'intox montée par les Alliés est *Bodyguard* (Garde du corps) et elle vise l'ensemble des forces de l'Axe. Cette opération comporte différents volets dont les principaux sont :

L'opération *Fortitude* elle-même, subdivisée en deux parties principales qui sont :

Fortitude Nord. Faire croire à un débarquement en Norvège. C'est l'opération *Quicksilver*.

Fortitude Sud. Faire croire à un débarquement dans le Pas-de-Calais. C'est l'opération *Skye*. Cette dernière est placée sous le contrôle du LCS (*London Controlling Section*) qui dépend directement du Premier ministre britannique Winston Churchill, et travaille étroitement avec le SHAEF – *Supreme Headquarters Allied Expeditionary Forces* – installé près de Portsmouth.

Les autres opérations sont :

Zeppelin. Faire croire à un débarquement en Grèce et en Crète.

Ironside. Faire croire à une intervention sur l'important port de Bordeaux.

Vendetta. Faire croire à un débarquement entre Sète et Narbonne.

Ferdinand. Faire croire à un débarquement dans la région de Gênes.

Toutes ces opérations fantômes ont pour but de protéger les sites de débarquement de Normandie et de Provence.

Pour donner du corps à *Fortitude*, les Alliés déploient en Angleterre des divisions fantômes constituées de matériels factices, comme des chars gonflables, des fausses barges disposées dans les ports et sur les fleuves, des pièces d'artillerie en bois., etc.

On fait fumer des cheminées d'usine où l'on ne fabrique rien, on simule des cuisines géantes et des cantonnements « virtuels ». Les réseaux radio simulent une activité correspondant à plusieurs divisions, un groupe d'armées américain, le FUSAG (*First United State Army Group*) est simulé de toutes pièces avec à sa tête, rien de moins que le général Patton, bien connu des Allemands. De plus des espions retournés sont chargés de fournir aux Allemands des infos soigneusement préfabriquées. Les principaux ont pour nom de code, « Garbo » un espagnol, « Brutus » un officier polonais, et « Tricycle », un avocat croate.

Les Alliés vont même jusqu'à laisser « passer » quelques avions de reconnaissance de la Luftwaffe sous réserve qu'ils ne volent pas en dessous de 2000 mètres.

Mais l'opération de déception *Fortitude*, dans son concept va beaucoup plus loin encore En *« plus de faire croire »* et de protéger les vrais sites du débarquement, un autre but de l'opération est de persuader – le moment venu – que le débarquement de Normandie n'est qu'une diversion.

Le but de cette autre « intox » est que, croyant à une diversion, Hitler conserve dans le nord de la France et le sud de la Belgique, le maximum de ses moyens militaires. Pour renforcer l'idée, quelques bombardements alliés sont effectués sur la région Normandie mais l'intensité de ces raids est soigneusement dosée.

Dans son ensemble, *Fortitude* a d'ailleurs fort bien fonctionné puisque les renforts allemands venant du nord du théâtre d'opérations n'ont fait réellement mouvement qu'à la fin août 1944.

Le Sherman *Inflaty M4*, le char gonflable inventé en Angleterre et souvent utilisé comme leurre. *(IWM)*

9 LOGISTIQUE, INTENDANCE ET SOUTIEN

La logistique est l'ensemble des opérations ayant pour but de permettre aux armées de vivre, de se déplacer, de combattre et d'assurer les évacuations et le traitement médical du personnel. Elle comprend les manutentions, les transports, les conditionnements et les approvisionnements.

L'Intendance est une branche de la logistique qui traite plus particulièrement des besoins en effet d'habillement, de vivres, chauffage, éclairage et de la solde des militaires. De nos jours, l'Intendance a pris le nom de Commissariat de l'Armée de Terre.

On peut très facilement résumer l'importance de la logistique et de l'intendance dans le cadre d'un conflit, quel qu'il soit, quel que soit le lieu ou encore l'époque. Si l'intendance ne suit pas, la guerre est perdue.

C'est aussi simple que cela. Donc, pour qu'un char soit opérationnel, il faut du carburant pour qu'il se déplace, des obus pour détruire les cibles, des pièces de rechange pour la maintenance et les réparations, des matériels pour l'entretien. Ajoutons à cela des moyens de dépannage, remorquage ou évacuation en cas de panne, de dommages infligés par mines ou de tirs directs. Les équipages de chars doivent pouvoir utiliser leur arme de dotation, donc avoir des munitions en quantité suffisante et il en va de même pour les mitrailleuses ou mortiers qui équipent l'engin blindé. Ces équipages, doivent s'habiller en fonction des conditions météo ambiantes, se nourrir, dormir et être soldés.

Enfin, comme toute bataille engendre des tués ou des blessés, il faut, là encore, évacuer, trier, soigner ou bien donner une sépulture. À ce sujet, il faut savoir que dans toutes les unités françaises de l'époque, il y a un prêtre, un aumônier militaire, grade unique dans l'armée française, mais assimilé à un officier. Ces personnels sont gérés par le Service de santé des armées.

Après cette brève énumération, il est clair qu'au-delà de l'importance de cette chaîne lo-

Un M25 40 Ton Tank Transporter treuille un M4 A1 déchenillé sur la remorque M15. *(NARA)*

Le M26 « Dragon » tank retriever, portique relevé. *(NARA)*

gistique, les paramètres tels que définition, organisation, articulation et réalisation sont presque à l'échelle du gigantisme quand il s'agit d'opérations telles *Overlord* ou *Dragoon*, d'autant plus que ces chaînes logistiques doivent fonctionner dès le début des engagements.

Lors d'un débarquement, les hommes et les matériels sont confrontés aux conditions météo qui peuvent engendrer des pertes dues au chavirage, enlisement ou mauvaises conditions de visibilité. Les assaillants se heurtent au feu des défenseurs et la riposte génère une consommation de munitions extraordinaire, les unités du génie ont besoin d'énormes quantités d'explosifs et de nombreux moyens mécaniques.

Les véhicules et les engins de 1944 fonctionnent, pour la plus grande part, à l'essence, ils ont une consommation conséquente et, selon le principe des grandeurs directement proportionnelles, une autonomie réduite d'autant. Les chiffres parlent d'eux-mêmes et les véhicules tels que Jeep, Dodge ou GMC « boivent » allègrement entre 20 et 40 litres aux cent (kilomètres). Pour un engin blindé, la consommation – cette fois exprimée en heures – tourne autour de 100 litres/heure quand le terrain est sec et que le moteur est correctement réglé.

Cette consommation peut facilement grimper, et, après le débarquement, une division blindée sur l'ETO consomme 94000 litres de carburant par jour. Ce chiffre est par lui seul un sacré casse-tête pour la mise en place d'un réseau d'approvisionnement logistique et ce n'était à l'époque pas le seul. Arrêtons-nous un instant sur la question des pleins de carburant afin que les M4 continuent le combat.

Quatre-vingt-quatorze mille litres de carburant par jour ce sont 470 camions-citernes de 2000 litres ou bien encore 4700 bidons (Jerrycans) de 20 litres. Un GMC de type CCKW 353 a une charge utile de 2300 kg – sachant qu'un jerrican plein de carburant pèse 27 kg – on peut charger environ 80 bidons par camion et, chaque jour, il faut faire rouler une soixante de camions pour approvisionner une seule division blindée.

Il y a des divisions françaises, britanniques, américaines, canadiennes et polonaise soit, autant de fois 94000 litres de carburant/jour. Ajoutons à tout cela, les véhicules des divisions d'Infanterie, de l'artillerie, des unités médicales, des unités du matériel et le nombre de camions transportant des jerrycans frôle l'astronomique, tout comme les chiffres de la consommation journalière. Et encore, le carburant n'est qu'une partie des besoins journaliers en situation de combat.

Les stratèges de la Deuxième Guerre mondiale, se sont bien entendu penchés sur cette question bien avant le débarquement et les logisticiens militaires, que l'on peut qualifier d'experts en la matière, ont mis en œuvre *« Pluto »*. Non ! Pas le chien de Mickey Mouse… *« Pluto »* c'est : *Pipe Line Under The Ocean*. Autrement dit, on fait passer un oléoduc sous la Manche. L'idée en revient à un ingénieur de l'anglo-iranian Oil Company (on dit BP aujourd'hui). Développé et testé en 1942 dans l'estuaire de la rivière Clyde en Écosse. La première canalisation est tirée début août 1944, soit deux mois après le *D-Day*, entre l'île de Wight et Cherbourg, puis trois autres canalisations sont immergées sur ce parcours. Plus tard, onze oléoducs sont « tirés » entre Dungeness et Ambleuteuse dans le Pas-de-Calais. Les stations de pompage en Angleterre sont reliées à 1500 km d'oléoducs qui acheminent le carburant depuis Liverpool ou Bristol. En mars 1945, à travers ces « *Pluto* », ce sont 3000 tonnes de carburant qui arrivent tous les jours sur le sol français. Des millions de litres de carburant ont coulé dans ces « *Pipes* » avant que la guerre ne prenne fin. Le carburant arrive donc au terminal sur les côtes françaises. Reste encore à le transporter au plus près en suivant l'avance des troupes sur le territoire des opérations. Un autre maillon de la chaîne est mis alors en place. Il est constitué de dépôts de carburants, de camions-citernes, de transport de jerricans, mais aussi d'unités de régulation, de circulation, de chargement et de conditionnement. Toute cette flotte de camions va se déplacer sur des axes, qui peuvent être ascendants ou descen-

LES CINQ POSITIONS DU PORTIQUE DE TREUILLAGE SUR LE M26 TANK RETRIEVER

Position 1.
Portique et jambes de force forment un angle de 90°.
C'est la position qui procure la résistance et la force maximum sur la poulie. Le portique est alors incliné à 45°.

Position 2.
Extension des jambes de force vers l'arrière, le portique est incliné à 60°, le câble du treuil est relevé.

Position 3.
Allongement des jambes de force vers l'arrière.
Le portique prend une inclinaison à 75°.

Position 4.
Le portique forme un angle à 90° avec le châssis.
Portée et hauteur de câble maximum.

Position 5.
Allongement maximum des jambes de force.
Le portique est déporté vers l'extérieur et permet le remorquage d'un véhicule levé.

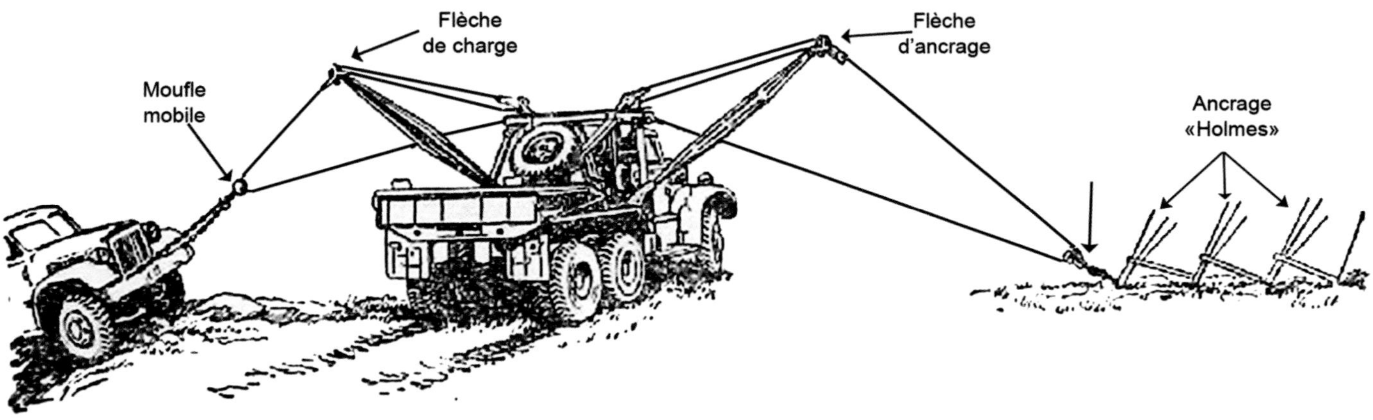

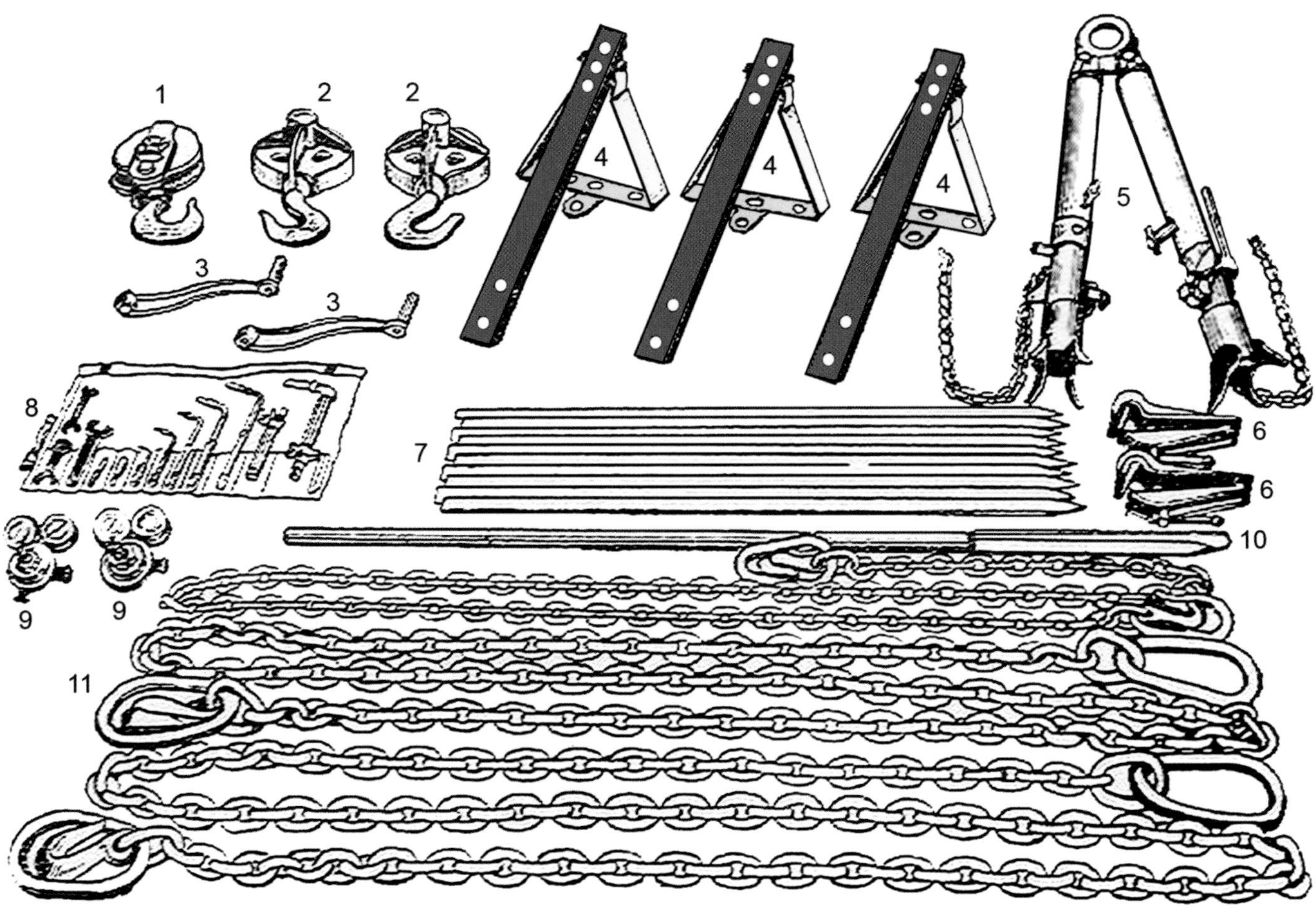

Tout en haut.
Intervention à l'aide des deux flèches du Wrecker Diamond T969.

La composition du lot Holmes embarqué sur les Wreckers.

dants. Ce sont des axes routiers (parfois des pistes qui évitent des portions de routes bombardées) sur lesquels roulent nuit et jour des conducteurs bien souvent harassés, évitant trous, obstacles divers, franchissant des rivières sur des ponts flottants, des ponts Bailey, quand ce n'est pas un pont rafistolé. L'un de ces itinéraires de l'enfer se nomme le *« Red Ball Express »*, le premier mis en place. Il est bientôt suivi d'autres itinéraires.

C'est sur ces routes que les Alliés ont pallié le manque de voies ferrées ; le réseau ferroviaire français ayant été copieusement bombardé et saboté pour gêner l'armée allemande Dès la fin de la bataille de Normandie, en août 1944, le *« Red Ball Express »* est mis en place entre Cherbourg et Chartres puis, par la suite, deux branches sont déployées vers le nord et l'est. Ces parcours sont longs de 500 à 1 400 kilomètres. Carburants, vivres, munitions, intendance et matériel médical, tout est convoyé par ces camions.

Les besoins journaliers des unités de combat représentent 12 000 tonnes/jour. Plus de 6 000 camions américains ont peiné sur les routes de France et ce malgré une organisation et un fonctionnement typiquement militaires. L'importance du flux de véhicules et la densité du trafic routier nécessitent la mise en place de bataillons de MP (police militaire), d'unités d'infanterie charges de la sécuri-

septembre 1944. Ce panneau est planté le long d'une des voies du « *Red Ball Highway* » près d'Alençon en Normandie. *(NARA, p011135)*

sation, d'éléments du génie militaire pour les réfections et les réparations diverses. Tous les itinéraires du « *Red Ball* » sont balisés à l'aide de panneaux à l'américaine *(voir la photographie ci-dessus)*. Les dimensions hors-norme pour les Français de l'époque s'expliquent non seulement par le modèle américain, mais aussi par le fait qu'elle est en priorité destinée à des conducteurs qui :

– ne sont pas habitués aux axes européens ;
– découvrent, bien souvent, de nouveau paysages ;
– ne parlent pas le Français ;
– ne doivent pas confondre les panneaux *Red Ball* avec la signalisation locale… ou ce qu'il en reste ;
– sont souvent fatigués ou préoccupés par leur cargaison.

Ces panneaux, au nombre de 25 000 environ, indiquent aussi les objectifs de tonnage réalisés, ce qui est toujours motivant pour les conducteurs. Pour le transport des marchandises, les camions empruntent l'itinéraire nord, tandis que les vides rentrent par un itinéraire sud, de façon à éviter l'engorgement de l'itinéraire montant. Sur le « *Red Ball* », les consignes de circulation sont strictes et précises.

L'insigne du « *Red Ball Highway* » porté par les conducteurs. *(Dessin de l'auteur)*

La circulation est interdite aux véhicules civils. Les convois comportent, au minimum, cinq camions et sont encadrés par des Jeep ou des automitrailleuses.

La vitesse est limitée à 25 miles/h. les véhicules sont espacés de 50 mètres avec interdiction de doubler. Les conducteurs ne doivent pas s'arrêter même quand un autre camion est en panne. Dans le cas d'une panne, le véhicule est immobilisé sur le côté et attend l'intervention des équipes de dépannage. Après le dépannage, le camion est intégré au convoi suivant. En aucun cas, il ne roule seul.

Pendant le parcours, les convois font une pause de 10 minutes à la fin de chaque heure.

Cette pause est par ailleurs mise à profit pour faire quelques rapides vérifications sur les véhicules. Les pannes et crevaisons sont fréquentes sur le « *Red Ball* » elles sont dues, en grande partie, à l'utilisation intensive des matériels, le mauvais état des routes et la fatigue des conducteurs. Pour toutes ces raisons, les Américains ont installé sur l'itinéraire un atelier de réparations tous les cinquante kilomètres.

Ces ateliers sont équipés de moyens de levage et remorquage (du type Diamond T 969, Ward la France ou CCKW lot 7) et les techniciens les mettant en œuvre sont rompus aux méthodes de dépannage en tout genre.

Les logisticiens ont également mis en place des *check points* dans les grosses bourgades traversées par le « *Red Ball* ». Sur ces « points de contrôle », tenus par les MP ou des unités de circulation, on peut effectuer des pointages, noter des heures de passage, compter des véhicules, mais, aussi, donner des renseignements sur un camion en panne. Le parcours du « *Red Ball* » est également équipé de stations de ravitaillement en carburant permettant d'étancher la grande soif des véhicules des convois. Parfois, ces points de ravitaillement sont installés dans d'anciennes stations-service civiles qui ont été remises à niveau.

Enfin, à mi-parcours, le « *Red Ball* » est équipé d'une zone de bivouac avec aire de repos pour les « Drivers », zone où il est possible de faire le plein de carburant, consulter l'antenne médicale et fréquenter les camions de l'*American Red Cross Clubmobile,* version américaine du foyer de campagne du soldat.

D'autres itinéraires logistiques sont mis en place par la suite. On trouve notamment :

– le *White Ball Express* : du Havre à Reims, via Beauvais ;
– l'*ABC Highway*, d'Anvers à Liège ;
– le *Green Diamond Highway* de Cherbourg à Dol de Bretagne.

L'autre face du *Red Ball Express*

George Patton fait partie de ceux qui sont à l'origine de la création du « *Red Ball* » et, au départ, il avait accordé la préférence au Dodge WC 63 - 6X6 pour la flotte de transport. En effet, contrairement

GMC CCKW 353 M8 ORDNANCE

CCKWX 353 - B1 WRECKER set N°7

WARD LA FRANCE M1 A1 Wrecker

DIAMOND T 969 A Wrecker

M19 45 Ton TANK TRANSPORTER Truck Trailer = M20 DIAMOND T 981 Soft Cab & M9 ROGERS 45 Ton Trailer

PACIFIC M25 40 Ton Tank Transporter & Semi Trailer M 15 FRUEHAUF

PACIFIC M26 Tank Retriever

Une des affiches du célèbre film avec Jeff Chandler traitant de l'histoire du *Red Ball Highway*. *(Collection particulière)*

aux camions Ford ou GMC (General Motors Co.) les Dodge ont, dès le départ, une réputation de fiabilité due en grande partie à leur culasse moteur (*Flat Head Cylinder*) et leur double train arrière qui, avec des roues simples encaissent la même charge qu'un CCKW auquel il faut des jumelages sur les trains arrière. D'autre part, les GMC et Chevrolet ont une fâcheuse tendance à « griller » les soupapes du fait de l'utilisation d'essence à faible indice d'octane. Les carburants à indice d'octane élevé étant réservés à l'Air Force. Les ateliers de réparations sont souvent remplis de GMC dont il faut changer les soupapes, voire, même, les sièges de soupapes. Les moteurs du GMC sont du type à soupapes en tête.

Les Dodge, quant à eux, grâce à leur distribution à soupapes latérales, ne connaissent pas ces déboires et le moteur six cylindres en ligne fait preuve d'une grande robustesse dans le temps. Les GMC étant disponibles en plus grand nombre, le « *Red Ball* » les a finalement intégrés en tant que camion principal. Pour que les cadences puissent être maintenues pour toute la durée du « *Red Ball* », il a fallu en « cannibaliser » un grand nombre. Les conducteurs – à 75 % des Afro-Américains – n'hésitent pas à supprimer le régulateur sur le moteur de leur camion, ce qui leur permet d'atteindre des vitesses de 55 miles/h.

Ces hommes tiennent ces cadences de jour comme de nuit, sachant que tous les déplacements nocturnes sont faits en *Cats eyes*. Les routes et les chemins sont souvent boueux et les crevaisons – dues en particulier aux éclats d'obus, déchets divers sur les routes, restes de barbelés tombés des véhicules – sont toujours très nombreuses. Les conducteurs du *Red Ball Express* portaient le patch de cette Unité, représentant un point rouge qui, dans l'armée U.S signale un véhicule avec un droit de passage important.

L'importance et le rôle primordial des convois du « *Red Ball* » ont été reconnus et mis en avant par Eisenhower lui-même et il est clair que sans ces camions de l'impossible, baptisés les « convois du Diable », l'avance de Patton n'aurait pu être aussi rapide et décisive. Peu de temps après la fin de la guerre, Hollywood n'a pas manqué de produire un film à la gloire de tous ces *Drivers* et à leurs conditions de vie. Des ouvrages littéraires ont également conté les exploits de ces convois.

La logistique militaire est sous la responsabilité de l'état-major (armée, division ou brigade) et plus particulièrement du 4e Bureau (B4) qui comprend lui-même quatre sections principales.

La logistique, nous l'avons vue, ne concerne pas seulement le carburant. Il y a tout ce qui est nécessaire à la conduite des opérations de combat, et on ne peut pas parler de M4 Sherman sans aborder le volet logistique.

Cette gigantesque entité permettant aux combattants de continuer leur mission, est composée d'hommes et de femmes qui sont trop souvent oubliés. Passer sous silence leur rôle, c'est commettre une jolie bourde car, comme il est écrit sur certains insignes d'unités : « *Sans eux rien !* ».

Des femmes au combat

Impossible de parler soutien ou intendance sans évoquer ceux qui sont au plus près des soldats : les « *Medics* ». Ce sont ces soldats sans armes, qui portent un casque peint de quatre croix rouges sur fond blanc. Sur le dos, une musette contenant le nécessaire pour soigner, désinfecter, soulager, ligaturer ou éponger. Parfois dotés de brancards, ils ramassent et transportent les blessés souvent au bord de l'épuisement. Ils les amènent jusqu'au véhicule d'évacuation puis vers un hôpital de campagne ou un centre de tri. Dans cette catégorie, il y a beaucoup de femmes, américaines, anglaises ou françaises, elles sont en général ambulancières. Elles ont reçu une formation médicale, mais elles sont également titulaires des certificats de conductrice ambulancière. Ce certificat sanctionne des aptitudes à soigner, brancarder, mettre en œuvre les équipements spécifiques de leur ambulance, sans oublier les gestes plus triviaux de changer

(suite page 166)

ORDNANCE BATTALION

BATTALION H.Q

BATTALION H.Q Co.

BATTALION H.Q Section.

H.Q Company.

H.Q Co. Supply section.

X3 = Carburants & Ingrédients

X 17 = Pièces de rechange

Water

Combat rations

H.Q Co. Inspection section.

Techniciens et outillages

ORDNANCE BATTALION

Headquarter Section

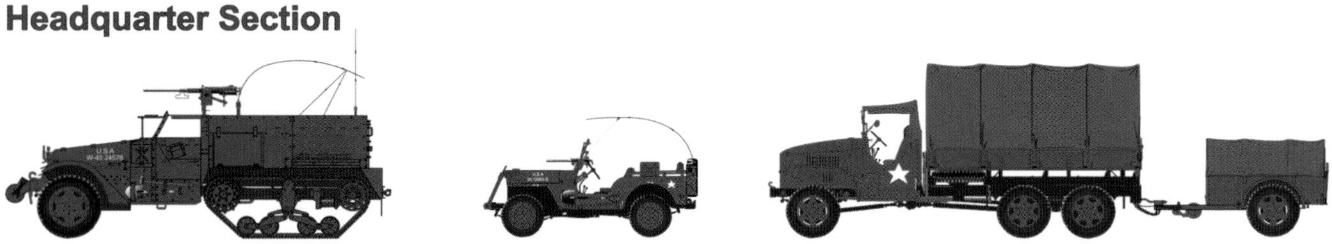

Aministrative Mess & Supply Section

Service Maintenance & Supply Section

Maintenance Co.

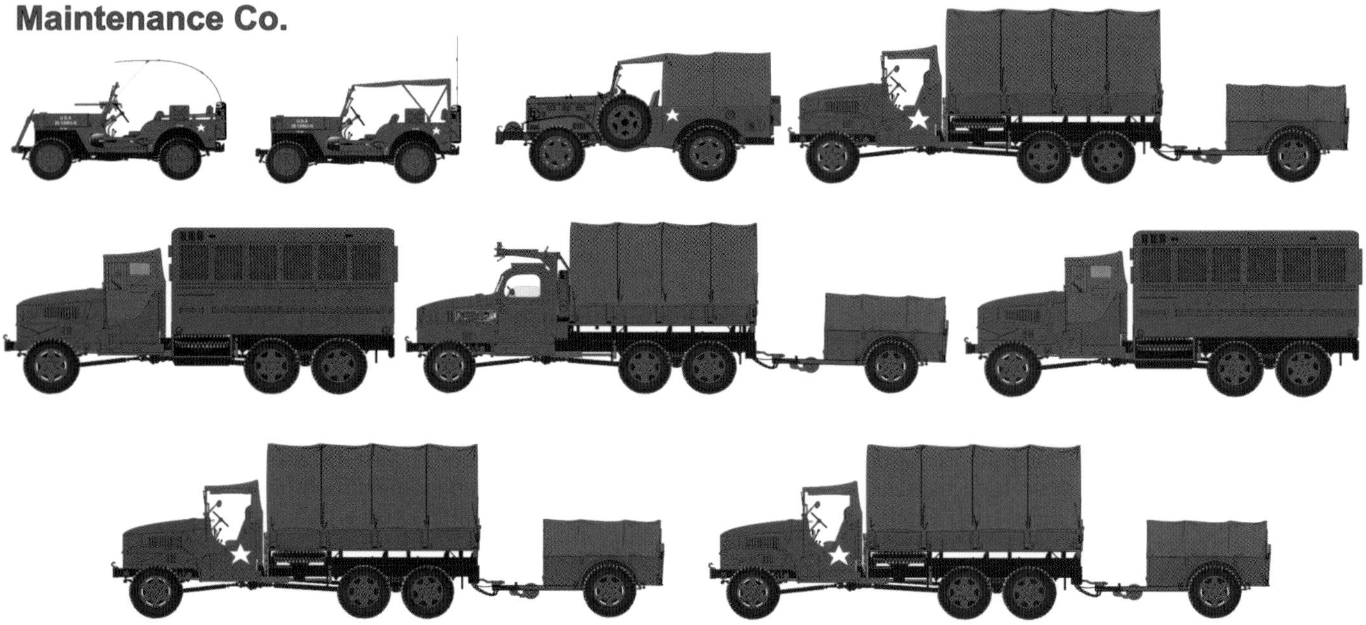

ORDNANCE BATTALION

Armament Platoon

Artillery Section

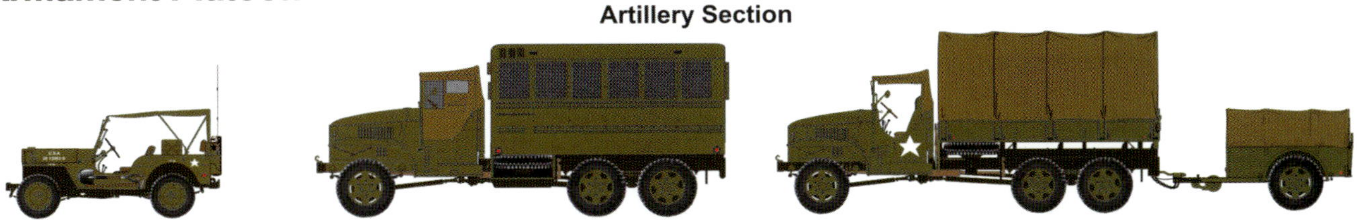

Small Arms Section

Instruments Section

Reclamation & Evacuation Section

M 26 Tank Retriever Vehicle

Diamond T 969 HD

M1 A1 Ward La France 1000 Serie 5

M25 Dragon wagon
40 Tons Tank Transporter

Tractor M 26 Pacific

Trailer M 15 Fruheauf

une roue ou entretenir son véhicule. Les Marinettes, en France, sont les plus connues. La composition de leur unité est détaillée dans la partie TED du RBFM *(voir page 201)* Le 13e bataillon médical comprend, entre autres, 90 ambulanciers répartis en trois groupes de 30 dans les trois compagnies médicales du 13e BM Les Marinettes font partie de la 2e compagnie.

Les Rochambelles sont nommées ainsi en souvenir du comte de Rochambeau qui s'illustra aux côtés des Américains pendant la guerre. Créées par l'américaine Florence Conrad, les Rochambelles sont affectées à la 1re compagnie du 13e BM

Les Quakers sont des infirmiers anglais ayant fait leurs preuves durant le premier conflit mondial. Le général Leclerc avait demandé qu'ils soient rattachés à la deuxième DB. Ils forment la 3e compagnie du 13e BM

Soutien et dépannage

Le soutien désigne l'ensemble des actes et opérations qui permettent de maintenir le potentiel de combat des véhicules à son niveau *optimum*. Dès la création d'unités motorisées, mécanisées ou blindées, la nécessité de mettre sur pied des régiments, bataillons ou compagnies de soutien est apparue. Toutes ces unités, forment un vaste ensemble de moyens de repérage, sauvetage, évacuation, dépannage, réparation, reconstruction approvisionnements. Ce segment important du « soutien » des unités de combat a pris la dénomination pour l'armée française, par exemple, de Service du Matériel. Ce service est devenu une Arme à part entière en 1976. En 1944, le Service du matériel gère la réparation auto, l'armement et les munitions.

Tout comme pour le Service de santé des armées, le Service du matériel est indissociable des régiments de mêlée.

Articulé en différents échelons, ses attributions vont de l'intervention auprès des régiments, à la reconstruction des véhicules en passant par le reconditionnement. Dans les régiments, les échelons d'intervention s'étagent entre le 1er échelon (utilisateur), le 2e échelon A (niveau unité élémentaire) et le 2e échelon B (niveau régimentaire). Le Matériel échelonne ses interventions à partir du 3e échelon (organisme de soutien direct), le 4e échelon (reconditionnement et réparation des ensembles et sous-ensembles*) et le 5e échelon (reconstruction). Les missions du Service du matériel sont essentiellement du type « lourd », et nécessitent des moyens de type équivalent. L'évacuation des matériels par remorquage est à la charge des unités de combat.

C'est donc dans ces unités que l'on trouve les engins tels que les *Recovery* M31, M32, et plus tard M74. A contrario, c'est dans les unités de soutien direct que sont répartis les moyens de transport lourds de type M25, composé du tracteur M26 et de la semi-remorque M15 de 40 t ; l'ensemble ainsi formé est appelé *Tank Transporter*. La version M26A1 est équipée d'une cabine non blindée et de forme légèrement différente. Le tracteur M26 peut être utilisé seul et devient alors le *Armored Tank Recovery Vehicle* parfois nommé aussi *Tank Retriever*. Dans ce cas, la configuration du tracteur change par le biais de son portique dépliable qui prend place au-dessus de la sellette de la semi-remorque.

C'est par l'intermédiaire de ce portique équipé de poulies que les treuils sont déployés. Le portique peut être déployé sur cinq positions différentes.

Le 6x6 M26 *Armoured heavy tank transporter* est propulsé par un moteur Hall Scott T 440 qui développe 240 chevaux, puissance énorme pour l'époque. Il est construit par la firme Pacific Car Foundry, qui a également construit des M4 et M4A1. Ses dimensions impressionnantes lui ont

Un tracteur U 7144 T avec sa citerne sur une des *Highways* du « *Red Ball Express* ». *(NARA, p013444)*

valu le surnom de *Dragoon*. Il mesure plus de 7 m de long, pour 3,32 m de large et 3,5 m de hauteur. La remorque M15 est une Fruehauf Trailer Co. mesurant 11,70 mètres pour un poids de 16 tonnes.

Ces moyens de dépannage, réparations et évacuation sont complétés par des camions que l'on peut trouver indifféremment dans les régiments ou les unités du Matériel.

Le CCKW 353 Truck Cargo LWB 6X6 Wrecker Set N° 7 & Winch. Ce camion de 2,5 t est équipé d'une chèvre avec palan mobile, d'une barre de remorquage et d'un lot réduit de levage. Il est destiné aux remorquages de véhicules de liaison ou camions légers. Très utilisé par les équipes « volantes » de dépannage.

Les GMC CCKW 352 équipés du Set N° 7 sont des modifications françaises postérieures à 1946.

Le CCKW 353 *Ordnance Maintenance Truck* (camion atelier) est décliné en plusieurs versions en fonction de la destination finale : réparation auto, armement petit calibre, génie, radio, magasin etc. Ces camions sont toujours mis en œuvre sans treuil.

Le Diamond T 4.0 Ton Wrecker. Ce camion de dépannage est, tout d'abord, équipé d'une cabine tôlée (Modèle 969) puis, à partir de 1943, d'une cabine Torpedo (969A et B). La partie levage est fabriquée par Holmes Co.

Ce camion est équipé pour le remorquage, le levage et le treuillage. Il possède un lot réduit d'ancrage (Holmes) et peut lever dix tonnes ; son treuil a une puissance de 7 tonnes. Il est équipé d'une flèche à deux bras manœuvrés par des treuils à manivelle *(voir page 149)*.

Le Ward la France M1A1 est construit par la firme Kenworth. Il est équipé d'une flèche de levage à commandes hydrauliques et d'un portique.

Deux treuils peuvent être mis en œuvre en plus d'un lot d'ancrage et de remorquage. Des outils spécifiques et un poste de soudure et découpe oxyacétylénique complètent l'équipement.

La gestion des carburants et ingrédients

Le Service des essences des armées est chargé de cette gestion, sous contrôle du B4. Les carburants sont conditionnés, stockés, transportés et distribués par des compagnies de ravitaillement et des compagnies de distribution. Ces unités peuvent pratiquer des distributions par conditionnement en jerrycans, en cuves transportables ou par camions-citernes.

Pour l'opération *Dragoon*, les besoins en carburant ont été mis en place dès le 16 août par l'intermédiaire d'une noria de DUKW qui a déposé 125000 tonnes de carburants et ingrédients entre août et septembre 1944, date à partir de laquelle le Service des essences a pu utiliser les cuves de stockage de l'étang de Berre. Courant septembre 1944, les Américains ont mis en place le pipeline de la vallée du Rhône.

La gestion des munitions.

Les munitions sont gérées par le Service du matériel qui est chargé d'en organiser la gestion, le stockage dans les dépôts, la distribution. Dans les dépôts de l'armée française, le stockage se fait en « unité de feu » (UF). Ces UF correspondent à une consommation moyenne lors des combats. Ainsi, on considère qu'une division blindée possède une UF de 650 tonnes, ce qui représente la consommation d'obus de chars toutes catégories, de mortiers, de canons antichars, de munitions en bandes et « en cartouchières ».

À tout ceci, il convient d'adjoindre les grenades à main, les artifices et fusées de signalisation. Sur un dépôt de base arrière, on stocke entre cinq et six UF, tandis que sur un dépôt avancé (plus près des zones de combat), on gère trois UF. Les munitions, lors des phases de combat, sont acheminées sur des zones de livraison. Le transport est effectué par chargements sur des GMC 353 ou des Dodge WC 63 chargés des transbordements au plus près. Les mouvements de munitions représentent, en 1944, plus de 500 tonnes par jour.

Ce porte char Diamond T980 M20 transformé en semi-remorque transporte, ici, près de 45 tonnes d'obus. *(13-Num 1086, NARA)*

10 NUMÉROTATION ET MARQUAGES

LES M4 DES FORCES FRANÇAISES LIBRES

Les Forces Françaises Libres ont utilisé différentes versions du char moyen M4 et les divisions blindées françaises ont été calquées sur le modèle américain de l'époque *(Light Armored Division)*. En 1942, les Français décident de créer leurs nouvelles divisions en Afrique du Nord et de les équiper des nouveaux matériels américains.

La 2e DB débarque en Normandie équipée, entre autres, de M4 105 et M4A2. La 1re et la 5e divisions blindées débarquent en Provence équipées, pour leur part, de M4A2 et M4A4, tandis que la 3e DB, qui sert de réserve d'organisation et d'entraînement pour les autres divisions est équipée de chars légers, environ 200 engins, dont des M3, puis des M24 avant que ces derniers ne prennent du service en Indochine et en Algérie.

Des versions A1 sont aussi mises en service dans l'armée française en tout cas, cette version a été utilisée par des unités de l'Arme blindée.

En combien d'exemplaires? D'autres versions du Sherman, comme la version M4 hybride ont été perçues à un exemplaire, au 12e régiment de cuirassiers, au RBCEO ou, encore, un M4A3 E8 Jumbo au 2e RCA et un M4 105 HVSS au 2e RC. Par la suite, les Sherman ont équipé des escadrons de gendarmerie mobile, tandis que d'autres sont passés en réserve-mobilisation. Le Sherman, en tant que char de bataille, a surtout participé au conflit d'Indochine. En Algérie, il a été remplacé – en grande partie – par le M24 et quelques M47.

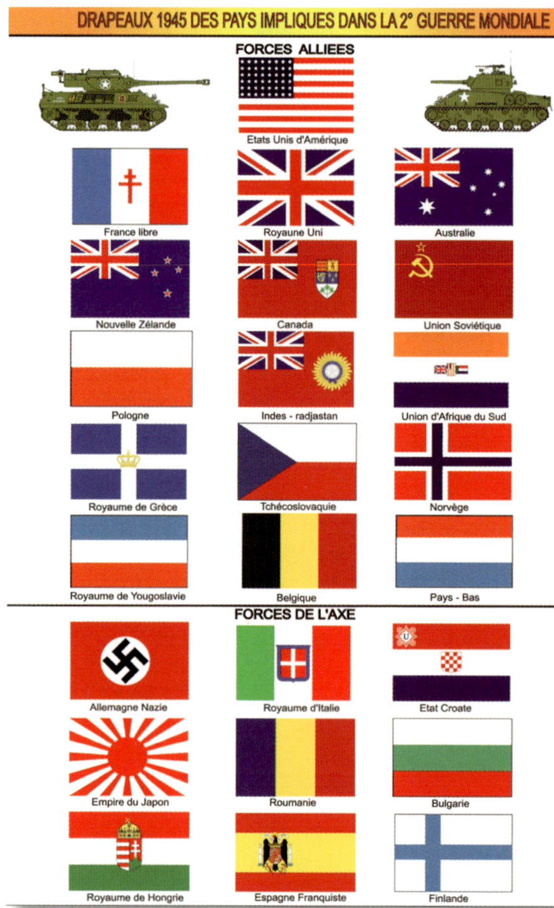

Sherman M4A4 du 2e régiment de cuirassiers, près d'Aubagne, le 20 août 1944. *(ECPAD)*

Petite parenthèse au sujet de la croix de Lorraine, symbole de la France libre, qui est de tous les marquages. Contrairement à une idée reçue, elle n'est pas le fait du général de Gaulle. C'est le capitaine de corvette Thierry d'Argenlieu – le même, mais cette fois amiral, commandera le CEFEO* pendant deux ans – qui a suggéré l'adoption de cette croix de Lorraine comme symbole de la France libre, en souvenir de la persévérance de Jeanne d'Arc, d'une part et, d'autre part, en réponse à une autre croix, gammée celle-là.

Dans son ordre général en date du 3 juillet 1940, le vice-amiral Émile Muselier, depuis deux ans chef des forces navales et aériennes libres, crée le dra-

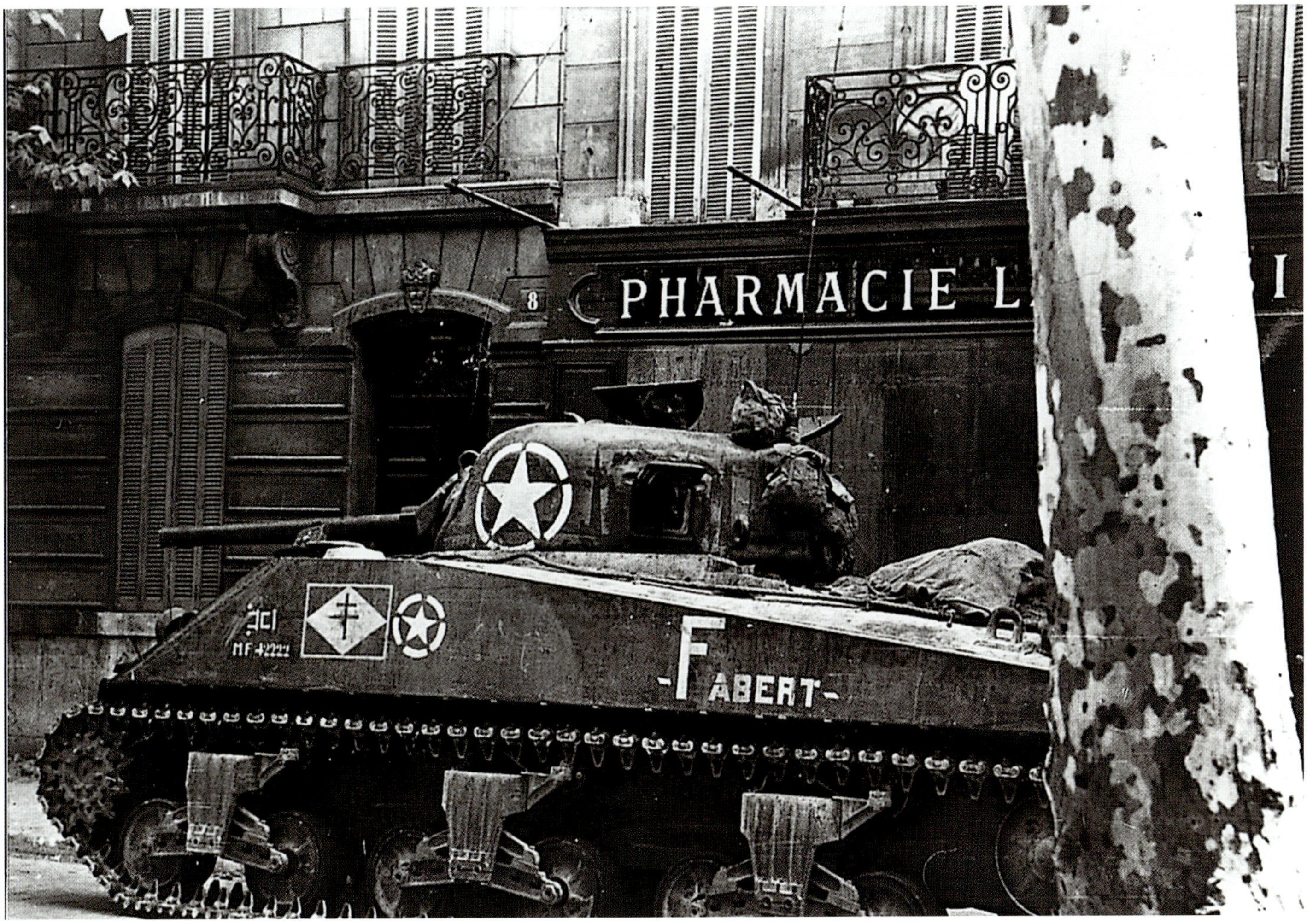

Le Sherman M4A4 « Fabert » du 2e régiment de cuirassiers, 1re DB à Marseille, le 21 août 1944. *(ECPAD)*

peau français avec une croix de Lorraine rouge sur la partie blanche. Une cocarde à croix de Lorraine est aussi créée. Cette croix est également l'insigne d'une division d'infanterie américaine, la 79e, division qui s'est illustrée en France pendant les combats de la Première et Deuxième Guerres mondiales. L'insigne représente la croix de Lorraine cléchée sur écu d'azur bordé d'argent.

Le Sherman a été en service à partir de 1942 dans l'armée française et ce, dans les trois divisions blindées françaises.

— 1re DIVISION BLINDÉE

Débarquement de Provence, opération *Dragoon**.

3e régiment de chasseurs d'Afrique. Reconnaissance, AM M8 et half-tracks*.

9e régiment de chasseurs d'Afrique. Chasseur de chars, TD M10

2e régiment de cuirassiers. CC 1 (Combat command). M4A2, M4A4, M4A1 76, M4A3 105, M5

2e régiment de chasseurs d'Afrique. CC 3 (Combat command). M4A4, M4A1 76, M4A3 105, M5

5e régiment de chasseurs d'Afrique. CC 2 (Combat command), M4A2, M4A1 76 et M5A1

RCCC Chasseur de chars, TD M 10.

— 2e DIVISION BLINDÉE

Débarquement de Normandie, opération *Overlord**.

1er régiment de marche de spahis marocains (RMSM). Reconnaissance, AM M8, half-tracks, obusier M8.

Régiment Blindé de fusiliers marins (RBFM). Chasseur de chars, TD M10 puis TD M10A1, automitrailleuses AM M8.

501e régiment de chars de combat. M4A2, M4A3 105, M3A3.

12e régiment de cuirassiers. M4A2 et M4A4, M5A1.

12e régiment de chasseurs d'Afrique. M4A2, M4A1, M4A3 105, M3A3, M5A1.

— 5e DIVISION BLINDÉE

Débarquement de Provence, Opération *Dragoon*.

1er régiment étranger de cavalerie. Reconnaissance, half-tracks, AM M8.

1er régiment de cuirassiers. CC 4 (Combat Command). M4 A4 et M5.

1er régiment de chasseurs d'Afrique. CC 5 (Combat Command). M4 A4, M5A1.

6e régiment de chasseurs d'Afrique. CC 6 (Combat Command), M4A2, M5A1.

11e R.I.A. Chasseur de chars, TD M 10, Half-tracks.

— 3er Division d'infanterie algérienne

Débarquement de Provence, opération *Dragoon*.

— 9re Division d'infanterie coloniale

Débarquement de Provence, opération *Dragoon*.

Pendant l'opération *Dragoon,* cette division comprend deux régiments de cavalerie, le 3e RSAR*, et le 7e RIA. tous deux équipés en blindés légers AM M8 et half-tracks. Le RCCC* et le RCIM* font à ce moment-là partie de la 9e DIC*. S'agissant de l'opération *Dragoon*, elle est parfois nommée *Anvil* – ce qui signifie enclume. *Anvil* est le nom donné au départ par Eisenhower. Churchill n'en voulait pas, il préférait organiser un débarquement dans les Balkans pour arriver à Berlin avant les Soviétiques. Il a donc été contraint d'accepter (*dragonned* en anglais) et *Anvil* est devenue *Dragoon*.

L'insigne de la *79th Infantry Division* américaine arbore, lui aussi, une croix de Lorraine. *(Collection particulière)*

LES MARQUAGES AMÉRICAINS

L'*Ordnance* de l'armée américaine a alloué à chaque constructeur des numéros pour les séries construites.

Ces numéros de série sont gravés à froid sur la plaque d'identification du véhicule et, parfois, sur le châssis lui-même. Ces numéros sont complétés par les immatriculations qui, elles, sont peintes sur le côté du char ou sur l'avant et l'arrière, comme pour les véhicules militaires français.

Pour les M4 et M4A1, le numéro de série est frappé à froid sur la plaque d'identification située en bas à gauche du châssis, sur le glacis avant. Par exemple, on peut voir sur la couverture du SNLG104, volume VI, le catalogue des pièces détachées du M4 construit par American Locomotive (Contrat n° W-ORD-485), apparaître les numéros de série suivants :

- 1555 through 1904 (350 ea.)
- 3805 through 4304 (500 ea.)
- 24705 through 25704 (1000 ea.)
- 40305 through 41304 (1000 ea.)

Total 2850 M4. (Soit 2850 chars M4 construits)

Pour les M4A2, le numéro de série est frappé sur les deux mains de remorquage arrière.

Pour les M4A3, deux cas se présentent. Les séries construites par Ford ont deux numéros de série. Un numéro usine et un numéro *Ordnance*. Ces deux numéros sont frappés à froid à l'arrière du châssis du côté droit. Le plus petit (en taille) est celui de l'*Ordnance*, l'autre celui de Ford. Ces deux nombres sont reportés sur le blindage avant.

Les dernières séries de M4A3 construites à Grand Blanc Tank Arsenal ont leur numéro de série frappé à froid sur les deux mains de remorquage arrière.

Pour le M4A4, le numéro de série est frappé à froid sur les deux protubérances qui supportent les mains de remorquage arrière. Ces M4, construits par Chrysler CO ont été fabriqués sous le contrat *Ordnance* n° W-ORD-461.

Marquages de fonderies.

Il est évident que, pour arriver à tenir les cadences de production du Sherman, les différents constructeurs se sont adressés à plusieurs aciéries et fonderies. Chacune de ces unités de production possédant son logo, on retrouve toutes ces marques

Ces symboles permettent d'identifier les différentes fonderies ayant participé à la production des Sherman. *(Dessin de l'auteur)*

en divers endroits du Sherman. Sur le dessus, ou les côtés, de la tourelle, sur le glacis avant, sur les plaques de blindage arrière, mais encore, sur les barbotins, poulies de tension et coque de transmission. Il est intéressant de savoir que ces marquages permettent d'identifier les divers fabricants.

Marquages tactiques et de tradition

Les blindés restaurés ont tendance à nous montrer des engins blindés américains décorés comme des sapins de Noël. En regardant les photos de chars américains engagés sur tous les fronts, européen, Pacifique ou Corée, force est de constater que la réalité est toute autre.

Les marquages, comme dans toute armée, obéissent à une réglementation bien précise et, comme partout, certaines exceptions confirment la règle. Donc des équipages ont pu – à juste titre? – ajouter une touche personnelle, mais cette pratique a cours dans tous les pays engagés dans un conflit. Une des exceptions les plus connues en matière de marquage est sans doute celle du « Cobra King ».

Ce char, un M4A3 E2, a participé à la campagne de Belgique, il appartenait au *37th Tank Battalion* de la *4th Armored Divisio*n américaine, c'était le 6e véhicule de la compagnie C. L'équipage a voulu souligner le fait qu'ils étaient les premiers arrivés à Bastogne.

Nul doute en tout cas en ce qui concerne l'étoile. Elle était, elle est et reste le symbole des États-Unis d'Amérique, même si d'autres pays ont opté pour l'étoile sur leur drapeau.

Chronologie de l'étoile américaine

De 1940 à fin 1941 l'étoile est peinte sur les aéronefs. Elle est blanche sur un cercle bleu et il y a au centre de l'étoile un cercle rouge. Les couleurs rouge et bleu peuvent être inversées.

Ces Sherman M4 et M4A1 du *741st Tank Battalion*, embarqués sur un LCA, sont équipés de leur *Wadding kit*. La photographie a été prise au début de l'opération *Overlord*. *(Signal Corps, NARA)*

De fin 1941 à début 1942, le cercle central est enlevé et, pour éviter la confusion avec le drapeau japonais, le rouge est ôté après l'attaque de Pearl Harbour.

De janvier à août 1942, le fond de couleur bleu disparaît et l'étoile devient jaune.

D'août 1942 à fin 1942, l'étoile redevient blanche.

À partir de 1943, l'étoile est cerclée de blanc pour aider les pilotes au repérage.

Le cercle peut être continu ou délimité par des arcs de cercle.

Il faut également savoir que, pour une période comprise entre 1942 et 1943, les engins blindés sont repérés par une bande blanche cerclant la tourelle, bande interrompue à l'emplacement des étoiles blanches de tourelle.

En juillet 1943, pour le débarquement de Sicile, certains véhicules ont une étoile blanche cerclée de jaune.

La plus grande partie des autres véhicules est dotée d'une étoile blanche cerclée de blanc, le fond du cercle étant peint d'une peinture détectrice de gaz (couleur brun ou vert), peinture qui vire au rouge en cas de contamination. Il s'agit de la peinture *Paint Liquid Vescicant Detector M5*.

Sur les Sherman, dans les années 1942 et 1943, l'étoile blanche est peinte sur l'avant du char et sur la tourelle. Cette dernière est prolongée par une bande blanche sur les côtés de la tourelle.

Par la suite, (1943-1944) l'étoile pouvait comporter – ou non – le cerclage continu ou discontinu, selon qu'elle est sur les côtés ou sur le dessus de la tourelle.

Cas particulier

Les véhicules de pompiers de l'armée américaine ont une étoile en six parties entourée de cinq arcs de cercle. Ce symbole est peint en blanc sur un fond carré rouge, quelle que soit la couleur du véhicule. L'étoile en six parties est composée d'un pentagone et de cinq triangles.

Bien que cela n'ait pas toujours été scrupuleusement appliqué, les dimensions des étoiles sont codifiées en fonction des véhicules sur lesquels elles sont peintes. Les tailles et emplacements préconisés sont les suivants :

Jeep : 4 pouces (soit 10,2 cm) sur le pare-chocs avant et à gauche du jerrican, à l'arrière

Dodge et GMC : entre 6 et 10 pouces (soit 15,2 et 25,4 cm) sur le pare-chocs avant ou sur les côtés du capot, sur le hayon arrière.

Une étoile de 12 à 25 pouces (soit 30,5 à 63,5 cm) est peinte sur le capot ou sur les portes latérales.

Étoile de 32 à 36 pouces (soit 81,3 à 91,4 cm) sur le toit de la cabine

Outre l'étoile, les chars possèdent différents marquages, comme le numéro d'identification ou *registration number* qui, pour les chars américains commence toujours par le nombre 30. Ce numéro est précédé des lettres USA séparées par un point. Le numéro d'ordre de production suit le nombre 30.

Pour les véhicules relevant de la marine, la lettre N remplace le A – donc USN. Dans le cas des véhicules sanitaires, les lettres USA peuvent être remplacées par ARC pour *American Red Cross.* Pour mémoire, le code définissant le type de véhicule est le suivant :

L'évolution de l'étoile peinte sur les blindés américains de 1940 à 1945. *(Dessin de l'auteur)*

Les membres de l'équipage de ce M4 A3 assemblent la chenille à l'aide des « grenouilles » du lot de bord. Comme l'indique la série de lettre et de chiffres peints à l'avant de ce Sherman est le char n° 63 de la *C Company* du *69th Tank Battalion* de la *6th Armored Division.* *(NARA)*

0 Remorques
00 véhicules de dépannage et d'atelier.
1 Voitures et limousines
10 Cuisines roulantes.
2 Camion inf. ou : à 1 tonne
20 voitures et engins de reconnaissance.
3 Camions jusqu'à 1.5 tonne
30 Chars
4 Camions de 2,5 t à 5 tonnes
40 Véhicules chenillés et semi-chenillés.
5 Camions et tracteurs de + de 5 tonnes
50 Véhicules d'incendie et d'urgence.
6 Motos et side-cars
60 Voitures blindées et équipements spéciaux.
7 Ambulances
70 Véhicules amphibies.
8 Tracteurs à roues
80 Camions-citernes.
9 Tracteurs chenillés et semi-chenillés

Sur certains véhicules rénovés ou d'exposition, on peut remarquer la lettre S à la fin du numéro d'identification. Cette lettre signifie que le véhicule est équipé d'un système anti-interférences radio.

Les marquages d'expédition.

Preparation for Overseas Movement

Le code POM est créé à l'attention des TQM En effet, ces logisticiens de l'embarquement ont non seulement de lourdes responsabilités, mais, de surcroît, doivent gérer un flux de matériel considérable lors des opérations d'embarquement, de transbordement et de débarquement. Si l'on prend, pour exemple, un des débarquements sur une plage de Normandie, où il faut débarquer beaucoup d'hommes, une quantité de différents matériels avec des missions variées et délicates donc, pas question d'entasser tout ça dans des péniches de débarquement et de larguer l'ensemble sur la plage. Les premières vagues d'assaut ne sont pas constituées de la même façon que les suivantes. Avec les fantassins, il y aura des éléments du génie et leurs matériels spécifiques par exemple.

Des blindés d'appui doivent aussi être déposés au plus près, et les « *Medics* », ces brancardiers de l'impossible, devront suivre avec tout leur matériel. Tous ces différents personnels et matériels se retrouvant ensemble sur une même unité navale, il est important de pouvoir les différencier et les reconnaître rapidement et sans erreur.

De plus, une partie des matériels ou équipements suivront les hommes selon un timing différé. Par exemple, certains matériels de radiocommunication, munitions, paquetages et couvertures peuvent se trouver regroupés pêle-mêle dans une autre péniche, il faut que chacun puisse les retrouver rapidement, sans prendre celui du voisin.

Tous les véhicules et engins de l'armée américaine possèdent un marquage spécifique qui permet de les identifier. De plus, chaque unité – et ce jusqu'à l'échelon de la compagnie – est dotée d'un code composé de 5 chiffres. Par exemple, le code 42283 correspond au 1er bataillon du génie de la 1re division d'infanterie. Ces marquages, bien que déchiffrables par tous, ne sont pas suffisamment visibles et évidents lors de la répartition des véhicules lors d'un embarquement.

Pages suivantes.
Les premiers Sherman M4 sont testés à Fort Knox. Cette colonne est formée de tout ce que les États-Unis possèdent comme véhicules de l'avant en 1941. *(NARA, LC-DIG - fsac-1a35208)*

AFS
DRB11

1△ - 28 E ★ HQ - 12

Sur le pare-chocs du véhicule on peut lire par exemple :
1st Armored Division (1 + triangle évidé) ;
28th Engineer Bataillon (28 E) ;
Étoile blanche ;
Headquarters Company (HQ) ;
Douzième véhicule de l'unité (12).

Il n'est pas possible de « checker » tous les matériels annexes cités plus haut. Les logisticiens américains ont donc mis au point un système de code-barres couleurs qui permet, d'un seul coup d'œil, l'identification rapide et sûre de tous les matériels.

Il est décidé d'utiliser dix couleurs, matérialisées par des barres peintes, de deux inches de hauteur pour vingt inches de longueur. À chaque couleur, est affecté un numéro de 0 à 9.

Les couleurs retenues en 1943 ont changé en janvier 1944 et sont les suivantes : 1 chamois, 2 olive drab, 3 jaune, 4 vert clair, 5 gris neutre, 6 bleu foncé, 7 marron, 8 rouge, 9 blanc, 0 brun foncé. Ces couleurs vont donc pouvoir générer 100 000000 combinaisons, ce qui est largement suffisant. Pour construire le code POM, on utilise les deux derniers chiffres des codes d'unités. L'avant dernier chiffre donne la couleur des barres supérieures et inférieures. Le dernier chiffre fixe la couleur de la barre intermédiaire.

Donc, dans le cas de notre bataillon du génie avec le code 42283, nous retenons 8 et 3 ce qui nous donne : **barre supérieure rouge, barre intermédiaire jaune, barre inférieure rouge**. Aucune autre unité ne peut avoir ce code, et tous les matériels et effets de la compagnie portent le même code à trois barres.

Les véhicules de tout type ayant fait l'objet d'un transport spécial ou par voie maritime ont un marquage d'expédition.

Ce marquage, peint sur le véhicule jusqu'en 1944, puis sous la forme d'une plaque par la suite, donne les renseignements techniques afférents au véhicule. Noté, la plupart du temps du côté droit du véhicule, il est destiné à la marine et au génie pour l'organisation du transport. La plaque prend place dans l'habitacle.

Hollande. La population de Breda exprime ses remerciements après la libération de la ville par les blindés polonais. *(Collection particulière)*

Tous les véhicules américains possèdent le marquage d'unité. Il permet l'identification du véhicule ainsi que sa place dans l'organigramme de combat. Le premier groupe de chiffres donne le plus haut niveau de l'unité : armée, corps d'armée ou division. Le second groupe de chiffres identifie la brigade, le régiment ou le bataillon. Le troisième groupe de chiffre sert à identifier la compagnie. Le quatrième groupe de chiffres sert à identifier le véhicule au sein de la compagnie. *(Voir par exemple la photographie en bas de la page 172).* Il va de soi que les lettres sont différentes en fonction des unités considérées. Ainsi, le triangle de la division blindée peut être remplacé par les lettres AB pour *Airborne* (aéroportée) ou I pour Infanterie. Particularité, les véhicules d'état-major de brigade sont repérés par la lettre X au 2ᵉ groupe.

Exemple : 3A-X HQ-1 : véhicule n° 1 de la compagnie d'état-major de la 3ᵉ Armée.

Les divisions blindées américaines sont représentées par un sigle tactique de forme triangulaire mais, leurs insignes sont aussi en forme de triangle. En fait, il n'y a qu'un seul insigne commun à toutes les DB américaines. Seule la devise change *(voir planche des marquages américains).*

Cet insigne, rarement peint sur les chars, est un triangle reposant sur un bandeau jaune foncé. Le triangle est composé de trois couleurs, jaune dans sa partie supérieure, bleu et rouge en bas. Ces trois couleurs représentent les composantes d'une division blindée (cavalerie, le jaune, artillerie de campagne ; le rouge et Infanterie, le bleu). Dans la partie supérieure le numéro de la division. Au centre du triangle, un train de roulement stylisé représente la mobilité et le blindage. La silhouette d'un canon symbolise la puissance de feu. Croisé avec le canon, un éclair rouge représente l'action de choc. Ces insignes proviennent de la symbolique utilisée par la 7ᵉ brigade de cavalerie américaine qui fut la première unité à être transformée en division blindée au début de la Deuxième Guerre mondiale. Dans le bandeau sous le triangle, est inscrit le nom ou la devise de la division.

Les insignes sont les suivants :

1st Armored Division, « Old Ironsides ».
2nd Armored Division, « Hell on wheels ».
3rd Armored Division, « Spearhead ».
4th Armored Division, « Break through ».
5th Armored Division, « Victory ».
6th Armored Division, « Super Sixth ».
7th Armored Division, « The Lucky seventh ».
8th Armored Division, « Themderingmerd ».
9th Armored Division, « Phantom Remagen ».
10th Armored Division, « Tiger ».
11th Armored Division, « Thunderbolt ».
12th Armored Division, « Hell Cat ».
13th Armored Division, « Black Cat ».
14th Armored Division, « Liberator ».
16th et 20th Armored Divisions, pas de bandeau.
27th Armored Division, « Empire » sur un bandeau à fond bleu foncé.
30th Armored Division, « Volunteers ».
40th Armored Division, « Grizzly » sur fond bleu foncé, une étoile à chaque extrémité du bandeau.
48th Armored Division, « Hurricane ».
49th Armored Division, « Lone Star », avec une étoile entre les deux mots.

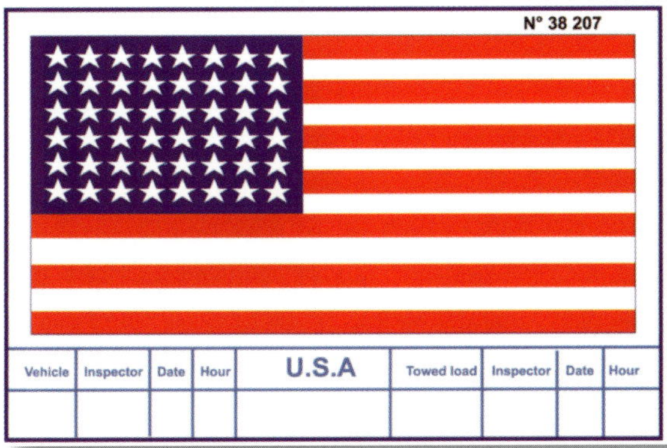

En haut, à gauche.
Sur les véhicules qui participent à un débarquement, un drapeau américain est apposé en bas et à gauche du pare-brise. Au revers de ce drapeau, se trouvent tous les renseignements et consignes afférents au débarquement des véhicules. En bas de ce drapeau, on trouve le numéro du véhicule, la date et l'heure d'embarquement, etc. *(Dessin de l'auteur)*

50th Armored Division, « Jersey Blues ».

Certaines de ces divisions blindées ont été créées après la Seconde Guerre mondiale.

Les 15th, 25th, et 39th Armored Divisions sont les divisions fantôme de l'opération *Fortitude*.

La classification du tonnage ou classe-ponts

Cette indication est inscrite en chiffres de couleur noire sur un disque à fond jaune foncé. Il existe deux types de repérage possible : véhicule seul, et véhicule avec remorque.

Dans ce second cas, les chiffres sont marqués sous forme de fraction. Le chiffre du haut indique le poids véhicule plus la remorque, celui du bas, indique le véhicule seul.

Pour le camion de dépannage White 666, par exemple, le marquage est 38-17 et pour le Dodge WC56 : 6-4 *(voir planche « marquages américains »).*

Le drapeau américain.

Sur les véhicules qui participaient à un débarquement, un drapeau américain (à 48 étoiles) est apposé en bas et à gauche du pare-brise. Au revers de ce drapeau, se trouvent tous les renseignements et consignes afférents au débarquement des véhicules ; cette procédure concerne évidemment les transferts par les LST et autres barges de débarquement sur les plages. Ces données étaient destinées à faciliter la tâche des TQM *(Transport Quarter Masters)*, officiers de la logistique, mais aussi servent de *« check-list »* pour les personnels chargés du débarquement., les équipages ou les personnels du génie militaire.

En bas du drapeau américain, se trouvent quelques renseignements tels que le numéro du véhicule, la date et l'heure d'embarquement, idem pour le débarquement.

Au dos du drapeau, dix points de vérification pour les équipages tels que : bougies et câblages, étanchéité du distributeur d'allumage, connexions bobine d'allumage, étanchéité des commandes de carburateur et de la batterie, commande de démarreur et contact batteries, position des leviers de pont avant et de crabotage.

Ces marquages, valables uniquement pour le transbordement, sont retirés, mais il arrive parfois qu'ils subsistent jusqu'à leur détérioration. Au cours de l'opération *« Husky »,* le repérage des chars américains peut être à base de bande de couleur sur le canon.

Exemple : la bande rouge désigne la 2e compagnie de chars, 2 bandes rouges, deuxième peloton et ainsi de suite. Le char du commandant de compagnie est repéré par des demi-bandes de couleur sur le canon.

Ci-dessus.
Un M4 à caisse composite aux Philippines en 1944. Ce char, à l'exception de son nom de baptême et de son *« Hull Art »* caricatural, ne possède aucun marquage sur les flancs ou la tourelle permettant de l'identifier. *(NARA)*

Symboles de véhicules et engins

Pour les cartes ou schémas tactiques, l'armée américaine, comme toutes les armées du Monde, utilise différents symboles pour reconnaître les catégories de véhicules, les unités d'artillerie engagées, les matériels utilisés.

Ces symboles sont en principe utilisés par les états-majors lors de grandes opérations.

Le repérage des grandes unités et des Armes font également l'objet d'un marquage et l'armée française s'en est inspirée pour ses propres marquages. On retrouve ainsi de nombreux symboles communs tels : arme blindée, transmissions, train, matériel, artillerie et génie.

Les premiers à utiliser cette symbolique furent les Allemands en 1939 *(voir ci-contre).*

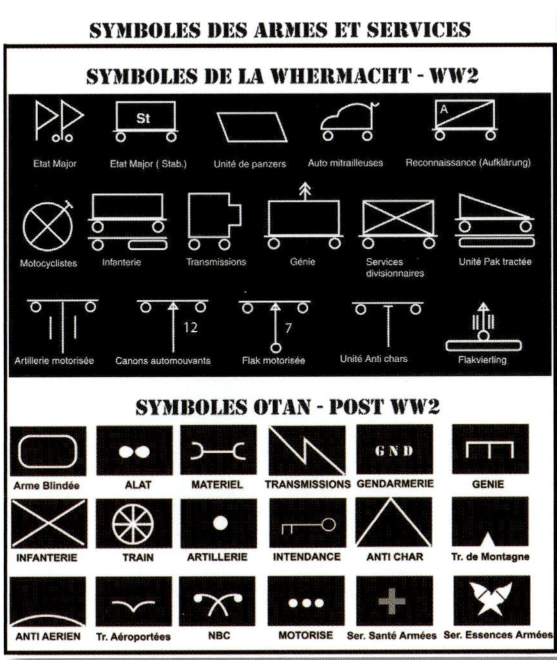

Sherman AVRE Bobbin de la *79th Armoured Division* du *Major General* Hobbard, le 6 juin 1944. L'insigne à la tête de taureau de la division est peint sur le côté gauche du glacis. Le chiffre 40 en blanc dans un carré noir, au centre, indique l'appartenance du char à l'état-major de la division. *(IWM)*

LES MARQUAGES BRITANNIQUES

Outre-Manche, les véhicules sont marqués d'un « *Unit serial number* », délivré par le *War Department* (WD), inscrit sur le côté des véhicules, comme aux USA. Ces numérotations, à cinq ou six chiffres selon le cas, sont peintes en blanc et commencent par la lettre T pour les engins blindés. Pour les autres catégories de véhicules, les lettres sont les suivantes :

A	Ambulances
C	Motos
E	Véhicules spécifiques du génie
F	Automitrailleuses
L	PL + de 15 t
M	Véhicules de liaison
P	Véhicules amphibie
S	Canons automoteur
V	Shelters
X	Remorques
Z	PL – de 15 t

Page suivante, en bas. Automoteur Sexton de 25 pounder, sur châssis de Sherman M4 de la *11th Armoured Division* britannique (insigne du taureau chargeant). Le signe tactique (un chiffre blanc sur un carré mi-rouge mi-bleu, couleurs de l'artillerie) est ici caché par un filet de camouflage. Nous ne pouvons déterminer à quel *Field Artillery Regiment* de la division appartient ce blindé. *(IWM)*

Le marquage de régiment

Il est constitué d'un carré de couleur, à l'intérieur duquel deux chiffres en blanc donnent les indications. Les régiments de chars ont un carré de couleur rouge, les régiments d'infanterie un carré de couleur verte, les bataillons d'artillerie légère un carré de couleur noire ; pour les régiments d'artillerie, le carré est séparé en deux couleurs, rouge en haut et bleu en bas. Les escadrons du génie ont leur nombre sur un carré bleu, les régiments de reconnaissance ont un carré de deux couleurs, vert en haut et bleu en bas.

Prenons par exemple la *5th Armoured Brigade* britannique de la *Guards Armoured Division* : elle est composée de cinq régiments blindés numérotés de 50 à 54. Ils commencent tous par cinq, 50 HQ ou état-major de division, 51, le *2nd Armoured Battalion Grenadier Guards* (Senior régiment). 52, le *1st Armoured Battalion Coldstream Guards* (*Midle Regiment*). Le 53, le *2nd Armoured Battalion Irish Guards* (*Junior Regiment*). Le 54, *1st Motor Battalion Grenadier Guards*.

Les insignes de tradition sont reproduits sur les engins blindés – contrairement aux unités françaises ou américaines – et sont peints sur le glacis avant, au centre ou à gauche, souvent reportés sur les garde-boue arrière – ou le panneau arrière dans le cas où les garde-boue sont occupés par des coffres additionnels, un téléphone extérieur, ou bien la boîte *First Aid Kit*.

Les noms de baptême sont peints au pochoir sur l'avant ou les côtés du char. Dans un Squadron, les noms commencent tous par la même lettre. Ces noms sont en principe inscrits à la peinture de couleur blanche, mais parfois en bleu clair.

Les différents escadrons ou *Squadrons* sont repérés par des motifs tels que : losange pour l'état-major, triangle pour la 1re Cie, carré pour la 2e Cie et cercle pour la 3e Cie. Ces signes sont de couleur différente en fonction de l'ancienneté du régiment considéré. Par ancienneté, il faut comprendre date de création. Les régiments anciens ont un marquage de couleur rouge, les suivants un marquage de couleur jaune et les plus récents un marquage de couleur bleue. Chez les Britanniques, la classification de ponts est inscrite en noir sur fond

jaune mais peinte sur la partie droite du blindage de transmission. À partir de 1942, sur certains engins blindés, on inscrit la vitesse maximale en *Miles* par heure. Ce marquage, reproduit du côté du pilote ou du conducteur, est composé d'un rond rouge à l'intérieur duquel la vitesse est inscrite en chiffres noirs. À partir de 1943, ces marquages sont réalisés sur fond kaki avec chiffres rouges pour le marquage avant et en chiffres noirs pour le marquage arrière.

Pour le pilotage en *black-out,* un disque de couleur blanche est fixé à l'arrière et en bas du véhicule, de façon à être visible par le pilote du véhicule suiveur. Dans certaines unités, on rajoutait le sigle de division ou de brigade à deux chiffres, pour une meilleure identification.

Sur les véhicules de dernière génération, cette plaque est éclairée par une lampe mise en œuvre séparément par le pilote. Cette aide au pilotage de nuit est également pratiquée par les Allemands ; elle se compose alors d'un écusson blanc avec une croix noire. Plus le véhicule suiveur est près, plus la croix est distincte.

La reconnaissance des véhicules amis par l'aviation a toujours été une préoccupation pour les états-majors alliés. En 1942, en Afrique, les véhicules britanniques, néo-zélandais, sud-africains et canadiens sont repérés à l'aide de la cocarde rouge blanc bleu peinte sur le capot, la plage arrière ou le dessus de tourelle. À partir de juin 1944, tous les véhicules alliés sont identifiés à l'aide d'une étoile à cinq branches peinte sur le dessus (ou capot) et les côtés des véhicules et engins.

Ci-dessus. Kangaroo du *1st Canadian Armoured Personnal Carrier Regiment* sur châssis de RAM canadien détourellé, en Hollande, pendant l'hiver de 1944. Cet engin appartient au *A Squadron* (triangle blanc évidé, sur le flanc du char, derrière le nom de baptême du blindé *(Tank Museum Bovington)*

Les codes d'embarquement pour les TQM*

Les Britanniques repèrent les véhicules à l'aide d'un rectangle à deux couleurs surmonté d'un nombre à quatre chiffres. Ces codes sont affectés par régiment et la combinaison couleurs/chiffres permet un grand nombre de variations.

Ces sigles sont apposés en bas de tourelle, vers l'avant, et sont – en principe – enlevés après le débarquement *(voir la planche des marquages britanniques).*

LES MARQUAGES CANADIENS

L'armée du Canada reprend une bonne partie des marquages britanniques. Ainsi, les escadrons sont repérés par des symboles (losange, triangle inversé pointe en bas, carré et cercle) à l'intérieur desquels est inscrit le numéro du véhicule dans l'ordre. La couleur donne la place du régiment dans la hiérarchie : rouge : *Senior Regiment*, jaune : *Middle Regiment*, bleu : *Junior Regiment.* Dans certaines unités, le fond de la figure géométrique est noir. Les noms de baptême sont inscrits en lettres de taille plus petite que chez les Britanniques et apposés sur les blindages additionnels latéraux et sur l'avant du char, au centre, en partie basse. Cet emplacement est choisi par défaut, une rangée de patins de chenille est montée sur l'avant du char.

Les *serials numbers* commençant par la lettre T sont inscrits en blanc sur les côtés, vers l'arrière. Si ce numéro se termine par la lettre R, il s'agit d'un véhicule reconstruit. Sur l'avant gauche du char, on trouve l'insigne de la division ou de la brigade et, du côté droit, le numéro du régiment. Ce nombre est inscrit en chiffres blancs sur un carré dont le marquage régiment est reporté sur l'aile arrière droite du char tandis que l'insigne de la division est peint sur l'aile arrière gauche.

Sur les flancs droit et gauche du char, on appose le marquage blanc et rouge en vigueur sur les chars britanniques (marquage qui disparaît après 1942). Les chars canadiens, comme tous les véhicules de l'ETO *(European Theater of Operation)* portent l'étoile blanche, en principe, non cerclée. La classe ponts est marquée par le chiffre 30 couleur noire entouré d'un cercle jaune sans fond *(voir la planche des marquages canadiens ci-contre).*

Les engins néo-zélandais sont reconnaissables à l'emblème de leur pays, la feuille de fougère, peint sur l'aile arrière droite avec l'insigne de la division. D'une façon générale, ils reprennent les signes tactiques britanniques, comme les autres pays du Commonwealth.

Comme pour tous les chars engagés au sein des unités britanniques, les canons sont peints en blanc à la partie inférieure pour diminuer leur visibilité – cas particulier du Firefly.

CANADA

1° Canadian Armoured Division
Calgary Regiment
Mid Regiment
1° Companie
Vehicle N° 12

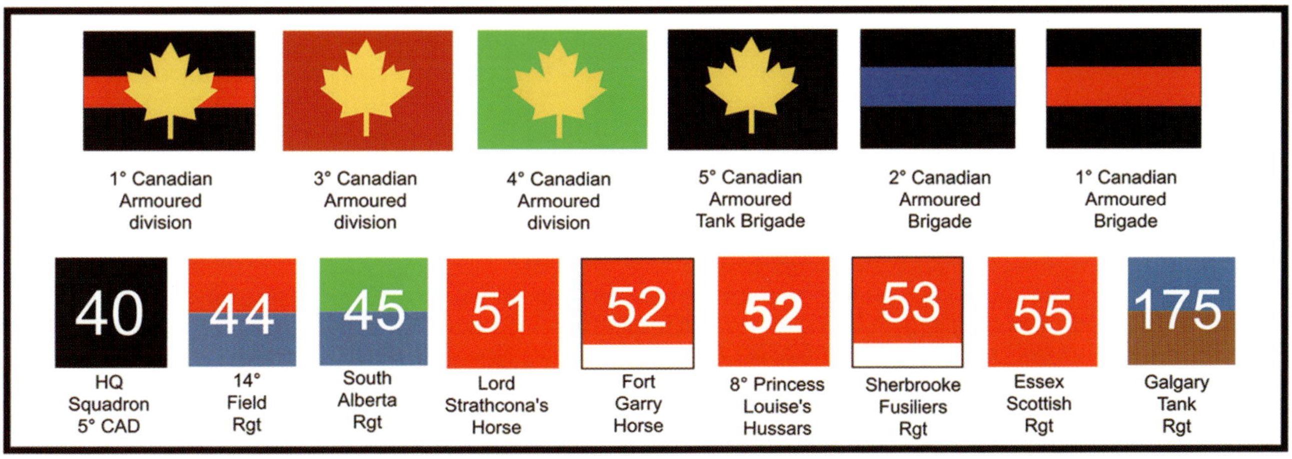

1° Canadian Armoured division — 3° Canadian Armoured division — 4° Canadian Armoured division — 5° Canadian Armoured Tank Brigade — 2° Canadian Armoured Brigade — 1° Canadian Armoured Brigade

HQ Squadron 5° CAD — 14° Field Rgt — South Alberta Rgt — Lord Strathcona's Horse — Fort Garry Horse — 8° Princess Louise's Hussars — Sherbrooke Fusiliers Rgt — Essex Scottish Rgt — Galgary Tank Rgt

FRANCE

1° Division Blindée
1° Régiment de Cuirassiers
2° Escadron

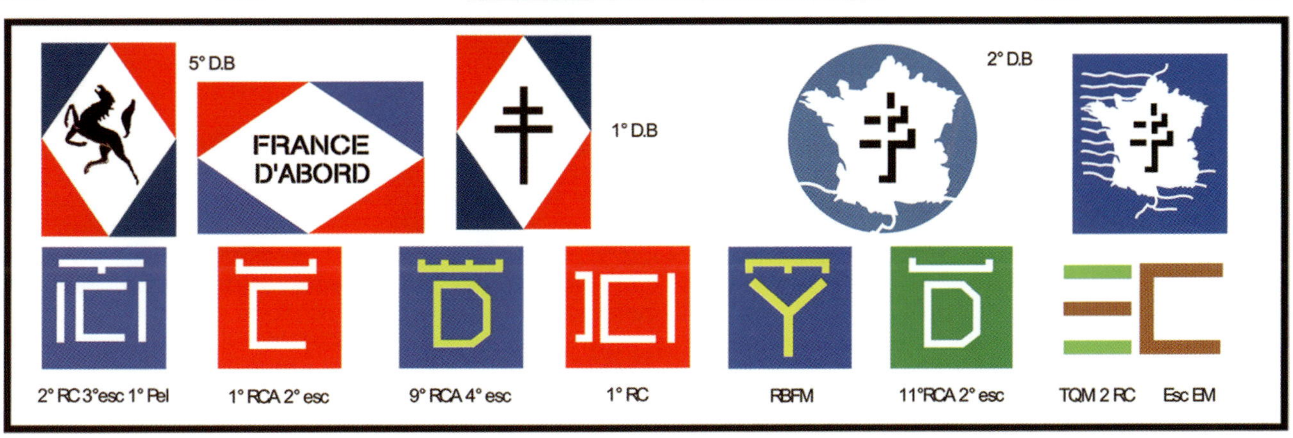

2° RC 3°esc 1° Pel — 1° RCA 2° esc — 9° RCA 4° esc — 1° RC — RBFM — 11°RCA 2° esc — TQM 2 RC — Esc EM

LES MARQUAGES FRANÇAIS, 1943-1963

Encore un domaine où la polémique va bon train, chacun étant persuadé de détenir le savoir en la matière.

Les marquages français de 1943 à 1963

Dans les lignes qui vont suivre, nous prendrons comme référence des régiments ayant participé aux diverses phases de la campagne de France : 5e RCA, 2e RC, ou 501e RCC. En s'y intéressant de plus près, on s'aperçoit que même chez les témoins ayant servi sur Sherman, les divergences existent. Pour parvenir à définir ces marquages, en collant au plus près du vécu, il faut aborder ce chapitre en considérant deux volets.

Volet numéro 1. Les marquages techniques, tactiques ou logistiques.

Volet numéro 2. Les marquages de tradition.

Les marquages techniques ont trait aux renseignements ou données que le char doit fournir. Ils sont communs à tous les chars d'un même pays.

Ce sont, par exemple, pour les chars français, le numéro d'immatriculation que l'on devrait plutôt nommer numéro d'identification.

Ces numéros consistent en une combinaison de chiffres qui donnent l'affectation du véhicule (terre, air ou mer), le type de véhicule (VL, camion, engin blindé etc.), l'année de mise en service et, enfin, la place occupée dans la production.

Pour les Américains, par exemple, tous les chars ont un numéro commençant par 30. Ce numéro d'identification sur les chars français est visible à l'avant et à l'arrière du véhicule. Il est inscrit en chiffres blancs sur un rectangle à fond noir. Il est précédé, du côté gauche, par un drapeau tricolore peint dans le rectangle noir.

Tous les véhicules militaires français mis en service pendant la Deuxième Guerre mondiale ont une immatriculation commençant par le chiffre quatre. Ils commenceront par le chiffre 95 à partir de la fin 1944, puis par 96 en 1945.

Autre marquage, le code tactique.

Il donne l'Arme d'appartenance (génie, infanterie, cavalerie, etc., ou l'état-major) c'est une combinaison de barres horizontales ou verticales disposées en carrés ou selon les diagonales.

Ces sigles sont peints en blanc à l'arrière et sur les côtés des véhicules *(voir planche des marquages français)*.

Le marquage MF et les codes TQM

Le code MF est composé de cinq chiffres précédés des lettres MF (pour matériel français). Les deux premiers chiffres indiquent la division, le troisième l'arme d'appartenance, le quatrième l'unité et le cinquième l'escadron.

Ce qui nous donne par exemple pour le 2e régiment de cuirassiers le code MF42220 pour l'état-major, le 1er escadron étant MF42221 puis, 42222 et 42223. Nous avons donc : code de la 1re DB : **42** Arme blindée : **2**. code du 2e cuirassiers : **2**. Puis **0** pour l'état-major.

Ce marquage est issu de la pratique américaine. Pour les divisions françaises les codes sont les suivants : 1re DB : 42, 2e DB : 49, 5e D.B : 44.

La codification des différentes Armes est la suivante :
1 pour l'infanterie,
2 pour la cavalerie,
3 pour l'artillerie,
4 pour le génie,
5 pour les transmissions,
6 pour le train,
7 pour l'artillerie antiaérienne,
8 pour le service de santé,
9 pour le BPM,
0 pour l'état-major.

Toutes les unités françaises ayant participé à la campagne de France ont été transportées par l'*US Navy* ou la *Royal Navy*. Elles embarquaient avec un code POM destiné aux TQM. Dans les unités françaises, le code POM est appelé code TQM, mais, sa détermination suit exactement le même principe que dans l'armée américaine. Pour reprendre l'exemple ci-dessus, avec le 4e escadron du 2e RC, cela nous donne : barres supérieure et inférieure : vert olive, barre intermédiaire en vert clair.

Les unités françaises placent à droite du code-barres la première lettre correspondant à l'arme, dans ce cas C pour cavalerie. La lettre est peinte de la même couleur que les barres inférieures et supérieures.

Ces codes TQM sont directement peints à l'avant et à l'arrière des véhicules. Dans le cas où le code comporte des bandes de couleur olive drab, le code TQM est peint sur un fond blanc.

La classification de franchissement des ponts : en fonction du poids du véhicule, le tonnage est inscrit en chiffres noirs sur un cercle à fond jaune. Ce sigle est peint sur l'avant du véhicule. Dans le cas de véhicules avec remorque, le marquage se fait toujours en noir sur fond jaune mais la représentation se fait sous forme de fraction, poids du tracteur en haut, poids de la remorque en bas.

L'engagement du gabarit voie ferrée (après 1946)**.** Selon que le véhicule engage ou non le gabarit lors d'un transport ferroviaire, il est marqué d'une grenade rouge, ou blanche, peinte sur le bas de la tourelle, de part et d'autre du masque de canon, ou bien encore, au-dessus du pare-chocs sur certains véhicules à roues comme les camions lourds de dépannage. Dans le cas où le véhicule nécessite une préparation pour le rendre compatible avec le gabarit, la grenade comporte un ou deux points rouges. Certaines unités ont conservé le numéro d'identification américain.

Ce numéro est peint au pochoir sur les flancs vers l'arrière du véhicule. La composition de ces numéros est traitée au chapitre « *Marquages américains* ».

Dans certaines unités, les chars possèdent un numéro de combat sur la tourelle. Il est peint en chiffres de grandes dimensions sur les côtés.

Les marquages de tradition.

Ces marquages, contrairement aux marquages techniques ou logistiques, sont propres à chaque unité ou régiment.

Parmi ceux-ci, on distingue : l'étoile « Alliés », les insignes ou symboles de division, les insignes de régiment, les noms de baptême, parfois des inscriptions particulières, voire ponctuelles. Ces dernières étant peu répandues dans les marquages français.

(suite page 185)

Planche des marquages du char Jeanne d'Arc
2° Régiment de Cuirassiers, 2° Escadron
Détruit à Marseille au cours de la bataille de Notre Dame de la Garde.
Ce M4 A4 a le n° de châssis 17 837, construit par Chrysler Corporation, Detroit - Michigan
Contrat N° W. ORD. 461 dans la série comprise entre 16 555 et 20554. Réf: SNLG 104 Part 11.

NB.Sur certains chars, la croix de Lorraine n'était pas représentée, d'autres avaient une étoile non cerclée. Comme beaucoup de M4 A4 du 2° R.C, le Jeanne d'Arc n'avait pas de blindages additionels latéraux.

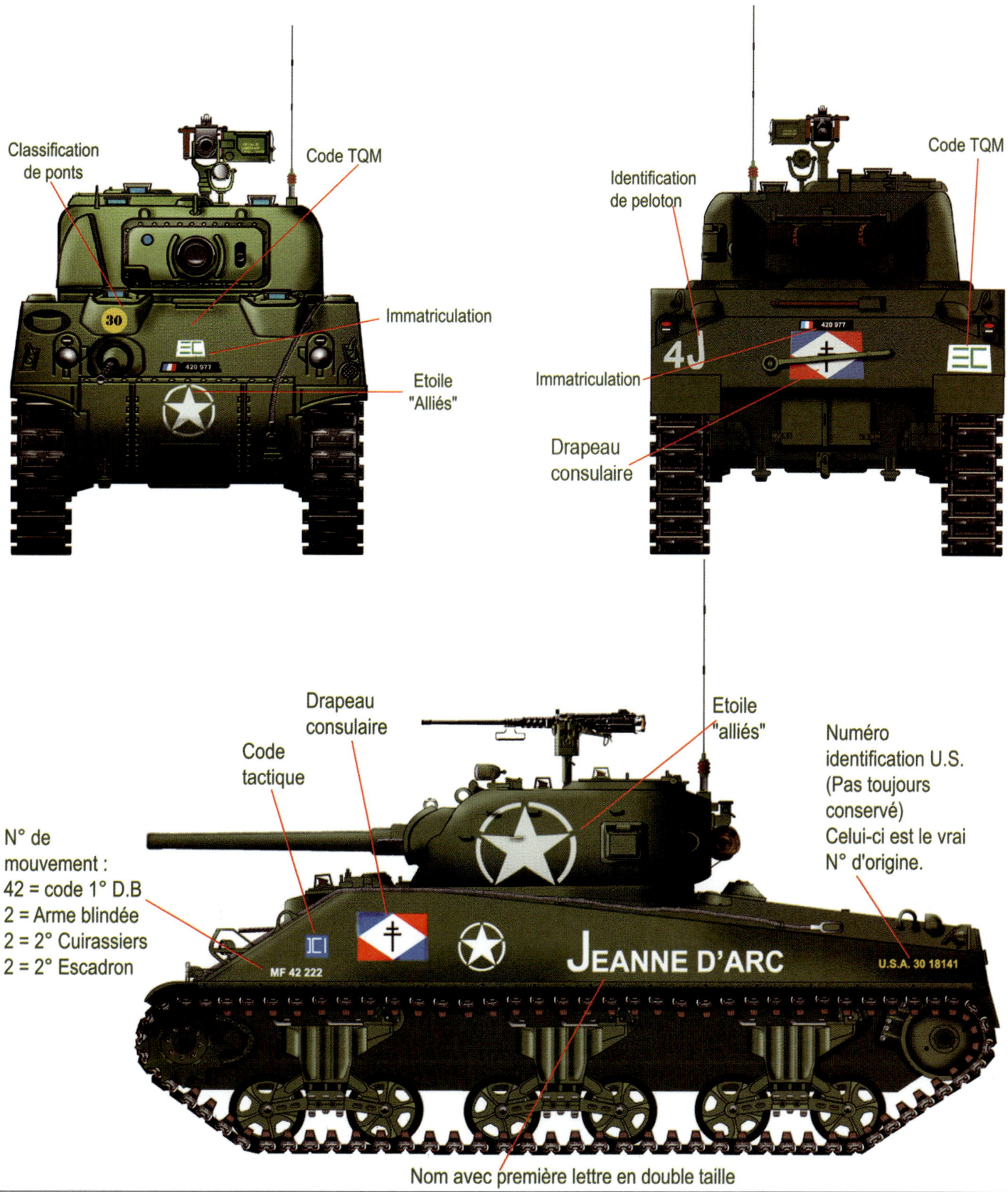

3° Division d'Infanterie Algérienne et Réserve.
Insignes des régiments, codes T.Q.M, marquages tactiques.

7°REGIMENT DE CHASSEURS D'AFRIQUE

Unité	Code T.Q.M	Lettre	Marquage
EM et E.H.R	2560 R	R	D
1° Esc.	2561 R	R	D
2° Esc.	2562 R	R	D
3° Esc.	2563 R	R	D
4° Esc.	2564 R	R	D

8°REGIMENT DE CHASSEURS D'AFRIQUE

Unité	Code T.Q.M	Lettre	Marquage
EM et E.H.R	2570 R	R	O
1° Esc.	2571 R	R	O
2° Esc.	2572 R	R	O
3° Esc.	2573 R	R	O
4° Esc.	2574 R	R	O

2° REGIMENT DE SPAHIS ALGERIENS

Unité	Code T.Q.M	Lettre	Marquage
EM et E.H.R	44502	C	R
1° Esc. chars légers	44503	C	R
2° Esc. reconnaissance	44504	C	R
3° Esc. reconnaissance	44505	C	R
4° Esc. reconnaissance	44506	C	R

3° REGIMENT DE SPAHIS ALGERIENS

Unité	Code T.Q.M	Lettre
EM et E.H.R	2255 G	G
1° Esc. chars légers	2256 G	G
2° Esc. reconnaissance	2257 G	G
3° Esc. reconnaissance	2258 G	G
4° Esc. reconnaissance	2259 G	G

2°REGIMENT DE DRAGONS

Unité	Code T.Q.M	Lettre	Marquage
EM et E.H.R	44515	C	D
1° Esc.	44516	C	D
2° Esc.	44517	C	D
3° Esc.	44518	C	D
4° Esc.	44519	C	D

REGIMENT COLONIAL DE CHARS DE COMBATS

Unité	Code T.Q.M	Lettre	Marquage
EM et E.H.R	44506	C	D
1° Esc.	44507	C	D
2° Esc.	44508	C	D
3° Esc.	44509	C	D
4° Esc.	44510	C	D

Ce M4A3 canon de 76 du 12e RCA de la 2e DB a conservé son *US Serial number*, le numéro de combat est sur le côté de la tourelle. Il n'y a pas d'étoile.

(suite de la page 182)

L'historique de l'étoile américaine est détaillé dans le chapitre consacré aux marquages américains. La plus grande majorité des véhicules français en est dotée.

Cette étoile blanche est peinte sur tous les véhicules alliés comme signe de reconnaissance, notamment pour l'aviation. Bien que tous les véhicules soient censés la posséder, certaines photos de Sherman montrent des chars sans étoile, ni sur les côtés ni dessus. Manque de temps à la préparation ? Remise en peinture du véhicule ? Oubli plus ou moins volontaire ? Peu importe, ils sont les exceptions qui confirment la règle.

Si les dimensions de l'étoile sont, en règle générale, respectées, les emplacements peuvent varier d'une unité à l'autre. Ainsi, en principe, les chars du 12e cuirassiers sont supposés porter l'étoile cerclée sur le dessus de la tourelle.

Des photos de divers chars de ce régiment nous les montrent avec une étoile sur le côté de la tourelle, voire pas d'étoile du tout ou bien encore avec une étoile non cerclée. Il faut rester pragmatique et concevoir qu'à un moment donné, une tourelle a pu être repeinte, une étoile effacée par les intempéries ou les frottements. L'étoile américaine, pouvait être seule, entourée d'un cercle complet ou bien cerclée en discontinu.

Les marquages des grandes unités sont différents et sont : la carte de France avec la croix de Lorraine (2e DB), le drapeau consulaire avec la croix de Lorraine (1re DB), le drapeau consulaire avec la devise « *France d'abord* » (5e DB) ; par la suite, la devise est quelquefois remplacée par le cheval cabré, rappelant les armes de Stuttgart.

Ces marques sont peintes sur les côtés des chars, en principe sur le blindage latéral additionnel. La représentation du drapeau consulaire – ou drapeau modèle 1804 – donne lieu à quelques polémiques qui pourtant n'ont pas lieu d'être.

Ce drapeau est composé d'un losange blanc au centre, entouré des couleurs rouge et bleu. Le bleu est toujours en haut côté hampe, ce qui donne rouge en haut à droite, bleu en bas à gauche et rouge en bas à droite. Comme tous les drapeaux, cette disposition est identique, sur l'avers ou le revers, quel que soit le sens où l'on voit le drapeau.

D'autre part, par convention, on considère qu'un drapeau flotte dans le sens du vent, tenu par sa hampe et ceci est valable pour tous les drapeaux de tous les pays. Dans le cas où un drapeau est représenté sur un char, quel que soit le côté considéré, la hampe du drapeau sera toujours vers l'avant du char, dans le sens de la marche. Le drapeau consulaire est alors peint avec le bleu en haut et à gauche (côté hampe et dans le sens de marche) que ce soit à droite ou à gauche. Toute autre représentation est erronée !

Imaginons simplement le drapeau américain avec les étoiles côté hampe sur l'avers, et les bandes côté hampe sur le revers. Et dans ce cas, le drapeau français aurait le bleu côté hampe sur l'avers et le rouge côté hampe sur l'envers ? Impensable.

Dans tous les cas, le drapeau consulaire n'est pas un insigne de division. Certaines unités le peignaient avec une croix de Lorraine dans le losange blanc, usage à la 1re DB en particulier au 2e cuirassiers ; d'autres avec la devise « *France d'abord* » dans le losange blanc. Ce drapeau, qui à l'origine s'inspire du guidon de cavalerie (donc de forme carrée) peut être peint de forme rectangulaire horizontale ou rectangulaire verticale, cas des RCA.

Les noms de baptême

En usage dans toutes les unités, les noms sont peints sur les côtés de la caisse ou de la tourelle.

(suite page 188)

1° Division Blindée / Régiments blindés.
Insignes des régiments, codes T.Q.M, marquages tactiques.

3° REGIMENT DE CHASSEURS D'AFRIQUE

EM et EHR	42250
1° Esc.	42251
2° Esc.	42252
3° Esc.	42253
4° Esc.	42254
5° Esc.	42255

2° REGIMENT DE CUIRASSIERS

EM et EHR	42220
1° Esc.	42221
2° Esc.	42222
3° Esc.	42223
4° Esc.	42224

2° REGIMENT DE CHASSEURS D'AFRIQUE

EM et EHR	42210
1° Esc.	42211
2° Esc.	42212
3° Esc.	42213
4° Esc.	42214

5° REGIMENT DE CHASSEURS D'AFRIQUE

EM et EHR	42230
1° Esc.	42231
2° Esc.	42232
3° Esc.	42233
4° Esc.	42234

9° REGIMENT DE CHASSEURS D'AFRIQUE

EM et EHR	42260
1° Esc.	42261
2° Esc.	42262
3° Esc.	42263
4° Esc.	42264

2° Division Blindée / Régiments blindés.
Insignes des régiments, codes T.Q.M, marquages tactiques.

1° REGIMENT DE MARCHE DE SPAHIS MAROCAINS

EM et EHR	49871
1° ESC	49872
2° ESC	49873
3° ESC	49874
4° ESC	49875
5° ESC	49876

Les 6° et 7° escadrons ont été créés après 1944 donc pas de bar code.

501° REGIMENT DE CHARS DE COMBAT

Compagnie E.M	49809
Compagnie H.R	49810
1° compagnie	49811
2° compagnie	49812
3° compagnie	49813
4° compagnie	49814

12° REGIMENT DE CHASSEURS D'AFRIQUE

E.M	49830
E. H.R	49831
1° escadron	49832
2° escadron	49833
3° escadron	49834
4° escadron	49835

12° REGIMENT DE CUIRASSIERS

E.M	49820
E. H.R	49821
7° Cie de combat	49822
2° escadron	49823
3° escadron	49824
4° escadron	49825

REGIMENT BLINDE DE FUSILIERS MARINS

E.M	49877
E. H.R	49878
1° escadron	49879
2° escadron	49880
3° escadron	49881
4° escadron	49882

Ci-dessus.
Les Sherman « Austerlitz », « Iéna », « La Moskowa », « Romilly », « Montmirail », « Montereau II » (un 76 mm) et « Arcis-sur-Aube » devant l'arc de Triomphe en haut des Champs-Élysées, lors du grand défilé du 8 septembre 1944. Ces chars appartiennent au 501e régiment de chars de combat. Les quatre Sherman portant des noms de batailles de la campagne de France de 1814 son, quant à eux, de la 1/2/501RCC. *(Collection particulière)*

La taille des lettrages varie. Dans certains cas, la première lettre du nom est d'une taille double. Sachant qu'à l'intérieur d'une unité les chars ont un nom commençant par la même lettre, on peut savoir, à une certaine distance, de quel char il s'agit. Certains régiments adoptent un lettrage ombré ou bien doté d'une bordure de couleur différente. Par la suite, après 1945, l'insigne du régiment peut être peint sur le char.

Au cours de certaines opérations, tous les marquages peuvent être occultés à la peinture ou à l'aide de boue. En effet, certains marquages, beaucoup trop visibles, permettaient de repérer le blindé de beaucoup plus loin, voire faciliter la visée.

La planche de la page 183 donne un exemple des marquages en cours en 1944. Il s'agit d'un M4A4 du 2e régiment de cuirassiers dont le chef de char est le maréchal des logis Keck. Au cours de la bataille de Marseille, pendant les combats qui se sont déroulés dans la montée de Notre-Dame de la Garde, le char est incendié et trois membres de l'équipage (en tourelle) sont tués.

Les noms de baptême, sont placés différemment dans les régiments de chasseurs de chars, notamment les RCA, RBFM et RCCC. Pour ces unités, il est fréquent que le nom soit peint sur le masque de canon, mais, parfois, ces noms de baptême sont inscrits en caractères gothiques comme au 7e régiment de chasseurs d'Afrique. Dans certaines unités, les noms de baptême obéissent à des règles un peu plus strictes, comme au 2e RSAR (2e régiment de spahis algériens de reconnaissance). La première lettre des noms de véhicules doit désigner l'escadron :

T pour le 1er Escadron.
P pour le 2e Escadron.
B pour le 3e Escadron.
R pour le 4e Escadron.

La deuxième lettre désigne, quant à elle, le peloton. Ainsi, pour le 1er escadron du 4e escadron, on trouve les lettres RE. Donc, les blindés sont nommés : « Résistante », « Revenante », « Resplendissante », etc.

RO pour le 2e peloton : « Rôdeuse », « Rogneuse », etc.
RI pour le 3e peloton : « Rivale », « Risque-tout », etc.

Le choix du nom définitif est laissé à l'équipage.

Au 2e régiment de dragons (2e RD), les noms des véhicules et engins blindés ont tous un rapport avec la capitale de la France. L'AM M 8 du chef de corps s'appelle « Paris puis les chars portent les noms des monuments de la capitale : « Notre Dame », « Arc de Triomphe », etc.

Les automitrailleuses ont des noms de quartiers : « Passy », « Champs Elysées », etc.

Les Jeep, ont des noms de places, de rues ou de stations de métro : « Alma », « Bastille », « Rue de la Paix », etc.

Les half-tracks prennent le nom des stades ou des vélodromes : « Parc des Princes », « Buffalo », « Vel' d'Hiv' ».

Les *Command cars*, ont des noms d'hippodromes : « Longchamp », « Auteuil », « Saint Cloud ».

Les motos ont pour nom : « Tabarin », « Maxim's », « Garnier » etc.

Les camions rappellent les banlieues ouvrières : « Pantin », « Billancourt », ou « Suresnes ».

Autre coutume, les victoires (char ennemi détruit), sont matérialisées par une croix gammée peinte sur le canon. Au 11e RCA, par exemple, un rectangle noir à bordure blanche est peint sur le canon, près du masque ; au RBFM, c'est une silhouette de char peinte sur les bordages extérieurs.

5° Division Blindée / Régiments blindés.
Insignes des régiments, codes T.Q.M, marquages tactiques.

1° REGIMENT ETRANGER DE CAVALERIE

EM	44270
EHR	44271
1° Esc	44272
2° Esc	44273
3° Esc	44274
4° Esc	44275
5° Esc	44276

1° REGIMENT DE CUIRASSIERS

E.M et E.H.R	44210
1° escadron	44211
2° escadron	44212
3° escadron	44213
4° escadron	44214

1° REGIMENT DE CHASSEURS D'AFRIQUE

E.M et E.H.R	44221
1° escadron	44222
2° escadron	44223
3° escadron	44224
4° escadron	44225

6° REGIMENT DE CHASSEURS D'AFRIQUE

E.M et E.H.R	44283
1° escadron	44284
2° escadron	44285
3° escadron	44286
4° escadron	44287

11° REGIMENT DE CHASSEURS D'AFRIQUE

E.M et E.H.R	44278
1° escadron	44279
2° escadron	44280
3° escadron	44281
4° escadron	44282

LES MARQUAGES POLONAIS

Tout d'abord, faisons un bref rappel historique de ces unités polonaises, souvent oubliées dans les récits de la libération.

La première DB polonaise (*1 Dywizja Pancerna*, 1942-1947).

Unité reformée en Écosse en 1942, elle compte plus de 13000 hommes et participe aux combats de la Seconde Guerre équipée de M4 A2 et de Firefly, remplacés au fur et à mesure par d'autres modèles, dont des M4 A1 76. En Normandie, pendant l'opération *Overlord,* la division est commandée par le général Maczek avec les commandants d'unité Stefanewicz, Koszutski et Zgorzelski. De Falaise (Normandie) à Breda (Hollande), les hommes de cette division s'illustrent dans des combats notoires, payant souvent un lourd tribut. Après sa démobilisation, le général Maczek décide de rester en Écosse et s'installe à Édimbourg. Les autorités Britanniques lui retirent ses droits d'ancien combattant et sa pension militaire. Dans les années soixante, il est barman dans un hôtel d'Édimbourg. Il meurt en 1994 et, selon ses dernières volontés, est enterré avec ses hommes dans le cimetière militaire polonais de Breda. Les premiers régiments de chars polonais ont été formés en Palestine pour participer au débarquement d'Italie. Parmi ceux-ci, il y a le 4e *Pulk Pancery* (2e brigade blindée polonaise), dont l'insigne est un scorpion.

Les véhicules blindés polonais adoptent les marquages tactiques de type britannique: repérage des escadrons ou compagnies par figures géométriques, code couleurs pour les Armes et division. Les marquages techniques sont classiques, à savoir *serial number* (commençant par la lettre T), classification de ponts à chiffre noir sur rond jaune. Les marquages de traditions sont, pour les plus courants, le marquage de division et le nom de baptême.

Parfois, les lettres PL sont ajoutées sur le char. Les régiments blindés sont des *Pulk Pancery* tandis que les régiments de lanciers sont les *Pulk Ulanow.* Les Polonais ont « délivré » Breda et la population hollandaise a immédiatement manifesté sa gratitude en inscrivant sur les chars libérateurs des messages de remerciement. Chaque année, la date de la libération de Breda donne lieu à d'importantes manifestations.

LES MARQUAGES SOVIÉTIQUES

Les marquages des véhicules militaires de l'époque soviétique sont assez difficiles à définir et à classer pour la bonne raison qu'aucun document officiel traitant de ces inscriptions n'est connu. Ils existent tout de même et certains sont indispensables lorsque les chars sont engagés et éloignés les uns des autres. À partir de 1955, l'armée soviétique commence à codifier et uniformiser les marquages. Comme toutes les armées, l'Armée rouge (appellation disparue en 1946 pour devenir Armée soviétique) utilise des signes de reconnaissance sur ses engins blindés. Au départ, comme pour les Américains, une bande blanche cerclait la tourelle des chars, signe de reconnaissance signifiant engin ou véhicule « ami ».

Par la suite, les Soviétiques ajoutent une croix blanche peinte sur le toit de tourelle pour permettre une identification aérienne plus aisée.

À l'intérieur des unités, les véhicules se repèrent à l'aide d'un système de carrés ou de triangles avec numéro d'ordre à l'intérieur. Il arrive que dans certaines unités, le repérage se fasse sur une base numérique à trois chiffres, comme pour les Panzer.

Le premier chiffre donne la compagnie ou l'escadron, le second le peloton ou la section (*Platoon* chez les Américains) le dernier chiffre, la position du char (chef de section, adjoint, subordonnés).

Les Russes utilisent très peu le code tactique et, très souvent, le nom de baptême est remplacé par des formules patriotiques ou partisanes, sachant qu'il n'y a qu'un seul Parti. Dans la majorité des cas, l'étoile rouge est de rigueur. Parfois, la faucille et le marteau sont présents. Les slogans sont aussi à la gloire des « pères fondateurs » Lénine ou Staline.

À l'intérieur de leurs divisions de chars, les Soviétiques abritent des bataillons (articulation non retenue chez les alliés de l'Ouest). Dans ce cas, le marquage de reconnaissance consiste en un losange séparé en deux parties. La partie supérieure contient le numéro du bataillon et la partie inférieure, le numéro du char dans le bataillon. Un autre type de marquage comprend un losange et trois triangles imbriqués avec les numéros de repérage. Ces marquages sont parfois peints en rouge avec un liseré blanc.

Les lettres CCCP sont parfois apposées sur le glacis avant. Reprenant une coutume de l'aviation, mais aussi celle des *Panzer* allemands, les équipages inscrivent, parfois, leurs victoires en peignant une petite étoile sur la tourelle. Une étoile: équivalant à un char ennemi détruit en combat *(voir planche des marquages soviétiques ci-contre).*

Et les Allemands alors...

Concernant les marquages en usage au cours de la Deuxième Guerre mondiale, il est impossible de clore le chapitre sans une mention concernant les Allemands.

Les raisons de cette mention sont multiples et logiques puisqu'aussi bien la *Wehrmacht* que la *Waffen-SS* (à ne pas confondre avec l'*Allgemeine SS*), utilisent de nombreux symboles de reconnaissance tactique. De plus, les Allemands sont précurseurs en ce qui concerne les marquages d'armes ou services. Les Alliés attendront la mise en place par l'OTAN de ces symboles pour les utiliser de façon plus ou moins uniforme sur les véhicules de combat. Les Alliés ont beaucoup utilisé la représentation graphique des catégories de véhicules, en particulier lors de l'établissement de schémas tactiques ou de plans stratégiques.

Le repérage des grandes unités, en plus des marquages classiques (n° de combat, *serial*, immatriculation, gabarit ou unité) est bien à l'origine « *Made in Germany* ».

Concernant le domaine militaire en général, les Allemands sont précurseurs dans beaucoup d'applications, innovations, techniques ou tactiques.

Toutefois, cet aspect du combat, bien qu'intéressant, est trop éloigné du M4 Sherman pour être traité en détail dans cet ouvrage. La planche de dessins de la page 177 donne un aperçu des symboles et marquages en cours entre 1940 et 1945 dans les unités allemandes.

POLAND

1° Division Blindée
24° Régiment de Lanciers
Junior Regiment
Companie C
Véhicule N° 14

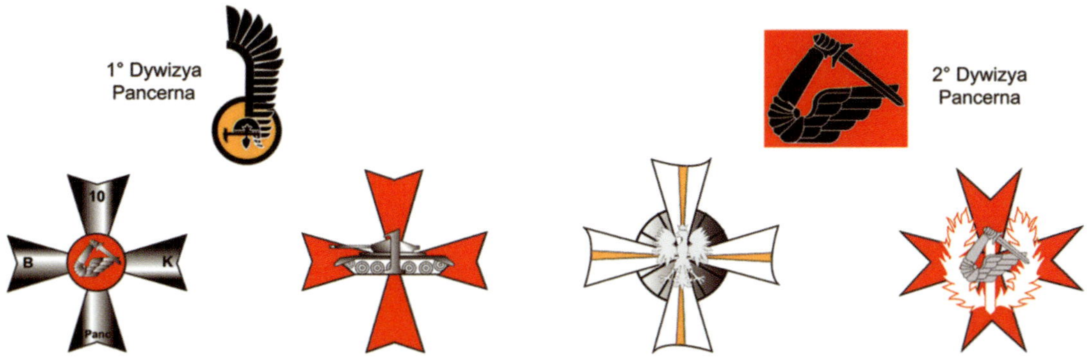

1° Dywizya Pancerna

2° Dywizya Pancerna

10° Brigada Kawalerii Pancernej

1° Pulk Pancerny

24° Pulk Ulanow

2° Pulk Pancerny

SOVIET UNION

6 Division
Bataillon 154
Char N° 17

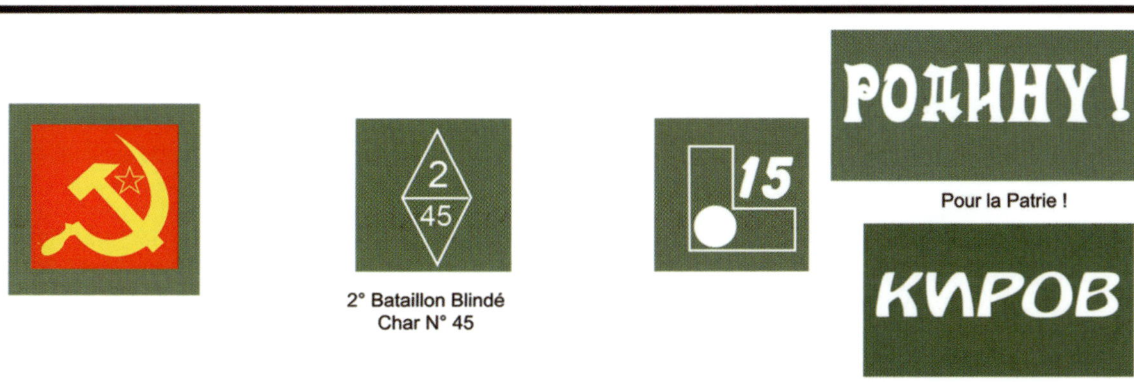

2° Bataillon Blindé
Char N° 45

Pour la Patrie !

Usine de Kirov

11 COMPOSITION ET ARTICULATION DES UNITÉS

Comme nous pouvons le constater, la composition des régiments blindés varie en fonction de leurs missions. Les régiments de reconnaissance sont en général équipés de chars légers, d'automitrailleuses et d'engins semi-chenillés (type half-tracks). Les régiments de chars de combat sont équipés en chars moyens, les unités de chasseurs de chars sont dotées de *Tanks destroyers* (TD M10, TD M10A1).

Il n'en reste pas moins que l'on peut trouver des chars légers et des half-tracks dans des régiments de chars moyens. Tout comme les unités de chars britanniques peuvent être dotées d'un peloton (*Platoon)* de chasseurs de chars type Firefly.

Les Américains articulent leurs chars en bataillons, tout comme les Soviétiques, tandis que les Français et les Anglais s'articulent en régiments blindés. En général, dans les régiments de chars français, le 1er escadron est équipé en chars légers de type M3 ou M5. Ces chars sont équipés d'une boîte de vitesses à convertisseur ce qui augmente considérablement leur mobilité, sans parler de l'agrément du pilotage.

Ci-dessous.
Deux chars Sherman du 2e régiment de chasseurs d'Afrique de la 1re division blindée française, le 16 octobre 1944, dans les Vosges. (*ECPAD*)

En 1944, la composition de l'équipement des unités de l'Armée française est définie par les TED/G ou TED/P, les *tableaux d'équipements et dotation guerre* ou *paix*. Néanmoins, nous avons vu que les divisions blindées françaises sont créées sur le modèle des divisions blindées légères américaines, avec toutefois quelques différences.

C'est le général Giraud qui signe l'ordre de création des divisions blindées, le 24 novembre 1942 à Alger. Une division blindée française se compose donc de trois régiments de chars moyens plus un régiment de reconnaissance, un régiment de chasseurs de chars, un régiment d'infanterie portée à trois bataillons, un groupe d'artillerie divisionnaire (trois unités de 105 M7 Priest), un groupe d'artillerie antiaérienne (équipé de 40 mm Bofors installés sur une plateforme CCKW), un bataillon du génie. Des services tels que: santé, compagnies de réparations, essence munitions, service postal, etc.

S'agissant des unités françaises et américaines, l'ossature et la tactique d'emploi devaient quand même être identiques, puisque les unités françaises étaient rattachées à des « *Combat Command* » américains. Donc, aux régiments français correspondent des bataillons américains. La composition des *Tank Battalions* américains est définie par le T/O & E 17-25, complétée par le FM 17-33 éditée par le *War Department* en décembre 1944. Le bataillon de chars américain se subdivise en six compagnies: un état-major régimentaire et une compagnie de quartier général, une compagnie des services, trois compagnies de chars moyens M4 nommées *A*, *B* et *C Companies*, une compagnie de chars légers M5 nommée *D Company*. La section de quartier Général est équipée de Jeep et de half-tracks, plus deux chars moyens: un pour le chef de bataillon et un pour le commandant en second.

Dans sa section des services, la compagnie d'état-major comprend un peloton de reconnaissance équipé de jeeps avec mitrailleuse sur affût, un peloton de mortiers de 81 sur half-tracks et un peloton de chars d'assaut composé de M4 105 avec remorques munitions du type M10 *Ammo Trailer*. La compagnie des services du bataillon comprend un peloton de dépannage et réparations et un peloton de transport-ravitaillement.

Le peloton de dépannage-réparations est chargé de l'évacuation et la réparation des engins endommagés sur le champ de bataille, tandis que le peloton de transport-ravitaillement fournit tout ce qui est rations alimentaires, carburant, munitions, matériels

2° Division Blindée . R.B.F.M.
Régiment Blindé de Fusiliers Marins
2° Escadron
Tank Destroyer "Wolverine" M 10

77th Anti-Tank Rgt - Senior Regiment
11° British Armoured Division
A Squadron - Vehicle N° 17
Tank Destroyer " Achille" M 10 A1

4° U.S Armored Division
704th. Tank Destroyer Battalion
Company B - Vehicle N° 10
Tank Destroyer "Jackson" M 36 B2

et autres nécessités. Chaque compagnie de combat est équipée pour fonctionner en autonomie sur de courtes durées et chacune d'elles a sa propre unité de maintenance ainsi qu'une unité s'occupant de l'intendance.

Pour ce qui concerne le TED* personnel, un bataillon de chars comprend : 39 cadres, 709 soldats, 53 chars M4, 6 chars M4 105, 17 chars légers M5A1, 6 chars M32 TRV, 15 half-tracks, 23 Jeep, 1 ambulance (remplace les deux half-tracks ambulance d'origine), 4 Dodge 6x6, 39 GMC, 2 Wrecker, 17 remorques munitions M 10, 26 remorques ¼ de tonne Bantan T3, 27 remorques 1 tonne de type « Ben Hur » *(voir TEDG pages suivantes)* Pour ce qui est des unités blindées françaises, nous distinguerons :

1. Les régiments de chars, qui peuvent être régiments de cuirassiers, de chars de combat ou de chasseurs d'Afrique.

2. Les régiments de chasseurs de char sont chasseurs d'Afrique, fusiliers-marins, dragons ou régiment blindé colonial. Les chasseurs d'Afrique sont, pour certains, mis sur pied à partir de 1942 en Afrique du Nord française. Rien à voir, donc, avec des régiments comme les spahis, les goumiers, ou les méharistes qui, par tradition, ont été formés à base de recrutement local.

TANK BATTALION. TO&E 17-25. SEPT. 1943

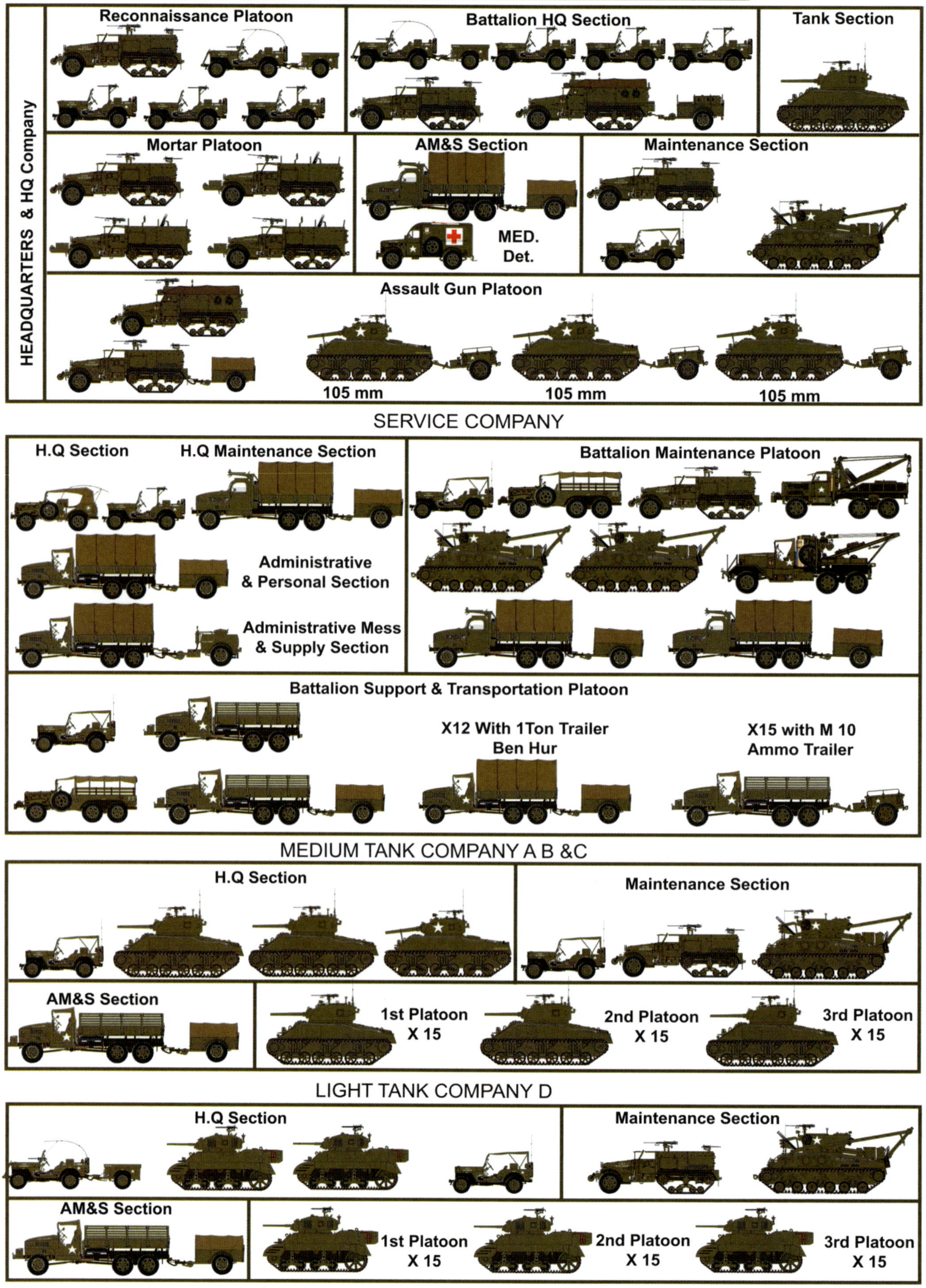

TANK DESTROYER BATTALION

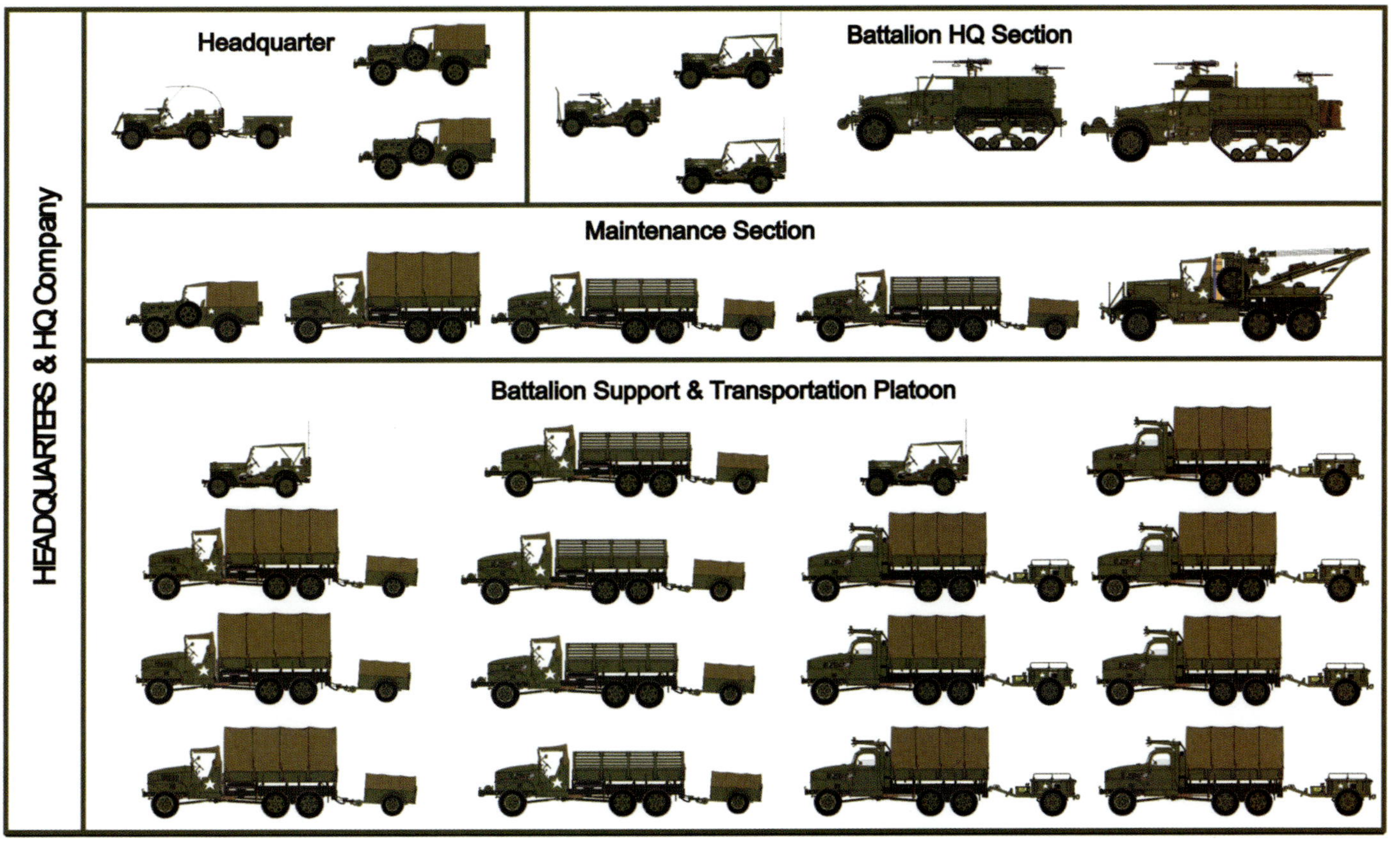

RECONNAISSANCE COMPANY

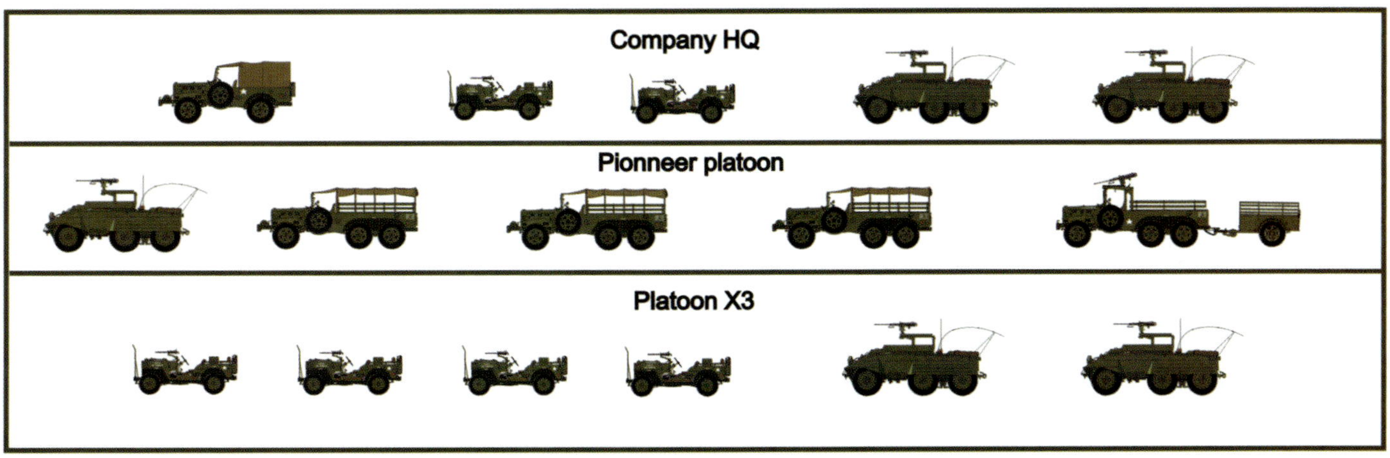

TANK DESTROYER COMPANY A B &C

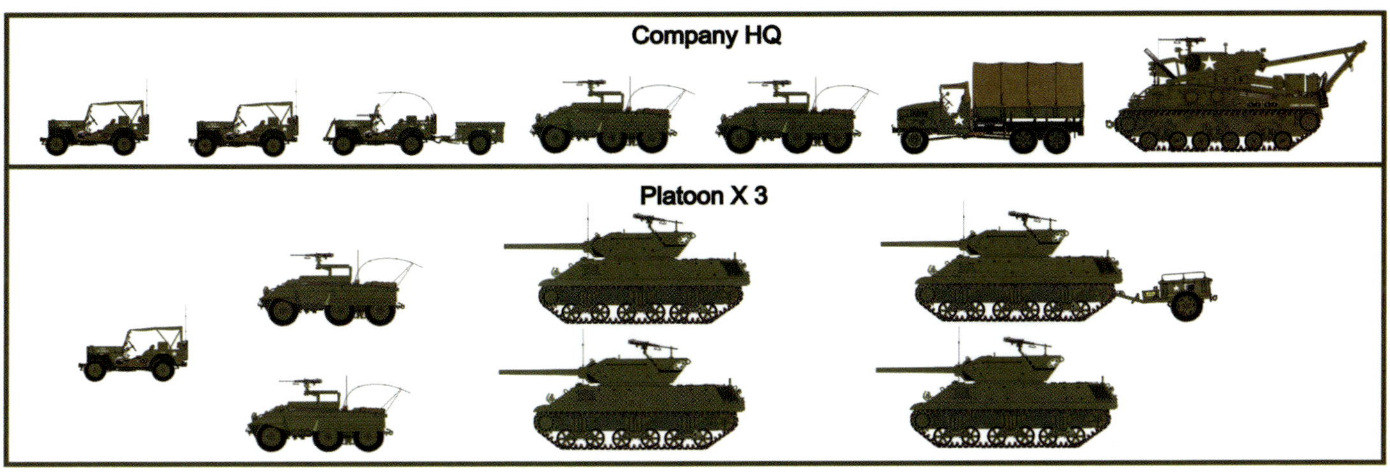

L'équipage du char Sherman M4 «Vesoul» du 4e escadron du 2e RC (régiment de cuirassiers) sur le front des Vosges. *(ECPAD)*

3. Les régiments de reconnaissance sont régiments de spahis ou régiment étranger de cavalerie.

Ces régiments, sont articulés selon les tableaux de dotation en vigueur, quelle que soit la division à laquelle ils appartiennent. Cependant, la composition et l'équipement peuvent varier en fonction de la période considérée. Le nombre d'escadron ou de compagnie peut être augmenté ; c'est le cas, par exemple, au RMSM, ou bien un élément supplémentaire est créé, un peloton Mortiers, comme au RBFM.

Ces modifications sont souvent mises en place entre 1944 et 1946 et, elles permettent d'élever la capacité opérationnelle d'une unité, ou bien de mieux l'intégrer à un *Combat Command*. Ci-dessous, la composition type d'un régiment de cuirassiers, en l'occurrence celle du 2e RC « Cardinal Duc ».

2e régiment de cuirassiers.

(Voir TEDG pages suivantes)

Un état-major avec quatre chars moyens M4 et quatre chars légers M5.

Un escadron hors rang qui comprend les moyens logistiques (cuisines, transport munitions, moyens de dépannage et évacuation, sanitaire)

Quatre escadrons de combat comprenant chacun :

- Un peloton de commandement
- Un PHR (peloton hors rang)
- Un groupe des services
- Un peloton échelon
- 17 chars de combat type M4, ou M5.

Cet organigramme tient compte des chars qui ont été changés après destruction. Les modèles A4 sont remplacés par des A2, mais plus rarement par des A1 en canon de 76 M1A1, parfois par des M4A3 E8 obusier de 105. Il y eut aussi un M4A3 E2 Jumbo au 7e RCA ainsi qu'un M4 A3 75 W au 12e RC : le char « Bourg la Reine ».

12e régiment de chasseurs d'Afrique.

Le 12e RCA est composé d'un état-major régimentaire. Quatre escadrons de combat à trois pelotons de cinq chars + un peloton échelon et un peloton hors rang. Un escadron hors rang regroupant les services régimentaires tels que dépannage, ordinaire*, munitions. Les véhicules sont baptisés, leur nom est de couleur jaune et est inscrit sur les bordages latéraux. Les chars légers sont soit des M3A3, soit des M5A1

Escadron d'état-major

M5A1 : « Gavarnie », « Alsace », « Eskuarie », M4A2 : 18 juin 1940 », « Ardennes », « Bretagne », « Cyrano de Bergerac ».

- 1er escadron

M3 A3 et M5 A1 : « Poitou », M5A1, « Artois » M5A1.

Peloton 1. « Maine », « Beauce », « Sologne », « Berry », « Anjou ».

Peloton 2. « Normandie », « Beauvaisis », « Cotentin », « Vexin », « Perche ».

Peloton 3. « Saumurois », « Blaisois », « Vendômois », « Touraine », « Val de Loire ».

- 2e escadron

État-major. M4A2 : « Le Perthus », « Dauphiné », et M4 105 « Moghrane », « Mektoub ».

Peloton 1. M4A2 « Velay », « Vivarais », « Roussillon », « Cévennes », « Morvan ».

Peloton 2. « Iseran », « Valserine », « Tarentaise », « Maurienne », « Ancines ».

Peloton 3. « Estérel », « Provence », « Camargue », « Languedoc, « Corse ».

- 3e escadron

État-major. M4A2 : « Picardie » et « Vermandois », et

T.E.D.G du 2° R.C en 1944

CHARS DE L'ÉTAT-MAJOR RÉGIMENTAIRE

PELOTON HORS RANG (1 par escadron)

Groupe de commandement

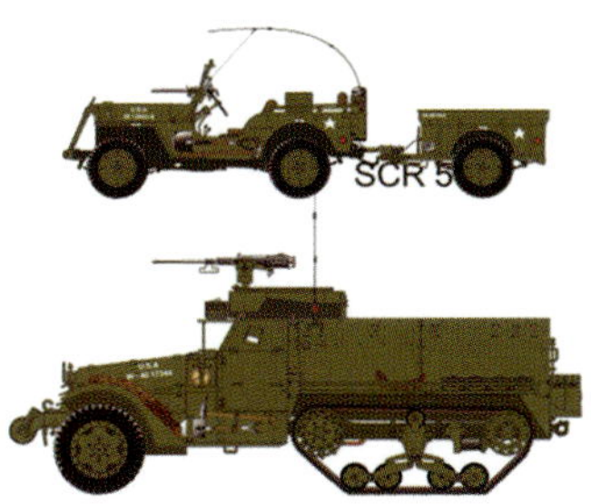

Groupe des services

Groupe Echelon

SCR 510

S/Officier mécanicien
Conducteur

Bg Dépanneur
11 mécaniciens
2 conducteurs

Pièce anti char CN 57

Mdl chef de pièce, Bch chef pointeur
Pointeur, Chargeur, Guetteur chargeur
Conducteur

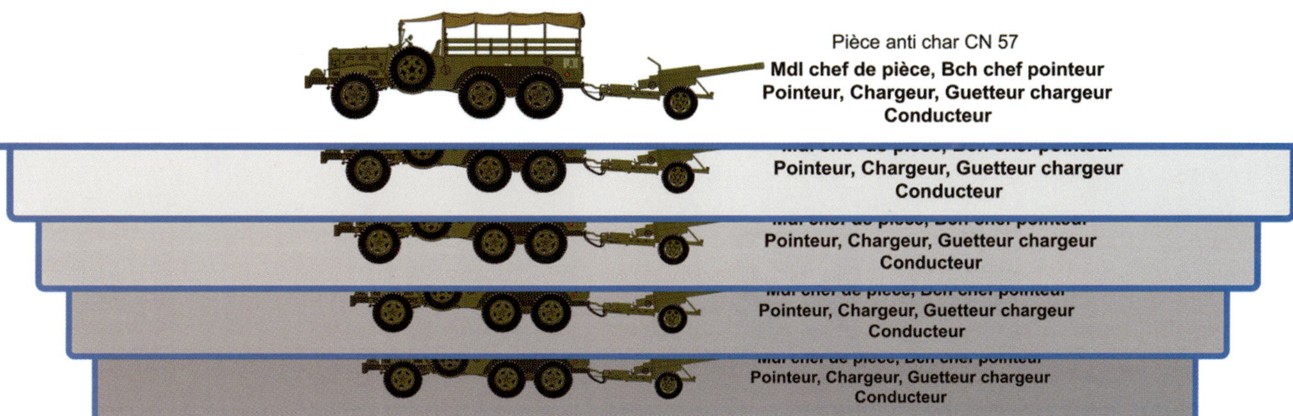

Ci-dessous. Ces cinq Sherman (au second rang) du 12e RCA (n° 29 « Maurienne », n° 28 « Tarentaise », n° 27 « Valserine », n° 26 « Iseran », et n° 25 « Morvan ») sont alignés au point de rassemblement de Vély après leur débarquement en Normandie. (*ECPAD*)

M4 105: « Montagne de Reims » et « Hauts de Meuse ».

Peloton 1. M4A2: « Hainaut », « Cambresis », Flandres », « Ponthieu », « Pas de Calais ».

Peloton 2. « Ile de France », « Lorraine », « Tardenois », « Valois, « Thierache ».

Peloton 3. « Franche-Comté », « Barrois », « Bourgogne », « Dunois », « Champagne ».

- 4e escadron

État-major. M4A2: « Bigorre », « Béarn ». M4 105: « Pic d'Annie » et « La Rhune ».

Peloton 1. « Bordelais », « Médoc », « Aquitaine », « Armagnac », « Entre-deux-Mers ».

Peloton 2. « Vendée », « Aunis », « Navarre », « Guyenne, « Toulouse.

Peloton 3. « S/Lt d'Arcangues », « Saintonges », « Angoumois », « Périgord », « Labourd ».

L'escadron d'état-Major est composé de chars M3A3 et M4A2. Le 1er escadron (reconnaissance) est doté de M3A3 et les remplacements de chars détruits se font en M5A1. Les trois autres escadrons sont équipés de M4A2 et de deux M4 105 mm. Les remplacements de chars détruits se font en M4A1 76 ou M4A3.

Le RCCC Régiment Colonial de Chasseurs de Chars

Lors de l'opération *Dragoon*, le régiment est équipé de cinq escadrons comprenant chacun:

Un état-major équipé d'une jeep et d'une automitrailleuse.

Un peloton hors rang comprenant, un groupe commandement et un peloton échelon.

Trois pelotons constitués chacun de quatre TD M10 articulés en deux groupes, plus une Jeep et un Dodge pour le groupe de protection.

- 1er escadron

AM M8 et M20-Reco

Peloton 1. « Aïr », « Adrar », « Arrouenit », « Aquellal ».

Peloton 2. Non connus

Peloton 3. Non connus

- 2e escadron

Peloton 1. « Bangui », « Chari », « Congo », « Ogoué ».

Peloton 2. « Fort Trinquet », « Fort Crampel », « Fort Largeau », « Fort Archambaud ».

Peloton 3. « Douala », « Yaoundé », « Abéché », « Bangui ».

- 3e escadron

Peloton 1. « Afert », « Tindouf », « Bou-Denib », « Azoul ».

Peloton 2. « Messifré », « Souéda », « Rayack », « Aîn-Tab ».

Peloton 3. « Kissoué », « Raphsaîl », « Taza », « El-Hadras ».

- 4e escadron

Peloton 1. « Tourane », « Nha-Trang, « Hué, « Vinh ».

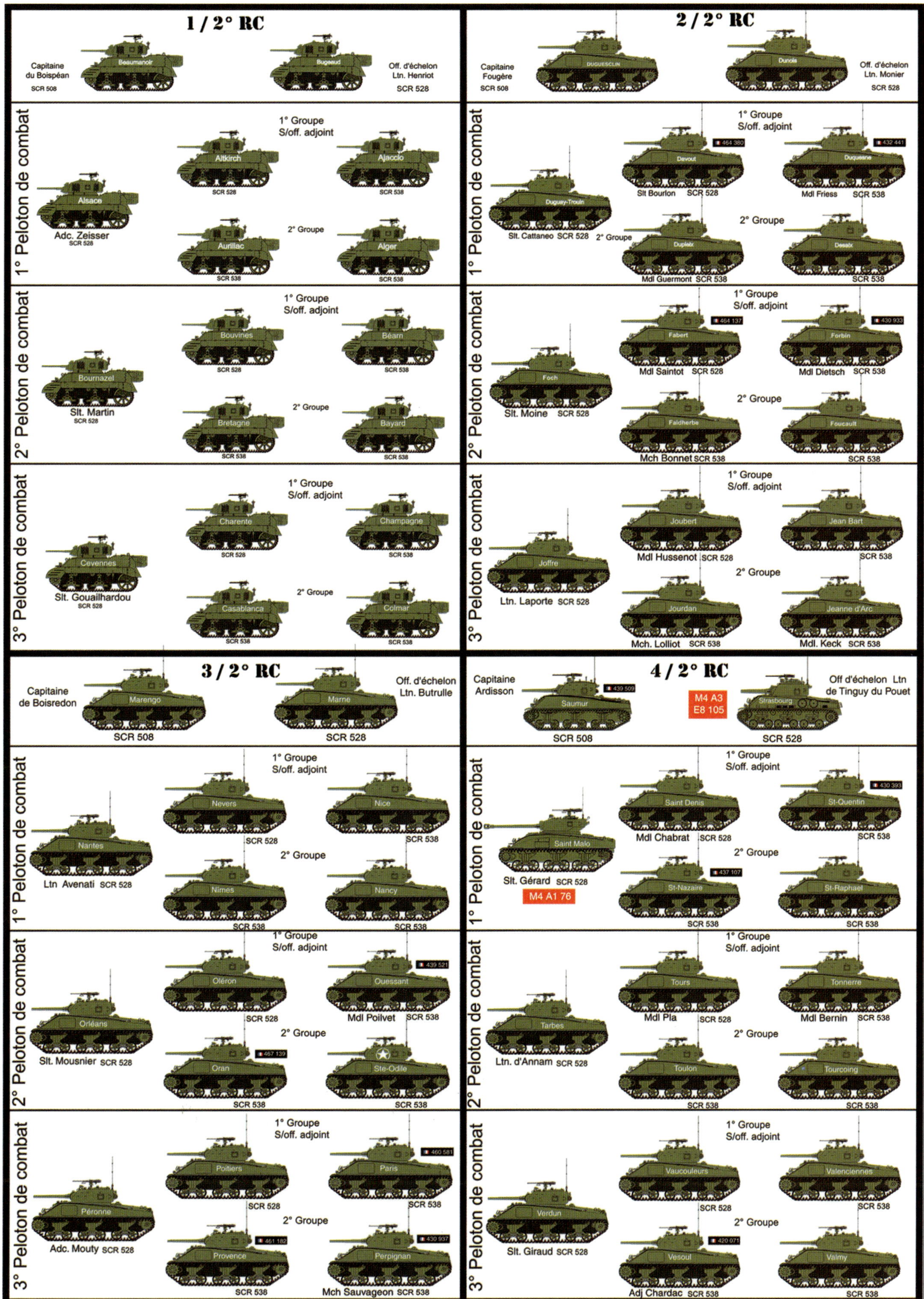

1 / 2° RC
Capitaine du Boispéan SCR 508
Beaumanoir
Bugeaud
Off. d'échelon Ltn. Henriot SCR 528
1° Peloton de combat
1° Groupe S/off. adjoint
Alsace
Adc. Zeisser SCR 528
Altkirch SCR 528
Ajaccio SCR 538
2° Groupe
Aurillac SCR 538
Alger SCR 538
2° Peloton de combat
1° Groupe S/off. adjoint
Bournazel
Slt. Martin SCR 528
Bouvines SCR 528
Béarn SCR 538
2° Groupe
Bretagne SCR 538
Bayard SCR 538
3° Peloton de combat
1° Groupe S/off. adjoint
Cevennes
Slt. Gouailhardou SCR 528
Charente SCR 528
Champagne SCR 538
2° Groupe
Casablanca SCR 538
Colmar SCR 538
2 / 2° RC
Capitaine Fougère SCR 508
DUGUESCLIN
Dunois
Off. d'échelon Ltn. Monier SCR 528
1° Peloton de combat
1° Groupe S/off. adjoint
Duguay-Trouin
Slt. Cattaneo SCR 528
Devout
464 380
Slt Bourlon SCR 528
Duquesne
432 441
Mdl Friess SCR 538
2° Groupe
Dupleix
Mdl Guermont SCR 538
Desaix SCR 538
2° Peloton de combat
1° Groupe S/off. adjoint
Foch
Slt. Moine SCR 528
Fabert
464 137
Mdl Saintot SCR 528
Forbin
430 933
Mdl Dietsch SCR 538
2° Groupe
Faidherbe
Mch Bonnet SCR 538
Foucault SCR 538
3° Peloton de combat
1° Groupe S/off. adjoint
Joffre
Ltn. Laporte SCR 528
Joubert
Mdl Hussenot SCR 528
Jean Bart SCR 538
2° Groupe
Jourdan
Mch. Lolliot SCR 538
Jeanne d'Arc
Mdl. Keck SCR 538
3 / 2° RC
Capitaine de Boisredon
Marengo SCR 508
Marne SCR 528
Off. d'échelon Ltn. Butrulle
1° Peloton de combat
1° Groupe S/off. adjoint
Nantes
Ltn Avenati SCR 528
Nevers SCR 528
Nice SCR 538
2° Groupe
Nîmes SCR 538
Nancy SCR 538
2° Peloton de combat
1° Groupe S/off. adjoint
Orléans
Slt. Mousnier SCR 528
Oléron SCR 528
Ouessant
439 521
Mdl Poilvet SCR 538
2° Groupe
Oran
467 139
SCR 538
Ste-Odile SCR 538
3° Peloton de combat
1° Groupe S/off. adjoint
Péronne
Adc. Mouty SCR 528
Poitiers SCR 528
Paris
460 581
SCR 538
2° Groupe
Provence
461 182
SCR 538
Perpignan
430 937
Mch Sauvageon SCR 538
4 / 2° RC
Capitaine Ardisson
Saumur
439 509
SCR 508
M4 A3 E8 105
Strasbourg SCR 528
Off d'échelon Ltn de Tinguy du Pouet
1° Peloton de combat
1° Groupe S/off. adjoint
Saint Malo
Slt. Gérard SCR 528
M4 A1 76
Saint Denis
Mdl Chabrat SCR 528
St-Quentin
430 393
SCR 538
2° Groupe
St-Nazaire
437 107
SCR 538
St-Raphael SCR 538
2° Peloton de combat
1° Groupe S/off. adjoint
Tarbes
Ltn. d'Annam SCR 528
Tours
Mdl Pla SCR 528
Tonnerre
Mdl Bernin SCR 538
2° Groupe
Toulon SCR 538
Tourcoing SCR 538
3° Peloton de combat
1° Groupe S/off. adjoint
Verdun
Slt. Giraud SCR 528
Vaucouleurs SCR 528
Valenciennes SCR 538
2° Groupe
Vesoul
420 071
Adj Chardac SCR 538
Valmy SCR 538

RBFM / Etat-Major Régimentaire

LA BALEINIERE 95 715 | ONDINE 400 195 | METZ 400 285 | GHISLAINE 445 737 | PIGOULIERE 445 774 | LE COTRE 95273

LA FREGATE 419 390 | LA BISQUINE 90462 | SANS SOUCIS L 101 3002 | L EVEILLE 400 197

RBFM / EHR / Peloton E.M

LE YOUYOU 406 758 | LE BERTHON 445 664 | LE YACHT 433 307 | LA YOLE 95 711 | TERRE NEUVA 418 819 | L'ETOURDI 95 285 | L'INSPIRE 400 287

SAINTONGE 90 958 | BOURGOGNE 90 954 | BALLON D'ALSACE 425 018 | LA CORVETTE 417 761 | CASSIOPEE NC | TONTON 412 026 | LA GALERE 418 892

RBFM / EHR / Peloton Unité

TOURANE 409 798 | ESCOFFIER 412 050 | 90 479 | DOMINIQUE 442 819 | LA GOELETTE 90 962 | SAINT BERNARD 440 596

EHR / Pel. Approvisionnements - Carburant

BEARN 90 8892 | FLEURET 433 317 | ARBALETTE N.C

X 9

PANTAGRUEL 429 195 | GARGANTUA 429 194
BALISTE 414 322 | MOUSQUET 427 896
ARQUEBUSE 428 931 | COULEUVRINE 428 932
TROMBLON 427 895 | BOMBARDE 90 477
LANCE 400 478

X 12

DARTAGNAN 415 929 | JOYEUX 427 268 | PROF 418 900
PORTHOS 427 227 | TIMIDE 445 536 | ATCHOUM 418 866
ATHOS 418 925 | GRINCHEUX 427 267 | DORMEUR 405 024
ARAMIS 418 888 | SIMPLET 427 195 | BLANCHE NEIGE 418 690

E.H.R / Peloton Sanitaire

408 883 | | | 405 764 LE CANCER | 412 705

CAEN 428 280 | BADIN 429 423 | SAINT LO 412 293 | BAYEUX 440 897 | FLERS N.C

Ci-dessus.
Le TD M10 « Cyclone » du 3e peloton, 4e escadron du RBFM lors des combats de la libération de Paris, en août 1944.
(*Collection particulière*)

Peloton 2. « Bien-Hoa », « Mékong, « Pnon-Penh », « Toule-Sap ».

Peloton 3. « Chaudoc », « Angkor », « Saigon ».

Chaque peloton blindé est articulé en deux groupes de tanks destroyers et un groupe de protection.

L'escadron dispose de deux automitrailleuses AM M20, de douze *Tanks destroyers* M10, de deux Scout-Cars, de deux Jeep, de deux camions GMC, de deux motocyclettes et un char de dépannage *Tank Recovery* (T2/M31). Le régiment est doté de l'auto mitrailleuses AM M20, de l'auto mitrailleuses AM M8, de 36 *Tanks Destroyers* M10, de Jeeps dont douze Jeep armées, de motos WLA 42, de camions GMC et Dodge, d'un camion de dépannage et de trois chars de dépannage.

Le RBFM
Régiment blindé de fusiliers-marins

(Voir TEDG pages suivantes)

Les régiments de chasseur de chars sont équipés de *Tank Destroyer* M10 Wolverine armé du canon de 76,2 mm. Ces régiments comprennent quatre escadrons de combat dotés chacun de trois pelotons à quatre chars. Ce régiment à une composition particulière visible sur la planche TED, la composition par exemple du 1er escadron a évolué après la libération de Paris. Autre particularité du RBFM, il incluait les « Marinettes ». Ces ambulancières ont débarqué le 2 août en Normandie avec les éléments de la 2e DB Ces neuf ambulancières sont détachées de la 2e Compagnie du 13e bataillon médical, au RBFM. Le numéro d'unité du RBFM étant 49878, les effets et véhicules des Marinettes ont un code POM. Le chiffre 49 est le numéro affecté à la 2e DB, donc tous les numéros d'unités de la 2e DB commencent par 49. Le N° 49878 génère donc un code POM marron-rouge-marron. Les Marinettes sont des SFF (services féminins de la flotte), elles portent le « bâchis » sans pompon ni jugulaire ; le commandant d'unité – l'enseigne de vaisseau Jacqueline Carsignol – porte le bonnet de police.

Les SFF portent sur le bras gauche l'insigne brodé des fusiliers marins – les deux ancres croisées – mais, celui des Marinettes est composé de deux ancres brodées de fil bleu au lieu de rouge pour les hommes. Le 13e bataillon médical est dissous fin janvier 1945, mais certaines ambulancières serviront jusqu'à Dien Bien Phu.

Le RMSM
Régiment de marche de spahis marocains

Lors de sa constitution au Maroc le 1er RMSM, est constitué de cinq escadrons. En septembre 1944 un 6e escadron est créé, puis un 7e en octobre et, enfin, un 8e en novembre. Ces trois escadrons sont identiques de par leur constitution, c'est-à-dire : trois pelotons équipés chacun de cinq HT.

Le 7e escadron est doté d'un 4e peloton équipé de six Howitzer M3 de 75 mm, plus connus sous le sobriquet de « lance patates ». Dans chaque peloton, un des cinq half-tracks tracte un canon de 57 mm antichar.

Le régiment est alors composé d'un escadron de chars légers à trois pelotons de cinq chars et de quatre escadrons d'automitrailleuses à trois pelotons de cinq automitrailleuses et comprend plus de 1 100 hommes, ventilés dans les trois *Combat Commands*.

E.H.R / Train Régimentaire

E.H.R / Peloton Atelier

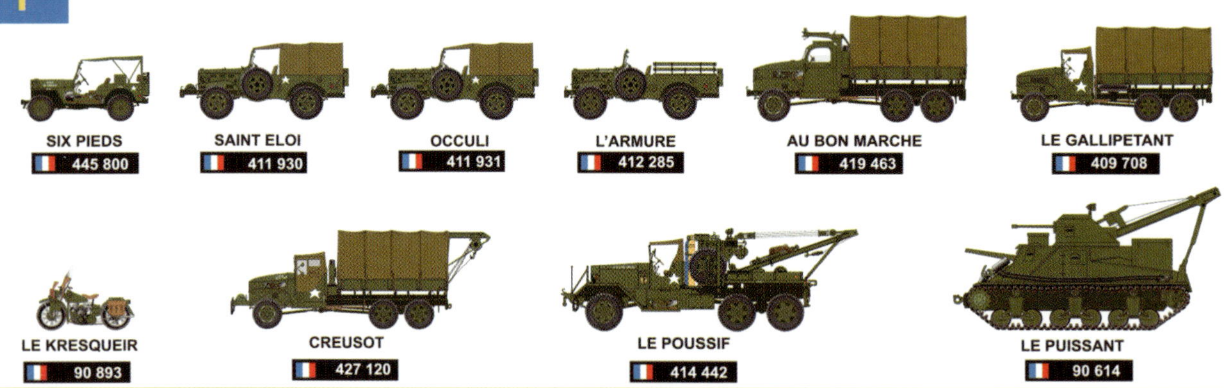

1° Escadron Pel. Commandement

1° Escadron / 1° Peloton

1° Escadron / 2° Peloton

1° Escadron / 3° Peloton

1° Escadron / Peloton Mortiers

1° Escadron / Peloton Pionniers

2° Escadron / commandement

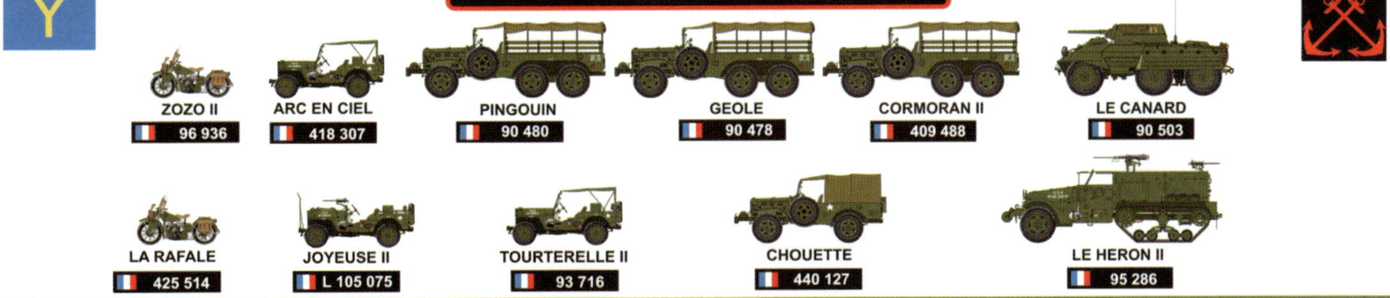

2° Escadron / 1° Peloton

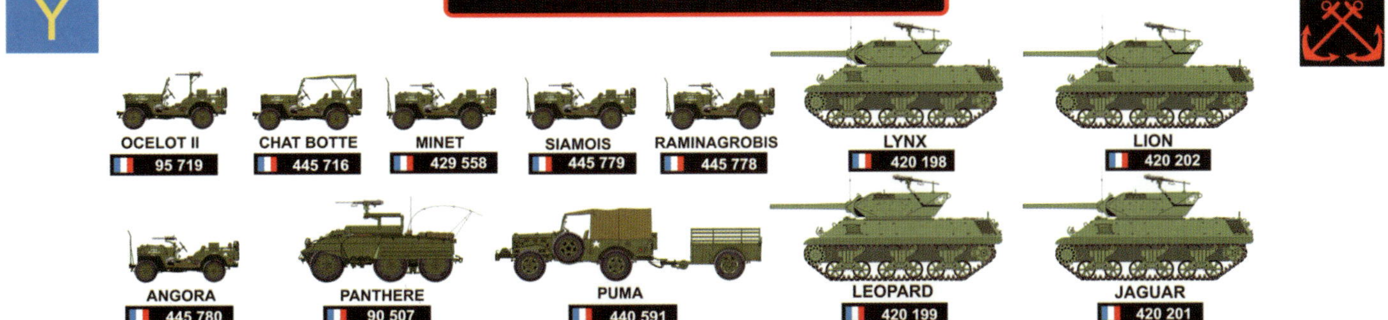

2° Escadron / 2° Peloton

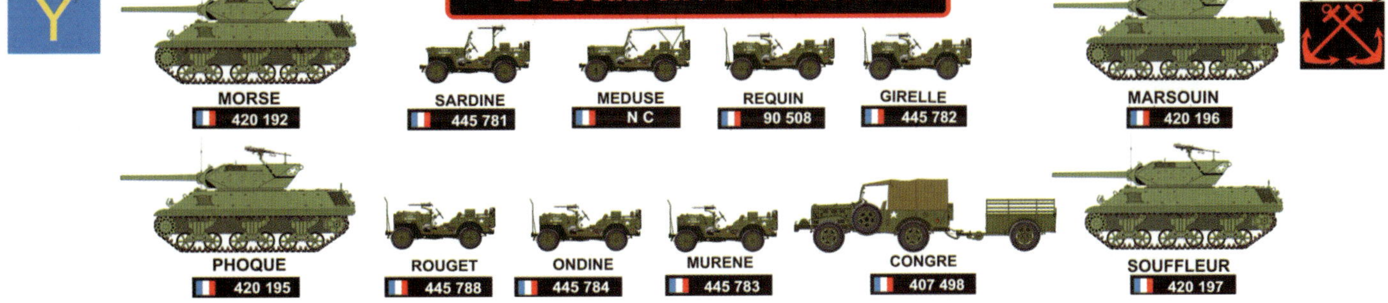

2° Escadron / 3° Peloton

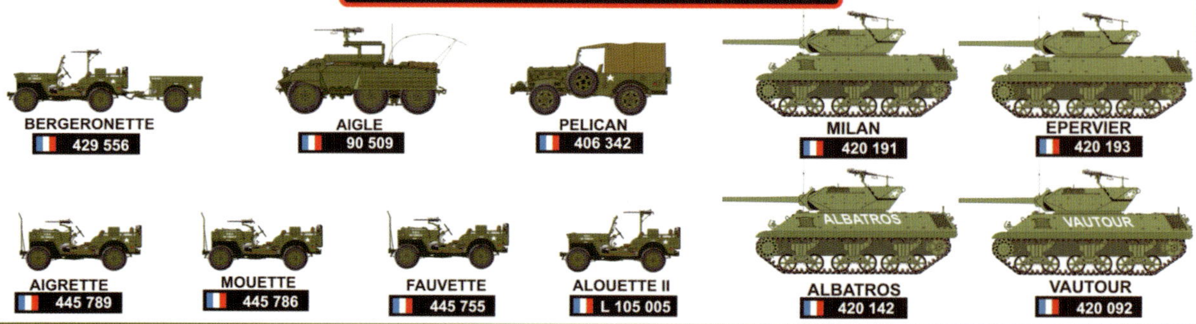

3° Escadron / commandement

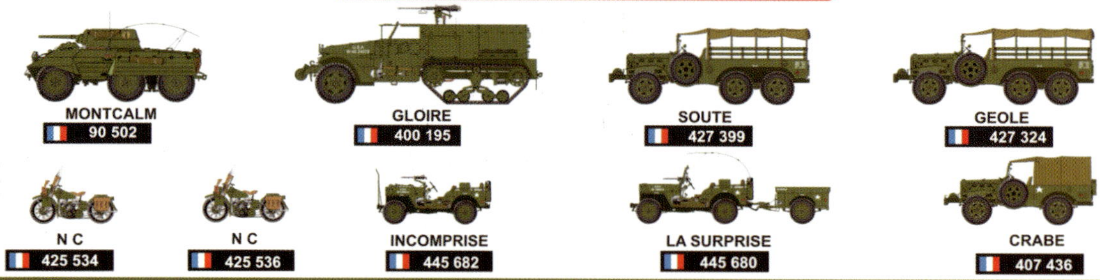

3° Escadron / 1° Peloton

3° Escadron / 2° Peloton

3° Escadron / 3° Peloton

4° Escadron / commandement

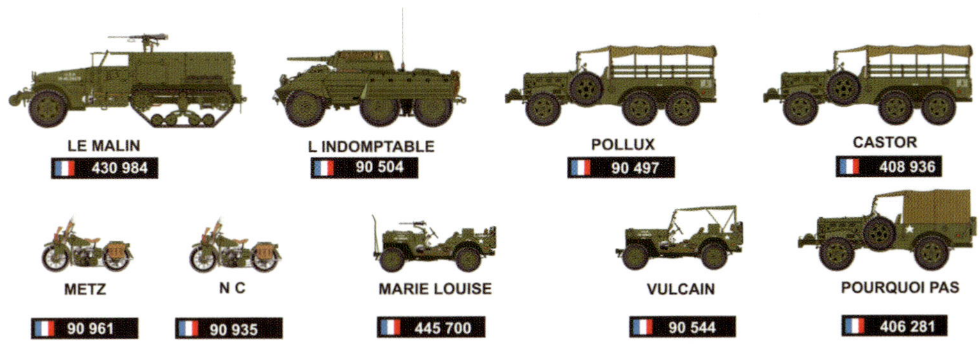

4° Escadron / 1° Peloton

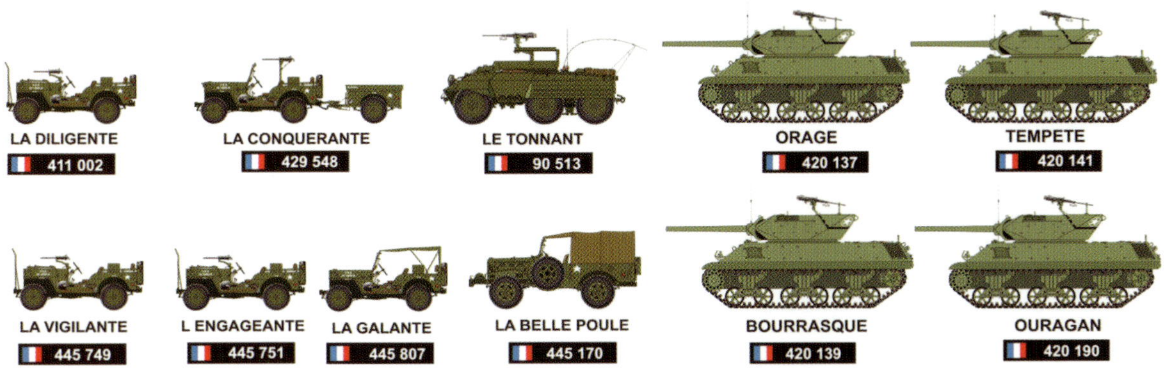

4° Escadron / 2° Peloton

4° Escadron / 3° Peloton

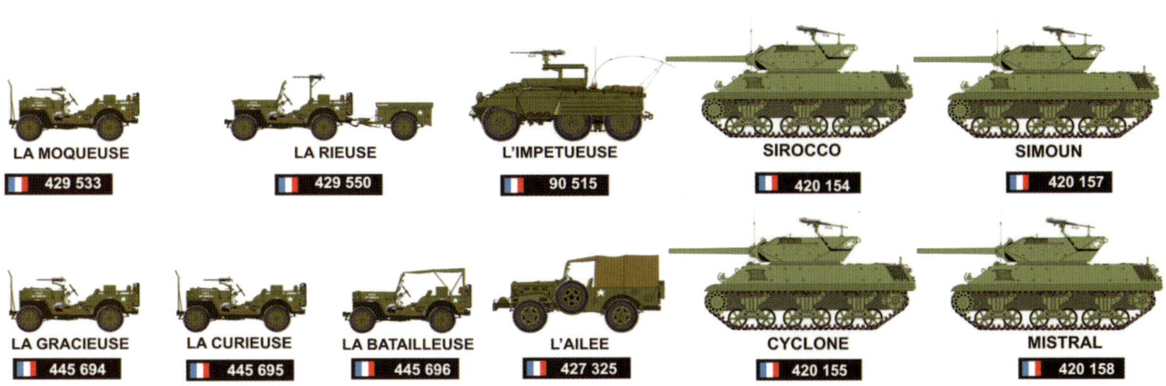

12 LE SHERMAN ET LES AUTRES

Ci-dessus.
Le M50 « Super Sherman » de Tsahal.
(*Collection particulière*)

Cidessous.
Le M51 est un M4A1 « upgradé » avec un diesel Cummings, une suspension H.V.S.S. et le canon français FN CN 105 F1.

Le deuxième conflit mondial a pris fin mais, comme nous l'avons vu plus haut, le Sherman n'est pas pour autant tombé en désuétude. Ses remplaçants, nombreux plus performants et mieux équipés ne parviennent pas à le détrôner, ni même à l'évincer. Nous le retrouvons sur d'autres théâtres d'opérations : la Corée, les îles Marshall, Okinawa, Philippines. Quelques années plus tard, la chaudière du Moyen Orient entre en ébullition et l'État d'Israël passe maître dans l'adaptation du châssis Sherman, puis le conflit s'étend pour engendrer la guerre indo-pakistanaise, là aussi, le Sherman est de la partie. Outre Atlantique, la fièvre fasciste atteint le continent sud-américain. Le Panama, la Colombie le Chili et l'Argentine « s'offrent » le Sherman avec la bénédiction des États Unis, via la CIA.

Le M4 vu par Tsahal (liste non exhaustive)

Parmi les nombreuses versions mises au point par l'armée israélienne, il y a des poseurs de pont, la version char de dépannage équipée d'une grue hydraulique et d'un treuil de 72 tonnes, une version sanitaire (le *Medivac*) de dimensions imposantes dont la motorisation diesel a été installée à l'avant du char. Le compartiment arrière permet de transporter une équipe médicale et quatre blessés.

L'une des premières modifications entreprises par l'armée israélienne est la remise à niveau de Sherman désarmés après la guerre. Les canons détruits sont remplacés par des 75 mm Krupps. Par la suite, ces mêmes chars sont équipés en obusiers de 105.

Super Sherman

Le M50 est un M4A3 ou A4 équipé du canon FN CN 75-L50 75 mm de l'AMX 13 adapté à la tourelle du Sherman et équipé d'un contrepoids. Ce modèle est équipé en HVSS. 3410 M50 Sherman sont par la suite équipés de moteur Cummings diesel.

Le M51 est un M4A1 « upgradé » avec un diesel Cummings, une suspension HVSS et le canon français FN CN 105 F1. La tourelle T23 de ces chars est modifiée pour recevoir une version raccourcie du canon français, équipé d'un conséquent frein de bouche. Ce canon est référencé CN 105 D1.

MAR-290. Lanceur de missile sol/sol de 22 km de portée, doté de quatre missiles. Un lance-roquettes multiple (du genre Calliope).

MAR-240. À la place de la tourelle, un lanceur pour 36 roquettes de 240 mm – en fait, la version israélienne des BM24 Katioucha.

M50 155. Le M50/155 est un canon automoteur

Ci-dessus, de gauche à droite. Le MAR-290 est un lanceur de quatre missiles sol/sol.

Le Makmat 160 possède un mortier de 160 mm monté sur un châssis M4.

Ci-contre. Le M50/155 est un canon automoteur à structure ouverte équipé du canon français M50 de 155 mm.

En bas. Le Sherman égyptien possède une tourelle FL 10 – celle de l'AMX13 – montée sur un châssis de M4A4.

à structure ouverte équipé du canon français M50 de 155 mm.

Makmat 160. Un mortier de 160 mm est monté sur un châssis M4.

Lors de ses premiers conflits, Israël a utilisé 200 super Sherman et 150 AMX 13, en plus des 250 Centurion (MK V et MK VI) et ses 200 M48 Patton.

Le M4 en version égyptienne

L'armée égyptienne a opté pour une solution plus simple, mais non moins intéressante, consistant à adapter une tourelle FL 10 – celle de l'AMX13 – sur un châssis M4A4, motorisé par le diesel General Motors 6-71 du M4A2[1].

L'avantage de cette adaptation résident dans les qualités d'un canon de 75 à chargement semi-automatique (par l'intermédiaire des barillets latéraux), une éjection automatique des douilles par la trappe de nuque de tourelle, une munition perforante à haute vitesse initiale.

Le tout est complété par des commandes hydrauliques en site et en gisement.

Au cours du conflit Israélo-arabe, l'Égypte a fait équiper – par la France – 90 Sherman en tourelle FL10 et a parallèlement utilisé 20 AMX13. À cela, il convient d'ajouter les 450 T34/85, 300 T-54, 200 T-55, et 46 JS-3.

Le M4 soviétique : le M4M

Des M4A2 motorisation diesel ont été envoyés en Union soviétique au titre du Prêt-bail. Les Soviétiques ont reçu des versions CN75 et CN76 et quelques châssis HVSS ont été livrés avant la fin

1. Ces chars ont été modifiés et équipés en France. Cette tourelle pouvait également supporter une rampe et un système de lancement pour quatre missiles de type SS11.

Le MAR-240 israélien est un lanceur pour 36 roquettes de 240 mm.

du conflit germano-soviétique. L'armée russe a équipé des M4A2 du canon F34 76,2 mm issus du T34/85. Étant donné qu'il n'y a jamais eu de rupture de stock en munitions de 75 mm américaines, ces modifications ont été limitées à quelques unités.

Le M4 argentin

Il s'appelle *Repotenciado* et est la transformation du Sherman anglais "hybrid" par la mise en place d'un canon de 105 mm, le FTR L44/57 qui est la copie locale du canon de l'AMX 13. La mitrailleuse coaxiale est une MAG 58 et une mitrailleuse M2HB est incorporée au tourelleau du chef de char. 120 chars ont été modifiés de la sorte en 1979. Ils sont motorisés par le Français Poyaud avec un V8 diesel développant 450 CV à 2600 tours.

Les M4 chiliens

Le Chili fait l'acquisition de 78 chars M4 A1 E9. Par la suite, les Chiliens s'équipent de 70 M50/51 israélien équipé du canon IMIOTO utilisant une munition flèche à haute vélocité. Il est resté en service jusqu'en 1989, certains exemplaires le sont même jusqu'en 2002, avant d'être remplacés par le Léopard 1V et l'AMX30 B2.

Les M4 mexicains

Le Mexique reçoit 25 chars M4 dont des M32 B1, il s'appelle alors Chenca et est motorisé avec un V8 diesel : le Detroit 92 T.

Les M4 des Indes

M4A1E4 équipé du canon de 76 mm anglais et M4 A3/76 forment les 200 chars en dotation dans l'armée des Indes. Par la suite, deux régiments de Sherman indiens furent équipés du canon de 75 français.

Le M4 en Grèce

La Grèce, après la guerre s'est dotée principalement de M4 A1, M32 et M74.

La Turquie et le M4

Entre 1943 et 1957, ce pays utilise des M4, TD M36, M7 Priest et M74.

Ci-dessus.
Un M4 76 M1 A2 soviétique et son canon de 76,2 mm.
(Collection particulière)

Le Sherman en version sanitaire de l'armée israélienne : le *Medivac.* La motorisation diesel est installée à l'avant du char. Le compartiment arrière permettait de transporter une équipe médicale et quatre blessés.

Le M4 aux Pays Bas

Après le deuxième conflit mondial, les Pays Bas achètent 250 chars à l'Angleterre et au Commonwealth. Il s'agit de M4, M4 A1, M4 A3 HVSS.

Le M4 en Belgique.

Au total, ce sont deux cents Sherman qui vont équiper l'armée belge, parmi lesquels on trouve: **de 1949 à 1952.** M4 A1 76 W et 76 HVSS, M4 et M4 A3 105, M32; **de 1949 à 1953.** 36 TD M10 et TD M36; **de 1951 à 1964.** M7 Priest et M74.

Les M4 canadiens

Outre la production locale des M4A5 Grizzly et RAM, les Canadiens se sont équipés de 300 Sherman M4A2 76 W E8 (suspension HVSS et chenilles T80) dont certains seront transformés en Kangaroo.

Sherman cubain ? Si !

Suite au traité de Rio, en 1947, Cuba reçoit sept chars M4 A3 76 W-HVSS (sous l'ère Batista).

Ces blindés seront capturés par les révolutionnaires de Che Guevara à la bataille de Santa Clara.

Le M4 en Norvège

En 1960, 27 obusiers M7 Priest sont rétrofités dans les ateliers de l'Arme blindée en France et expédiés en Norvège.

Le M4 au Pakistan

Ce pays a été équipé des obusiers M7 Priest, des TD M36 et des TD M36 B2.

Les M4 danois

Le Danemark reçoit, en 1949, une dotation de huit M4 A3 E4 CN 76.

Le Portugal et le M4

En 1953, les États-Unis expédient un M4A1 76 W HVSS et huit Sherman M4A3 105 HVSS.

En 1954, l'armée portugaise se toutrne vers le Canada et commande avec 50 Grizzly et 40 Kangaroo qui ne seront jamais utilisés sauf pour l'école de pilotage.

Par la suite, le Portugal a acheté des M74 à l'Espagne.

Les M4 et la Syrie

Courant 1956, les Syriens se dotent de 51 M4A1 (surtout utilisés en transport de troupe).

Tito veut du M4

La Yougoslavie de Tito – de son vrai nom Josip Broz – rompt définitivement avec Staline en 1948 et n'adhère pas au pacte de Varsovie créé en 1955.

De ce fait, le pays peut s'équiper en matériel américain et les, Yougoslaves achètent des M47 Patton et des TD M36.

Ce Sherman égyptien a été mis à mal lors d'une des batailles dans le Sinaï, pendant la crise de Suez en 1956. *(Collection particulière)*

13

ANNEXE 1
LE SHERMAN DANS L'ACTION

Page ci-contre.
Des M4A2 de la brigade blindée polonaise foncent vers Falaise.
(NARA)

Ci-dessous.
Un des huit M4A3 – ici, un 105 mm vendus au Danemark.
(Collection particulière)

Ci-contre, à gauche. Münsingen (RFA), 1965. Ancrage sur la pelle et déploiement de la flèche (*Boom*) pour ce M74 du 2e régiment de cuirassiers.

Ci-contre, de gauche à droite. Intervention sur une chenille pour cet équipage. Au premier plan, les connecteurs avec dent guide ; en arrière, une « grenouille » attend d'être utilisée.

7th US Armored Division, 37th Tank Battalion. Échange du moteur Continental pour ce M4. Au premier plan le vieux moteur. Opération réalisée à l'aide d'un Ward La France M1A1. *(Collection particulière)*

Page ci-contre, en bas. Échange de transmission dans un sous-bois. *(NARA)*

Ci-dessous. Sous l'œil attentif des deux enfants, cet équipage de M32 B2 se prépare à réchauffer les rations de dotation. Notez la présence du mortier de 3.5 inch. en place sur le glacis avant. *(NARA)*

Sherman OP du *5th Royal Horse Art. Rgt.* de la *7th British Armoured Division*. Le bel impact est dû à un obus de 88 tiré par Michael Wittmann dans la tourelle. Au premier plan, le faux canon en bois et le masque du canon.

Explosé est la bonne expression pour ce M4 « *Dry stowage* » sans blindages latéraux. Résultat d'un coup au but dans un casier à munitions qui a entraîné l'explosion des autres racks : détourellé. Le volet du pilote a été soufflé.

Page précédente, en haut.
Ce M4A3 105 – reconnaissable au support de hampes sur le bordage arrière gauche – traverse un village alsacien en tirant sa remorque M10 Ammo Trailer.

Ci-contre.
M4A1 « Chianti » ? En tout cas, le copilote est debout sur son siège et pointe son PM Thompson, le chef de char dirige sa mitrailleuse en cal. .50 vers la droite.

Ce « Marine » pose devant un M4 qui s'apprête à transporter un T94 japonais.

Ci-contre.
Saint-Fromond, Normandie 1944, *1st U.S Army*. Ce M4A1 *Duplex Drive* déséquipé franchit une coupure, la Vire. Il est précédé d'un sniper armé d'un fusil Springfield 1903 avec lunette. Le second soldat porte un SCR 536 « *Handie Talkie* ».

Page ci-contre, en bas.
Abri de fortune avec la bâche du char pour cet équipage de M4 105 et sa remorque M10.

Ci-contre.
Un canon, ça s'entretient, même un 105 Howitzer. En attendant une intervention sur la chenille droite, l'équipage a dormi sous la tente montée à proximité.

Ci-dessous.
Macabre vision pour les occupants de ce half-track M3. Le M4A3 fumant témoigne de la récente confrontation. En tourelle, le corps du chef de char est coincé dans l'écoutille.

Ci-dessous.
Cet équipage fignole avec le plus grand soin son blindage en béton. Le coffrage est réalisé avec des matériaux de récupération et le chef de char conduit la bétonnière avec beaucoup de sérieux. Un M4 105 en béton !

Les cinq membres d'équipage, cul nul dans l'eau claire et fraîche de cette rivière aux Philippines. Un vrai plaisir, celui de pouvoir se laver, dans ce pays au climat déroutant pour un non Philippin. Tout à gauche, deux « locaux » font leur lessive, pas concernés.

Petit-déjeuner pour cet équipage qui a passé la nuit à côté de son char après l'avoir évacué par la plaque trou d'homme. En tout cas, ils n'ont pas l'air inquiet en attendant le dépannage.

Ce M4A4 (protubérance du radiateur bien visible et déflecteur d'échappement propre au modèle A4) britannique (*serial number* commençant par la lettre T). Il se distingue des autres par un coffre supplémentaire fixé sur le bordage gauche, un porte-jerrican additionnel à l'arrière, et un porte-bagages sur la plage arrière. Les traces de dérapage au sol… chenille métallique oblige !

Mission presque terminée pour ce M31 B2, le M4A1 est quasiment tiré d'affaire.

Ci-dessous.
Sur l'île de Luçon, Philippines, ce M4 remonte une colonne de GI's, en transportant un groupe de combat. Tout l'équipage est tête nue.

Ci-contre.
Ce MP américain (bande blanche sur le casque) a garé sa WLA 42 équipée du fusil Garand M1 de dotation dans son étui. Il oriente une unité de *Tank destroyers* M10 dans les rues d'un village normand.

Page ci-contre.
Groupe de M4A2 chinois. Pratique courante dans les bataillons chinois : une tête de tigre est peinte sur l'avant de la tourelle. Le pilote du premier char a mis son pare-brise en place.

Ci-dessous.
M4A2 76 Wet soviétique dans les rues de Berlin. Le canon est équipé d'un frein de bouche.
(Collection particulière)

Ci-contre.
Ernesto Che Guevarra en grande discussion avec un rebelle cubain devant un des M4A3 E8 que les Américains avaient cédé au dictateur cubain Rubén Fulgencio Batista.

Ci-dessous.
Cet équipage d'un M4A4 « *Late* » indien aurait-il fait appel à un dépanneur local ? Que la réponse soit affirmative ou non, ce modèle de dépanneur n'apparaît dans aucune nomenclature américaine.

ANNEXE 2
LES OPÉRATIONS MILITAIRES - ETO

Année	*Opération*	*Action*
1940	Alphabet	Évacuation des troupes de Norvège
1940	Dynamo	Évac. française et britannique de Dunkerque
1941	Skorpion	Attaque de Tobrouk
1941	Barbarossa	Invasion de l'URSS par l'Allemagne
1942	Torch	Débarquement américain en AFN
1942	Aïda	Afrikakorps en Égypte
1942	Anton	Invasion zone Sud de la France
1942	Donnerschlag	Évacuation de la 6.Armee de Stalingrad
1943	Baytown	Débarquement allié en Calabre
1943	Avalanche	Débarquement allié en Italie
1943	Polyanaya	
1943	Zvezda	Siège de Léningrad
1943	Roumiantsev	Opération contre les Allemands à Kharkov
1943	Slapstick	Débarquement allié à Tarente
1943	Eiche	Libération de Mussolini par le Cdo Skorzeny
1943	Fortitude	Opération de déception contre l'armée allemande
1944	Albany	Largage de la 101st Airborne en Normandie
1944	Bergen	Attaque du maquis du Vercors
1944	Boston	Largage en Normandie de la 82nd Airborne
1944	Bulbasket	Sabotages de la Résistance sur voies de comm.
1944	Cadillac	Parachutage d'armes et de matériel sur Vercors
1944	Cooney	Largage 4th SAS French en Bretagne
1944	Coup de main	*Pegasus bridge* et ponts sur l'Orne
1944	Détroit	Débarquement par planeurs de la 82nd Airborne
1944	Dingson	168 paras du 4th SAS – French – sur Vannes
1944	Dragoon	Débarquement allié en Provence
1944	Dove	Composante aérienne de l'opération Dragoon
1944	Market Garden	Opération combinée pour la reprise des ponts
1944	Morgenrot	Opération allemande pour la reprise d'Anzio
1944	Neptune	Opération navale d'Overlord
1944	Nexton	Raid des SAS (3e RCP) Champagne-Bourgogne
1944	Overlord	Débarquement allié en Normandie
1944	Perch	Assaut britannique sur Caen
1944	Samwest	Parachutage du 4th SAS – French – en Bretagne
1944	Shingle	Débarquement allié à Anzio
1944	Span	Diversion pour l'opération *Dragoon*
1944	Spencer	Raid des SAS français, protection armée U.S
1944	Spring	Raid canadien sur Caen
1944	Stösser	Parachutage allemand dans les Ardennes
1944	Switchback	3rd Canadian ID, bataille de l'Escaut
1944	Tonga	Parachutage de la 3e DAP britannique (Overlord)
1944	Totalize	Offensive alliée en Normandie
1944	Zebra	Parachutages sur l'Ain, le Vercors et le Jura
1944	Wacht am Rhein	Offensive allemande dans les Ardennes
1945	Alpenfestung	Réduit Nazi dans la région d'Ebensee-Alpes
1945	Amherst	700 SAS français et brit. largués en Hollande
1945	Sonnenwende	Opération allemande en Poméranie
1945	Regenbogen	Sabordage de la flotte allemande
1945	Nordwind	Offensive allemande en Alsace
1945	Paper clip	Chasse-récupération des scientifiques allemands
1945	Plunder	Traversée du Rhin par les Alliés

Les Sherman du *752nd Tank Battalion* occupent la totalité de la Plaza Emanuel de Bologne, au printemps 1944. La grande variété des types de Sherman au sein d'une unité est ici bien visible. *(NARA)*

ANNEXE 3
BOURG-LA-REINE ET JEANNE D'ARC

Comme tous les équipages ayant combattu sur le front européen, les Français ont déploré des pertes. Certains de ces chars détruits ont été remplacés au cours des combats et, lors de ces « remplacements », le nouveau char affecté reprenait le même nom suivi du chiffre II, III, et parfois IV.

Ceci donne un aperçu de l'âpreté des combats de blindés qui, de nuit comme de jour et dans tous les camps, ont fait de nombreuses victimes. La trace de ces pertes d'engins blindés peut être parfois suivie ou reconstituée mais c'est un travail de recherches fastidieux basé essentiellement sur les JMO (Journal de marche des opérations).

Ces journaux étaient – et sont toujours – tenus dans toutes les unités de l'armée française et relataient tous les évènements ou mouvements quotidiens de l'unité concernée.

Ces journaux sont tenus en période de conflit comme en temps de paix. Ainsi, lorsque l'on peut y avoir accès, on peut retracer tel ou tel incident, un décès, une affectation, une perception. Il est certain que, en période de combats, la tenue de ces documents n'est pas la priorité numéro un d'autant que, en principe, cette tâche est dévolue à un novice ne faisant pas partie d'une unité de combat. CQFD !

Il en résulte que, malgré une rigueur bien militaire et un souci du détail « affûté », un nom peut être écorné, un lieu confondu ou mal orthographié, un numéro inversé.

N'oublions pas que ces journaux sont tenus dans des conditions difficiles en situation d'insécurité, dans les intempéries, avec la fatigue ou le stress.

Mais, par-dessus tout, il ne faut pas les dénigrer ; ils sont la mémoire des combats, le reflet de la vie des soldats, leur gloire et trop souvent leur requiem.

Citer les actes de bravoure, les engagements et les épopées des chars ayant disparu, cet ouvrage n'y suffirait pas ; aussi, prenons le temps de nous arrêter sur deux Sherman qui, aujourd'hui encore, continuent de témoigner. L'un d'eux a débarqué à *Utah Beach* en Normandie, l'autre à la Nartelle, en Provence.

Il s'agit des chars « Bourg-la-Reine » et « Jeanne d'Arc ». Précision de haute importance, le but de ces modestes lignes est de chercher « le vrai », d'analyser le possible, de comprendre les différentes phases, et, au passage, tordre le cou à certaines « *e gnor@nces* » [sic].

Ce qui est relaté dans les pages suivantes est le fruit de recherches parfois longues, de recoupements des informations, de consultation des JMO*, de documents et photos fournis par des contacts ou encore « dénichés » sur la toile.

À aucun moment, il n'est question de juger du bien-fondé des récits cités ; pas plus qu'il n'est question de remettre en cause la véracité des souvenirs racontés. Ce sont justement des souvenirs ; peut-être estompés ou altérés avec l'âge, mais ces souvenirs sont aussi la mémoire et, rendons-leur l'hommage auquel ils ont droit.

2e Division blindée, 12e cuirassiers

Le 12e régiment de cuirassiers est formé en Algérie en septembre 1943, il est stationné dans la région d'Oran. Le 29 septembre le régiment fait mouvement vers Rabat (Maroc) et s'installe à proximité, dans la forêt de Témara. Arrivés sur place, les cuirassiers du 12 découvrent leurs chars alignés sous les arbres de la forêt. La 2e DB est équipée de chars Sherman de type M4A2 armés de canon de 75 et de M4 Howitzer avec canon de 105. Entre octobre 1943 et mars 1944, les cuirassiers de « Dauphin Cavalerie » s'entraînent sur leurs nouveaux matériels. Il faut tout apprendre, vérifier, entretenir et réparer un char ou un camion, sans oublier le démontage des armes, individuelles ou collectives. Exercices de tir et manœuvres se succèdent, entrecoupés de revues et évaluations diverses.

8 avril 1944, l'ordre de départ est donné, le régiment fait mouvement en deux éléments. Le premier prend la direction de Casablanca tandis que le second quittera Témara quelques jours plus tard pour se diriger vers Sidi Ben Okba, dans l'Oranais (Algérie française).

Le 10 avril, le premier élément embarque sur les LST dans le port de Casablanca ; le 11 avril c'est au tour des personnels d'embarquer. Le 12, le convoi

Dauphin-cavalerie et la ville de Strasbourg.

Leclerc lance ses chars sur Strasbourg en leur demandant de « *foncer comme des bêtes* ». Parmi les éléments qui courent en tête, un char sera le premier à entrer dans la capitale alsacienne, il s'agit du M4A2 « Évreux ». (chef de char, maréchal des logis Gélis; tireur, brigadier-chef Baleyte; radio-chargeur, cuirassier Mounier; pilote, cuirassier Tréfalt; copilote, cuirassier Fino). Ce char fait partie du 2/12e RC, son numéro de combat est le 24.

Le 22 novembre, entre Schiltigheim et Strasbourg, le brigadier-chef Baleyte stoppe la circulation des trains allemands en détruisant une locomotive d'un coup de 75. L'équipage poursuit son avance dans Strasbourg et, au cours de la bataille, Baleyte est blessé. Les impacts de Panzerfaust sont nombreux, mais le char est toujours opérationnel et l'équipage est sauf.

Plus tard, entre 1972 et 1975, j'ai servi au 6e régiment de dragons – en garnison à Neustadt AdW – le brigadier-chef Baleyte était alors le commandant Baleyte, chef des services techniques du régiment. Homme d'une stature imposante, son savoir-faire et son autorité n'avaient d'égaux que sa bienveillance vis-à-vis de ses subordonnés. Il ne nous a jamais parlé de Strasbourg, ni du 22 novembre, pas plus que de la bataille de Royan. Modestie, pudeur? Peut-être n'avons-nous pas assez prêté attention à sa barrette de décorations.

de LST prend la mer, direction l'Angleterre, le débarquement se fait à Swansee. Le 31 mai, arrivée du deuxième élément qui avait embarqué à Oran. Il débarque à Liverpool. Entre juin et juillet 1944, le 12e Cuirs fini de recevoir ses matériels (les véhicules à roues), parfait son entraînement au combat, réalise tous les marquages d'identification et de reconnaissance puis, le 1er août, c'est l'embarquement pour la Normandie. Le 2, les cuirassiers du 12 débarquent à *Utah Beach* et se dirigent vers Gerville, en passant par Sainte-Mère-Église.

Parmi les chars de ce régiment, il y en a un qui se nomme « Bourg-la-Reine », il est affecté au 3e escadron. Comme les autres, il est à Paris au mois d'août 1944, puis il poursuit vers Strasbourg. D'après ce qui est inscrit sur la stèle **(photo 5)**, le char « Bourg-la-Reine » est détruit à Phalsbourg le 22 novembre 1944. Mais…

Bourg-le-Roi, Bourq-la-Reine ou Bourg-la-Reine?

D'après le JMO du 12e Régiment de cuirassiers.

« […] *Le 5 novembre 1943, les chars sont baptisés; le 1er escadron choisit des noms de ville du midi, le 2e escadron opte pour les noms de Normandie, de Bretagne et d'Île de France; le 3e escadron prend des noms de la Loire, la Garonne et le Limousin, le 4e escadron hérite des régions du nord et de l'est; l'EM et l'EHR ont l'Afrique, la Corse et les noms de villes non utilisés.* »

Par ailleurs, en cherchant un peu dans les tableaux d'équipement et les organigrammes du 12e RC en 1944, on peut trouver au 3e escadron: un char « Bourg-le-Roi », un char « Bourg-le-Roi II », un char « Bourg-la-Reine », un char « Bourg-la-Reine II ».[1]

Sachant que, dans l'armée française de 1944, lorsqu'un char est détruit, celui qui le remplace prend le même nom suivi du chiffre II, III, voire IV, il n'y a aucune anomalie jusque-là.

En ce qui concerne le char du 12e RC qui a été détruit à Phalsbourg, il s'agit d'un M4 A3 75 W, et le W en question a son importance. La lettre W désigne un mode de stockage des obus de type « humide (*Wet*) ». Ceci est facile à constater puisque les M4A3 canon de 75 à stockage sec étaient équipés de renforts de blindage dont un sur le bordage gauche et deux sur le bordage droit; de plus, tous ces A3 à canon de 75 étaient dotés du train de roulement VVSS. Tous les A3 E8 sont dotés du train de roulement HVSS et du stockage Wet. Donc un A3 canon de 75 sans renforts de blindage latéral est, selon la dénomination US un « A3 Wet ». L'immatriculation 96012 est peinte sur la partie arrière du bordage (nous verrons plus loin pourquoi) ce qui n'est pas tout à fait réglementaire pour 1944 et, d'autre part, a cette période, les immatriculations des chars français commencent par 400…

Les numéros commençant par 95 ou 96 ont été pris en compte plus tard. Nous allons tenter d'expliquer pourquoi une immatriculation en 96 est peinte à cet endroit. Le numéro de châssis 49709 correspond bien à un M4 construit par Fisher Tank Arsenal et sorti d'usine fin 1943. De plus, ce numéro est bien en concordance avec le *Serial Number* qui avait été conservé – il est visible sur les photos d'époque. Ce char fait partie des modèles « Early » et il est équipé des supports de rétroviseurs et autres équipements relevés sur les photos.

Une fois détruit, ce char est remplacé par le « Bourg-la-Reine II » qui est un M4A1 à canon de 76 M1. Le plus étonnant est que le 12e cuirassiers ait débarqué avec un M4A3, – wet de surcroît –, la 2e DB étant équipée en M4A2 et de M4 105. Il se peut que ce M4A3 soit un complément effectué le 24 juillet 1944 à Bournemouth, lors de la préparation en Angleterre[2].

Yvan de Colombel a dit[3]: « […] *Ce char était le char de mon père Erik de Colombel, chef de peloton* [5 chars] *dans l'escadron Krebs; son précédent char, mon père l'avait perdu dans la campagne de Normandie, dans le village de Bourg-le-Roi à quelques kilomètres d'Alençon, touché par un Panzer; il nomma donc son nouveau char « Bourg le Roi »; lorsqu'il entra dans Paris, au jardin du Luxembourg, il fut pris par un feu nourri de mitrailleuses dont certaines étaient postées sur le haut du Sénat; il les fit taire au canon de 75, mais fut touché à ce moment-là par un canon antichar probablement embusqué dans le jardin du Luxembourg; il décida de nommer son nouveau char Bourg-la-Reine, qu'il avait traversé quelques heures auparavant, mais peut-être aussi en rapport avec son ancien char et un humour un peu.* […] »

L'analyse du texte ci-dessus est intéressante puisqu'elle va permettre, à l'aide du recoupage du JMO du 12e Cuirs de retracer le parcours du char et par là même celui du sous-lieutenant de Colombel, souvent mentionné dans le JMO de 1944.

Du débarquement au 24 août 1944

Le 3/12 RC est commandé par le lieutenant Noël avec le lieutenant Krebs comme adjoint. Le sous-lieutenant de Colombel est chef du 3e peloton au 3e escadron, son char est le « Bourg-le-Roi ».

10 août 1944. Le 3/12e RC est aux ordres du lieutenant Noël est se déplace sur l'axe Luce-Meurse—Bourg-le-Roi—Alençon. Le peloton de Colombel est envoyé en reconnaissance vers Vivoin; il est alors pris à partie par deux chars Panther. Un Panther est détruit par le support aérien, l'autre est détruit par le char du sous-lieutenant de Colombel.

11 août 1944. Le peloton de Colombel est engagé dans l'attaque de Bourg-le-Roi. Au cours de cette action, un coup de 88 détruit la poulie de tension du char « Bourg-le-Roi ». Le reste du peloton poursuit, et, une heure plus tard, la localité de Bourg-le-Roi est aux mains des cuirassiers.

Le bilan pertes du 12e RC au cours de cette action est de 13 chars M4A2 détruits et 2 chars M4A2 hors service. Parmi les chars mentionnés détruits, il n'y a pas de « Bourg-le-Roi ».

1. Sur le site *http://12cuirassiers.e-monsite.com*. Ce site, bien détaillé donne la composition des trois escadrons de chars moyens du Dauphin Cavalerie en 1944. AU 3e escadron on note: M4 A3 « Bourg-la-Reine » numéro de combat 46; M4A1 76 « Bourg-la-Reine II » n° de combat 46; M4 A2 « Cholet » n° de combat 47; M4 A2 « Bourg-le-Roi » n° de combat 47; M4 A2 « Bourg le Roi II », n° de combat 17.

2. Ce même jour sont perçus les *Recovery* de l'atelier. Pour ce qui est du nom, les photos prises juste après la destruction sont très parlantes, c'est bien Bourg-la-Reine qui est inscrit sur les flancs du char. Et Bourg-le-Roi alors? Et Bourg-le-roi II?

3. Sur la toile, à l'adresse ci-après, on peut lire ceci: *http://paris-bise-art.blogspot.fr/2011/01/char-sherman-bourg-la-reine.html*

4. En principe des chars obusiers de 105 plus les chars de commandement, les transmissions et l'EHR avec tous ses moyens.

Exemple de petite confusion dans le JMO : Il est écrit « [...] *le char « Djemilla » détruit le 11/8 ne sera jamais remplacé » or, à la date du 23/8 on peut lire* [...] » le « Djemilla II » du 2/12e RC tombe en panne ? Et plus loin, le char « Djemilla » du sous-lieutenant Coquelet fait partie de l'avant-garde qui entre dans Strasbourg le 22 novembre. Confusion sur les noms ? S'agit-il alors du « Djemilla II » ?

La libération de Paris

25 août 1944. Le 3/12e RC est déployé en direction du palais du Luxembourg. Le peloton de Colombel se dirige vers les jardins du Luxembourg depuis lesquels sont tirés des obus antichars. Le char « Bourg-le-Roi » du sous-lieutenant de Colombel est touché et prend feu. L'incendie est maîtrisé mais la radio ne fonctionne plus. Le char « Licorne » – un M4A1 76 – est envoyé vers le sous-lieutenant de Colombel et, en passant façade ouest du Sénat, il localise un Panther et le détruit au canon de 76. C'est ce Panther qui avait tiré sur le « Bourg-le-roi ». Ce dernier est finalement détruit par un canon de 75 antichar : blindage et moteur perforés.

La guerre en Alsace-Lorraine

25 septembre 1944. Le 3/12e RC attaque Manonvillier.

9 octobre 1944. Le 3/12e RC et le peloton de Colombel sont dans la région de Buriville, le char « Bourg-la-Reine » fait feu de toutes ses armes et détruit une patrouille ennemie. C'est la première fois que le « Bourg-la-Reine » est mentionné sans qu'il y ait eu de « Bourg-le-Roi II » au TED du 12e RC.

31 octobre 1944. Le 3/12e RC est dans le secteur de Azerailles—Merviller—Baccarat.

Le 11 novembre 1944. Le 12e RC se dirige vers Strasbourg en passant par Saverne, et le 3e escadron ne fait pas partie du dispositif. À ce stade un complément d'infos s'impose.

Au cours de la campagne de France, nous avons vu que les divisions blindées françaises étaient calquées sur le modèle des DB américaines. De plus, ces divisions sont intégrées à des *Combat Command*, ou Groupements tactiques, qui sont eux-mêmes composés de divers éléments tels que :

une compagnie de génie,
une d'infanterie,
une batterie d'artillerie,
un escadron de chars,
un escadron de *Tank destroyer*.

À cela, il faut ajouter des moyens de réparation et évacuation, des moyens médicaux. Les PC de régiments possèdent leurs propres moyens de protection.[4]

Pour plus de flexibilité et en fonction des situations, ces Groupements tactiques peuvent être scindés en sous-groupements et là, c'est un peloton, de TD ou de chars *Medium* qui peut être détaché hors de son unité d'origine.

Ce mode de fonctionnement – on pourrait presque dire cette doctrine d'emploi – très souple possède la particularité de pouvoir s'adapter à toute situation nouvelle, voire inattendue. Il n'y a donc rien d'extraordinaire au fait que le 3/12e RC ne fasse pas partie intégrante du 12e régiment de cuirassiers à ce moment-là. Ceci explique que le char « Bourg-la-Reine » n'est plus cité dans le JMO. Il y a également la possibilité d'omission de l'évènement, mais cette possibilité est infime.

Période Royan.

6 avril 1945. Départ du capitaine Noël, remplacé par le lieutenant Krebs à la tête du 3e escadron. Le sous-lieutenant de Colombel n'apparaît plus à l'effectif du 3/12e RC.

Pas de trace du « Bourg-la-Reine II » dans le JMO pour la prise de Royan.

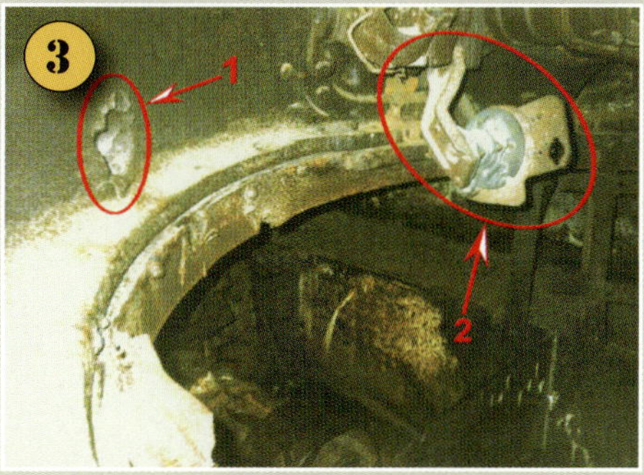

Ce char, donc, est détruit le 22 novembre 1944, aux abords de Phalsbourg. Le « Bourg-la-Reine » est touché par un obus de 88 mm qui tue le pilote.

Un second obus touche le chemin de roulement de la tourelle. Le char est hors de combat et l'équipage évacue alors qu'un troisième obus atteint le réservoir de carburant. Le char prend feu et encaisse encore plusieurs impacts.

Le chef de char est le maréchal des logis Selve (blessé), le tireur est le cuirassier Bigeard (blessé), le pilote, le brigadier-chef Barrau est tué, l'aide pilote est le cuirassier Picon (indemne), le chargeur, le cuirassier Bourée, est blessé. L'équipage est évacué par un half-track sanitaire qui est, lui aussi, pris pour cible. L'engin est touché et prend feu, sa conductrice, une Rochambelle, est tuée. Les occupants – blessés et médecins – évacuent. Certains sont grièvement brûlés.

« [...] *sa conductrice, une Rochambelle, est tuée.* [...] » Possible, mais les Rochambelles – 1re compagnie du 13e bataillon médical – étaient affectées au GTV (Warabiot) donc avec le 501e RCC. Le 12e RC est, pour sa part, au GTD (Dio) avec les Marinettes de la 2e compagnie du 13e bataillon médical, composée de personnels féminins rattachés au RBFM.

« [...] *touché par un obus de 88.* [...] » Donc tiré par un char Tigre ou encore un PaK. Cet obus tue le pilote et, en observant les photos du char actuellement exposé à Phalsbourg, il y a bien une trace d'impact sur le haut du glacis avant et le volet pilote d'autre part, l'épiscope du pilote a été arraché et a certainement tué le pilote (voir **photo 1**) ; Il n'y a pas de trace d'impact sur le glacis avant. Le pilote tué, le char s'arrête et devient une cible facile.

« [...] *Un second obus touche le chemin de roulement de la tourelle.* [...] » Sur la **photo 2**, **repère 1**, l'impact à proximité du chemin de roulement est bien visible ; de plus, l'obus a traversé la protection du défaut de tourelle. **Repère 2**, cette trace d'obus est celle laissée par le projectile ayant tué le pilote. En effet, le char est tiré de face, alors que la tourelle est dans l'axe, volet du pilote fermé. La trace est bien dans la continuité de la **photo 1. Repère 3**, il ne s'agit pas d'un trou d'obus, mais de l'orifice du *smoke mortar*.

Dans la vue de l'intérieur de la tourelle sur la **photo 3**, au **repère 1**, on distingue l'orifice de l'impact vu de l'intérieur. On note que l'obus a bien percé près du chemin de roulement et déformé la crémaillère d'où impossibilité de se servir de la rotation tourelle. **Repère 2**, le bras de liaison et le boîtier de commande de la stabilisation du canon ont été arrachés. Il est clair qu'aucun des trois servants de tourelle n'aurait pu survivre à cet impact. La tourelle est évacuée ou en cours d'évacuation au moment de l'impact. Dans la chronologie de la destruction du char, il faudrait inverser l'ordre d'impact des deuxième et troisième obus.

« [...] *Un troisième obus atteint le réservoir de carburant* [...] ». La trace d'impact la plus près d'un réservoir de carburant est visible sur la **photo 4** et le **repère 1** montre que la protection de la nuque de

tourelle a été défoncée. Par la brèche, dans la protection de nuque de tourelle, on aperçoit l'orifice du réservoir de carburant de la GEA; c'est par là que l'incendie a pu se déclarer. Le **repère 2** matérialise l'emplacement du remplissage du réservoir gauche, trop éloigné de l'impact pour provoquer l'incendie du réservoir.

La **photo 5** met en évidence l'impact sur le bordage gauche et, on s'aperçoit que cet impact se situe au niveau de la GEA – *Little Joe*. Vu l'angle de pénétration, à l'aide d'un agrandissement, on sait que l'obus est passé derrière le panier de tourelle pour finir sa course contre le blindage intérieur droit. Sur cette trajectoire, pas de munitions stockées par contre, il est fort possible que cet obus ait mis le feu à la génération auxiliaire d'où le début d'incendie.

« [...] *et encaisse encore plusieurs impacts.* [...] »

On relève au moins deux impacts supplémentaires sur la tourelle, visibles sur la **photo 6**. **Repère 2**, la trappe du « *pistol port* » n'existe plus car elle est frappée de plein fouet – angle d'impact 90° – par l'obus, à la base de la trappe; l'axe de charnière est détruit, la trappe éjectée. **Repère 2**, à l'impact sur le *pistol port*, la tourelle a légèrement tourné vers la gauche ceci explique l'angle différent de pénétration du 5e impact sur le haut de la tourelle.

La photo 7. Après avoir défoncé le *pistol port*, l'obus a traversé la tourelle pour perforer la tourelle

du côté chef de char, il est évident qu'à ce moment-là, l'équipage de tourelle a déjà évacué.

Sur la photo de l'intérieur, on reconnaît au **repère 1**, le châssis radio du SCR 508/528 complètement tordu; au **repère 2,** les supports de la SMG Thompson M1 A1 et des 20 chargeurs. Au **repère 3**, la culasse du canon de 75 avec sa protection de recul.

Bordage gauche: un impact vers le centre, un impact sur le haut dans la protection du défaut de tourelle. Bordage droit: intact.

D'après un extrait du bulletin *Le lien* de l'Amicale du 12e régiment de cuirassiers.

« *Souvenir d'un ancien de l'escadron Noël (3e escadron), Alsace, novembre 1944.*

Le chef d'escadrons honoraire Michel de Briey, alors aspirant dans un peloton de chars Sherman, rappelle ses souvenirs de la campagne d'Alsace.

Objectifs. Mittelbronn—Phalsbourg—Col de Saverne-Strasbourg.

Le 21 novembre matin, notre capitaine Noël fit le point de la situation et distribua les rôles. L'objectif de l'escadron était Saverne.

[...] *Les Allemands se replièrent sur Phalsbourg tout en combattant âprement. En attaquant la ville, un des chars de l'escadron, le « Bourg-la-Reine » fut touché par un obus de Panther, tuant le pilote et blessant les autres membres de l'équipage. Le char est encore actuellement sur le bord de la route nationale, érigé en monument du souvenir.* [...] »

Ce dernier passage est très intéressant, car il mentionne l'intervention d'un char Panther sur le « Bourg-la-Reine » alors que dans les autres récits il est question de canon (de Tigre ou de PaK) de 88 mm.

En 1944 le char Panther est équipé du canon Rheinmetall Kwk 42 L/70 de 75 mm et ce canon tire la munition antichar Panzergranate 40/42 à pointe en tungstène qui a une vitesse initiale de 1 120 mètres seconde, capable de percer 106 mm de blindage à une distance de 2000 mètres et sous une incidence de 30°.

Comparativement, le char Tigre et son canon de 88 mm tirent une munition de calibre supérieur certes, mais à une vitesse initiale de 820 m/s. Le QF 17 Pounder des Firefly tire une munition de calibre 76,2 tout comme le canon M1A1 de 76 américain. Bien que ces deux canons aient des performances proches du canon des Panther, leur vitesse initiale et le pouvoir de pénétration à 1 000 mètres restent inférieurs à celui des canons allemands. Dans le cas du « Bourg-la-Reine », nous voyons que la tourelle a été traversée par un obus et, en novembre 1944, seul le Panther possède la munition et le canon capables de cette performance.

Dans ce canon, tout est bon ainsi, les Américains doteront leur canon de 76 du frein de bouche de canon du Panther. Quelques années plus tard, la France construit l'AMX 13 au canon de 75 et, c'est le canon du Panther qui équipe le char, couplé à une alimentation/chargement à deux barillets et complété par une éjection automatique des douilles vers l'extérieur.

Correctement restauré? Hélas, non!

Mais nous savons fort bien qu'il est difficile de remettre en conformité un engin de cet âge, surtout après les nombreux « prélèvements » effectués. Par contre, il est toujours relativement aisé de restituer les marquages conformément à ceux en vigueur en 1944. Dans ce domaine, il y a trop souvent beaucoup de fantaisie, voire de délire.

La photo N° 8. Les marquages situés entre les supports de patins n'ont pas lieu d'être en effet, une fois les patins de rechange en place, ces marquages ne sont plus visibles. L'*U.S Serial Numbe*r est mal inscrit car les deux premiers chiffres donnent la catégorie du véhicule (30 pour les engins blindés) les autres chiffres donnent le numéro dans la série. Les deux premiers chiffres sont toujours séparés par un espace et les autres chiffres sont groupés. L'immatriculation française ne pouvait pas être à cet endroit puisque cachée par le *blanket roll rack*; c'est certainement pour cela que le char a son numéro sur les bordages arrières droit et gauche. Les marquages tactiques du 12e RC en 1944 étaient réalisés sur un carré de couleur bleu de France. Il manque les codes-barres des TQM.

La remarque « *correctement restauré* » ne tient pas compte des éléments manquants récupérés à la fin des années cinquante pour redonner au char une apparence « décente ».

Ces éléments qui, en leur temps, furent du sauvetage à l'état pur – nécessité fait loi – ont été remplacés par ce qui était disponible à l'époque; ainsi, le « Bourg-la-Reine » s'est vu doté de chenilles entièrement métalliques, les barbotins sont du type à couronne rapportée au lieu d'une seule pièce sur les M4A3 75 W d'origine, les galets de roulement ne sont plus tout à fait conformes aux originaux, les bogies ne sont pas tous du même type.

Et il manque encore des composants...

M4A3 W? Sans aucun doute…

En observant la **photo 8**, certains détails confirment qu'il s'agit bien d'un 75 Wet; par exemple la sortie d'échappement du « Little Joe » contre l'aile arrière gauche. Comme tous les 75 W, il est équipé du *Blanket Roll Rack* sur le glacis arrière (visible sur les photos prises en 1944, mais prélevé quelques jours plus tard) et des supports pour patin de chenille de rechange. L'échappement le confirme, le « Bourg-la-Reine » est bien motorisé par le V8 Ford GAA. Par contre, le déflecteur d'échappements est manquant. Sur la nuque de tourelle, il y a le support pour le *travel lock* de la 12,7 mm, mais le clipsage du canon a disparu.

Photo 9. Ces volets moteurs n'ont jamais existé sur un Sherman car si la partie gauche est bien un volet de M4A3, la partie droite a été remplacée (pourquoi pas?) par un volet de M4A2, facilement reconnaissable.

La photo 10 a été prise deux ou trois jours après le combat, probablement entre 17 et 18 heures (ombre du photographe), en témoignent les affaires de l'équipage encore en place sur la plage arrière et le blanket rack déployé. Les trains de roulement sont intacts, le volet du copilote est en place, sur l'arrière de la tourelle, subsiste le support de la 12,7 mm en place sur le travel lock.

Sur la tourelle et le bordage droit, on note la présence des fils de fer qui soutiennent les branchages de camouflage. Vers l'arrière, le déflecteur d'échappement est à demeure. Le numéro d'immatriculation 96012 est bien visible, tout comme le marquage tactique. Vers l'avant, sous les branchages, on devine l'insigne de la 2e DB et le nom du char[1].

La photo 11 a été prise quelques jours plus tard et, les prélèvements de toutes sortes ont eu lieu: le support de la 12,7 à disparu, des pièces moteur ont été récupérées et les volets ouverts (les deux sont bien d'origine) laissent voir les doublages qui canalisent le flux d'air de refroidissement. La gamelle qui, sur la **photo 10,** était dans une caisse sur la plage arrière se trouve maintenant suspendue vers l'aile arrière gauche. Le *blanket rack* a été « nettoyé » de son contenu. Sur le train de roulement droit, on a récupéré l'ensemble barbotin-réducteur-demi arbre de transmission, un bogie complet et quatre galets de roulement; la chenille droite a été coupée et l'on peut voir que le char était équipé de chenilles à patins caoutchouc. Sur la **photo 11**, le numéro d'immatriculation n'est plus visible. Le masque de canon est toujours en place.

Toujours à la place où il fut détruit?

Qu'il y soit aujourd'hui, c'est possible. Sur les photos de 1944, le char est détruit à proximité d'un monticule surmonté d'une petite construction dont il n'y a plus de traces à l'heure actuelle. D'autres éléments peuvent étayer la thèse du changement de place.

Examinons le groupe de photos numérotées 12.

La photo 12 A a été prise fin novembre 1944, la cannibalisation est bien avancée mais le char a encore son masque de canon. Sur la photo, on voit nettement qu'il a été détruit à proximité et un peu en retrait d'un monticule surmonté d'une petite construction.

La photo 12 B (légende de la photo: *1957 WW II tank, outside main gate at Phalsbourg.* À cette époque, Phalsbourg est encore une base aérienne américaine[2]. On s'aperçoit que le monticule et la construction sont toujours là; par contre, le char a été, entre-temps, bien rénové et posé sur une stèle en béton. L'opération devait être récente si l'on en juge de par l'état des chenilles qui sont rutilantes. Le sigle tactique est bien reproduit, l'insigne de la 2e DB n'est pas – encore? – réalisé et sur le nom, le « la » de « Bourg-la-Reine » est mis entre guillemets.

La photo 12 C est issue de la plaquette commémorative actuelle et elle nous apprend pas mal de choses. Tout d'abord, l'environnement du char n'est plus le même. Il a été déplacé et les deux trains de roulement ont été prélevés en totalité. Entre-temps, le volet du copilote a été lui aussi prélevé et on peut toujours voir l'insigne de la 2e DB, le nom et le serial number.

Les inscriptions supplémentaires sont parlantes: ce char semble bien avoir été vendu par les « Domaines », il était le lot numéro 1 et l'acquéreur était Grunner à Phalsbourg, ou Sarrebourg. Il existe, de nos jours encore, un ferrailleur du nom de Grunner à Sarrebourg.

Le « Bourg-la-Reine » aurait-il failli terminer à l'oxycoupage? Dans le cas contraire, qu'en est-il de ce texte qui précise: *« Le général Leclerc en a fait don à Phalsbourg pour qu'il continue à témoigner à l'endroit où il est tombé ».*

La photo 12 D. Nouvelle rénovation, qui semble postérieure – vu l'état des chenilles et du glacis avant – à celle de la **photo 12 B**. Pas d'immatriculation sur le glacis avant, pas de *serial number*, l'insigne de la 2e DB refait son apparition, le marquage tactique est mal réalisé.

Le glacis avant et la tourelle semblent comporter de nombreuses traces d'impact – de mitrailleuse? –; le « Bourg-la-Reine » aurait-il entre-temps fait un stage sur un champ de tir?

1. Il semble bien que le nom soit « Bourq-la-Reine » au lieu de « Bourg-la-Reine ». Pas le bon pochoir?
2. Jusqu'en 1963

Photo 1A. Vue prise depuis la basilique Notre-Dame de la Garde. On distingue bien la place Sancta Maria avec la résidence de l'épiscopat, sur la gauche, ainsi que les jardins où le « Jeanne d'Arc » a fini sa trajectoire. Sur la droite, le bâtiment de l'asile Sancta Maria. En haut à gauche, on aperçoit le pont transbordeur encore en place. Cet espace est devenu l'actuelle place du colonel Edon.

Photo 1B. Carte postale d'une vue prise depuis la place du colonel Edon avec la basilique en arrière-plan. C'est dans cet axe que le « Jeanne d'Arc » a débouché le 25 août 1944. Cette vue date du tout début des années soixante (4cv Renault, 403 Peugeot, Simca Chambord, etc.) on peut y voir le char rouillé à souhait et sans aucun marquage. Le mur du jardin de l'épiscopat a été reconstruit en dur. C'est à hauteur du petit bâtiment, après le mur, que l'épave du « Jeanne d'Arc » a été tirée après les combats.

Le Jeanne d'Arc et la Bonne Mère.

1re division blindée, 2e régiment de cuirassiers. La 1re et la 5e DB ont été respectivement équipées de 110 M4A4 et 55 M4A2.

Le « Bourg-la-Reine » et le « Jeanne d'Arc » bien qu'étant des Sherman de modèle différent, ont beaucoup de points communs : tous les deux font partie d'un régiment de cuirassiers, ils ont été formés en Afrique du Nord, ils ont débarqué sur une plage au mois d'août 1944, commandés chacun par un maréchal des logis, mais, surtout, ils ont connu un destin identique. Tous les deux ont été détruits au combat, dans des circonstances qui, aujourd'hui encore, forcent l'admiration. Ils sont tous les deux témoins d'un passé à la fois glorieux et difficile.

Le char « Jeanne d'Arc » est un M4 de type A4, construit exclusivement par Chrysler à Detroit tank Arsenal. Son moteur Multibank 30 cylindres lui a valu le surnom de « cauchemar des mécaniciens ». Celui qui est exposé de nos jours, place du colonel Edon, à Marseille, a le numéro de châssis 17 837 et son *Serial Number* correspondant est le 30 18 141. Le char exposé est donc bien celui qui a été détruit lors des combats de la libération de Marseille, nous verrons plus loin pourquoi. Comme nous l'avons fait pour le « Bourg-la-Reine », une analyse du JMO, des écrits ou récits divers seront examinés, puis analysés.

Le 8 juin 1944, le 2e régiment de cuirassiers rejoint sa zone d'embarquement dans la région d'Oran (Algérie). Il se compose alors de : un état-major, un escadron hors-rang, un escadron de chars légers (M3 & M5 A1 Stuart) le 1er escadron, et trois escadrons de combat équipés de Sherman M4A4. Le régiment est sous les ordres du lieutenant-colonel Durosoy. Le Jeanne d'Arc est un char du 2e escadron, commandé par le capitaine Fougère, sur le char « Duguesclin », il fait partie du 2e peloton commandé par le lieutenant Laporte. L'articulation du peloton est la suivante : Peloton à cinq chars, un char chef de peloton, quatre chars subordonnés* répartis en deux groupes. Les chars sont : Lt. Laporte du char « Joffre », premier groupe (chars « Jean Bart » et « Joubert »), deuxième groupe (chars « Jourdan » et « Jeanne d'Arc »). Le chef de char du « Jourdan » est le maréchal des logis Loiliot, celui du Jeanne d'Arc est le maréchal des logis Keck.

Le 10 août 1944, le régiment embarque sur les LST et les MTS suivant les directives des TQM :
- LST *HMS Thruster* : 2e escadron, Oran.
- LST *HMS Bruizer* : 3e escadron, Oran.
- LST 33 *Samos* : état-major et 1er escadron, Mers-el-Kebir.
- LST 36 *Lemnos* : 4e escadron, Mers-el-Kebir.
- MTS : *J. Brinkinbridge* : personnel, Mers-el-Kebir.
- MTS : NC personnel, Mers-el-Kebir.
- MTS : NC personnel du 1er Escadron, Mers-el-Kebir.

Le 15, les cuirassiers du 2 sont dans le golfe de Saint-Tropez, ils font partie du *Combat Command 1**, celui du général Sudre. Les chenilles de leurs chars laissent leur empreinte sur la plage de la Nartelle, et ils foncent vers leur premier objectif. La Garde Freinet, le Luc, Saint Maximin, Aubagne sont autant de points de résistance réduits, le 22 à 15 heures, le 2e cuirassiers est dans Marseille. Le 24 août, le 2e Cuirs reçoit l'ordre de détruire les installations que les Allemands ont installé sur le site de Notre-Dame de la Garde, plus connue à Marseille sous le nom de « la Bonne Mère » (**photos 1 A** et **1 B**). L'observatoire de la Bonne Mère est un emplacement de choix, qui offre une vue à 360° sur Marseille et ses environs. Il est complété par un PC transmissions et artillerie.

Dès 1942, les Allemands ont construit le *Südwall*, Marseille en fait partie et, depuis la colline en question, les Allemands peuvent voir et régler le tir des batteries depuis les blockhaus installés sur la côte, aux abords de Marseille, la batterie du château d'If et sur les îles du Frioul. Il s'agit bien d'un observatoire et non d'un bunker. C'est-à-dire que l'équipement de défense de la position, de par sa vocation, ne comporte pas d'armement lourd, contrairement aux autres types de fortifications. De plus, la topographie des lieux (162 mètres d'altitude), et les accès ne sont pas favorables à des mouvements de gros engins. De même, dans l'hypothèse d'un assaut par l'infanterie, la position élevée met l'ennemi à découvert et ne nécessite pas l'installation de canons gros calibre.

Enfin, il faut savoir qu'un canon Pak* 43 de 88 mm c'est : 9,20 de long, 3,6 tonnes, et une hausse : - 8 à + 40. Un canon Flak* 41 de 88 mm, c'est 9,65 de long, 11 tonnes, avec une hausse de : - 3 à + 90.

Ces deux armes sont de type dit « à tir tendu », c'est-à-dire que les servants de pièce voient leur cible au moment du tir, contrairement aux armes à tir courbe ou masqué (105,155, mortiers) ou les servants ne voient pas toujours la cible. Des canons de ce type placés à cet endroit auraient été inutiles puisqu'une hausse de – 8 ou – 3 ne permet pas de tirer en contrebas. L'armement du poste d'observation est plutôt composé de canons de 20 mm, de mitrailleuses de type MG 34 ou 43, de lance-grenades et de lance-flammes et de mortiers. Ceci infirme les écrits qui parlent de Pak ou Flak 88 qui auraient détruit le « Jeanne d'Arc ». Par ailleurs, Monsieur Francis Agostini, président de l'Union fédérale des Bouches du Rhône a établi une liste des ouvrages et fortifications allemandes pour Marseille et sa région : Notre-Dame de la Garde n'est pas citée.

En 2014, l'ONACVG donne la liste et l'emplacement des lieux occupés par les Allemands dans Marseille. La basilique n'y figure pas. Dans tous les cas, les canons de gros calibre les plus proches de la basilique sont situés dans le quartier du « merlan ». De plus, d'après les « *Notes de guerre du général de Monsabert* » : […] « *En haut, la basilique proprement dite ne fait pas partie de la défense allemande. Seul le mur de soutènement en béton est transformé en fortin avec lance-flammes. Les véritables môles de résistance sont installés dans les rochers. Ce sont Gratte semelle, le Roucas Blanc, le Vallon des Roches et le système défensif autour de l'Angélus. Ils comportent des blockhaus, canons et mitrailleuses reliés entre eux par un réseau souterrain* ».

25 août 1944, le char « Jeanne d'Arc » du 2/2e RC est détruit, il est le premier char arrivé à proximité de l'objectif. Mais, pourquoi un char subordonné était-il en tête ?

Marseille, août 1944, 9 h 00. Le peloton Laporte se met en route vers son objectif, chef de peloton en tête suivi du 1er groupe puis du 2e groupe. Le « Jeanne d'Arc » est le dernier char de la colonne. Le peloton veut aborder la basilique par le côté est, de façon à appuyer les éléments du 7e RTA. Son itinéraire : quitter le cours Puget, prendre le boulevard de la corderie puis le boulevard Tellene et enfin l'objectif. Après le boulevard Tellene, les rues deviennent des ruelles aux pentes escarpées, impraticables pour des blindés, avec une pente variant de 13 à 21 % – les cols alpins ou pyrénéens ont des pentes maximums tournant autour de 15 %. Il faut faire demi-tour et passer

1. le « 88 » en 1944, c'est un peu comme la « Kalach » en 2000 (en fait l'AK-47) l'arme devient une expression à la mode et se retrouve mise à toutes les sauces, y compris les plus mauvaises.

par le boulevard Gazzino, c'est-à-dire, déboucher en face de l'objectif.

Le demi-tour étant effectué, le « Jeanne d'Arc » du MDL Keck se retrouve en tête du dispositif suivi par le « Jourdan » du MCH. Loliot et le reste du peloton. Certains écrits décrivent un nouvel itinéraire passant par le boulevard Gazzino (actuelle rue Vauvenargues). Or, en 1944, le débouché du boulevard Gazzino n'est pas du tout dans l'axe de Notre Dame de la Garde. À cette époque, ce boulevard débouche plus près de la plate-forme d'arrivée des ascenseurs de la basilique. En tenant compte, de l'endroit où a été – ou bien aurait été – détruit le char, il y a une incohérence.

En effet, d'autres écrits situent le char *« à proximité des ascenseurs de Notre-Dame de la Garde »*. La distance entre la plate-forme des ascenseurs et l'emplacement actuel du char est de 268 mètres, une pente de 21 % avec un angle de décalage de 30° donc, un char « fou » qui part en marche arrière depuis cette position, ne peut pas défoncer le mur des jardins de l'évêché.

D'autre part, en 1944, au départ du cours Puget, le Bd. Gazzino débouche sur la place Sancta Maria (actuelle place du colonel Edon). Ce faisant, ils peuvent atteindre Notre-Dame de la Garde par la montée de l'Oratoire, déjà plus dans l'axe de la basilique et la montée de la Bonne Mère. D'ailleurs dans un récit intitulé *Les combats du 2e Cuirs à Marseille*, il est précisé : *« deux chars sont en tête, le « Jeanne d'Arc » et le « Jourdan », groupe commandé par le Mch. Lolliot, suivi du « Joffre » du chef de peloton, le Ltn. Laporte, suivi lui-même du « Jean Bart » et du « Joubert ». »* Ce dernier s'arrête puis, glissant en arrière va défoncer la devanture d'un magasin, ayant cassé une de ses poulies folles, devenant ainsi incontrôlable. Le « Jeanne d'Arc » atteint la montée de l'oratoire par la rue des Oblats soutenu par les autres engins, mais il semble que les tirailleurs n'aient pas encore démarré… Les grenadiers allemands sont partout et pas uniquement enfermés dans leurs bunkers… Les deux chars « Jeanne d'Arc » et « Jourdan » se trouvent au débouché de la montée de l'Oratoire, à proximité immédiate de la résidence de Monseigneur Lelay. Le « Jeanne d'Arc » s'avance et c'est là qu'il est touché par un paquet de grenades ou d'explosifs, jetés par un grenadier allemand dans l'écoutille ouverte. Le char implose, littéralement.

La rupture d'une poulie folle – qu'il s'agisse de la poulie de tension, d'un galet de roulement ou d'un rouleau porteur – ne peut pas entraîner un recul en ligne droite du char. Tant qu'un train de roulement est intact, le char aura tendance à pivoter du côté de ce train de roulement, donc de se mettre « en travers ». Il est fort probable que, dans cette progression plus que délicate, le pilote ait raté un passage de vitesse plaçant le char au point mort. À cet instant, le blindé devient incontrôlable sur une forte pente. Pour ce qui est de l'itinéraire, la position des chars et les conditions d'attaque du « Jeanne d'Arc », ce récit est celui qui colle le plus à la réalité.

Extrait d'un article rédigé par l'aspirant Roger Audibert commandant la 3e section de la 1re compagnie du 7e Régiment de tirailleurs algériens : « […] *Vers midi, la résidence est méconnaissable. La superstructure brûle. Les 88 martèlent les murs. Au début de l'après-midi, le char « Jeanne d'Arc » touché par deux 88, alors que je suis couché derrière lui, prend feu et flambe avec une partie de son personnel, sous nos yeux, sans que nous puissions secourir ces malheureux. Grimpé sur le char, j'essaie vainement d'ouvrir les panneaux. Le maréchal des logis André Kech, chef de char, le brigadier-tireur Guillot et le chargeur-radio Désiré Clément périront dans le char. Le conducteur Antoine Riquelme ainsi qu'un autre servant peuvent sauter à temps aidés par les tirailleurs de la section Martini.* […] »

La résidence en question est celle de l'évêque et, nous savons qu'il n'y avait pas de canon de 88 sur le site de la Basilique.[1]

« […] *Les 88 martèlent les murs.* […] » Les canons allemands de calibre 88 sont au nombre de trois types Flak, Pak ou sous tourelle et, leur vocation n'est pas de servir de mortier ou d'obusier. « […] *Au début de l'après-midi le char « Jeanne d'Arc » touché par deux 88 alors que je suis couché derrière lui* […] » Le char a été détruit le 25 août au matin, de plus, sur le char exposé aujourd'hui, il n'y a aucune trace d'impact gros calibre, pas plus qu'il n'y a de perforation sur la caisse

Photos 2A et **2B.** Ces deux photos ont été prises à des moments différents, puisque sur la **photo 2 B**, la plaque de visite moteur est ouverte, certainement après les prélèvements « de circonstance ». Sur les deux photos, nous voyons nettement les traces laissées par la tourelle alors qu'elle a été « remorquée » hors du jardin. Celle-ci a été tirée au plus près du char pour permettre un minimum de circulation. Un bogie dont les bandages ont été partiellement brûlés est visible à droite de la photo. Sur la **photo 2 B**, une trace au sol ressemble à une conséquence d'explosion ; obus de mortier ou bien explosion qui confirmerait la place du char au moment de l'attaque ? La plaque de visite du moteur est ouverte, simple curiosité ou prélèvement de pièces détachées ?

Photo 2 C. Les restes du char ont été tirés à proximité de la petite construction comportant deux rideaux métalliques ; cette construction existe toujours aujourd'hui. Sur la droite, on aperçoit le mur abîmé du jardin de l'évêché, mais c'est un peu plus bas que le char a défoncé le mur.

En bas à gauche sur la photo, on peut voir les traces profondes laissées par la tourelle lorsqu'elle a été traînée contre le char. L'écoutille du chef de char est bien en position ouverte, tout comme le *pistol port*. Les fantassins allemands ont eu donc deux possibilités pour lancer les grenades à l'intérieur.

Toujours sur la tourelle, on peut voir que la circulaire de crémaillère a été désolidarisée par le souffle de l'explosion ; d'autre part, l'état du panier de tourelle ne laisse aucun doute sur le mode de destruction du char ; c'est bien l'explosion simultanée des casiers à obus qui a détruit le « Jeanne d'Arc ». Les restes tordus et calcinés du panier de tourelle laissent à penser que la tourelle a été éjectée par l'explosion du casier à obus situé sous le plancher de tourelle. Au premier plan sur la photo, un bogie a été retiré du jardin et traîné derrière le char ; il s'agit du bogie intermédiaire côté droit (orientation du patin de guidage de la chenille) ; de plus, on remarque que le bâti métallique du bogie est éventré et ouvert vers l'extérieur, c'est bien le souffle de l'explosion du casier inférieur qui a sectionné les fixations du bogie, provoquant la rupture du bâti métallique. Sur ce bogie, on constate que les bandages caoutchouc des galets de roulement sont toujours en place mais sont fortement endommagés, tout comme le galet avant. La caisse du char laisse voir sur le panneau arrière la clé de tension de chenille fixée à demeure et, le marquage 1re DB avec le drapeau consulaire à l'horizontale. Sur l'aile arrière gauche, le marquage de peloton « 4J » est visible. Les trappes basses du moteur sont ouvertes et le déflecteur d'échappements a été soufflé. Côté gauche, l'axe de la poulie de tension subsiste.

ou sur la tourelle. Il est clair que le « Jeanne d'Arc » n'a pas été détruit par un coup au but.

« [...] *Grimpé sur le char, j'essaie vainement d'ouvrir les panneaux.* [...] » Si le char flambe, il est très difficile de grimper dessus, quant à ouvrir les panneaux, s'ils sont verrouillés de l'intérieur, c'est impossible. Rappelons que le char est un M4A4, donc la tourelle ne comporte qu'un seul volet d'écoutille de type « split hatch » situé du côté chef de char.

« [...] *peuvent sauter à temps aidés par les tirailleurs de la section Martini* [...] » dans les récits d'autres tankistes, notamment celui du Mch. Loiliot chef de groupe du « Jeanne d'Arc », les premiers chars arrivés se retrouvent seuls, les tirailleurs n'ayant pas pu progresser comme prévu. Comment auraient-ils pu intervenir? D'autant plus que, comme nous le verrons plus loin, il était impossible de grimper sur le char.

D'après un autre témoignage. « [...] *Huit tanks sont montés. Le « Jeanne d'Arc », qui était placé devant notre maison, avec quatre autres, a été le premier à tirer mais, malheureusement, il n'a pas tiré longtemps. Deux obus l'ont atteint; ne pouvant plus manœuvrer, il est allé capoter chez Monseigneur après s'être abattu contre notre maison dont le mur et la barrière sont complètement tombés.*

Quatre jours et nuits terriblement passés, le char « Jeanne d'Arc », qui avait reçu deux mortiers dans les chaînes, était tombé dans le jardin de l'Archevêché. Trois y sont morts dedans. Au déblaiement on n'a retrouvé qu'un casque et un pied avec trois doigts seulement calcifiés et sept obus non éclatés. Un quatrième du char est sorti tout en flamme criant « Achevez-moi! Achevez-moi! ». *On a essayé* [mon mari Jean et René] *de lui retirer les vêtements mais la chair venait après. Il est mort à l'hôpital en souffrance atroce. Le cinquième parait-il est devenu fou.* [...] »

« [...] *Huit tanks sont montés.* [...] » (?) Au moment du combat, il y avait les cinq chars du peloton Laporte, rejoints, vers la fin, par le char « Duguesclin » du capitaine Fougère.

« [...] *deux obus l'ont atteint.* [...] » Mais il n'y a pas de trace d'impact sur le char.

« [...] *Quatre jours et nuits terriblement passés, le char Jeanne d'Arc qui avait reçu deux mortiers dans les chaînes.* [...] » Les obus de mortier? Pourquoi pas. Les chaînes en question devaient être des chenilles. Quant au mortier, c'est une arme à tir plongeant donc très peu de chance d'atteindre les « chaînes ». S'agissant des quatre jours et nuits, d'après les documents du 2e RC, le témoignage qui suit est un peu différent et semble plus crédible.

Témoignage du médecin-lieutenant Deloupy dans son livre *C'est nous les Africains*.

« [...] *Le 28 août, accompagné de l'abbé, nous allons ramasser les restes de nos camarades tués à Notre-Dame de la Garde. Triste mission! Une odeur épouvantable flotte autour du « Jeanne d'Arc » qui a explosé. Quelques ossements sont éparpillés dans le jardin de l'évêché. Nous les recueillons et les mettons dans une petite cassette que nous portons à la chapelle de Mgr l'archevêque. Il la gardera précieusement jusqu'à notre retour.* [...] »

Témoignage du maréchal des logis Loiliot (chef de char du « Jourdan » et chef de groupe du « Jeanne d'Arc »).

« [...] *Arrivés sur une petite place en haut de la côte, nous voyons devant nous, bien dégagée, la basilique. Je double le « Jeanne d'Arc » qui restera sur place alors qu'il devait m'appuyer de son feu. Le « Jourdan » continue son escalade, dans mon périscope de tourelle j'entrevois une lueur à l'arrière. Le « Jeanne d'Arc » explose, que s'est-il passé? Je l'ignore.* [...] »

Témoignage de Monsieur J. Marquis qui était le pilote du char « Jean Bart » qui suivait le « Jeanne d'Arc » dans sa montée vers la Bonne Mère.

« [...] *En ce 25 août, il fait chaud, très chaud et le chef du char « Jeanne d'Arc » a laissé la trappe de tourelle ouverte. Les deux chars sont agressés par des éléments d'infanterie se déplaçant derrière les murets des jardins, qui leur expédient des grenades incendiaires.* [...] »

Photo 3. S'il fallait une preuve supplémentaire, la voici! Les deux agrandissements en médaillon mettent en avant l'état du protecteur de phare côté droit; en haut, la photo de 1944, en bas, la photo actuelle du char place du colonel Edon. *« No comment! »* Derrière les restes, on voit bien le mur défoncé et, sur la route, les traces laissées par le remorquage. Sur l'avant du char, les deux ensembles barbotins-réducteurs ont été arrachés et, sur le côté gauche, on aperçoit des vis de fixation cassées encore en place sur le blindage de transmission. Les chenilles sont du type métallique à trois barres par patin, certainement le meilleur modèle pour glisser ou déraper sur sol sec. Sur le glacis avant, l'étoile est encore apparente, tout comme le code-barres TQM à hauteur du nez de cochon. On remarque d'ailleurs que les trois barres et la lettre C du code TQM sont sur fond blanc puisque la codification 42222 donne trois barres de couleur olive drab. *(voir explications au chapitre marquages).*

Photo 4. Cette mage du char actuellement en place à Marseille, met en évidence l'état de l'organe extérieur de visée (flèche rouge), qui est complètement recourbé. Ceci est dû au « traînage » de la tourelle lorsqu'on la tire à l'extérieur du jardin épiscopal; c'est cette partie, avec la protection de l'épiscope du chef de char, qui a laissé ces traces profondes sur la route. Sur la nuque de tourelle, le support additionnel de la cal. .50 AA est bien celui particulier à Detroit Tank Arsenal et, on note la présence des six anneaux qui permettaient de sangler la bâche du char. C'est donc bien la tourelle d'origine qui est placée sur la caisse d'origine.

Photo 5. Place Sancta Maria, le quotidien reprend ses droits après la bataille. Certains viennent prélever un morceau ou une pièce et, il est étonnant de constater que la mitrailleuse de capot est toujours en place sur le nez de cochon. Conformément aux standards de Chrysler, les anneaux de levage sont soudés sur des supports rectangulaires et non pas directement sur le glacis. S'agissant des marquages, on ne voit pas de disque de classe ponts et pas d'immatriculation non plus. Sur le volet d'écoutille du copilote, l'épiscope a été prélevé.

Précisons qu'au moment des faits les deux chars n'avaient aucun accompagnement d'infanterie, les tirailleurs se trouvant beaucoup plus en arrière... Monsieur Marquis précise qu'il n'y avait pas de canons allemands dans le secteur et que le char en place actuellement est le vrai « Jeanne d'Arc ».

Parvenus à ce stade, il est temps de comprendre comment le « Jeanne d'Arc » a été mis hors de combat. Mais quelques précisions d'ordre technique s'imposent. Tout d'abord, les affirmations du style *« les*

Sherman comportaient une centaine d'obus souvent en vrac sur le plancher de tourelle ». Cette affirmation est tout simplement issue de quelqu'un qui n'a jamais mis les pieds dans un engin blindé. En effet, les obus en question sont du type à percussion centrale mécanique et aucun équipage n'est inconscient au point de courir le risque de faire exploser son char en transportant des obus hors des emplacements de stockage.

S'agissant des affirmations qui parlent de *« rupture de poulie folle et autre chaînes rendant les chars fous en marche arrière »*...Il y a, là encore, une profonde méconnaissance du char.

Pourquoi, au cours des combats de la basilique, deux chars sont partis en marche arrière, l'un dans le mur d'un jardin, l'autre dans une vitrine? Nous savons que tous les accès qui mènent à la basilique sont fortement pentus d'une part et, d'autre part, que les M4A4 du 2e régiment de cuirassiers sont équipés de chenilles à patins métalliques. De plus, le Sherman est un char qui ne comporte pas de pédale de freins. Pour arrêter le char, le pilote doit agir simultanément sur les deux leviers de direction. Hormis le fait que ce moyen de freinage n'a pas la même efficacité qu'un système hydraulique à commande au pied, dans le cas d'un brusque départ en marche arrière, le pilote a tendance à partir vers l'avant, donc vers les leviers de direction et il a donc beaucoup de difficultés à tirer les leviers vers l'arrière. Dans tous les cas, il a moins de puissance et il est alors très difficile de contrôler le char. Le pilotage d'un Sherman n'est pas une chose aisée et demande beaucoup d'expérience. Par exemple, la méthode d'arrêt du char passe obligatoirement par le rétrogradage des vitesses, action qui se fait par le double débrayage en raison de la faible « synchronisation » des pignons de boîte. Un pilote qui rate une vitesse en gravissant une forte pente, ne peut plus enclencher une autre vitesse et demeure au point mort; le char devient incontrôlable. Il en est de même pour les rayons de virages, qui sont directement proportionnels à la vitesse engagée.

Photo 6. Semblable à la photo n° 5, elle est prise le matin et sous un angle un peu différent donc, on voit nettement que c'est du côté droit que l'incendie a été le plus important. Sur le bogie arrière, le caoutchouc des galets à complètement disparu, carbonisé. Au centre et en bas de caisse, on peut voir les fixations du bogie central sectionnées. Les traces d'incendie sont nettes. Sur le bordage droit, on aperçoit encore le « Jeanne » de « Jeanne d'Arc » avec la lettre J en double taille. Un peu plus vers l'avant, on distingue un reste du losange du drapeau consulaire.

La seconde précision d'ordre technique concerne le stockage et le transport des munitions dans le Sherman qui, selon le type et le modèle concerné, peut transporter entre 66 et 104 obus plus les munitions de cal. .50, cal. .45, cal. .30, fumigènes, fusées d'alerte et grenades à main. Chaque catégorie de munition est maintenue en toute sécurité dans des emplacements adéquats et sécurisés de façon à éviter toute explosion intempestive lors des déplacements chaotiques de l'engin blindé. Ces munitions sont réparties dans le char à des endroits accessibles pour l'équipage; certaines sont à proximité directe du radio-chargeur, ce sont les munitions dites « de première urgence ».

Photo 7. Les lance-flammes de Notre-Dame de la Garde. Ils sont situés au petit calvaire, au ras de l'esplanade. Ce lance-flammes est un modèle allemand AFMW 42 issu, lui-même, du lance-flammes soviétique FOG 1.

Sur la photo du haut on peut voir le nuage consécutif au déclenchement du dispositif. Ces lance-flammes enterrés, comme on peut le voir sur les deux images du bas, sont mis en œuvre à l'aide d'un dispositif électrique commandé à distance. Le réservoir est prévu pour un jet de flammes d'une durée de quatre secondes. La colonne de fumée de la photo du haut et les traces de brûlure sur la photo du milieu donnent une bonne idée de l'intensité du tir et de la chaleur dégagée.

Ceci est important, puisque nous avons là l'explication de la destruction du « Jeanne d'Arc ».

Le char M4A4 est le modèle qui a le plus grand nombre d'obus en première urgence, ils sont au nombre de 16, répartis verticalement sur l'arrière du panier de tourelle, au plus près du radio-chargeur.

Le « Jeanne d'Arc » progresse vers la basilique volet de tourelle ouverte et les soldats allemands qui ont réussi à s'approcher au plus près, peuvent facilement jeter une – ou un chapelet – grenade incendiaire par l'écoutille ouverte.

Premier cas. La – ou les grenades – tombe (ent) sur le plancher de tourelle. L'équipage du compartiment de combat est blessé, brûlé; dans le meilleur des cas, fortement traumatisé. Dans cette hypothèse, les nuques du pilote et du copilote se trouvant à hauteur du plancher de tourelle et, s'ils ne sont pas brûlés, ils sont complètement « sonnés ». Rien d'étonnant à ce que le char stoppe et reparte en marche arrière. Les grenades étant incendiaires, le char prend feu.

Second cas. La, ou les grenade (s) incendiaire(s), tombe(nt) dans le râtelier de première urgence. Là, ce sont les obus qui prennent feu et, en explosant, ont les mêmes effets sur le pilote et les servants de tourelle.

Dans les deux cas, le char en feu dévale la pente en marche arrière, défonce le mur du jardin dans lequel il termine sa course. L'incendie se propage, le carburant s'enflamme, une partie des munitions détonne, provoquant, par « effet de sympathie », l'explosion de la plus grande partie des obus. C'est cette explosion qui casse les vis de fixation du chemin de roulement de la tourelle, provoquant son éjection. De plus, le casier à obus, situé sous le plancher de tourelle, derrière le copilote, provoque le cisaillement des vis de fixation des bogies intermédiaires, la rupture des chenilles, l'éjection des barbotins, voire des réducteurs. Les légendes des photographies de ces pages vont éclaircir – ou préciser – certains points de cette tragédie. Bien que la qualité ne soit pas toujours au rendez-vous en ce qui concerne les photos, elles sont largement parlantes et, à notre avis, coupent court à de nombreuses polémiques au sujet du char « Jeanne d'Arc ».

Nota Bene. L'épisode des lance-flammes de Notre-Dame de la Garde n'a pas été évoqué puisque n'étant pas directement impliqué dans la destruction du char. Toutefois, ayant été lié au combat de chars, il fait partie des photos légendées.

Photo 8. Carte postale du char « Jeanne d'Arc » après une remise en peinture et des marquages ayant le mérite d'exister. La stèle est entourée de clôture béton type SNCF. Derrière, le mur du jardin de l'épiscopat, le poteau électrique est celui qui a été courbé (visible sur la **photo 6**).

70 ANS PLUS TARD...

Les raisons du succès

Pour ce qui concerne l'ETO, et même si ce n'était pas la première utilisation des M4 *Medium Tanks*, leur participation au succès des opérations de débarquement en Europe ne saurait être remis en question. Pour beaucoup d'Européens, il y eut un débarquement, celui de Normandie et *Overlord* est un nom que beaucoup ignorent encore. Ajoutons à cela, les noms des composantes de l'opération, maritime aérienne ou terrestre et la méconnaissance s'accroît.

1re opération de débarquement, l'Opération *Torch*. 8 novembre 1942. Nous avons vu que les premiers chars Sherman sont engagés pour la première fois lors de la seconde bataille d'El Alamein or, ceci se révélera d'importance pour la suite de la Deuxième Guerre mondiale. En effet, cette seconde bataille d'El Alamein a pris fin début novembre 1942 et c'est quelques jours après que les Américains débarquent en Afrique Française du Nord. La campagne de Tunisie débute le 17 novembre 1942, Français Américains et Britanniques sont opposés à l'Alliance italo-allemande.

2e opération de débarquement, l'opération *Husky*, 10 juillet 1943. L'idée en revient à Winston Churchill, spécialiste de ce genre d'opération (Dardanelles 1915 et Narvick 1940). Le plan est approuvé par « Ike » Eisenhower, commandant en chef. Les Alliés, sous le commandement du Général Alexander, débarquent avec 14000 véhicules, 4000 mille avions, 2500 cents navires, 1800 canons et 600 chars. Ces derniers sont sous le commandement de George Patton.

3e opération de débarquement, l'opération *Baytown*, 3 septembre 1943. Cette opération est lancée par la VIIIe armée britannique qui prend pied en Calabre, à Reggio di Calabria plus exactement. La majeure partie des troupes est constituée d'unités canadiennes, les Britanniques débarquent eux à Gallico et Catona. Cette manœuvre est épaulée par l'opération *Slapstick*. Ces deux opérations sont dites de diversion, en préparation d'*Avalanche*.

4e opération de débarquement, l'opération *Avalanche*, 8 septembre 1943.

Les photos de ces pages sont de Olivier Vivas, lui-même un inconditionnel du Sherman. Passionné, il n'hésite pas à se déplacer pour participer à diverses manifestations, appareil photo en main et prêt à faire « flash ».

L'Italie, la grande « oubliée »

Sous le commandement du Général Alexander.

Le Corps Expéditionnaire Français est composé de

Ci-dessus.
Un M4A2 qui, d'après ses marquages aurait pu servir au 1er régiment de cuirassiers. Le nez en trois parties et les volets de type « *Small* » indiquent une série « *Early* ». Le char est équipé d'une tourelle type « *Low bustle* », et le canon est monté sur affût M 34 A1.

Toujours le « Bayard » vue de face. L'encombrement du glacis avant est bien celui entassé par les équipages. L'orifice du *smoke mortar* est opérationnel. Le blindage de transmission est en trois parties et les épiscopes additionnels sont sur les protubérances de volets pilote et copilote.

Ci-contre.
Le « Douaumont », est théoriquement un un Sherman MAA2 du 501e RCC de la 2e DB (sic).

cinq divisions dont le général Clark n'a pas manqué de faire l'éloge, tant les Français ont payé un lourd tribut à la réussite de l'opération, tout en se couvrant de gloire sous le commandement du général Juin. Les Sherman sont de la partie, servis par des équipages américains, anglais, sud africains ou néo-zélandais

5e opération de débarquement, l'opération *Shingle*, 22 janvier 1944. Sur une idée de W. Churchill, les Alliés débarquent à Anzio et les Sherman sont de la partie, puisque les attaquants savent pertinemment qu'ils vont être confrontés aux blindés allemands, en particulier ceux de la *Panzer Division Hermann Goering* et ceux de la *3.Panzer-Grenadier Division*.

6e opération de débarquement, l'opération *Tigre*, 22 avril 1944. Cette opération consiste à entraîner les troupes alliées en vue du débarquement sur les côtes françaises. En Angleterre, la plage de Slapton Sands est choisie en raison de ses similitudes avec celles d'*Utah* et *Omaha Beach*. Les alliés s'entraînent à débarquer avec les Sherman depuis des LST. Au cours d'une de ces répétitions, deux LST sont coulés par des vedettes lance-torpilles allemandes, les fameuses *Schnellboot*. Les équivalents américains de ces vedettes allemandes sont les PT Boats. C'est sur le PT 109 que le *Lt. Junior Grade* J.-F. Kennedy fit ses premières armes (et sa renommée) en tant que CO (*Commander Officer*) dans le Pacifique.

7e opération de débarquement, l'opération *Overlord*, 6 juin 1944. Cette opération d'importance est précédée des opérations *Fortitude, Bodygard, Quicksilver, Skye, Zeppelin, Ironside, Vendetta, et Ferdinand*, destinées à leurrer le commandement allemand quant au lieu exact du débarquement allié. Les Sherman sont bien sûr de la partie et leurs affrontements avec les blindés allemands vont engendrer des batailles d'anthologie, d'un côté comme de l'autre.

8e opération de débarquement, l'opération *Brassard*, 17 juin 1944. But de l'opération, neutraliser les troupes allemandes sur l'Île d'Elbe. Opération combinée à laquelle participent les unités françaises, 9e DIC, Commandos d'Afrique, Commandos de choc, régiment d'artillerie coloniale du Maroc, 2e Groupe de tabors marocains, et quelques commandos britanniques ; ces derniers subissent de lourdes pertes.

9e opération de débarquement, l'opération *Anvil-Dragoon*, 15 août 1944.

Dragoon, puisque c'est finalement le nom retenu pour l'opération, n'est pas un mini *Overlord*, pas plus que ce n'est une opération annexe de la libération de la France. *Dragoon*, contrairement à *Overlord*, une

Très joli M4 A1 de série « Early ». Le camouflage noir correspond bien à l'époque, tout comme l'étoile alliée peinte en basse visibilité. Ce A1 est équipé du dispositif « *Cullin hedgerow device* » spécifique aux unités ayant débarqué en Normandie. La chaise de route du canon est bien du type 2e GM. La tourelle ne comportant pas de *pistol port*, est donc construite au premier semestre 1943. Le canon de 75 est monté sur affût M34 A1 et l'ouverture du *smoke mortar* a été condamnée par un opercule soudé.

Très bonne restitution d'une scène classique de la 2e GM, les fantassins ont pris place sur la plage arrière de ce M4A2. Le fantassin de droite tient une carabine USM1 version de base. Le numéro MF est celui du 1er régiment de cuirassiers et commence par 44 ; il comporte 5 chiffres.

grande participation française. Si la 2e DB a posé ses chenilles le 2 août à *Utah Beach*, la 1re et la 5e DB françaises prennent pied sur les plages de Provence le 15 du même mois, avec bien plus de Sherman encore. Le débarquement de Provence est constitué de 2120 navires alliés, 10 porte-avions, 25 croiseurs, 109 torpilleurs et escorteurs, ainsi survolés par 1900 appareils de bombardement et de chasse. Les forces de débarquement alliées comportent un corps d'Armée à trois divisions d'infanterie et une division aéroportée américaines, épaulées par deux divisions blindées et cinq divisions d'Infanterie françaises.

La jouvence du M4 Sherman

Au vu de toutes ces opérations alliées, on peut donc affirmer incontestablement que le Sherman est – et restera pour toujours – l'icône des débarquements, l'outil de la victoire, le vecteur de la capitulation de l'Allemagne. Mais, la raison du succès n'est pas seulement le char lui-même. Si le Sherman est une icône, les hommes qui l'ont servi ont forgé sa réputation, bataille après bataille. Bien au-delà du territoire européen, les équipages,

Ci-contre, de haut en bas.
Obusier M7 « Priest » canon de 105.
Le berceau de la 12,7, avec sa forme rappelant celle d'une chaire lui a valu le surnom de *Priest* (prêtre). Dans les deux boîtes fixées à l'avant droit du char sont stockés les *Track grousers*, dans les deux boîtes du côté gauche prennent place les patins de rechange et les cales en bois.

TD M10 avec contrepoids de tourelle coulé et vissé sur l'arrière, donc une version « *Mid* ». La chaise de route est sur la plage arrière, donc canon « à six heures » en déplacement hors de la zone de combat.

TD M36, la réponse américaine aux canons de 88 allemands. Équipé d'un canon de 90 mm qui sera par la suite doté d'un frein de bouche. Sur ce char, la mitrailleuse de 12,7 a été placée sur le « *travel lock* » et, sur le glacis arrière, on note la présence de la chaise de route. Les déflecteurs d'échappement sont ceux du M4A3, puisque le TD M36 est équipé du V8 Ford GAA. Ce char est doté de chenilles à patins entièrement métalliques de type T 56.

Rare exemplaire d'un *Beach Armored Recovery Vehicle* avec ses poussoirs faits de traverses en bois. La vocation de ce véhicule était simple : évacuer rapidement les engins restés en panne sur les plages du débarquement.

toutes nationalités confondues, ont combattu dans le froid de l'Atlantique ou la moiteur du Pacifique. Porté au pinacle par des servants bourrés d'abnégation, le Sherman a été hissé au sommet par des chefs prestigieux. On pense bien évidemment à George Patton mais, qu'aurait été ce dernier sans Abrams ou Bradley? On cite souvent P. Leclerc mais qu'eut-il pu faire sans les de Lattre de Tassigny, Montsabert, Vernejoul?

Le Sherman, bien que rapidement remplacé – par les Américains – après la guerre, a poursuivi une longue carrière sur tous les continents, et, comme il se devait, dans l'Armée française. Char moyen en dotation, il a été relevé à partir de 1950 par le M47 Patton, tout comme chez nos voisins belges ou allemands. Pour autant, il est encore en service dans les réserves mobilisation ou encore dans certaines unités de la Gendarmerie mobile. Beaucoup d'exemplaires restés en France après le conflit ont été utilisés comme cibles dans les réceptacles de tir sur divers camps d'entraînement. D'autres ont longtemps servi à l'entraînement au combat rapproché antichar. Nombre d'entre eux ont été *salvaged* ou « cannibalisés » pendant les combats ou bien après la guerre, lorsque le manque de pièces détachées s'est fait cruellement sentir. Mais le Sherman a su trouver d'autres moyens de survie, aidé en cela par ceux qui l'avaient servi, ceux qui l'avaient côtoyé, ceux qui l'avaient vu combattre, ceux qui l'avaient remorqué, dépanné ou réparé. Les municipalités reconnaissantes ont voulu l'immortaliser, rendre hommage à ceux qui sont tombés. Les musées et monuments sur les sites où les combats ont fait rage l'ont élevé au rang de Héros. Les associations et les collectionneurs ont poursuivi le devoir de mémoire en récupérant des épaves qu'ils ont réussi à remettre en route, à grand renfort d'huile de coude et de persévérance.

Le Sherman ne pouvait pas, ne devait pas tomber dans l'oubli. La seconde jeunesse du char est visible dans tous ces rassemblements en France, en Angleterre ou en Belgique; manifestations qui rassemblent non seulement des populations différentes mais des passionnés, férus d'histoire, amateurs de reconstitutions et gardiens de ces traditions capables d'unir les hommes. Tout cela fait qu'au XXIe siècle, les Sherman sont toujours là, droits dans leurs chenilles. Au long des défilés devant des populations enthousiastes au cours d'un rassemblement, les Sherman passent en pétaradant sous le regard à la fois craintif et admiratif des gosses que les parents tiennent dans leurs bras. Libération ici, commémoration plus loin, reconstitution là-bas… Aujourd'hui encore, le Sherman tient la vedette; pas tout seul bien sûr, il est accompagné par la Jeep, le GMC « Jimmy » ou le DUCKW.

77 ans après la présentation du prototype à Aberdeen Proving Ground - USA –, le Sherman tient son rôle de vétéran avec le fardeau des ans certes, mais… avec, aussi, l'éternelle vigueur des matériels de légende.

Vivre le Sherman en 2017.

J'aurais pu me contenter de placer quelques photos en fin d'ouvrage sous un titre sommaire et laconique puis, je me suis dit que tous ces passionnés qui contribuent à la survie du Sherman méritaient un peu plus que cela. En effet, toutes ces associations, ces collectionneurs, ces mordus de l'histoire et du Sherman s'impliquent vraiment dans les actions ou rassemblements auxquels ils participent, sans compter les fois où ils sont mis à contribution. Bien souvent – et on peut dire presque toujours – c'est sur leurs deniers qu'ils se rendent sur place; ce qui peut paraître inconcevable pour beaucoup, est rendu beaucoup plus simple quand on a fréquenté ces rassemblements ou bien lorsque l'on a des connaissances, amies ou relations qui en font partie. Partout en France, aujourd'hui, ces organismes à but non lucratif fleurissent comme : *Touraine Mémoire 44, Provence 44, Aisne Club 44, France MVCG, Véhicules Militaires d'Artois, France 44*, et, je tiens à le préciser, la liste est loin d'être exhaustive. Que tous ceux qui n'y apparaissent pas veulent bien me pardonner. Par exemple, la *Duty First* en Belgique ou bien encore les *Market Garden* au Royaume Uni n'hésitent pas à rejoindre les rassemblements en

2010 à Carentan. Pose devant un M4 105 pour ce GI du 5th Rangers Battalion. Sur le glacis avant, on reconnaît à gauche le fameux téléphone de campagne EE8 (avec la manivelle d'appel sur le côté).

Ci-dessus, à droite.
Olivier Vivas, en 2014, à Sainte-Mère-Église. Cette fois, c'est le photographe qui est photographié devant un M4A1. Sur la gauche, un half-track M16 MGMC et son affût quadruple, surnommé « *Meat chopper* » (le hachoir à viande). Tout un programme !

France. Qui rencontre-t-on, que voit-on, que fait-on lors de ces rassemblements ?

On rencontre des fous, en tout cas on pourrait le penser ! Ils viennent avec leurs véhicules qu'ils ont soigneusement préparés et même bichonnés. Ces véhicules, entretiennent le souvenir, rafraîchissent la mémoire ou commémorent un sacrifice. Les marquages sont conformes à ceux en vigueur en 1944, les uniformes sont ceux de l'époque tout comme les insignes et les marques de grades. La *101st* et la *82nd Airborne* côtoient le *5th Rangers* tandis que les marins du RBFM entourent les WC 54 des Marinettes. Ici, ce sont des chars du 5e RCA qui côtoient les « Lance Patate » du RMSM. Tout ce beau monde discute, échange, mange sous la tente une cuisine préparée selon les standards de l'époque. Certains dorment dans leur véhicule et d'autres sous une tente et, le matin venu, on va se laver à la tonne à eau (froide).

On voit des Sherman bien sûr, mais aussi des obusiers des M3 et des chars légers M5 ; çà et là un half-track M3 est garé à côté d'un Ward la France. Un M26 Dragon *wagon* trimballe deux Stuart sur sa semi-remorque, quant aux WLA 42 Harley Davidson, elles s'activent lors de la formation du convoi en vue du défilé ; montées par des MP plus vrais que nature. L'armement n'est pas en reste (démilitarisé et neutralisé, soyez en sûrs) et la panoplie est aussi soignée que complète (grâce aussi à de superbes reproductions), l'USM1 Garand, la carabine USM1, le Colt 1911 .45 ACP, la légendaire Thompson, sans oublier, montées sur les véhicules avec les supports adéquats, la cal. .50 M2HB et la cal. .30 M1919 A1, A4, voire A6. Parfois, une reconstitution d'un poste de secours regroupe une tente sanitaire, une jeep porte-brancards et des infirmières qui vous donnent envie de tenir le rôle du blessé !

On fait quelques réparations sur un véhicule, magnifique séance d'entraide et de coopération. Les stands divers ne manquent pas et untel y trouvera le flexible d'échappement qui lui manquait tandis qu'un autre y dénichera enfin un tripode à prix abordable. Celui-ci a fait l'acquisition de son « Beanie » pour cinq euros mais, bien sûr, c'est une reproduction. À ce prix-là !

On peut aussi troquer… Un support de boîte munitions en bande pour calibre .50 peut très bien s'échanger contre un EE8, tandis qu'une « poêle à frire » ou SCR 625 vaut un BC 603. Tout se discute, s'échange, se négocie.

Ces rassemblements qui sont bien souvent de véritables camps, montés sur plusieurs jours, regroupent une « faune » particulière, bercée par le passé de ces matériels qui à leurs yeux n'ont pas de prix, mais qui ont un coût. Elle s'investit dans sa mission du moment, avec tout le respect dû aux aînés qui sont tombés pour la liberté. Elle échange sans s'inquiéter des frontières. En fait de frontières, ils n'en ont qu'une seule en commun c'est le souvenir et la mémoire. Ces collectionneurs ne sont pas fous, non ; ils sont juste passionnés et, comme chacun sait, la passion n'a pas de limites raisonnables.

Ci-dessous.
Parc du musée de Sainte-Mère-Église, une patrouille de paras de la *101st Airborne* passe devant un M4 105 Howitzer

Ci-contre.
Neuvic, 2016, les résistants, FFI ou FTP, sont aussi à l'honneur. Ici, ils discutent devant un M4A2. Celui de droite porte au ceinturon une cartouchière en cuir noir de la Wehrmacht, tandis que celui de gauche est équipé d'un étui de P 08 Luger avec son chargeur supplémentaire.

ANNEXE 6

GLOSSAIRE ET ABRÉVIATIONS

— A —

ARV Armoured Recovery Vehicle
ADC Adjudant-chef
ADJ Adjudant

— B —

Barbotin Moyeu équipé de couronnes dentées qui entraîne la chenille
Barre de torsion Dispositif de suspension remplaçant les bogies
BCH Brigadier-chef
BMG Browning Machine Gun
Bogies Ensemble de deux galets montés sur leur suspension et fixation
Bordage Espace à l'intérieur du char situé au-dessus des chenilles,
Bridge layer Char ou autre véhicule servant au déploiement d'une travure de franchissement
BV Boîte de vitesses

— C —

Carquois radio Étui souple muni d'une sangle et de compartiments permettant de ranger les accessoires
CEFEO Corps Expéditionnaire Français en Extrême Orient,
CES Chef d'escadrons (ou commandant)
Chaîne de transmission Ensemble comprenant les éléments entre la sortie embrayage et les réducteurs
Chaise de route Support sur lequel repose le canon lorsque l'hydraulique de tourelle n'est pas enclenché
Chef de corps LCL ou COL commandant un régiment
Cloison pare-feu Séparation métallique entre le compartiment de combat et le compartiment moteur
CN Abréviation de canon
Coin de culasse Dispositif de fermeture du canon (côté introduction)
COL Colonel
Combat Command Groupe tactique regroupant plusieurs unités : blindés, infanterie et génie.
Coup au but Terme signifiant que la cible a été atteinte
Couple Force produisant la rotation du vilebrequin
Couvre bouche Pièce de protection en toile ou cuir se fixant à l'extrémité extérieure d'un canon
Crépine Dispositif de filtration de grosses particules, monté à l'entrée des réservoirs

— D —

D-Day Nom usuel anglais donné au jour du débarquement en Normandie, Jour-J.
Défaut de tourelle Endroit situé à la jonction de la tourelle et de la caisse (ou châssis)
Dérive Correction apportée lors d'un tir sur cible mobile
DFL Division de la France Libre
DIC Division d'infanterie coloniale
Double débrayage Action de la pédale d'embrayage qui remonte au point mort et coup d'accélérateur (rétrograder)
Double pédalage Action de la pédale d'embrayage qui remonte au point mort (montée des vitesses)
Dragoon Nom de code du débarquement de Provence
Dry Sec, se rapporte au mode de stockage des obus
Duckbill Extension de chenille se fixant sur le connecteur pour diminuer la pression unitaire

— E —

EB Abréviation pour engin blindé ou Armoured Vehicle
Early Terme anglais désignant un début de production
Écouvillon Brosse ronde et dure servant au nettoyage des canons (en poils nylon ou laiton)
EE8 Téléphone filaire de campagne pouvant être utilisé sur-le-champ de bataille
Ensemble, sous-ensemble Composant majeur d'un véhicule, Ex. : moteur, Bv, transmission, joint tournant, etc.
Épiscope Dispositif de vision basé sur le principe du périscope
E.T.O. European Theater of Operations
EVASAN Abréviation pour évacuation sanitaire

— F —

Field manual Document à l'usage des utilisateurs (équipages)
First Aid Kit Nécessaire de première urgence médicale
Flak Flieger Abwehr Kanonne
Flambage de bielle Bielle cintrée suite à un blocage hydrostatique
Frein de parc Système d'immobilisation du char lorsqu'il est à l'arrêt
Fusée d'ogive Dispositif permettant d'activer la charge de l'ogive

— G —

Galet de roulement Roue métallique pleine ou ajourée qui tourne sur les chenilles
GEA Génération électrique Auxiliaire
Gisement Angle (sur un plan horizontal) que fait un canon par rapport à sa position initiale

— H —

Half-track Semi-chenillé, engin propulsé par des chenilles avec roues avant directrices
Hampe d'écouvillon Barres qui s'emboîtent par vissage permettant la fixation de l'écouvillon de nettoyage du tube
Hausse de combat Valeur moyenne d'utilisation du canon permettant un tir entre 0 et a hausse donnée
HB Heavy Barrel ou gros calibre
Howitzer Obusier : canon pouvant faire du tir masqué (artillerie)
HVSS Horizontal Volute Suspension Spring

— J —

Joint tournant Dispositif permettant d'alimenter la tourelle en 24 V, quelle que soit sa position

— L —

Large Terme anglais signifiant dans ce cas grand (pour modèle)
Late Terme anglais désignant une fin de production (derniers modèles)
LCL Lieutenant-colonel

Leviers de direction Levier servant à diriger le char. Les 2 leviers actionnés en même temps freinent

Lot de bord Ensembles des outillages et appareils équipant le char

Lot de pionnier Ensemble des outils fixés à l'extérieur : pelle, pioche, hache, barre à mine, masse

Lubrification order Tableau de graissage d'un véhicule

— M —

Magnéto Appareil fournissant l'étincelle nécessaire aux bougies d'allumage d'un moteur

Main de remorquage Support soudé sur le châssis où l'on vient installer la manille de remorquage

Matériel Service puis Arme de l'armée de terre chargé de la réparation ou préparation des véhicules

MDL Maréchal des logis

Mid Terme anglais désignant une production intermédiaire

Midi Terminologie de gisement : Midi : 0°, 3 h : 90° à droite ; 6 h : 180° ; 9 h : 90° à gauche.

Mouflage Disposition de poulies permettant de démultiplier la force initiale d'un treuil

Multibanks Bancs multiples, un moteur égal un banc, donc cinq bancs dans ce cas

Ordinaire Service chargé de préparer les repas et la gestion des denrées

Ordnance Entité américaine définissant l'exécution des programmes d'armement et engins

— O —

Overlord Nom de code du débarquement de Normandie

— P—

Pak Panzer Abwehr Kanone

Platoon Peloton

Parage Ensemble des opérations qui rend le char opérationnel

Peigne de tension Dispositif à dents qui permet de verrouiller la poulie en position « tendue »

Plage arrière Surface plane à l'arrière du char comprenant les tapes de visite et supports divers

Plaque trou d'homme Orifice servant à évacuer le char en cas d'urgence

Pointage en gisement Alignement du canon sur un plan horizontal

Pointage en site Alignement du canon sur un plan vertical

Poulie de tension Roue de retour de la chenille

Prise de parc Prise de courant (24 Volts CC)

Puits de tourelle Découpe circulaire aménagée dans le châssis, c'est le chemin de roulement de la tourelle

— R —

RBFM Régiment blindé de fusiliers-marins

RC Régiment de cuirassiers

RCA Régiment de chasseurs d'Afrique

RCC Régiment de chars de combat

RCCC Régiment colonial de chasseurs de chars

REC Régiment étranger de cavalerie

RICM Régiment d'Infanterie de chars de marine

RSAR Régiment de spahis algériens de reconnaissance

RSM Régiment de spahis marocains

Râtelier première urgence Support pour les obus directement à portée du radio chargeur

Réducteur Train de pignons placé entre la boîte de vitesses et le barbotin

Répétiteur d'azimut Appareil permettant de connaître le gisement du canon après rotation de la tourelle

Rouleau porteur Petite roue qui supporte et guide la chenille en partie supérieure

— S —

Silent bloc Amortisseur en caoutchouc qui absorbe les vibrations

Simbleautage

Slot Ouverture (fente) munie d'un volet permettant au pilote de voir en position écoutille fermée

SLT Sous-lieutenant

Small Terme anglais signifiant, dans ce cas, petit (pour un modèle)

SMG Sub-Machine Gun, pistolet-mitrailleur

SNL Serial number listing : catalogue des pièces détachées

Squadron Terme armée britannique pour escadron

Squelch Dispositif de réglage du bruit de fond (bruits parasites sur une fréquence radio)

Starter Terme anglo-saxon désignant le démarreur d'un véhicule

Starter Terme français désignant le dispositif de démarrage à froid monté sur un carburateur

Strap Attache métallique à verrou rabattable maintenue fermée par ressorts

Système de tension Dispositif permettant de tendre ou détendre les chenilles

— T —

TEDG Tableau d'équipement et dotation guerre

TQM Transport Quarter Master (officier d'embarquement ou logisticien)

Technical manual Document technique à l'usage des unités de réparation

Torch Nom de code du débarquement américain en Afrique du Nord,

Tourelleau Volet d'écoutille rehaussé et pourvu d'épiscopes fixes, mobiles, parfois d'armement

Train de roulement Ensemble des éléments qui permettent au char de se déplacer en roulant

— U —

USAD United States Armored Division

— V —

Vache à eau Seau en toile destiné à la récupération d'eau

Volet d'écoutille Trappe d'accès à l'intérieur du char, muni d'un système de verrouillage et d'un épiscope

VVSS Vertical Volute Suspension Spring

— W —

Wet Humide, se rapporte au mode de stockage des obus dans le char

WW2 World War Two : Deuxième Guerre mondiale.

LA FAMILLE M4 SHERMAN

M4 75 « Early »

M4 105 Howitzer

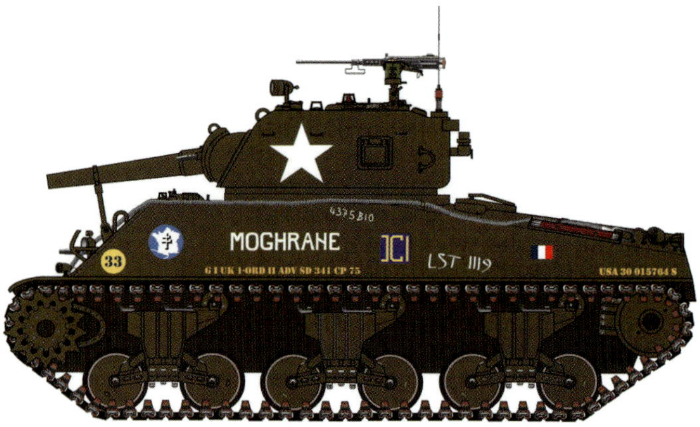

M4 hybride

M4A2 75

M4A3 E2

M4A3 E8

M4 105 HVSS

M4A1 75

M4A2 76

M4A3 75 Wet

M4A4

M4A5 Grizzly

SOURCES ET BIBLIOGRAPHIE

LIVRES

M. Vigneras, *Rearming the French*
Livres de Hano Spoelstra, Steven Zaloga, Joe De Marco, Kurt Laughlin,

DOCUMENTATIONS TECHNIQUES

- *AR 850-5* Army Regulations US Equipment Military Markings 1942.
- *FM 1730* Armored Force Field Manual Tank Platoon. 1942
- *FM 1733* Tank Battalion 1943.
- *MAT 1028* Guide technique de la mitrailleuse américaine Browning de calibre 50. (12,7 mm) M2 HB
- *SNL G 104* Ordnance Supply Catalog.
- *TM 9-238* Deep Water Fording of Ordnance Materiel.
- *TM 9-731B* Technical manual Medium - Tank M4 A2
- *TM 30-502* French Military Dictionary.
- *TM 9-731G* Technical Manual 3-Inch Gun Motor Carriage M10 A1.
- *TM 9-754 Fr* Char Moyen M4 A4
- *TM 9-759* Tank Medium M4 A3.
- *TM 9-767* U.S 40 Ton Tank Transporter Truck-Trailer M25.
- *TM 9- 2800* Standard Motor Vehicles 1943

CRÉDITS PHOTOGRAPHIQUES

Alain Toméï, Michel Estève, NARA, Signal Corps, ECPAD, IWM, Tank Museum Bovington.

WEBSITES

AFV Data base,
blindés en France,
chars français.net,
rbfm-Leclerc.com,
easy39th.com,
wariorsaga.com,
dday-overlord.com,
World War II vehicles, Inside the great tanks,
ASHPM : Pierre Olivier Buan.
HMVF Historic Military Vehicles Forum
Armyjunk. Alf Adams.
Rhin et Danube.fr.
The Sherman tank.com.
www.2iemeguerre.com.
histomil.com.
vmartois.forumactif.fr.
www.histomil.com.
mailer.fsu.eduImage.
the.shadock.free.fr.
forum.worldoftanks.com.
www.warhistoryonline.com.
99percentinvisible.org.
www.reddit.com.
commons.wikimedia.org.
www.gettyimages.com.
modelforum.upce.cz.
imgur.com. modelhobby.eu.
www.reddit.com.
focus.stockstar.com. et www.historylink101.com.

Photo de couverture. Char Sherman M4A4 britannique en manœuvre. *(IWM)*. Photos de la quatrième de couverture : *NARA* et *collection de l'auteur.* Pages de garde *Photos © NARA.*

Projets de couvertures dessinées par l'auteur Michel Estève qui a réalisé tous les dessins et les profils de cet ouvrage

Achevé d'imprimer en février 2018
sur les presses de l'imprimerie Pulsio (Union européenne)
pour le compte des *Éditions Heimdal*
Georges Bernage, éditeur.